D1664778

Ihre Arbeitshilfen zum Download:

Die folgenden Arbeitshilfen stehen für Sie zum Download bereit:

Muster:
– Ermächtigung Verwalter Regulierung Versicherungsschaden Sondereigentum
– Wichtige – wiederkehrende – Beschlüsse
– Beschluss-Sammlung
– Einladung Eigentümerversammlung nebst Vollmacht
– Tagesordnung inkl. Beschlussvorschlägen
– Protokoll inkl. Hinweise

Checklisten:
– DDIV – Checkliste – Verwaltersuche
– Verwalterzustimmung
– Beschlusskompetenzen
– Beschlussmehrheiten im WEG
– Instandhaltungsrücklage (Höhe)
– Sonder- und Gemeinschaftseigentum
– Eigentümerversammlung
– Eigentümerwechsel (inkl. Infoblatt für Veräußerer / Erwerber)

Gesetze
– Wohnungseigentumsgesetz
– Berufszulassungsgesetz

Den Link sowie Ihren Zugangscode finden Sie am Buchende.

Praxisfälle für WEG-Verwalter

Füllbeck/Fuhrländer

Praxisfälle für WEG-Verwalter

1. Auflage

Haufe Group
Freiburg · München · Stuttgart

Bibliografische Information der Deutschen Nationalbibliothek

Die Deutsche Nationalbibliothek verzeichnet diese Publikation in der Deutschen Nationalbibliografie; detaillierte bibliografische Daten sind im Internet über http://dnb.dnb.de abrufbar.

Print: ISBN 978-3-648-10771-3   Bestell-Nr. 16050-0001
ePub: ISBN 978-3-648-10772-0   Bestell-Nr. 16050-0100
ePDF: ISBN 978-3-648-10773-7   Bestell-Nr. 16050-0150

Füllbeck/Fuhrländer
Praxisfälle für WEG-Verwalter
1. Auflage 2018

© 2018 Haufe-Lexware GmbH & Co. KG, Freiburg
www.haufe.de
info@haufe.de
Produktmanagement: Jasmin Jallad

Lektorat: Text und Design Jutta Cram, Augsburg
Satz: Reemers Publishing Services GmbH, Krefeld
Umschlag: RED GmbH, Krailling

Inhaltsverzeichnis

1 Grußwort des Dachverbandes Deutscher Immobilienverwalter e. V. (DDIV)

Rund neun Millionen Eigentumswohnungen vereinen die Eigentümergemeinschaften in Deutschland auf sich – Tendenz steigend. Die Mehrheit der bundesdeutschen Bevölkerung wünscht sich als Vermögens- und Altersvorsorge Wohneigentum. Wird der Traum mit dem Kauf einer Eigentumswohnung Realität, so ist das auch die größte Anschaffung im Leben. Entsprechend hoch ist die Bedeutung der Arbeit von Immobilienverwaltungen. Über 60 Gesetze und Verordnungen machen dabei die Tätigkeit des WEG- und Mietverwalters abwechslungsreich und äußerst komplex.

Allzu häufig jedoch lässt sich die Theorie der rechtlichen Vorgaben nicht auf den von Besonderheiten und Einzelfällen geprägten Verwalteralltag übertragen. Die sich zwischen Theorie und Praxis öffnende Schere sorgt für zahlreiche Unstimmigkeiten zwischen den Verwaltern auf der einen und den Eigentümern bzw. Mietern auf der anderen Seite. Mittlerweile beschäftigen sich deutsche Gerichte jedes Jahr mit über 260.000 WEG- und Mietrechtsverfahren. Das sind rund 25 Prozent aller Zivilprozesse in Deutschland.

Genau hier setzt die vorliegende Publikation ein. Die Autoren bauen eine Brücke zwischen Eigentum und Verwaltung sowie rechtlichem Erfordernis und praktischer Rechtsprechung. Dabei setzen Cathrin Fuhrländer und Massimo Füllbeck auf ihre Erfahrungen aus der rechtsanwaltlichen Praxis und aus dem Verwalteralltag. Bereits in der Anlage des Buches wird deutlich, dass hier Wissen für nahezu alle Facetten des Verwalteralltags vermittelt werden soll. In zahlreichen Fallbeispielen behandeln die Autoren verschiedenste Problemstellungen, erläutern rechtliche Fallstricke und zeigen Lösungen auf.

Entstanden ist ein klar strukturiertes Nachschlagewerk für WEG-Verwalter. Durch die praxisnahe Aufbereitung relevanter Urteile einschließlich der aktuellen Rechtsprechung gibt der Leitfaden praktische Handlungsempfehlungen und hilft, die immer komplexer werdende Tätigkeit des Verwalters abzubilden. Das vorliegende Buch ist dabei für Berufsanfänger und »alte Hasen« gleichermaßen bereichernd.

Martin Kaßler
Geschäftsführer Dachverband Deutscher Immobilienverwalter e. V.

2 Vorwort der Vonovia Immobilien Treuhand

Liebe Leserinnen und Leser,

die Immobilie als Anlagegut boomt in Deutschland. Wer sein Erspartes in eine Eigentumswohnung steckt, wird von Experten als guter Wirtschafter für die private Altersvorsorge gelobt. Dabei ist nicht zu unterschätzen, dass die Verwaltung von Wohneigentum in Deutschland vor immensen Herausforderungen steht: Die steigende Komplexität und in die Jahre gekommene Immobilien, die digitale Transformation und sich ändernde Kundenbedürfnisse sind nur einige Schlagworte. Derartige Herausforderungen auf dem Immobilienmarkt sind als Aufforderung an Hausverwaltungen zu verstehen: Veränderungen müssen stattfinden, und zwar nicht um ihrer selbst Willen.

Und das wird auch erkannt – auf politischer Ebene gleichermaßen wie auf der Ebene der Verwaltungsdienstleister. Denn WEG-Verwalter sind heute vor allem Vermögensbetreuer des gemeinschaftlichen Eigentums und nicht nur diejenigen, die sich um einen reibungslosen Ablauf des Hausmeisterdienstes oder der Gartenpflege kümmern. Fokussiert werden der Werterhalt und die Wertsteigerung der Immobilien.

Eigentümer können die Komplexität einer Immobilie oft gar nicht komplett abschätzen – für die Betreuung werden Fachleute benötigt, die mit Freude und Fachkompetenz für die Kunden da sind. Die Themen sind dabei oft so vielschichtig, dass der Beruf des Verwalters – die Königsdisziplin innerhalb der Immobilienbrache – weniger »Job« als vielmehr »Berufung« ist. Es gibt kaum ein Tätigkeitsfeld, bei dem das Kundenfeedback so ehrlich und so direkt ist wie beispielsweise in einer Eigentümerversammlung.

Und genau da setzt das vorliegende Werk an: (Scheinbar) komplexe Sachverhalte dürfen nicht die Dienstleistung und juristische Fallstricke nicht ein positives Kundenerlebnis verdrängen. Der Kunde ist derjenige, dem es zu dienen gilt, um wirtschaftlich erfolgreich zu sein. Wer das verinnerlicht hat, kann den Kunden erfolgreich über eine persönliche und individuelle Ansprache erreichen. In gut erklärten Fallbeispielen beschreiben die beiden Autoren im vorliegenden Buch eine Vielzahl typischer Praxisfälle und präsentieren passende Lösungen.

Wer die Perspektive des Kunden einnimmt, sieht auch ganz neue Möglichkeiten als Hausverwalter: die Veränderungen als Chance verstehen, den Kunden ernst nehmen und das Angebot so strukturieren, dass Verwalter Partner auf Augenhöhe sind. Denn dann geht auch der Nutzen dieses Buches weit über die dargestellten Fälle hinaus: Die heutigen WEG-Verwalter sind die Assetmanager der Zukunft.

Dr. Stefan Ollig
Geschäftsführer
Vonovia Immobilien Treuhand

3   Vorwort der Autoren

Die Verwaltung des gemeinschaftlichen Eigentums ist eine verantwortungs-volle Aufgabe. Die Vielzahl der zu beachtenden Normen, Vorgaben und vor allem Ansprüche der Eigentümer stellen immense Anforderungen an den Verwalter. Hinzukommt, dass die theoretischen Vorgaben der Rechtsprechung nur all zu oft mit den praktischen Bedürfnissen des Verwalters und der Eigentümer kollidieren. Die Rechtsprechung unterliegt einem ständigen Wandel, deren Kenntnis für den Wohnungsverwalter nicht nur unerlässlich ist, sondern es ihm auch oft erschwert, seine täglichen Aufgaben ordnungsmäßig zu erfüllen und seine Kompetenz unter Beweis zu stellen.

Für viele Fragen oder Fallkonstellationen ergeben sich aus dem Wohnungseigentumsgesetz (WEG) keine konkreten und sicheren Lösungsvorschläge. Dieses Buch soll daher einen Überblick über die häufigsten Fallkonstellationen und stets wiederkehrenden Fragestellungen in der täglichen Verwalterpraxis bieten. In kurzen Fallbeschreibungen werden Probleme und zugleich eine übersichtliche Lösung unter Beachtung der aktuellen Rechtsprechung nebst wichtigen Hinweisen und Praxistipps aufgezeigt.

Dabei ist uns bewusst, dass der gleiche Sachverhalt in einer Gemeinschaft ordnungsmäßiger Verwaltung entspricht und in einer anderen Gemeinschaft gerade nicht. Der berühmte »Einzelfall« kann und darf nicht außer Acht gelassen werden. Dieses Buch soll Ihnen daher eine Hilfestellung sein und Struktur bieten, wie Sie mit den verschiedenen Sachverhalten und Problemstellungen sicher umgehen können, und zugleich aufzeigen, an welchen Stellen Sie besonders achtsam sein müssen.

Noch immer sind nicht alle Fragestellungen der Verwaltung des gemeinschaftlichen Eigentums abschließend durch die Rechtsprechung geklärt. In diesen Fällen haben wir uns der bislang herrschenden Meinung in der Rechtsprechung angeschlossen.

Mit unserem Buch haben Sie einen praktischen und lösungsorientierten Ratgeber an Ihrer Seite, mit dem Sie sich schnell und unkompliziert durch den »WEG-Dschungel« bewegen können.

Köln/Mülheim an der Ruhr im Mai 2018
Cathrin Fuhrländer und Massimo Füllbeck

Verwendete Abkürzungen

ET	Wohnungseigentümer
ETV	Eigentümerversammlung
GE	Gemeinschaftseigentum
GO	Gemeinschaftsordnung
grds.	grundsätzlich
h.M.	herrschende Meinung
i.d.R.	in der Regel
i.V.m.	in Verbindung mit
MEA	Miteigentumsanteil
SE	Sondereigentum
sog.	sogenannt(e)
WEG	Wohnungseigentümergemeinschaft
WEGG	Wohnungseigentumsgesetz

4 Der Verwalter

4.1 Auf der Suche nach einem neuen Verwalter

Der Fall

Eine WEG sucht einen neuen Verwalter. Um einen besseren Überblick über die einzelnen Leistungen und das Unternehmen der Verwalterkandidaten zu erhalten, haben die Verwaltungsbeiräte jedem Bewerber eine Checkliste übermittelt.

Das Problem

Es gibt zwar das neue Berufszulassungsgesetz, das bestimmte Richtlinien für den Immobilienverwalter festgelegt hat (siehe Fall »Die Qualifikation des Verwalters«), aber durch die steigenden Anforderungen der Eigentümer und den Wettbewerbsdruck reicht es bei einer Bewerbung nicht mehr aus, nur das Unternehmen vorzustellen oder eine Vergütung anzugeben.

Die Lösung

Der DDIV (Dachverband der deutschen Immobilienverwalter) hält bereits seit Jahren eine Checkliste vor, die die Eigentümer oder Verwaltungsbeiräte bei der professionellen Verwaltersuche unterstützt. Für Immobilienverwalter ist es wichtig, sich mit den Inhalten dieser Checkliste vertraut zu machen und ggf. Anpassungen vorzunehmen, damit man bei einer interessanten Angebotsanfrage mithalten kann und nicht aus dem Auswahlverfahren ausscheidet, nur weil die Vertrauensschadenversicherung nicht vorhanden ist.

Tipp !

Die DDIV-Checkliste zur Verwaltersuche finden Sie in den Arbeitshilfen online.

4.2 Die Person des Verwalters – wer darf überhaupt »verwalten«?

Der Fall

Eine WEG bestellt die Immobilien-GbR zum neuen Verwalter. Der Beschluss wird angefochten.

Das Problem

Grundsätzlich können alle natürlichen und juristischen Personen zum WEG-Verwalter bestellt werden. Insbesondere bei den juristischen Personen (offene Handelsgesellschaft, Kommanditgesellschaft, GmbH und AG) ist aus dem

Handelsregister ersichtlich, wer für die jeweilige Gesellschaftsform handeln darf. Die Vertretungsberechtigung einer GbR ist aus keinem Register ersichtlich und daher war bis zur höchstrichterlichen Klärung fraglich, ob eine GbR Verwalterin sein kann.

Die Lösung

Der BGH hat entschieden, dass eine GbR (Gesellschaft bürgerlichen Rechts) nicht zur Verwalterin einer WEG bestellt werden kann. Ein dennoch gefasster Beschluss ist sogar **nichtig**.[1]

> **! Wichtig**
>
> In einem anderen Fall bejahte der BGH, dass eine UG (haftungsbeschränkte Unternehmergesellschaft – Mini-GmbH) zur Verwalterin bestellt werden kann, und stellt dabei folgenden wichtigen Grundsatz auf:[2]
> »Zum Verwalter einer WEG darf – unabhängig von der Rechtsform – nur bestellt werden, wer über ausreichende finanzielle Mittel verfügt und ausreichende Sicherheit im Haftungsfall bietet.«

4.3 Die Qualifikation des Verwalters

Der Fall

Eine seit Jahren zerstrittene WEG mit 120 Wohnungen findet keinen vernünftigen Verwalter mehr. Auf Vorschlag einiger Eigentümer wird der Gärtner des Objekts zum Preis von 8,50 EUR inkl. USt pro Wohnung und Monat zum Verwalter bestellt.

Das Problem

Leider enthält das Gesetz zur Qualifikation eines Verwalters keine Regelungen – weder zur fachlichen noch zur persönlichen Eignung gibt es Regeln. In der Rechtsprechung werden kuriose Verwalterbestellungen lediglich auf Ordnungsmäßigkeit geprüft, d.h. die Entscheidungen und Bewertungen der Gerichte zielen immer auf den Einzelfall ab – ein Patentrezept gibt es leider noch nicht.

---

1   BGH, Beschluss v. 26.1.2006 – V ZB 132/05; ZMR 2006, 375
2   BGH, Urteil v. 22.6.2012 – V ZR 190/11; ZMR 2012, 885

Ein Beispiel aus der Praxis des LG Stuttgart[3] !

»Ein Verwalterkandidat ist nicht allein deshalb ungeeignet, weil er keine Ausbildung in der Immobilienverwaltung absolviert und noch nie selbstständig Erfahrung als Wohnungseigentumsverwalter gesammelt hat (entgegen LG Düsseldorf, ZWE 2014, 87 = ZMR 2014, 234 = BeckRS 2013, 21482).

Die Verwalterbestellung eines Kandidaten kann auch dann ordnungsgemäßer Verwaltung entsprechen, wenn dieser weder über eine betriebswirtschaftliche noch über eine rechtliche Ausbildung verfügt.

Lässt die berufliche Stellung eines ›Laienkandidaten‹ aus dem Kreis der Wohnungseigentümer (hier: Polizeibeamtin) Rückschlüsse auf dessen Zuverlässigkeit zu, erscheinen seine Aussagen anlässlich der Kandidatur, sich fachlich einzuarbeiten und fortzubilden sowie die notwendigen Versicherungen abzuschließen, nicht gleichsam ›aus der Luft gegriffen‹. (…)«

Die Lösung

Folgt man der h.M., kann eine natürliche Person (analog auf juristische Personen anwendbar), die keine Ausbildung im Bereich der Immobilienverwaltung und keinerlei selbstständige berufliche Erfahrung als Verwalter von Wohnungseigentum hat, zum Verwalter bestellt werden. Soweit der Beschluss über die Bestellung des Gärtners als Verwalter nicht angefochten wird, sollte dieser – wenn keine anderen Beschlussmängel vorliegen – bestandskräftig sein.

Gesetz zur Einführung einer Berufszulassungsregelung !

Am 1.8.2018 tritt das Gesetz zur Einführung einer Berufszulassungsregelung – das Dokument finden Sie in den Arbeitshilfen online – für gewerbliche Immobilienmakler und WEG-Verwalter in Kraft. Hier das Wichtigste (Stand 03/2018) im Überblick:

- Ab 1.8.2018: Erteilung einer Erlaubnis nach §34c Gewerbeordnung
- **Voraussetzung:** Der Immobilienverwalter muss
  - seine Zuverlässigkeit,
  - geordnete Vermögensverhältnisse sowie
  - den Abschluss einer Berufshaftpflichtversicherung

  nachweisen (bereits tätige Immobilienverwalter müssen die Erlaubnis ab dem 1.3.2019 nachweisen können).
- Immobilienverwalter sind verpflichtet, sich weiterzubilden (20 Stunden innerhalb eines Zeitraums von drei Jahren).
- Die Fortbildungspflicht gilt auch für unmittelbar bei der erlaubnispflichtigen Tätigkeit mitwirkende beschäftigte Personen. Die Fortbildungen müssen nachgewiesen werden.

Weitere Einzelheiten wird das Bundesministerium für Wirtschaft und Energie demnächst durch Rechtsverordnungen festlegen.

---

3   LG Stuttgart, Urteil v. 29.7.2015 – 10 S 68/14; ZMR 2015, 884

Es bleibt abzuwarten, welche konkreten Regeln durch die noch zu erlassende Rechtsverordnung aufgestellt werden. Für die gesamte Immobilienverwalterbranche ist die Verabschiedung des Gesetzes ein Schritt in die richtige Richtung.

4.4   Welche Gesetze muss der Verwalter kennen?

Der Fall
Der Verwalter fragt sich, welche Gesetze er neben dem Wohnungseigentumsgesetz (WEGG) noch kennen muss.

Das Problem
Neben dem WEGG hat der Verwalter ca. 50 weitere Gesetze zu beachten. Doch welche sind das und müssen Verwalter jetzt ein Jurastudium absolvieren, um ordnungsgemäß verwalten zu können?

Die Lösung
Neben dem WEGG hat der Verwalter natürlich jede Menge Berührungspunkte mit anderen gesetzlichen Vorschriften. Vereinzelt sollten diese Vorschriften auch bekannt sein, da sich daraus Aufgaben ergeben können. Nachstehend werden die Gesetze aufgeführt, die regelmäßig, auch bei der Verwaltung von Wohnungseigentum, beachtet werden müssen:

- **BGB (Bürgerliches Gesetzbuch)**
  Einige Regelungen des BGB wirken sich auch auf die Verwaltung von Wohnungseigentümergemeinschaften aus: z.B. Vollmachterteilung, mietrechtliche Vorschriften (z.B. Modernisierung), Regelungen zum Dienstvertrag = WEG-Verwaltervertrag.
- **HeizkostenV (Heizkostenverordnung)**
  Die Abrechnung der Wärmeenergie ist auch bei Wohnungseigentümergemeinschaften zwingend nach der Heizkostenverordnung durchzuführen.
- **BetrSichV (Betriebssicherheitsverordnung)**
  Die Betriebssicherheitsverordnung enthält wichtige Regeln und Aufgaben für den Betreiber von Aufzugsanlagen.
- **LBO (Landesbauordnungen)**
  Vorschriften der jeweiligen Bundesländer zum Zustand einzelner Bauteile (z.B. Ausstattung der Wohnungen mit Rauchwarnmeldern, Absturzhöhen bei Balkongeländern).
- **Nachbarschaftsgesetze**
  Verschiedene Regelungen zwischen Nachbarn (z.B. für Abstandsflächen oder überhängende Bäume).

- **TrinkwV (Trinkwasserverordnung)**
  Die Trinkwasserverordnung regelt z. B. die turnusmäßige Legionellenuntersuchung bei Warmwasserspeichern mit einer bestimmten Größe.
- **EichG (Eichgesetz)**
  Richtlinien zum Einbau und Austausch von Kalt- und Warmwasserzählern.
- **EnEV (Energieeinsparverordnung)**
  Vorschriften für bestimmte bauliche Maßnahmen an Gebäuden oder für die Erstellung und Verwendung des Energieausweises.
- **EStG (Einkommensteuergesetz)**
  In § 35a EStG werden die steuerlichen Vorteile bei haushaltsnahen Dienstleistungen beschrieben und deren Geltendmachung beim Finanzamt geregelt.
- **HGB (Handelsgesetzbuch)**
  In § 257 HGB sind die Aufbewahrungsfristen der gemeinschaftlichen Unterlagen vorgeschrieben. Auch bei der WEG-Verwaltung müssen Verwalter bestimmte Aufbewahrungsfristen beachten.
- **GBO (Grundbuchordnung)**
  In der Grundbuchordnung wird beschrieben, welche Formalien für bestimmte Grundbuchgeschäfte erforderlich sind. So wird z. B. in § 29 GBO bestimmt, dass der WEG-Verwalter bei der Erteilung der WEG-Verwalterzustimmung nach § 12 WEG eine Erklärung in öffentlich beglaubigter Form vorlegen muss.
- **WoVermRG (Wohnungsvermittlungsgesetz)**
  Das Wohnungsvermittlungsgesetz wirkt sich nicht direkt auf die WEG-Verwaltung aus, kann aber dann interessant sein, wenn der WEG-Verwalter gleichzeitig auch die sogenannte Sondereigentumsverwaltung anbietet und aus diesem Auftragsverhältnis heraus eine Wohnung verkaufen oder vermieten möchte.
- **ZVG (Zwangsversteigerungsgesetz)**
  Das Zwangsversteigerungsgesetz ist immer dann anzuwenden, wenn säumige Wohnungseigentümer ihr Hausgeld nicht bezahlen und die Wohnung z. B. zwangsversteigert werden muss.
- **ZPO (Zivilprozessordnung)**
  Leider bleibt es in der Praxis nicht aus, dass der WEG-Verwalter – in Zusammenarbeit mit einem fachkundigen Rechtsanwalt – auch für die Bearbeitung von Rechtsstreitigkeiten verantwortlich ist.
- **Verordnung über Informationspflichten für Dienstleistungserbringer (Dienstleistungs-Informationspflichten-Verordnung – DL-InfoV)**
  Der Verwalter muss darauf achten, dass die Vorschriften der DL-InfoV für sein Online-Impressum passen und bestimmte Dienstleistungs-Informationspflichten korrekt auf der geschäftlichen Internetseite wiedergegeben oder abgerufen werden können.

- **Betriebskostenverordnung (BetrKV)**
  Die Betriebskostenverordnung enthält eine Übersicht aller Kosten, die der Vermieter in der Betriebskostenabrechnung auf den Mieter umlegen kann.

> **!** **Nutzen Sie den Ratgeber des VNWI**
>
> Der Ratgeber des VNWI (Verband der Nordrhein-Westfälischen Immobilienverwalter e. V.) zur Umsetzung der DL-InfoV ist eine gute Hilfestellung, damit die gesetzlichen Anforderungen auch erfüllt werden (https://www.vnwi.de/shop).

- **Preisangabenverordnung (PAngV)**
  Wichtig für die Praxis bei der Gestaltung der Verwalterverträge bzw. bei den Beschlüssen über die Verwalterbestellung:
  Der §1 Abs. 1 Satz 1 Preisangabenverordnung lautet: »Wer Letztverbrauchern gewerbs- oder geschäftsmäßig oder regelmäßig in sonstiger Weise Waren oder Leistungen anbietet oder als Anbieter von Waren oder Leistungen gegenüber Letztverbrauchern unter Angabe von Preisen wirbt, hat die Preise anzugeben, die einschließlich der Umsatzsteuer und sonstiger Preisbestandteile zu zahlen sind (Endpreise).«

Es gibt noch weitere Gesetze, die in der o. g. Aufzählung nicht genannt sind, aber bei der Verwaltung von WEG auch relevant sein können. Natürlich kann ein Verwalter nicht alle Gesetze kennen, daher sind Weiterbildung sowie Informationen durch Verbände oder Fachzeitschriften wichtig. Nur so kann gewährleistet werden, dass der Verwalter als kompetenter Fachmann wahrgenommen wird.

Weitere Gesetze, die gelegentlich anzuwenden sind:
- Zweite Berechnungsverordnung – II. BV (Verordnung über wohnungswirtschaftliche Berechnungen nach dem Zweiten Wohnungsbaugesetz)
- Garagenverordnung – GarVO (Verordnung über den Bau und Betrieb von Garagen)
- Hochhausverordnung – HochhVO (Verordnung über den Bau und Betrieb von Hochhäusern)
- Wohnflächenverordnung
- Fernwärmeverordnung
- Wärmegesetz
- Beurkundungsgesetz
- Fachregel für Abdichtungen – Flachdachrichtlinie
- Honorare für Architekten- und Ingenieurleistungen (VOB A/B/C)
- Makler- und Bauträgerverordnung – MaBV (Verordnung über die Pflichten der Makler, Darlehensvermittler, Bauträger und Baubetreuer)
- Wohnflächenberechnung nach DIN 277

- Baugesetzesbuch
- Immissionsschutzgesetze
- Insolvenzordnung
- Bundesdatenschutzgesetz (ab 25.5.2018 neue EU-Datenschutz-Grundverordnung (EU-DSGVO)
- Rechtsanwaltsvergütungsgesetz
- Mindestlohngesetz
- Gesetz über den Versicherungsvertrag
- Zwangsverwalterverordnung
- Neubaumietenverordnung
- Gesetz über das Berufsrecht und die Versorgung im Schornsteinfegerhandwerk

4.5 Für wie lange kann ein Verwalter bestellt werden?

Der Fall

Ein Verwaltungsbeirat erkundigt sich beim Verwalter, ob es für die Bestellung des Verwalters bestimmte Fristen gibt oder ob auch eine Bestellung auf zehn Jahre möglich wäre.

Das Problem

Das Gesetz differenziert zwischen der Erstbestellung (nach Begründung der WEG) und der wiederholten Bestellung des Verwalters. Beide Bestellarten unterliegen bestimmten Obergrenzen. Darüber hinaus kann eine Wiederbestellung erst frühestens ein Jahr vor Ablauf der Bestellungszeit gefasst werden kann.

Die Lösung

> **§ 26 Abs. 1 Satz 2 WEG** !
> Die Bestellung darf auf höchstens fünf Jahre vorgenommen werden, im Falle der ersten Bestellung nach der Begründung von Wohnungseigentum aber auf höchstens drei Jahre.

Die dreijährige Bestellung bei der Erstbegründung wurde mit der WEG-Novelle 2007 von fünf auf drei Jahre geändert, weil gerade im Neubaubereich die Gewährleistungsfristen gegenüber dem Bauträger (fünf Jahre) mit der Bestellzeit des vom Bauträger »eingesetzten Verwalters« korrespondierten und dies hinsichtlich der Mängelbearbeitung in einigen Fällen zu Problemen geführt hat.

Soweit der Bestellungsbeschluss über die Dauer von fünf bzw. drei Jahren hinausgeht, ist dieser gemäß §134 BGB nichtig, aber nach der einschlägigen Kommentierung bis zum Ablauf der Höchstfrist gültig; denn es ist anzunehmen, dass der Verwalter, der für einen längeren Zeitraum als fünf bzw. drei Jahre bestellt worden ist, wenigstens für den gesetzlich zulässigen Zeitraum von fünf bzw. drei Jahren bestellt sein soll.[4]

> **!** **§26 Abs. 2 WEG**
>
> Die wiederholte Bestellung ist zulässig; sie bedarf eines erneuten Beschlusses der Wohnungseigentümer, der frühestens ein Jahr vor Ablauf der Bestellungszeit gefaßt werden kann.

Nach der gesetzlichen Vorschrift kann der Verwalter sich also pro Amtsdauer maximal fünf Jahre an die WEG binden. Alle Bestellungsbeschlüsse, die im Ergebnis die Fünfjahresfrist überschreiten, sind nichtig.[5]

> **!** **Wichtig**
>
> Die Vorschriften des §26 WEG zu den Modalitäten der Verwalterbestellung können durch die Gemeinschaftsordnung nicht geändert werden. §26 Abs. 1 Satz 5 WEG regelt hierzu: »Andere Beschränkungen der Bestellung oder Abberufung des Verwalters sind nicht zulässig.«

4.6 Vorsicht bei der Formulierung des Bestellungsbeschlusses

Der Fall

Die WEG möchte einen neuen Verwalter bestellen. Es ergeht folgender Beschluss: »Die Immobilien-Verwaltung GmbH wird ab dem 1.1.2018 zur neuen Verwaltung bestellt.« Ein Eigentümer kommt auf die Idee, den Beschluss beim zuständigen Gericht anzufechten.

Das Problem

Der Beschluss ist etwas »dünn«. Es ist weder ersichtlich, wann die Bestellungszeit endet, noch, welche Vergütung der Verwalter für seine Dienstleistung (Abschluss des Verwaltervertrags) erhält.

---

4   Bärmann, WEG, 13. Auflage 2015, §26 Rn. 83
5   OLG Zweibrücken, Beschluss v. 23.6.2004 – 3 W 64/04; ZMR 2005, 908

Die Lösung

In einer lesenswerten Entscheidung des BGH[6] sind die Anforderungen an einen vernünftigen Bestellungsbeschluss konkretisiert worden: Demnach ist die Bestellung eines Verwalter nur dann ordnungsgemäß, wenn in derselben Eigentümerversammlung, in der die Bestellung erfolgt, auch die Eckpunkte des abzuschließenden Verwaltervertrags (Laufzeit und Vergütung) in wesentlichen Umrissen geregelt werden. Wird der Beschluss nicht angefochten, hat er grundsätzlich Bestand.

Besser formulierter Beschluss zur Verwalterbestellung   **!**

Die X GmbH wird für den Zeitraum vom ... bis zum ... zur Verwaltung bestellt. Die Grundvergütung beträgt ... Zusatztätigkeiten werden wie folgt vergütet: ...
Die WEG erklärt die Annahme des vorgelegten Angebots vom ... der X GmbH. Der Verwaltungsbeirat wird bevollmächtigt, mit der X GmbH auf der Grundlage des erörterten Angebots vom ... den Verwaltervertrag zu unterzeichnen.

Wichtig   **!**

Die Rechtsprechung unterscheidet zwischen dem Verwalteramt und dem Verwaltervertrag (sog. Trennungstheorie).[7] Laufzeit und Vergütung sind elementare Grundlagen für den Bestellungsbeschluss. Soweit diese fehlen, bestehen neben dem Anfechtungsrisiko erhebliche Auslegungsprobleme – somit ist Streit vorprogrammiert.

4.7   Der Verwaltervertrag: Was regelt der Vertrag?

Der Fall

Der Verwalter bewirbt sich bei einer WEG um das Verwalteramt. Der amtierende Verwaltungsbeirat bittet um Aufnahme folgender Regelung in den Verwaltervertrag: »Die Ladungsfrist zur Eigentümerversammlung beträgt gemäß diesem Verwaltervertrag nur eine Woche, anstatt zwei Wochen gemäß WEGG.«

Das Problem

Oft finden sich in Verwalterverträgen Regelungen, die Rechte und Pflichten der Eigentümer untereinander regeln oder – wie im vorliegenden Beispiel –, dass sogar das WEGG oder die Gemeinschaftsordnung geändert werden sollen. Können solche Regelungen wirksam in den Verwaltervertrag aufgenommen werden?

---

6   BGH, Urteil v. 27.2.2015 – V ZR 114/14; ZMR 2015, 393
7   BGH, Beschluss v. 20.6.2002 – V ZB 39/01; ZMR 2002, 766

Die Lösung

Nein! Der Verwaltervertrag regelt die Rechtsbeziehung zwischen der WEG und dem Verwalter, d.h. Rechte und Pflichten der Eigentümer untereinander, wie z.B. die Fälligkeit der Hausgelder, dürfen nicht im Verwaltervertrag geregelt werden.[8]

! Wichtig

Der Verwalter sollte stets seine Verwalterverträge überprüfen und, soweit dort Regelungen enthalten sind, welche die Rechtsbeziehungen der Eigentümer untereinander regeln, eine Anpassung mit der WEG vornehmen.

4.8   Wer darf den Verwaltervertrag unterschreiben?

Der Fall

Eine WEG hat einen neuen Verwalter bestellt und darüber hinaus festgelegt, dass der Verwaltervertrag vom Verwaltungsbeirat ausgehandelt und unterzeichnet werden soll.

Das Problem

Bei Bestellungsbeschlüssen ist die konkrete Formulierung wichtig. Aushandeln ist etwas anderes, als einen Vertrag zu unterzeichnen bzw. abzuschließen.

Die Lösung

Der Verwaltervertrag kommt durch Angebot und Annahme zustande. In der Eigentümerversammlung bestimmt die WEG durch Mehrheitsbeschluss, ob sie das Angebot des Verwalters annimmt oder nicht. Neben dem Beschluss über die Annahme des Verwaltervertrags sollte der Verwaltungsbeirat oder ein Dritter mit der Unterzeichnung des Vertrags auf Basis des angenommenen Angebots bevollmächtigt werden. Sonst wäre die Delegation an den Verwaltungsbeirat vermutlich schon zu weitreichend.

! Achtung

Fehlt eine solche Ermächtigung, wird die WEG durch alle Eigentümer vertreten, was in der Praxis selten umsetzbar ist.

---

8   OLG Dresden, Urteil v. 30.10.2008.; ZMR 2009, 301

> **Wichtig**   !
>
> Formulierungen wie: Den Verwaltervertrag »auszuhandeln« oder »auszuhandeln und abzuschließen« können problematisch sein und sollten vermieden werden. Bei Streitigkeiten müssen die Gerichte unter Berücksichtigung des jeweiligen Einzelfalls und durch Auslegung ermitteln, was von der WEG tatsächlich gewollt war.

4.9 Der Verwaltervertrag: Was ist eine »AGB-Inhaltskontrolle«?

Der Fall

Im Verwaltervertrag wurde vereinbart, dass der Verwalter berechtigt ist, im Einzelfall Instandhaltungs- und Instandsetzungsmaßnahmen bis 1.500 EUR ohne Beschluss der WEG in Auftrag zu geben. Ein Eigentümer ist mit der Klausel nicht einverstanden und lässt den Verwaltervertrag gerichtlich überprüfen.

Das Problem

Soweit die WEG als Verbraucher (§ 13 BGB) und nicht als Unternehmer (§ 14 BGB) anzusehen ist, unterliegt ein Formularverwaltervertrag, soweit er mit einem gewerblichen Verwalter abgeschlossen wird, der AGB-Inhaltskontrolle, d. h. es dürfen keine Vereinbarungen getroffen werden, welche die WEG unangemessen benachteiligen oder nicht transparent und für jeden verständlich formuliert sind.

> **Definition »Formularvertrag«**   !
>
> Der Formularvertrag ist ein Mustervertrag (i. d. R. vorgedruckt). Er enthält einseitig (also nicht ausgehandelte) vorformulierte Vertragsbedingungen für eine Vielzahl von Rechtsgeschäften (Beispiele: Verwaltervertrag, Mietvertrag).

Die Lösung

Nach der Rechtsprechung des BGH unterliegt ein formularmäßig abgeschlossener Verwaltervertrag den Bestimmungen der §§ 305 ff. BGB und damit der AGB-Inhaltskontrolle.[9] Die Rechtsprechung hat die sog. Instandhaltungsklausel in Verwalterverträgen bereits mehrfach für ungültig erklärt. Zur Verdeutlichung hier ein Auszug aus dem BGB:

---

9   WEG = Verbraucher: BGH; ZMR 2015, 563

! §307 Abs. 1 und 2 BGB

1. Bestimmungen in Allgemeinen Geschäftsbedingungen sind unwirksam, wenn sie den Vertragspartner des Verwenders entgegen den Geboten von Treu und Glauben unangemessen benachteiligen. Eine unangemessene Benachteiligung kann sich auch daraus ergeben, dass die Bestimmung nicht klar und verständlich ist.
2. Eine unangemessene Benachteiligung ist im Zweifel anzunehmen, wenn eine Bestimmung
   1. mit wesentlichen Grundgedanken der gesetzlichen Regelung, von der abgewichen wird, nicht zu vereinbaren ist oder
   2. wesentliche Rechte oder Pflichten, die sich aus der Natur des Vertrags ergeben, so einschränkt, dass die Erreichung des Vertragszwecks gefährdet ist.

Die Ungültigkeitserklärung folgt daraus, dass solche Klauseln nur wirksam sind, wenn den Eigentümern bei Abschluss des Verwaltervertrags auch klar ist, welche Kosten für die Instandhaltung und Instandsetzung insgesamt auf sie zukommen können. Denn es kann durchaus mehrere Einzelfälle im Kalenderjahr geben.

Nehmen wir an, der Verwalter beauftragt 20 Instandhaltungsmaßnahmen in Höhe von 1.000 EUR, dann würde das insgesamt Kosten von 20.000 EUR produzieren. Nach dem Verwaltervertrag wäre das Vorgehen des Verwalters wohl gedeckt, nicht aber von der Rechtsprechung.[10] Neben der Ermächtigung zur Beauftragung des Einzelfalls bis zu einer bestimmten Höhe, muss der jährliche Gesamtaufwand definiert werden.

! Wichtig

Eigenständig durch den Verwalter vorformulierte Verwalterverträge können unwirksame Klauseln enthalten. Die Rechtsprechung entwickelt sich stetig weiter und für Verwalter ist kaum mehr überschaubar, welche Vertragsklauseln wirksam vereinbart werden können und welche nicht. Es wird empfohlen, auf die Vertragsmuster der Verwalterverbände (z.B. DDIV, BVI) zurückzugreifen.

! Achtung

Vorsicht, die Wirksamkeit von Vertragsklauseln kann auch noch nach Bestandskraft des Bestellungsbeschlusses inkl. des Abschlusses des Verwaltervertrags durch ein Gericht für ungültig erklärt werden!

Und noch ein wichtiger Hinweis zur Widerrufsbelehrung: Seit der BGH-Entscheidung zur Verbrauchereigenschaft der WEG findet man in der Literatur den Hinweis, dass die WEG gemäß §355 BGB den Verwaltervertrag ab dem Tage des Abschlusses mit einer Frist von 14 Tagen widerrufen kann.

---

10   OLG München, Beschluss v. 20.3.2008 – 34 Wx 46/08; NZM 2009, 548

Das Widerrufsrecht greift allerdings nur, wenn der Verwaltervertrag außerhalb der Geschäftsräume des Verwalters abgeschlossen wird, was die Regel ist. Ein Widerrufsrecht greift nicht, wenn der Vertrag im Geschäftsraum des Verwalters oder unter Abwesenden (beispielsweise via Brief oder E-Mail) geschlossen wird.

Das Widerrufsrecht wird in der Literatur noch kontrovers diskutiert, insbesondere weil der Widerruf in einer Eigentümerversammlung beschlossen werden muss, d.h. das Prozedere ist bei Vereinbarung der gesetzlichen Ladungsfrist von mindestens zwei Wochen schwierig. Bis die ersten Gerichtsentscheidungen veröffentlicht werden, sollte die Widerrufsbelehrung wesentlicher Bestandteil des Verwaltervertrags sein. Entsprechende Muster können bei den Verwalterverbänden angefragt werden. Fehlt die Widerrufsbelehrung, kann die WEG den Verwaltervertrage gemäß §356 Abs. 4 BGB wie folgt widerrufen:

> **§356 Abs. 4 BGB**   **!**
>
> Die Widerrufsfrist beginnt nicht, bevor der Unternehmer den Verbraucher entsprechend den Anforderungen des Artikels 246a §1 Absatz 2 Satz 1 Nummer 1 oder des Artikels 246b §2 Absatz 1 des Einführungsgesetzes zum Bürgerlichen Gesetzbuche unterrichtet hat. Das Widerrufsrecht erlischt spätestens zwölf Monate und 14 Tage nach dem in Absatz 2 oder §355 Absatz 2 Satz 2 genannten Zeitpunkt. Satz 2 ist auf Verträge über Finanzdienstleistungen nicht anwendbar.

4.10 Welche Vergütungen darf der Verwalter vereinbaren?

Der Fall
Ein Verwalter hat sich gerade selbstständig gemacht und überlegt, welche Vergütungen er seinen neuen WEG anbieten kann.

Das Problem
Das WEGG regelt nichts zur Vergütung. Es gibt in Deutschland kein flächendeckendes Vergütungsnetz und deutliche regionale Unterschiede (siehe Grafik unten). Die Rechtsprechung zur Trennungstheorie, die AGB-Inhaltskontrolle und die gesetzlichen Vorgaben verkomplizieren den gesamten Prozess der Vergütungsvereinbarung.

Die Lösung
Die Vergütung der Verwalter wird i.d.R. nach Einheiten berechnet und setzt sich aus der sog. Grund- und den Zusatzvergütungen zusammen. Der DDIV (Dachverband Deutscher Immobilienverwalter) bringt jährlich eine Statistik

heraus, aus der sich gewisse Richtwerte ergeben, die zur Orientierung herangezogen werden können.

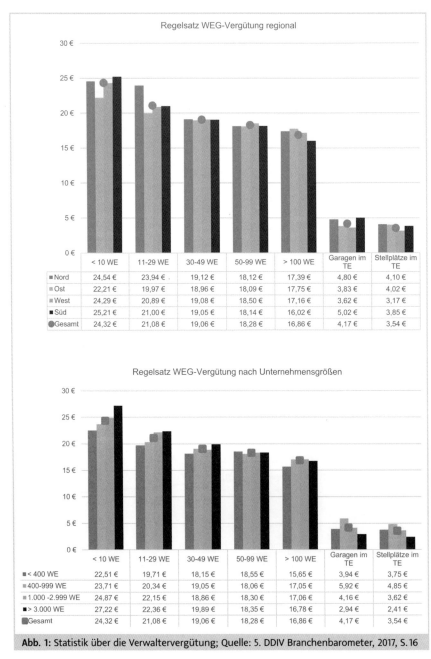

Regelsatz WEG-Vergütung regional

	< 10 WE	11-29 WE	30-49 WE	50-99 WE	> 100 WE	Garagen im TE	Stellplätze im TE
■ Nord	24,54 €	23,94 €	19,12 €	18,12 €	17,39 €	4,80 €	4,10 €
■ Ost	22,21 €	19,97 €	18,96 €	18,09 €	17,75 €	3,83 €	4,02 €
■ West	24,29 €	20,89 €	19,08 €	18,50 €	17,16 €	3,62 €	3,17 €
■ Süd	25,21 €	21,00 €	19,05 €	18,14 €	16,02 €	5,02 €	3,85 €
● Gesamt	24,32 €	21,08 €	19,06 €	18,28 €	16,86 €	4,17 €	3,54 €

Regelsatz WEG-Vergütung nach Unternehmensgrößen

	< 10 WE	11-29 WE	30-49 WE	50-99 WE	> 100 WE	Garagen im TE	Stellplätze im TE
■ < 400 WE	22,51 €	19,71 €	18,15 €	18,55 €	15,65 €	3,94 €	3,75 €
■ 400-999 WE	23,71 €	20,34 €	19,05 €	18,06 €	17,05 €	5,92 €	4,85 €
■ 1.000 -2.999 WE	24,87 €	22,15 €	18,86 €	18,30 €	17,06 €	4,16 €	3,62 €
■ > 3.000 WE	27,22 €	22,36 €	19,89 €	18,35 €	16,78 €	2,94 €	2,41 €
● Gesamt	24,32 €	21,08 €	19,06 €	18,28 €	16,86 €	4,17 €	3,54 €

Abb. 1: Statistik über die Verwaltervergütung; Quelle: 5. DDIV Branchenbarometer, 2017, S. 16

Wichtig !

In der Praxis ist es völlig unklar, welche Grundvergütung tatsächlich angemessen ist und welche Zusatzvergütungen wirksam vereinbart werden können. Auch wenn in der Branche der WEG-Verwalter ein enormer Preiskampf herrscht, sollten sich alle Beteiligten fragen, wie viel ein Eigentümer bezahlen muss, damit die WEG qualitativ und quantitativ vernünftig verwalten werden kann. Sicherlich ist die Frage nicht einheitlich zu beantworten. Fakt ist aber auch, dass kleinere WEG deutlich mehr in den Verwalter investieren müssen als größere WEG. Welche WEG als »klein« und »groß« angesehen werden kann, liegt sicherlich immer im Auge des Betrachters.

Es gilt aber zu bedenken: Bei der Verwaltung jeder WEG gibt es einen gewissen Grundaufwand, d.h. es ist dann völlig unerheblich, ob es sich um 10 Einheiten oder 100 Einheiten handelt.

Wenn die Heizung ausfällt !

Die gemeinschaftliche Heizungsanlage fällt aus. Ob die WEG nun aus 10 oder 100 Einheiten besteht, ist völlig egal, weil der Arbeitsprozess für den Verwalter identisch ist. Es muss der Heizungsbauer beauftragt werden, der die Heizung überprüft und wieder ordnungsgemäß in Betrieb nimmt.

An dieser Stelle ist noch wichtig zu erwähnen, dass bei der Vereinbarung der Grundvergütung darauf geachtet werden muss, dass im Verwaltervertrag klar erkennbar definiert wird, welche Leistungen Bestandteil der Grundvergütung sind, sonst gehen die Gerichte davon aus, dass von der Grundvergütung das gesamte Leistungsspektrum abgedeckt wird. Zusatzvergütungen sind dann überraschend und benachteiligen die WEG unangemessen. Was die Zusatzvergütungen angeht, gibt es mittlerweile zahlreiche Gerichtsentscheidungen, die sich mit verschiedenen Vergütungen auseinander setzen.

4.11 Welche Zusatzgebühren sind im Verwaltervertrag erlaubt?

Der Fall
Der Verwalter hat die Möglichkeit, sich bei einer neuen WEG zu bewerben. In seinem Angebot hat er neben der Grundvergütung u.a. folgende Zusatzvergütung beschrieben:

»Für die Erstellung der Bescheinigung gem. §35a EStG erhält der Verwalter pro Abrechnungszeitraum ein Zusatzhonorar in Höhe von 10,00 EUR zzgl. USt (zzt. 19%) = 11,90 EUR brutto pro Eigentümer und Jahr.«

Die interessierten Eigentümer sind der Meinung, da ihr bisheriger Verwalter praktisch alles über die Grundvergütung abgewickelt hat, dass diese Art der Vergütung nicht zulässig ist und der Verwalter das selbstverständlich kostenlos erledigen muss.

Das Problem

Nach dem WEGG und der Rechtsprechung darf der Verwalter sich keine Tätigkeiten vergüten lassen, die er nach dem WEG ohnehin schuldet bzw. die zu seinem Pflichtenkatalog gehört (z. B. gemäß § 27 Abs. 7 WEG: Führen der Beschluss-Sammlung).

In der Praxis ist dieser Grundsatz ein großes Problem, denn nur mit der Grundvergütung kann keine vernünftige und qualitativ hochwertige Verwaltung angeboten werden. In den letzten Jahren hat es sich daher zunehmend durchgesetzt, dass der Verwalter bestimmte Zusatzvergütungen im Verwaltervertrag vereinbart, wobei die Rechtsprechung zu diesem Thema sehr uneinheitlich ist bzw. mit den Meinungen in der WEG-Kommentierung teilweise nicht korrespondiert.

Da der Verwaltervertrag die Vergütungsansprüche sichert, ist eine klare und sichere Abgrenzung zwischen Grund- und Zusatzvergütung notwendig.[11] Darüber hinaus muss stets beachtet werden, dass ein formularmäßig abgeschlossener Verwaltervertrag den Bestimmungen der §§ 305 ff. BGB (AGB-Inhaltskontrolle) unterliegt, sodass die Klauseln insbesondere hinsichtlich der Zusatzvergütungen klar, deutlich und verständlich sein müssen.

Nun aber soll die Frage beantwortet werden: Welche Zusatzvergütungen sind zulässig und darf sich der Verwalter im vorliegenden Beispiel die Erstellung der Bescheinigung gemäß § 35a EStG vergüten lassen?

Die Lösung

Zur Historie: Seit den Jahren 2006/2007 besteht für Eigentümer die Möglichkeit, die Einkommensteuerlast für Ausgaben gemäß § 35a EStG (haushaltsnahe Beschäftigungsverhältnisse und Dienstleistungen sowie für bestimmte Handwerkerleistungen) zu mindern. Hierzu muss allerdings der Lohnkostenanteil in der Jahresabrechnung oder durch eine Bescheinigung ausgewiesen werden. Es handelt sich also um eine Dienstleistung, die der Verwalter nach dem WEGG nicht

---

11 BGH, Urteil v. 27.2.2015 – V ZR 114/14; ZMR 2015, 393

schuldet und somit auch nicht kostenlos erbringen muss. Das LG Düsseldorf hat bereits entschieden, dass eine Vergütung von 25,00 EUR angemessen ist.[12]

Eine der wichtigsten Entscheidungen in diesem Zusammenhang ist allerdings die des LG Bremen[13]: »Die Verpflichtung des Verwalters der Wohnungseigentümergemeinschaft zur Erstellung einer Jahresabrechnung im Rahmen des §28 WEG Abs. III umfasst nicht den Ausweis und die differenzierte Darstellung begünstigter haushaltsnaher Beschäftigungsverhältnisse und Dienstleistungen i.S. des §35a EStG.«

Eine Gebühr für eine solche Bescheinigung kann sich am Markt allerdings nur durchsetzen, wenn sie durch alle Verwalter auch angeboten und abgerechnet wird.

Hier eine Übersicht über die Zusatzvergütungen, die (derzeit) einer AGB-Inhaltsprüfung standhalten, wobei es aber immer auf die konkrete Formulierung im Verwaltervertrag ankommt:

Übersicht über gültige Zusatzvergütungen	
Zusatzvergütung für	Gerichtsurteil
Außerordentliche ETV	OLG München; NZM 2009, 548
Betreuung Rechtsstreitigkeiten	Aktivprozesse; LG München I; ZMR 2012, 578
Bescheinigung §35a EStG	LG Düsseldorf; ZMR 2008, 484
Nichtteilnahme Lastschrifteinzug	OLG Düsseldorf; ZMR 1999, 192
Verwalterzustimmung	Kosten der Verwalterzustimmung, ZMR 2012, 1
Beitreibung Hausgelder	BGH; ZMR 2012, 461
Unerledigte Aufgaben Vorverwalter	NJW-RR 1993, 529
Kopie, Porto etc.	OLG München; ZMR 2007, 815

Darüber hinaus gibt es noch weitere Zusatzvergütungen. Die Wirksamkeit hängt allerdings von der speziellen Formulierung ab, daher ist die Rechtsprechung nicht einheitlich: z.B. Mahngebühren, Regiegebühr für größere Instandsetzungs- oder Modernisierungsmaßnahmen (oft auch »Bauregiege-

---

12 LG Düsseldorf, Beschluss v. 8.2.2008 – 19 T 489/07; ZMR 2008, 484
13 LG Bremen, Beschluss v. 19.5.2008 – 4 T 438/07; NZM 2009, 750

bühr« genannt), Bearbeitung von Versicherungsschäden, Bearbeitung von Sonderumlagen etc.

Die Rechtsprechung zeigt zwar Tendenzen, dass auch »normale« Tätigkeiten unter bestimmten Voraussetzungen wie »besondere« Leistungen vergütet werden können, wenn dies vertraglich vereinbart wurde. Aus Sicherheitsgründen kann hier aber nur empfohlen werden, die von den Verwalterverbänden herausgebrachten Verwalterverträge zu verwenden und keine »Eigenkompositionen« zu erarbeiten.

Das bisherige Vergütungssystem muss dringend überdacht werden. Eigentümer haben einen Anspruch auf eine vernünftige Verwaltung – im Gegenzug muss diese Dienstleistung auch angemessen vergütet werden.

4.12   Wann ist die Verwaltervergütung fällig?

Der Fall
Der Verwalter entnimmt sich die vereinbarte Grundvergütung immer im Voraus und zum ersten des jeweiligen Monats. Darf er das?

Das Problem
Das WEGG regelt nichts zur Fälligkeit der Grund- und Zusatzvergütungen. Folglich gelten die gesetzlichen Vorschriften des BGB.

Die Lösung
Ist im Verwaltervertrag nichts zur Fälligkeit geregelt, ist die Grundvergütung/ Zusatzvergütung erst **nach** Erbringung der Verwaltertätigkeit fällig, somit also erst am Ende des Monats.

> **! Wichtig**
>
> Im Verwaltervertrag sollte geregelt sein: »Der Verwalter ist berechtigt, die Grundvergütung jeweils zum Ersten des Monats vom Konto der WEG zu entnehmen. Zusatzvergütungen werden mit Erbringung der Zusatzleistung fällig.«
> Achtung: Vereinbarungen der Gemeinschaftsordnung stets beachten!

4.13   Zusatzgebühren: Vorsicht – Vertrag zulasten Dritter!

Der Fall
Im Verwaltervertrag wurde vereinbart, dass säumige Eigentümer für das zweite Mahnschreiben 11,90 EUR inkl. USt an den Verwalter zahlen müssen.

Eigentümer M hat bereits die zweite Mahnung erhalten, weigert sich aber, die Mahngebühr zu begleichen.

Das Problem

Seit der WEG-Novelle 2007 kommt der Verwaltervertrag zwischen dem Verwalter und der WEG zustande und nicht mehr mit den einzelnen Eigentümern. Verursacherbezogene Zusatzgebühren können im Verwaltervertrag nicht (mehr) zulasten von Eigentümern begründet werden.

Die Lösung

Seit dem 1.7.2007 besteht gemäß § 21 Abs. 7 WEG eine Beschlusskompetenz, verursacherbezogene Zusatzgebühren mit einfacher Stimmmehrheit auf die entsprechenden Eigentümer abzuwälzen.

Wichtig   **!**

Die Zusatzvergütungen werden im Verwaltervertrag mit der WEG vereinbart, zeitgleich muss aber der Abwälzungsbeschluss (§ 21 Abs. 7 WEG) gefasst werden.
Hier ein Formulierungsbeispiel: »Die im Verwaltervertrag vereinbarten Zusatzvergütungen unter § … sollen dem jeweiligen Verursacher weiterbelastet werden.«

Das Vergütungsdreieck seit dem 1.7.2007:

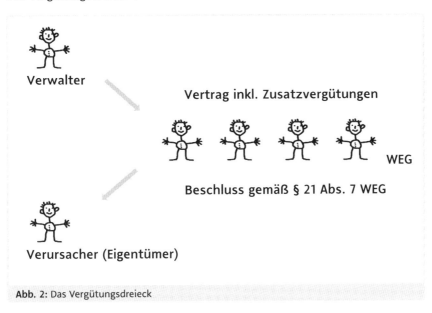

Verwalter

Vertrag inkl. Zusatzvergütungen

WEG

Beschluss gemäß § 21 Abs. 7 WEG

Verursacher (Eigentümer)

Abb. 2: Das Vergütungsdreieck

4.14 Sind Vergleichsangebote bei der Verwalterbestellung notwendig?

Der Fall

Die WEG möchte einen neuen Verwalter bestellen. Es liegt nur das Angebot der Immobilien-Verwaltung GmbH vor. Mangels Konkurrenz wird die Immobilien-Verwaltung GmbH mit einer Gegenstimme bestellt. Der Beschluss wird angefochten.

Das Problem

Das WEGG gibt nicht vor, wie viele Angebote bei einer Neu- oder Wiederbestellung vorgelegt werden müssen.

Die Lösung

Angebote von mehreren Verwaltern müssen im Grundsatz vor der Beschlussfassung der Eigentümer über die Bestellung eines neuen Verwalters, nicht aber vor der Wiederbestellung des amtierenden Verwalters eingeholt werden.[14]

> **! Wichtig**
>
> Liegt nur ein Angebot vor und wird darüber ein Beschluss gefasst, der nicht gerichtlich angefochten wird, wird dieser bestandskräftig.

4.15 Stimmrechtsverbot bei der Verwalterbestellung

Der Fall

Die Wiederbestellung des Verwalters steht an. Der Verwalter ist gleichzeitig auch Eigentümer in dieser WEG.

Das Problem

Kann der Verwalter bei gleichzeitiger Eigentümerstellung auch über seine eigene Bestellung abstimmen? Im WEGG findet sich hierzu keine Regelung.

Die Lösung

Für einen zum Verwalter bestellten Wohnungseigentümer besteht bei der Beschlussfassung über seine Bestellung und bei Abschluss des Verwaltervertrags kein Stimmrechtsverbot i. S. d. § 25 Abs. 5 WEG. Das gleiche Prinzip ist auch bei

---

14 BGH, Urteil v. 1.4.2011 – V ZR 96/10; ZMR 2011, 735

der Abberufung anzuwenden.[15] Nach der Trennungstheorie müsste zwischen der Bestellung und dem Abschluss des Verwaltervertrags unterschieden werden. Demnach besteht für den Akt der Bestellung kein Stimmrechtsverbot, für den Abschluss des Verwaltervertrags, auch wenn Vollmachten vorliegen (da ein Rechtsgeschäft i.S.d. 25 Abs. 5 WEG) schon. Allerdings hat der BGH hierzu bereits entschieden: Wenn mit der Bestellung gleichzeitig über den Abschluss des Verwaltervertrags beschlossen wird, liegt der Schwerpunkt der Beschlussfassung in der Bestellung und damit besteht in dieser Konstellation auch für den Abschluss des Verwaltervertrags kein Stimmrechtsverbot.

> **Wichtig**   !
>
> Nur wenn der Verwalter bei Vorliegen eines wichtigen Grundes abberufen und der Verwaltervertrag außerordentlich gekündigt werden soll, besteht ein Stimmverbot!

4.16 Stimmrechtsverbot bei der Verwalterbestellung bei Vorliegen von Vollmachten?

Der Fall
Die Wiederbestellung des Verwalters steht an. Dem Verwalter liegen einige Vollmachten (nicht weisungsgebunden) für die Eigentümerversammlung vor.

Das Problem
Kann der Verwalter die Vollmachten verwenden und über seine eigene Bestellung abstimmen?

Die Lösung
Nach h.M. können die Vollmachten zur Abstimmung über die eigene Bestellung verwendet werden.[16] Auch hier gilt das gleiche Prinzip wie beim Fall oben: Nur wenn gleichzeitig über die Bestellung und den Abschluss des Verwaltervertrags beschlossen wird, besteht kein Stimmrechtsverbot.

Bitte auch hier beachten: Sollte es sich um eine Abberufung aus wichtigem Grund handeln, ist der bevollmächtigte Verwalter nach der Rechtsprechung und h.M. vom Stimmrecht ausgeschlossen.[17]

---

15 u.a. BGH, Beschluss v. 19.9.2002 – V ZB 30/02; ZMR 2002, 930
16 Bärmann, WEG, 13.Aufl. 2015, Rd. 151
17 Bärmann, WEG, 13 Aufl. 2015, Rd. 153

> **! Wichtig**
>
> Ein Stimmrechtsverbot gilt auch für die Entlastung bzw. Einleitung eines Rechtsstreits gegen den Verwalter. Die Probleme können umgangen werden, wenn der Vollmachtgeber die Vollmacht mit einer klaren Weisung ausstattet oder der Verwalter – soweit keine anderslautenden Vereinbarungen existieren – einem Dritten eine Untervollmacht erteilt, wenn dies dem Willen des Hauptvollmachtgebers nicht widerspricht.
>
> Im Vollmachtvordruck zur ETV sollte daher stehen: »Der Vertreter ist berechtigt, Untervollmacht zu erteilen.«
>
> Und: Bitte unbedingt die Regelungen der GO beachten!

4.17 Der Versammlungsleiter bei juristischen Personen

Der Fall

Die Immobilien-Verwaltung GmbH ist Verwalterin einer WEG. Mitarbeiter V übernimmt die Versammlungsleitung der Eigentümerversammlung. Diverse Eigentümer sind damit nicht einverstanden und verlangen eine Legitimation des Mitarbeiters. Zu Recht?

Das Problem

Das WEGG regelt lediglich: »Den Vorsitz in der ETV führt, sofern diese nichts anderes beschließt, der Verwalter.« Was bedeutet das für die Praxis? Zunächst muss man sich fragen, wer (natürliche Person, juristische Person) zum Verwalter bestellt wurde.

Die Lösung

Ist eine juristische Person (z.B. GmbH, UG) oder eine Personengesellschaft (z.B. OHG, KG) zum Verwalter bestellt, kann der Vorsitz nur durch ein vertretungsberechtigtes Organ (z.B. Geschäftsführer) oder einen rechtsgeschäftlichen Vertreter (z. B Prokurist) übernommen werden. Es besteht aber auch die Möglichkeit, den Vorsitz ohne Zustimmung der Eigentümer an einzelne Mitarbeiter zu delegieren.[18]

> **! Wichtig**
>
> Im Verwaltervertrag kann vereinbart werden, welche natürliche Person den Versammlungsvorsitz übernehmen soll. Soweit hierzu Regelungen existieren, sollten die Mitarbeiter sicherheitshalber mit einer entsprechenden Vollmacht zur Übernahme des Versammlungsvorsitzes oder sogar zur Erklärung besonderer Willenserklärungen (z.B. Verwalterbestellung) ausgestattet werden.

---

18 KG, Beschluss v. 15.9.2000 – 24 W 3301/00; ZMR 2001, 223

4.18 Darf der Verwalter das Grundbuch einsehen?

Der Fall
Ein Eigentümer hat Hausgeldrückstände. Der Verwalter möchte zur Vorbereitung der Zahlungsklage das Grundbuch (Abteilung I–III) des betroffenen Eigentümers einsehen.

Das Problem
Die Grundbuchordnung regelt abstrakt: Die Einsicht des Grundbuchs ist jedem gestattet, der ein berechtigtes Interesse darlegt. Fraglich ist daher, ob der Verwalter ein generelles Einsichtsrecht hat oder eine Beschränkung auf bestimmte Abteilungen besteht (z.B. keine Einsicht in Abteilung II und III).

Die Lösung
Nach aktueller Rechtsprechung steht dem Verwalter ein vollständiges Einsichtsrecht in die Grundbücher der jeweiligen Eigentümer der WEG zu. Das Einsichtsrecht umfasst auch die Anforderung von Urkunden (z.B. Kopie der GO, Vereinbarungen inkl. Zuweisung von Sondernutzungsrechten etc.). Durch Vorlage des Bestellungsbeschlusses kann der Verwalter sich beim Grundbuchamt legitimieren und der guten Ordnung halber sein Interesse an der Einsicht erläutern, damit es mit den Rechtspflegern zu keinen Komplikationen kommt.

Achtung !
Kein Einsichtsrecht besteht für Eigentümer bei Hausgeldrückständen eines anderen Eigentümers (OLG Hamm, Beschluss v. 17.06.2015; ZWE 2015, 361).

Wichtig !
Zur Kontrolle und Pflege der Eigentumsverhältnisse können bei den Grundbuchämtern entsprechende Eigentümerlisten angefordert werden. Die Führung der Grundbücher erfolgt mittlerweile in elektronischer Form. Bis heute gibt es leider noch keine Befugnisse für die Verwalter, einen elektronischen Grundbuchzugang – zumindest für das Bestandsverzeichnis und Abteilung I – zu erhalten.

4.19 Gibt es eine Pflicht zur Übersendung von Verwaltungsunterlagen?

Der Fall
Ein Eigentümer verlangt vom Verwalter die Übersendung von Kopien verschiedener Verwaltungsunterlagen.

Das Problem

Fraglich ist, ob der Verwalter kraft Gesetzes verpflichtet ist, jedem Eigentümer auf Anforderung entsprechende Verwaltungsunterlagen zu übermitteln.

> **❗ Achtung**
>
> Gegebenenfalls ergibt sich der Anspruch aus dem Verwaltervertrag oder der GO!

Die Lösung

Grundsätzlich hat jeder Eigentümer das Recht, die Verwaltungsunterlagen in den Geschäftsräumen des Verwalters einzusehen und sich gegen Kostenerstattung Kopien (angemessen: 0,30 EUR/Kopie) anfertigen zu lassen. Ein Anspruch auf Übersendung von Kopien, auch gegen Kostenerstattung, besteht dagegen grundsätzlich nicht.[19] Das Einsichtsrecht des Eigentümers wird allerdings durch das Verbot des Rechtsmissbrauchs (§ 242 BGB) und des Schikaneverbots begrenzt, was vom jeweiligen Einzelfall abhängig ist.

> **❗ Wichtig**
>
> In Ausnahmefällen kann ein Eigentümer einen Anspruch auf Übersendung von Kopien haben, insbesondere wenn der Wohnsitz weit entfernt liegt oder der Eigentümer auf andere Weise die erforderlichen Informationen nicht rechtzeitig vor einer Eigentümerversammlung bekommen kann.

4.20   Welche Auskunftspflichten treffen den Verwalter?

Der Fall

Diverse Eigentümer, welche in unmittelbarer Nachbarschaft zu den Geschäftsräumen des Verwalters wohnen, verlangen von diesem mittels zehn Schreiben Auskunft zur Jahresabrechnung, zum Wirtschaftsplan und zu weiteren Verwaltungsangelegenheiten.

Das Problem

Im schlimmsten Fall beschäftigt sich der Verwalter den ganzen Tag mit der Beantwortung von Anfragen, ohne seine eigentlichen Aufgaben zu erfüllen. Für die Praxis – insbesondere seit der WEG-Novelle 2007 – stellt sich die interessante Frage, ob der Verwalter verpflichtet ist, jede Anfrage – soweit es sich um Angelegenheiten der WEG handelt – zu beantworten.

---

19   BGH, Urteil v. 11.2.2011 – V ZR 66/10; ZMR 2011, 489

Die Lösung

Der Anspruch gegen den Verwalter auf Auskunft und Informationen zu Angelegenheiten der WEG steht allen Eigentümern gemeinschaftlich zu (unteilbare Leistung). Dieser Anspruch wird grundsätzlich in der Eigentümerversammlung erfüllt oder die WEG ermächtigt hierzu jemanden durch Beschluss.[20]

Selbstverständlich bedeutet der Praxisfall nicht, dass mit den Eigentümern nicht mehr kommuniziert werden soll, der Verwalter ist immer noch Dienstleister. Dennoch hilft die Entscheidung des BGH, den Eigentümern in Ausnahmefällen die Grenzen aufzuzeigen.

Wichtig

- Den Anspruch gegen den Verwalter auf Beschlussdurchführung hat ebenfalls die WEG geltend zu machen. Ein einzelner Eigentümer ist hierzu nicht berechtigt, es sei denn, er wurde durch Beschluss hierzu ermächtigt.
- Bezieht sich das Auskunftsverlangen nur auf Angelegenheiten, die den Eigentümer betreffen, muss der Verwalter die entsprechenden Auskünfte erteilen.

4.21 Darf der Verwalter Provisionen vereinnahmen?

Der Fall

Der Verwalter schließt für die WEG einen neuen Versicherungsvertrag ab und erhält hierfür eine Provision in Höhe von 2.500 EUR.

Das Problem

Grundsätzlich ist der Verwalter verpflichtet, Versicherungsprovisionen (oder andere Zuwendungen, die im Zusammenhang mit der Verwaltertätigkeit der WEG vereinnahmt werden) an die WEG herauszugeben.[21] Macht er das nicht, droht neben der Rückerstattung (Schadenersatz) die vorzeitige Abberufung aus wichtigem Grund.

Die Lösung

Soweit der Verwalter durch seine Marktstellung einen besseren Versicherungsschutz zu preiswerten Konditionen erhalten kann, sollte er mit der WEG eine konkrete Vereinbarung treffen, in welcher Art und Weise er an den Vorteilen beteiligt wird.[22] Soweit keine andere Vereinbarung mit dem Verwalter

20   BGH, Urteil v. 11.02.2011 – V ZR 66, 10; ZMR 2011, 489
21   OLG Düsseldorf, Beschluss v. 21.1.1998 – 3 Wx 492–97; ZMR 1998, 306
22   LG Köln, Urteil v. 25.6.1992; WuM 1993, 712

besteht, ist dieser verpflichtet, Versicherungsprovisionen, die er für den Abschluss eines Versicherungsvertrags mit der WEG erhält, an das Gesamthandsvermögen der Gemeinschaft herauszugeben.

> **! Wichtig**
>
> Ein Hinweis, wenn nach Abschluss der Versicherung ein Schaden entsteht: Die Regulierung von Versicherungsschäden ist sehr aufwendig und teilweise vom Verwalter gar nicht geschuldet (wenn z.B. Folgeschäden am Sondereigentum betroffen sind). Die WEG sollte daher entscheiden, ob sie dem Verwalter hierfür eine Zusatzvergütung verspricht oder der Verwalter den Regieaufwand mit der Versicherung abrechnen darf. Der Verwalter sollte dies auf jeden Fall dokumentieren (z. B. im Verwaltervertrag).

4.22 Wiederbestellung vergessen! Was nun?

Der Fall
Der Verwalter vergisst, auf der ordentlichen Eigentümerversammlung die Wiederbestellung durchzuführen. Die Verwalterbestellung läuft Ende des Jahres aus. Das Versäumnis fällt ihm erst bei der Vorbereitung der nächsten Eigentümerversammlung (also ein Jahr später) auf.

Das Problem
Grundsätzlich hat der Verwalter seine organschaftliche Stellung mit Ablauf der Bestellungszeit verloren. Wie gelingt es nun – natürlich ohne die WEG in Aufruhr zu versetzen –, eine weitere Wiederbestellung zu erhalten?

Die Lösung
Mit Ablauf der Bestellungszeit darf der Verwalter keine Handlungen mehr durchführen. Dies betrifft insbesondere die Einladung zur Eigentümerversammlung und die Übernahme der Versammlungsleitung.

> **! Rettungsstrategie**
>
> 1. Die gesamte Planung zur Eigentümerversammlung inkl. Einladungsschreiben nebst Anlagen wird durch den »Scheinverwalter« vorbereitet
> 2. Der Vorsitzende des Verwaltungsbeirats lädt zur nächsten Eigentümerversammlung ein (§24 Abs. 3 WEG: Fehlt ein Verwalter oder weigert er sich pflichtwidrig, die Versammlung der Wohnungseigentümer einzuberufen, so kann die Versammlung auch, falls ein Verwaltungsbeirat bestellt ist, von dessen Vorsitzendem oder seinem Vertreter einberufen werden.)
> 3. Der Vorsitzende des Verwaltungsbeirats eröffnet die Eigentümerversammlung und unmittelbar danach wird der »Scheinverwalter« zum Versammlungsleiter

gewählt und die Ordnung zur Wiederbestellung ist wiederhergestellt. (§24 Abs. 5 WEG: Den Vorsitz in der Wohnungseigentümerversammlung führt, sofern diese nichts anderes beschließt, der Verwalter.)

In der Praxis gab es zahlreiche Fälle, in denen der Verwalter ohne Beachtung von Formalien zur Eigentümerversammlung eingeladen und damit den Beschluss auf pragmatische Art herbeigeführt hat – das ist natürlich immer mit einem gewissen Anfechtungsrisiko verbunden.

Achtung   !

Es ist unbedingt darauf zu achten, dass seit dem 1.7.2007 der §49 Abs. 2 WEG im Gesetz verankert ist. Danach können dem Verwalter Prozesskosten auferlegt werden, soweit die Tätigkeit des Gerichts durch ihn veranlasst wurde und ihn ein grobes Verschulden trifft, auch wenn er nicht Partei des Rechtsstreits ist.

Wichtig   !

Sowie man feststellt, dass die organschaftliche Stellung nicht mehr besteht, sollte man mit dem Beschluss über die Wiederbestellung nicht zu lange warten. Insbesondere im Fall einer vereinbarten Veräußerungszustimmung (§12 WEG) wäre das fatal, da die Verwalterstellung bei einem Verkauf nicht wirksam nachgewiesen werden kann.

4.23 Verwalterwechsel: Wer ist für die Erstellung der Jahresabrechnung zuständig?

Der Fall
Der Verwalter übernimmt zum 1.1.2018 eine neue WEG. Im Rahmen der Objektübernahme stellt sich die Frage, welcher Verwalter für die Erstellung der Jahresabrechnung des Kalenderjahres 2017 verantwortlich ist.

Das Problem
Das WEGG regelt in §28 Abs. 3 lediglich, dass der Verwalter nach Ablauf des Kalenderjahres eine Abrechnung aufzustellen hat. Aus dieser Vorschrift ergibt sich leider nicht, welche Zuständigkeiten sich bei einem Verwalterwechsel ergeben.

Die Lösung
Das Gesetz formuliert indirekt, dass nach Ablauf des Kalenderjahres die Abrechnung fällig ist. Daraus leitet sich zunächst der Grundsatz ab, dass derjenige Verwalter die Abrechnung erstellen muss, der zum Zeitpunkt der Fälligkeit das Verwalteramt innehat.

Bei einem klassischen Verwalterwechsel zum 1.1. eines Jahres muss daher der neue Verwalter die Abrechnung kostenlos erstellen.[23] Der ausgeschiedene Verwalter bleibt natürlich zur Rechnungslegung (§§ 675, 666 BGB) auf den Zeitpunkt seines Ausscheidens verpflichtet.

> **! Wichtig**
>
> Nach der vor Kurzem veröffentlichten Entscheidung des BGH[24] kommt es auch nicht mehr darauf an, ob im Zeitpunkt des Ausscheidens des Verwalters die Abrechnung bereits fällig war. Bisher gab es Stimmen in der Literatur und Rechtsprechung, die annahmen, dass die Fälligkeit zur Erstellung der Jahresabrechnung auch verzögert eintreten kann (also nicht immer automatisch zum 1.1. eines jeden Jahres).[25] Danach betrug diese Frist in der Regel drei, höchstens jedoch sechs Monate nach Ablauf des Wirtschaftsjahres.
> Der BGH weist in seiner Entscheidung darauf hin, dass die Pflicht zur Erstellung der Jahresabrechnung durch eine abweichende Vereinbarung anders geregelt werden kann.

Bei der Übernahme von neuen WEG zum 1.1. ist also einzuplanen, dass die Vorjahresabrechnung, obwohl die gesamte Buchhaltung vom Vorverwalter geführt wurde, erstellt werden muss. In der Regel und aus Gründen der Transparenz buchen die Verwalter das gesamte Vorjahr nach, um mit ihrer Software eine ordnungsgemäße Jahresabrechnung vorlegen zu können. In bestimmten Fällen kann die Jahresabrechnung auch anhand der Rechnungslegung des Vorverwalters erstellt werden. Allerdings wird dies unter Umständen sehr komplex, weil die Aufteilung der Hausgelder, der Vermögensstatus und die Darstellung des Sollvermögens zum Problem werden können.

4.24 Der Verwalter als Makler: Vermittlung von Mietwohnungen?

Der Fall
Der WEG-Verwalter tritt gleichzeitig auch als Makler auf und vermittelt verschiedene Wohnungen aus seinem WEG-Bestand.

---

23 BGH, Urteil v. 16.2.2018 – V ZR 89/17 – juris.bundesgerichtshof.de
24 BGH, Urteil v. 16.2.2018 – V ZR 89/17 – juris.bundesgerichtshof.de
25 LG Dortmund, Hinweisbeschluss v. 5.10.2016 – 1 S 205/16, ZWE 2017, 183; OLG Zweibrücken, Beschluss v. 11.5.2007 – 3 W 153/06, ZMR 2007, 887

Das Problem

In § 2 Abs. 1 und Abs. 2 Ziff. 3 des Gesetzes zur Regelung der Wohnungsvermittlung (WoVermRG) ist zu lesen:

> **§ 2 Abs. 1 und Abs. 2 Ziff. 3 (WoVermRG)**   **!**
>
> Ein Anspruch auf Entgelt für die Vermittlung oder den Nachweis der Gelegenheit zum Abschluß von Mietverträgen über Wohnräume steht dem Wohnungsvermittler nur zu, wenn infolge seiner Vermittlung oder infolge seines Nachweises ein Mietvertrag zustande kommt.
> Ein Anspruch nach Absatz 1 Satz 1 steht dem Wohnungsvermittler nicht zu, wenn
> 1. der Mietvertrag über Wohnräume abgeschlossen wird, deren Eigentümer, Verwalter oder Vermieter eine juristische Person ist, an der der Wohnungsvermittler rechtlich oder wirtschaftlich beteiligt ist. Das gleiche gilt, wenn eine natürliche oder juristische Person Eigentümer, Verwalter oder Vermieter von Wohnräumen ist und ihrerseits an einer juristischen Person, die sich als Wohnungsvermittler betätigt, rechtlich oder wirtschaftlich beteiligt ist.

Daraus abgeleitet stellt sich die Frage, ob der Verwalter sich nun eine Provision für die Vermittlung der Mietwohnung versprechen lassen kann oder nicht?

Die Lösung

Der BGH hat diese bedeutende Frage bereits im Jahre 2003 geklärt und abschließend festgestellt, dass der Anspruch – insbesondere nicht nach § 2 Abs. 2 Satz 1 Nr. 2 WoVermittG – ausgeschlossen ist, da der Verwalter des gemeinschaftlichen Eigentums nicht Verwalter von Wohnräumen sei. Der Urteilstext dazu lautet: »Dem (gewöhnlichen) Verwalter nach §§ 20 ff. WEG ist ein Anspruch auf Entgelt für die Vermittlung oder den Nachweis einer Gelegenheit zum Abschluss von Mietverträgen über Wohnräume nicht nach § 2 Abs. 2 Satz 1 Nr. 2 WoVermittG versagt; er ist nicht Verwalter von Wohnräumen im Sinne dieser Bestimmung.«[26]

> **Wichtig**   **!**
>
> Die vorgenannte Entscheidung ist natürlich nicht mehr anzuwenden, wenn der Verwalter die Vermittlung im Rahmen einer Sondereigentumsverwaltung übernommen hat. Der Verwalter ist dann zugleich Verwalter von Wohnräumen i.S.d. § 2 Abs. 2 Satz 1 Nr. 2 WoVermittG.
> Übrigens gilt seit dem 21.4.2015 das sog. Bestellerprinzip. Das heißt, der Wohnungsvermittler darf vom Wohnungssuchenden für die Vermittlung oder den Nachweis der Gelegenheit zum Abschluss von Mietverträgen über Wohnräume kein Entgelt fordern,

---

26   BGH, Urteil v. 13.3.2003 – III ZR 299/02; ZMR 2003, 431

sich versprechen lassen oder annehmen, es sei denn, der Wohnungsvermittler holt ausschließlich wegen des Vermittlungsvertrags mit dem Wohnungssuchenden vom Vermieter oder von einem anderen Berechtigten den Auftrag ein, die Wohnung anzubieten.

4.25 Der Verwalter als Makler: Verkauf und Verwalterzustimmung

Der Fall

Der Verwalter einer WEG verkauft nebenbei auch Eigentumswohnungen. Die Veräußerung eines Wohnungseigentums bedarf gemäß §12 WEG der Zustimmung des Verwalters. Nach Abschluss eines Verkaufs erhält der Verwalter plötzlich eine Klage auf Rückzahlung der mit dem Käufer vereinbarten Provision in Höhe von 5.000 EUR. Der Käufer macht geltend, der Makler bzw. Verwalter habe aufgrund seiner Verflechtung mit der Verkäuferseite eine echte Maklerleistung nicht erbringen können. Kenntnis davon, dass er deswegen zur Zahlung eines Maklerlohns nicht verpflichtet gewesen sei, habe er erst nach Zahlung der Provision erhalten.

Das Problem

Beim Verkauf bzw. bei der Vermittlung von Eigentumswohnungen ist das Wohnungsvermittlungsgesetz nicht anwendbar. Problematisch ist, dass der Verwalter gemäß §12 WEG die Voraussetzungen für die Erteilung der Verwalterzustimmung prüfen muss, zeitgleich aber auch als Makler auftritt. In einer älteren Entscheidung[27] verneinte der BGH einen Anspruch auf Zahlung eines Maklerlohns nach §652 BGB.

Die Lösung

In einer neueren Entscheidung hat der BGH den Provisionsanspruch anerkannt und ausgeführt:[28] »Auch bei enger wirtschaftlicher Verflechtung des Maklers mit dem Vertragsgegner seines Kunden (hier: des Verwalters einer Wohnungseigentumsanlage) kann ein von den Voraussetzungen des §652 BGB unabhängiges Provisionsversprechen – auch als Vertrag zugunsten Dritter – vorliegen. Dafür genügt tatsächliche Kenntnis des Kunden von den die Verflechtung begründenden Umständen; Rechtskenntnis, dass der Makler keine echte Maklerleistung erbringen kann, ist nicht erforderlich.«

! Achtung

Wichtig ist, dass der Käufer darüber aufgeklärt wird, dass der Makler auch Verwalter der WEG und seine Zustimmung gemäß §12 WEG erforderlich ist.

---

27 BGH, Urteil v. 14.11.1990 – IV ZR 36/90; ZMR 1991, 71
28 BGH Urteil v. 6.2.2003 – III ZR 287/02; ZMR 2003, 359

> **Wichtig** !
>
> Damit es in der Praxis keine Unstimmigkeiten gibt, sollte bereits im Exposé der Hinweis erfolgen, dass Sie der Verwalter der WEG und vom Eigentümer damit beauftragt sind, die Wohnung zu vermitteln. Darüber hinaus muss klar darauf hingewiesen werden, dass gemäß dem Inhalt der Gemeinschaftsordnung die Zustimmung des Verwalters erforderlich ist. Auch ein selbstständiges Provisionsversprechen mit selbem Inhalt sollte in den beurkundenden Kaufvertrag aufgenommen werden.

4.26 Der Verwalter als Baufachmann?

Der Fall
Die WEG muss dringend zehn Balkone sanieren, Kosten: 65.000 EUR. Der Verwalter legt drei vergleichbare Angebote zur Beschlussfassung vor. Darüber hinaus schlägt der Verwalter vor, dass die komplizierte Maßnahme durch einen Baufachmann überwacht und abgenommen wird. Das Honorar des Baufachmanns liegt bei rd. 15.000 EUR. Die WEG beschließt zwar die Balkonsanierung, lehnt aber den Baufachmann ab. Die WEG vertritt die Meinung, der Verwalter müsse die Überwachung und Abnahme durchführen.

Das Problem
Aus § 27 Abs. 1 Ziff. 2 ergibt sich lediglich, dass der Verwalter die für die ordnungsgemäße Instandhaltung und Instandsetzung erforderlichen Maßnahmen treffen muss. Folgt daraus auch, dass er wie ein Baufachmann auftreten muss und dann dafür haftet, wenn etwas schiefgeht?

Die Lösung
Der Verwalter hat zwar die Pflicht, beauftragte Instandhaltungs- und Instandsetzungsmaßnahmen zu überwachen und abzunehmen. Diese Aufgabe umfasst aber nicht, dass der Verwalter auch die Kenntnisse eines Baufachmanns haben muss. Das Gesetz unterstellt lediglich, dass der Verwalter diese Aufgabe so erfüllen muss, wie es ein gewöhnlicher Eigentümer auch machen würde, d.h. er muss nur offenkundige Leistungen/Mängel feststellen und die vereinbarte Vergütung bezahlen. Selbstverständlich gehört die anschließende Mängelverfolgung zu den Aufgaben des Verwalters.

> **Wichtig** !
>
> Der Verwalter sollte bei größeren, komplizierten Baumaßnahmen immer die Einschaltung eines externen Baufachmanns vorschlagen. Lehnt die WEG die Beauftragung ab, sollte das im Protokoll dokumentiert werden. Besser wäre sogar, einen Negativbeschluss über die Ablehnung herbeizuführen.

4.27 Muss der Verwalter eine Fördermittelberatung (z. B. KfW) durchführen?

Der Fall

Die WEG fordert vom Verwalter Schadenersatz, da er bei der Planung einer energetischen Sanierung nicht ausreichend über mögliche Fördermittel der KfW beraten hat.

Das Problem

Dem Gesetz lässt sich keine Pflicht des Verwalters zur Fördermittelberatung entnehmen. In der Praxis unterstellen aber viele Eigentümer, dass der Verwalter eine solche Beratung selbstverständlich ohne Zusatzvergütung abdecken kann und muss.

Die Lösung

Es gibt wenige Gerichtsentscheidungen, die sich mit dem Thema auseinandersetzen. Das LG Mönchengladbach[29] bejaht eine Pflicht des Verwalters zur Fördermittelberatung, das AG Oberhausen[30] verneint diese Verpflichtung.

> **! Wichtig**
>
> Selbstverständlich ist der Verwalter nicht berechtigt oder in der Lage, im Detail Auskünfte zu bestimmten Fördermitteln zu geben. Allerdings sollte im Rahmen der Vorbereitung eines Beschlusses auf die Möglichkeit hingewiesen werden. Die WEG sollte dann im Rahmen der Beschlussfassung einen geeigneten Fachmann beauftragen, der prüft, ob es Fördermittel gibt und unter welchen Bedingungen diese überhaupt in Anspruch genommen werden können. Eine Beratung findet also ausschließlich – auch aus Haftungsgründen – von dem beauftragten Fachmann statt.

4.28 Kontoführung in der WEG (Legitimation)

Der Fall

Der Verwalter freut sich über seine erste Bestellung, fragt sich aber zugleich, welche Art von Konto für die WEG angelegt werden muss und wie er sich gegenüber der Bank legitimiert.

Das Problem

In der Praxis ist der Umgang mit den Banken oft schwierig. Das hängt zum einen damit zusammen, dass der Verband der Wohnungseigentümer (WEG) eine

---

29 LG Mönchengladbach, Beschluss v. 29.9.2006 – 5 T 51/06; ZMR 2007, 402
30 AG Oberhausen, Anerkenntnisurteil v. 7.5.2013 – 34 C 79/12; ZMR 2013, 669

besondere Form von teilrechtsfähiger Gemeinschaft ist und für die Bestellung des Verwalters besondere Vorschriften gelten, die den Banken oft unbekannt sind. Regelmäßig werden daher Unterlagen angefordert, welche die Bank gar nichts angehen, wie z.B. der Verwaltervertrag.

Die Lösung

Seit der Entscheidung zur Teilrechtsfähigkeit[31] der WEG dürfen nur noch offene Fremdgeldkonten angelegt werden, d.h. Kontoinhaber ist stets die jeweilige WEG und nicht wie früher üblich der Verwalter. Bei Verstößen kann ein wichtiger Grund zur Abberufung vorliegen. Aus §27 Abs. 3 Ziffer 5 WEGG ergibt sich: Der Verwalter ist berechtigt, im Namen der Gemeinschaft der Wohnungseigentümer und mit Wirkung für und gegen sie im Rahmen der Verwaltung der eingenommenen Gelder gemäß §27 Abs. 1 Nr. 6 WEGG die entsprechenden Konten zu führen. Daraus ergibt sich auch, dass der Verwalter die Konten ohne großen Aufwand anlegen kann. Gemäß §20 Abs. 3 WEGG muss der Verwalter einer Bank lediglich die Niederschrift über seine Bestellung (Bestellungsprotokoll) vorlegen.

> **Wichtig** !
>
> Der Verwaltervertrag ist keine vernünftige Legitimation des Verwalters, denn nach der Trennungstheorie erlangt der Verwalter die organschaftliche Stellung durch den Beschluss (oder durch Bestellung in der Gemeinschaftsordnung) und nicht durch Abschluss eines Verwaltervertrags. Auch die Verwaltervollmacht ist in der Regel nutzlos, weil diese nur Berechtigungen erteilt, die ohnehin vom Gesetz vorgeschrieben sind. Die Bevollmächtigung zur Durchführung von anderen Rechtsgeschäften ergibt sich ansonsten durch eine Vereinbarung oder einen entsprechenden Beschluss.

Bei der Übernahme einer neuen WEG ist es daher nicht erforderlich, das alte Konto zu schließen und ein neues Konto anzulegen. Auch hier reicht einfach die Legitimation des Verwalters durch Vorlage des Bestellungsbeschlusses (oder der Bestellung in der Gemeinschaftsordnung) zur Übernahme der Konten. In der Praxis wird dieses Prozedere lediglich durchgeführt, weil jeder Verwalter seine eigene Hausbank hat und bestimmte Prozesse eingespielt sind.

4.29 Kann der Verwalter seine Immobilienverwaltung verkaufen?

Der Fall

Der Geschäftsführer der Immobilienverwaltung GmbH ist 79 Jahre alt und möchte sich gerne zur Ruhe setzen. Er hat bereits einen Nachfolger gefunden,

---

31   BGH, Beschluss v. 2.6.2005 – V ZB 32/05; ZMR 2005, 547

der die Geschäftsanteile seiner GmbH kaufen und dann eine Verschmelzung mit seinem anderen Immobilienunternehmen durchführen möchte.

Das Problem

Geschäftsanteile einer GmbH zu kaufen und damit der neue Inhaber (Gesellschaft) zu sein, ist problemlos möglich. Oftmals wird allerdings unterschätzt, dass die WEG-Verwaltung ein sehr personenbezogenes Geschäft ist und die Eigentümer sich vielleicht nur für den Verwalter entschieden haben, weil sie durch den »Chef« selbst betreut werden etc. Dennoch gibt es in Deutschland viele Unternehmen, die keinen Nachfolger haben. Damit stellt sich naturgemäß die Frage, wie das Lebenswerk an einen fachkundigen Interessenten ohne Probleme weitergegeben werden kann.

Fraglich ist allerdings, ob die Verschmelzung mit einer anderen GmbH dazu führen kann, dass die WEG ein Sonderkündigungsrecht ausüben kann, weil die neue juristische Person nicht mehr mit der bestellten juristischen Person identisch ist.

Die Lösung

Erst vor einigen Jahren hatte der BGH die Möglichkeit, sich mit einer solchen Konstellation zu beschäftigen, und entschied:[32] »Bei der Verschmelzung einer zur Verwalterin einer Wohnungseigentumsanlage bestellten juristischen Person auf eine andere juristische Person gehen die Organstellung und der Verwaltervertrag im Wege der Gesamtrechtsnachfolge auf den übernehmenden Rechtsträger über; der Verwaltervertrag erlischt nicht in entsprechender Anwendung von §673 BGB, weil diese Norm durch die im Umwandlungsgesetz enthaltenen Spezialvorschriften verdrängt wird.«

Allerding wies der BGH auch darauf hin, dass sich ein Sonderkündigungsrecht ergeben könnte, wenn die Eigentümer aufgrund einer Umstrukturierung mit konkreten nachteiligen Änderungen in der Zusammenarbeit rechnen müssen, die nicht ganz unerheblich sind. Daran wird es regelmäßig fehlen, wenn die sachliche Betreuung aus Kundensicht im Wesentlichen unverändert bleibt.

> **!** **Wichtig**
>
> Das BGH-Urteil ist eine wichtige Entscheidung für die Praxis. Soweit also eine Verschmelzung durchgeführt wird, sollte darauf geachtet werden, dass eine gewisse Zeit keine großen Veränderungen stattfinden. Die WEG muss sich an die neue Situation gewöhnen. Aus Erfahrung kann man sagen: Wird nach der Verschmelzung der gleiche oder sogar ein besserer Service geboten, steht eine Sonderkündigung gar nicht zur Disposition.

---

32   BGH, Urteil v. 21.2.2014 – V ZR 164/13; ZMR 2014, 654

4.30 Datenschutz in der WEG – was darf der Verwalter mitteilen?

Der Fall
Eigentümer Q fordert beim Verwalter eine aktuelle Eigentümerliste mit den jeweiligen Anschriften an und bittet darüber hinaus um Mitteilung, welche Eigentümer sich mit der Zahlung des Hausgeldes im Rückstand befinden.

Das Problem
Besteht innerhalb der WEG Datenschutz? Darf der Verwalter die angeforderte Liste bzw. Informationen herausgeben?

Die Lösung
Innerhalb der WEG gibt es grundsätzlich keinen Datenschutz. Das gilt für alle Informationen im Rahmen der Verwaltung des gemeinschaftlichen und des Sondereigentums. Gerade bei Hausgeldrückständen sollte jedem Eigentümer bekannt sein, dass unter den Mitgliedern der WEG im Innenverhältnis eine Haftung für Hausgeldausfälle besteht.[33] Daraus lässt sich ableiten, dass jedes Mitglied der WEG wissen muss, ob, von wem und in welcher Höhe Haugelder fehlen.

Im gerichtlichen Verfahren (§ 44 WEG) ist normiert, dass die Namen der Eigentümer bekannt gegeben werden müssen. Jeder Eigentümer hat einen Anspruch darauf, sich eine aktuelle, korrekte Eigentümerliste aushändigen zu lassen.

Weitere Gründe für die Herausgabe einer Eigentümerliste können sein:
- Der Vorsitzende des Verwaltungsbeirats muss gemäß § 24 Abs. 3 WEG eine Eigentümerversammlung einberufen.
- Der Ersatzzustellungsvertreter (§ 45 WEG) benötigt die Liste, um über den anhängigen Rechtsstreit zu informieren.
- Ein Wohnungseigentümer möchte ein Rundschreiben an alle Miteigentümer verschicken.

> **Wichtig** !
> Bei Dritten greift der Datenschutz grundsätzlich wieder. Der Verwalter darf Dritten gegenüber nur Auskünfte erteilen, wenn ihm dazu eine Einwilligung vorliegt.

---

33 BGH, Urteil v. 25.9.2015 – V ZR 244/14; ZMR 2016, 49

4.31 Hat der Verwalter einen Anspruch auf Entlastung?

Der Fall

Der Verwalter setzt wie jedes Jahr den Punkt »Entlastung des Verwalters« auf die Tagesordnung. Auf der Eigentümerversammlung weigern sich die Eigentümer, über die Entlastung zu beschließen. Zu Recht?

Das Problem

Das WEGG kennt die Entlastung des WEG-Verwalters nicht. Die Entlastung ist als negatives Schuldanerkenntnis im Sinne von §397 Abs. 2 BGB anzusehen und hat regelmäßig zur Folge, dass auf etwaige – nicht aus einer Straftat herrührende – Ersatzansprüche gegen den Verwalter, soweit sie den Wohnungseigentümern bekannt oder für sie bei sorgfältiger Prüfung erkennbar waren, verzichtet werden.

Die Lösung

Der Verwalter hat nur einen Anspruch zur Beschlussfassung über die Entlastung, wenn dies vereinbart wurde. Wenn der Verwalter also stets einen Entlastungsbeschluss erwirken möchte, sollte dieser Anspruch klar und deutlich im Verwaltervertrag verankert werden.

Die Entlastung des Verwalters hat darüber hinaus weitere Funktionen:

- Die Eigentümer billigen mit dem Beschluss über die Entlastung des Verwalters dessen zurückliegende Amtsführung, im jeweils genannten Zeitraum.
- Die Eigentümer sprechen dem Verwalter für die künftige Verwaltertätigkeit ihr Vertrauen aus.

Im Jahr 2003 hat der BGH zum Thema Entlastung eine etwas unangenehme Entscheidung für die Praxis gefällt:[34] »Ein Eigentümerbeschluss, mit dem einem Verwalter Entlastung erteilt wird, steht nicht grundsätzlich im Widerspruch zu einer ordnungsmäßigen Verwaltung, sondern erst dann, wenn Ansprüche gegen den Verwalter erkennbar in Betracht kommen und nicht aus besonderen Gründen Anlass besteht, auf die hiernach möglichen Ansprüche zu verzichten.«

> **! Wichtig**
>
> In der Praxis kommt es regelmäßig zur Anfechtung von Entlastungsbeschlüssen, obwohl selten etwas dran ist. Trotzdem tendieren die Gerichte dazu, den Beschluss aufzuheben, sobald Ansprüche gegen den Verwalter erkennbar in Betracht kommen.

---

34 BGH, Beschluss v. 17.7.2003 – V ZB 11/03; ZMR 2003, 750

Äußert ein Eigentümer im Rahmen der Anfechtungsklage glaubwürdige Vorwürfe, die plausibel klingen, kann die Entlastung bereits kippen. Da aber die übrigen Eigentümer die Beklagten sind, tragen diese auch meist die Kosten eines solchen Verfahrens. Den übrigen Eigentümern ist in der Praxis schwer zu vermitteln, warum Prozesskosten auf sie zukommen, wenn doch der Verwalter etwas falsch gemacht haben soll.

4.32 Vernichtung von Unterlagen der WEG – darf der Verwalter das einfach?

Der Fall
Der Verwalter bezieht neue Büroräume und bei der Gelegenheit werden diverse Unterlagen von verschiedenen WEG vernichtet.

Das Problem
Aus welchen Bestimmungen ergeben sich Vorgehensweisen zur Vernichtung von nicht mehr benötigen oder alten Unterlagen der WEG? Darf der Verwalter selbst entscheiden, ob die Unterlagen vernichtet werden?

Die Lösung
In der Praxis leitet man aus den Vorschriften des § 257 HGB und § 147 AO bestimmte Fristen ab, wobei der Verwalter stets eine Ermächtigung der WEG benötigt, damit die nicht mehr benötigten Unterlagen vernichtet werden können.

Folgende Fristen gelten:
- **10 Jahre**: Grundlegende Buchführungs- und Abschlussunterlagen, Jahresabrechnung, Kontoauszüge, Rechnungen
- **6 Jahre**: sonstige Unterlagen wie alte Hausmeisterverträge, Schriftverkehr etc.

> **Wichtig**   !
>
> Beachten Sie: Kernunterlagen, wie Niederschriften (Protokolle) der Versammlungen, die Beschluss-Sammlung, Teilungserklärungen und Gemeinschaftsordnungen oder Baupläne, dürfen niemals vernichtet werden. Überprüfen Sie, ob die Gemeinschaftsordnung hierzu andere Regelungen vorgibt.

In der Praxis hat es sich bewährt, vorsorgende Organisationsbeschlüsse zur Vernichtung bestimmter Unterlagen zu fassen. Auch die Digitalisierung oder die Lagerung in den Räumen (z. B. Keller) der WEG ist möglich.

4.33 Außerordentliche Abberufung – was muss der Verwalter beachten?

Der Fall

Die Laufzeit der Verwalterbestellung beträgt noch zwei Jahre. Die WEG beschließt aber, den Verwalter sofort außerordentlich abzuberufen. Begründung: keine ordnungsgemäße Führung der Beschluss-Sammlung und mehrfache Beleidigung von Eigentümern.

Das Problem

Mit einer sofortigen Abberufung verliert der Verwalter seine organschaftliche Stellung. Ab diesem Zeitpunkt darf er keine Tätigkeiten mehr für die WEG vornehmen. Wichtig ist in diesem Zusammenhang, dass dem Verwalter die Abberufungserklärung auch zugehen muss. Dies geschieht meistens in der entsprechenden Eigentümerversammlung, in welcher der Abberufungsbeschluss gefasst wurde. Fraglich ist oft, ob die Gründe für eine außerordentliche Abberufung ausreichen bzw. was der Verwalter dagegen unternehmen kann, wenn er sich ungerecht behandelt fühlt. Eines der größten Probleme in der Praxis ist allerdings die von der Rechtsprechung entwickelte Trennungstheorie:

> **!** **Definition: Trennungstheorie**
>
> Es wird zwischen der organschaftlichen Stellung (Beschluss) und dem Verwaltervertrag unterschieden. Der Verwalter ist auch dann bestellt, wenn kein Verwaltervertrag abgeschlossen wurde.

Erfolgt eine außerordentliche Abberufung und gleichzeitige Kündigung des Verwaltervertrags, ist die Trennungstheorie nicht von Bedeutung. Wird allerdings nur eine außerordentliche Abberufung ohne Kündigung des Verwaltervertrags ausgesprochen, könnte es knifflig werden. Die Rechtsprechung hilft hier eher der WEG als dem Verwalter: Erfolgt lediglich ein Abberufungsbeschluss – ohne Kündigung des Verwaltervertrags – legen die Gerichte den Beschluss so aus, dass gleichzeitig mit der Abberufung auch die Kündigung gemeint sei.

Die Lösung

Wenn der Verwalter für eine bestimmte Dauer bestellt wurde, kann er nur außerordentlichen abberufen werden. In der Regel wird bereits im Verwaltervertrag vereinbart, dass eine außerordentliche Abberufung nur aus wichtigem Grund möglich ist (§26 Abs. 3 WEG). Wichtige Gründe könnten sein: Beleidigung von Wohnungseigentümern, nicht ordnungsgemäße Führung der Beschluss-Sammlung (§26 Abs. 4 WEG), immer wieder verspätete Jahresabrechnungen über einen längeren Zeitraum (nach der Rechtsprechung müssen Jahresabrechnungen bis zum 30.6. vorgelegt werden), Vereinnahmung von Provisionen etc.

Die Aufstellung stellt lediglich Beispiele und somit Einzelfälle aus der Rechtsprechung dar. Pauschal kann man sagen, liegt eine Zerrüttung des Vertrauensverhältnisses vor, ist die außerordentliche Abberufung in der Regel gültig.

Wenn der Verwalter den Beschluss der WEG nicht akzeptieren möchte, hat er zunächst die Möglichkeit, den Beschluss über seine Abberufung innerhalb eines Monats (§46 WEG) anzufechten. Damit signalisiert er aber auch, dass er das Amt bzw. die Verwaltung fortführen möchte. Falls in der Zwischenzeit ein neuer Verwalter bestellt wurde, muss dieser damit rechnen – sollte die Anfechtung Erfolg haben –, dass er seine organschaftliche Stellung rückwirkend wieder verliert. Bis zu diesem Zeitpunkt ist seine Vergütung durch den Verwaltervertrag aber gesichert.

Hat der (abberufene) Verwalter seine Abberufung erfolgreich angefochten, hat auch er einen entsprechenden Vergütungsanspruch, da er bis zur Aufhebung des Beschlusses gehindert war, sein Amt auszuüben. Der Verwalter muss sich allerdings ersparte Aufwendungen (Ersparnis durch Wegfall des Objekts, z.B. Personalkosten) anrechnen lassen. In der Rechtsprechung gibt es hinsichtlich der ersparten Aufwendungen unterschiedliche Ansichten.[35]

In der Praxis kommen derartige Fälle selten vor, denn warum sollte ein Verwalter eine WEG weiterhin verwalten wollen, die ihn nicht möchte? In der Regel geht es bei anschließenden Rechtsstreitigkeiten um die ausstehende Vergütung für die Restlaufzeit gemäß dem abgeschlossenen Verwaltervertrag.

Von dem Beschluss der ETV über die Abberufung des Verwalters ist, wie bereits oben erwähnt, die Kündigung des Verwaltervertrags zu unterscheiden. Die Berechtigung der Eigentümer zur Kündigung des mit ihm geschlossenen Verwaltervertrags kann der Verwalter im Feststellungsverfahren nach §43 I Nr. 2 WEG i.V.m. §256 I ZPO überprüfen lassen.[36]

Eine außerordentliche Abberufung ist immer unangenehm. In der Praxis spielt es oft keine Rolle, ob die Abberufung berechtigt war oder nicht. Der Kunde ist verloren. Dennoch sollte der Verwalter sich unter Zuhilfenahme eines fach-

---

35 Beispiel: OLG Hamburg, Urteil v. 15.8.2005 – Wx 22/99: 20%
36 BGH, Urteil v. 20.6.2002 – V ZB 39/01; NZM 2002, 788

kundigen Rechtsanwalts überlegen, ob noch Vergütungsansprüche geltend gemacht werden können.

> **! Wichtig**
>
> Um sich alle Möglichkeiten offen zu halten, sollte der Verwalter seine Leistung weiterhin anbieten, also der WEG mitteilen, dass er für sie als Verwalter zur Verfügung steht, da dies im Rahmen der Durchsetzung seines Vergütungsanspruchs teilweise gefordert wird.

Es kommt hier stets auf die besonderen Umstände des Einzelfalls an, sodass hier abschließend keine allgemeine Empfehlung ausgesprochen werden kann.

4.34 Kann der Verwalter sein Amt auch niederlegen?

Der Fall
Die WEG hat den Verwalter vor einiger Zeit für zwei Jahre wiederbestellt. Zwischenzeitlich stellt der Verwalter allerdings fest, dass die WEG aus verschiedenen Gründen »unverwaltbar« ist. Der Verwalter hat sich daher dazu entschlossen, sein Verwalteramt sofort niederzulegen. Darf er das?

Das Problem
Ähnlich wie die WEG muss auch der Verwalter sich grundsätzlich an die Vorgaben des Bestellungsbeschlusses bzw. des Verwaltervertrags halten. Das WEGG regelt lediglich die Bestellung und Abberufung des Verwalters, zur Niederlegung durch den Verwalter selbst gibt es keine Hinweise.

Die Lösung
Auch dem Verwalter steht selbstverständlich das Recht zu, sein Verwalteramt außerordentlich niederzulegen und den bestehenden Verwaltervertrag fristlos zu kündigen. Ein Verwalter kann nicht gegen seinen Willen im Amt gehalten werden.

> **! Achtung**
>
> Beachten Sie, dass nach der sog. Trennungstheorie zwischen Kündigung des Verwaltervertrags zur Beendigung der schuldrechtlichen Beziehungen und der Niederlegung des Verwalteramts zu unterscheiden ist.

In der Praxis wird oft nicht realisiert, dass eine sofortige Amtsniederlegung und fristlose Kündigung des Verwaltervertrags bedeutet, dass die WEG von heute auf morgen ohne Verwalter dasteht, denn mit der Niederlegung verliert der Verwalter seine organschaftliche Stellung. Auch die fristlose Kündigung des Verwaltervertrags bedeutet, dass die Kündigung ausgesprochen wurde, auch wenn die Eigentümer der Meinung sind, der Verwalter sei hierzu nicht berechtigt gewesen.

Wichtig !

Die Niederlegungs- und Kündigungserklärung muss allen Eigentümern zugehen und möglichst nicht zur Unzeit erfolgen. Denn wenn die WEG plötzlich keinen Verwalter mehr hat, können sich möglicherweise Schadenersatzansprüche ergeben, wenn z. B. im Rahmen der Verwaltung des gemeinschaftlichen Eigentums besondere Fristen (z. B. Gewährleistungsfristen o. Ä.) ablaufen oder wichtige Beschlüsse nicht umgesetzt werden. Ggf. muss der Verwalter auch damit rechnen, dass er die Kosten einer außerordentlichen ETV zu übernehmen hat. Der Verwalter sollte daher zu einer außerordentlichen ETV einladen, damit die WEG die Möglichkeit hat, einen neuen Verwalter zu bestellen.

5 Die Vertretung der Wohnungs- eigentümergemeinschaft

5.1 Die Vertretungsmacht des Verwalters

Der Fall
Der Verwalter hat auf der letzten ETV nicht über die Verlängerung des Vertrags mit dem Hausmeister abstimmen lassen. Die ursprünglich beschlossene Vertragslaufzeit läuft vor der nächsten ETV ab – die WEG hat dann folglich keinen Hausmeister mehr. Der Verwalter wirft einen Blick in seinen Verwaltervertrag und stellt erfreut fest, dass darin eine Regelung enthalten ist, wonach er zum Abschluss, zur Kündigung und Verlängerung von Verträgen berechtigt ist, die die Verwaltung des gemeinschaftlichen Eigentums betreffen. Er erklärt dem Hausmeister gegenüber schriftlich, dass sich sein Vertrag um weitere zwei Jahr verlängert. Die ET sind wenig begeistert, weil sie mit der Arbeit des Hausmeisters bereits seit geraumer Zeit unzufrieden sind. Sie sind der Auffassung, der Verwalter hätte seine Kompetenzen überschritten.

Das Problem
Die Vertretung im Außenverhältnis ist stets von der Frage zu trennen, ob der Verwalter im Innenverhältnis zu den Eigentümern berechtigt war, im Außenverhältnis im Namen der WEG tätig zu werden und diese rechtswirksam zu verpflichten. Bei diesem ganz zentralen Thema sollte der Verwalter sensibel vorgehen, um Haftungsfälle zu vermeiden.

Die Lösung
Der rechtsfähige Verband der Wohnungseigentümer ist nach § 10 Abs. 6 Satz 1 WEG im Verhältnis zu Dritten selbst Inhaberin von Rechten und Pflichten. Da der rechtsfähige Verband keine natürliche Person ist, muss er im Außenverhältnis vertreten werden. Organ der WEG ist der Verwalter.[37] Er tritt für die WEG Dritten gegenüber auf, schließt Verträge ab oder kündigt sie, erteilt Aufträge, empfängt Zustellungen (Klagen Dritter gegen die WEG oder Anfechtungsklagen) und ist in allen Bereichen der Verwaltung des gemeinschaftlichen Eigentums für die WEG im Außenverhältnis tätig. Er ist daher wie der Geschäftsführer der WEG zu betrachten.

---

37   BGH, Urteil v. 2.6.2005; NJW 2005, 2061

Der Verwalter kann jedoch im Außenverhältnis nur insoweit auftreten und sich für die WEG rechtsgeschäftlich bindend erklären, wie es die im Innenverhältnis ihm erteilte Vollmacht zulässt. Diese ganz entscheidende Voraussetzung wird von manchem Verwalter in der Praxis schnell einmal außer Acht gelassen. Das kann jedoch fatale Folgen haben.

! **Achtung**

1. Der Verwalter vertritt die WEG im Außenverhältnis.
2. Der Verwalter braucht für das Handeln im Außenverhältnis eine Ermächtigung von der WEG:
   – aus dem Gesetz (§ 27 WEG)
   – aus der GO
   – aus dem Verwaltervertrag (Vorsicht vor »Generalermächtigungen«)
   – über Beschlussfassung der Eigentümer
3. Handelt er ohne wirksame Ermächtigung, tritt er als Vertreter ohne Vertretungsmacht auf und haftet Dritten gegenüber nach seiner Wahl auf Erfüllung des Vertrags oder Schadensersatz (§ 179 BGB).

Die Ermächtigung des Verwalters ergibt sich aus den gesetzlichen Vorschriften in § 27 WEG. § 27 WEG enthält jedoch keine Generalklausel für eine Ermächtigung des Verwalters, die WEG im Außenverhältnis zu vertreten, sondern regelt einzelne konkrete Fälle.

! **Kompetenzen des Verwalters aus § 27 WEGG**

- Abs. 1 regelt die Rechte und Pflichten des Verwalters gegenüber den Eigentümern und der WEG, somit das Innenverhältnis.
- Abs. 2 und 3 befassen sich mit der Ermächtigung im Außenverhältnis (Dritten gegenüber).
- Abs. 2 regelt die Befugnisse des Verwalters als Vertreter der Wohnungseigentümer.
- Abs. 3 regelt die Befugnisse des Verwalters als Vertreter des Verbandes.
- Nach § 27 Abs. 4 WEGG können die Befugnisse des Verwalters in den Absätzen 1 bis 3 durch die ET weder eingeschränkt noch ausgeschlossen werden.

Die Eigentümer können dem Verwalter über die Gemeinschaftsordnung weitergehende Befugnisse einräumen[38], wie etwa eine Klagebefugnis für Beitreibungsverfahren oder die Beauftragung von Instandhaltungs- und Instandsetzungsmaßnahmen bis zu einem bestimmten Volumen. Eine Regelung in der Gemeinschaftsordnung, die den Verwalter berechtigt, »alle erforderlichen

---

38   OLG Frankfurt, Urteil v. 3.11.2014 – 20 W 214/14; NZM 2015, 457

Erklärungen abzugeben, Verträge zu schließen, zu verlängern und zu kündigen sowie Aufträge zu erteilen, die für die Verwaltung des gemeinschaftlichen Eigentums erforderlich sind«, dürfte so stark in die Entscheidungskompetenz der Eigentümer eingreifen, dass von einer Unwirksamkeit der Regelung auszugehen ist.

Besonders vorsichtig sollte der Verwalter mit Vereinbarungen in seinem Verwaltervertrag umgehen, wenn es um die Frage geht, ob diese den Verwalter ermächtigen, im Außenverhältnis für die WEG aufzutreten. Die WEG als Vertragspartnerin des Verwaltervertrags ist in der Regel Verbraucherin.[39] Die Regelungen des Verwaltervertrags müssen sich, da sie weit überwiegend für eine Vielzahl von Vertragspartnern vorformuliert wurden, der Klauselkontrolle der §§ 305c, 307 ff. BGB unterwerfen. Sofern der Verwalter sich einzelne Befugnisse einräumen lässt, wird dies als wirksam erachtet, wenn die jeweilige Ermächtigung klar und eindeutig ist und die Eigentümer in ihrer eigenen Entscheidungskompetenz nicht unbillig benachteiligt werden.

So ist eine Ermächtigung aus dem Verwaltervertrag, »Wohngeldzahlungen« gerichtlich geltend zu machen, sowohl zulässig als auch insoweit auszulegen, dass hierunter auch Beträge aus einer Sonderumlage fallen.[40] Kritisch werden Regelungen des Verwaltervertrags gesehen, wonach der Verwalter berechtigt ist, bis zu einem Betrag von Summe X je Instandsetzungsmaßnahme Aufträge ohne Beschlussfassung der ET zu erteilen. Sofern die Regelungen nicht eine Obergrenze für die Einzelmaßnahme und das Gesamtvolumen im Jahr angeben, stellen diese Regelungen im Verwaltervertrag eine unbillige Benachteiligung dar, da die Entscheidungskompetenz für Instandhaltungsmaßnahmen ausschließlich den ET obliegt und die Aufgabe des Verwalters sich auf Vorbereitungs- und Informationspflichten beschränkt.[41] Die Einräumung einer Generalklausel, die den Verwalter ermächtigt, für die WEG alle Verträge zu schließen, zu kündigen oder zu verlängern, benachteiligt die ET ebenfalls unbillig (§ 307 Abs. 1 Satz 1 BGB) und ist unwirksam.

Eine dem Verwalter durch Beschlussfassung der Eigentümer eingeräumte Befugnis, die WEG vertraglich zu binden, Aufträge zu erteilen, zu kündigen oder auf sonstige Weise im Rahmen der Verwaltung des gemeinschaftlichen Eigentums für die WEG im Außenverhältnis tätig zu werden, ermächtigt das Handeln des Verwalters und schützt ihn davor, sich später dem Einwand der

---

39 BGH, Urteil v. 25.3.2015 – VIII ZR 243/13; ZMR 2015, 563
40 OLG Düsseldorf, Urteil v. 23.11.2007 – 3 Wx 58/07; ZWE 2008, 59
41 LG München I, Urteil v. 5.8.2010 – 36 S 19282/09; OLG Düsseldorf, Urteil v. 8.11.2000 – I-3 Wx 253/00, ZWE 2001, 219

Eigentümer/WEG ausgesetzt zu sehen, er habe über seine Befugnisse hinaus gehandelt. Die Ermächtigung über einen Beschluss stellt daher für den Verwalter die sicherste Lösung dar.

Der Verwalter kann die eigenmächtige Verlängerung des Hausmeistervertrags im obigen Fall nicht auf die Regelung des Verwaltervertrags stützen. Eine gesetzliche Befugnis, die eine Verlängerung des Vertrags für einen Zeitraum von zwei Jahren vorsieht, ist ebenfalls nicht gegeben. Das Verwalterhandeln ist daher im Innenverhältnis nicht durch eine Ermächtigung der WEG gedeckt, sodass der Verwalter als Vertreter ohne Vertretungsvollmacht gehandelt hat (§ 179 BGB).

> **! Wichtig**
>
> Dem Verwalter ist dringend zu raten, bei einem Vertragsabschluss oder einer Beauftragung im Namen der WEG darauf zu achten, dass er im Innenverhältnis zu dieser Handlung ermächtigt ist. In der täglichen Praxis schießen die Verwalter manchmal über das Ziel hinaus und überspannen die ihnen eingeräumten Befugnisse. Häufig wird das Handeln des Verwalters keine Konsequenzen nach sich ziehen, da der Verwalter auf der nächsten ETV die Beschlussfassung nachholt und sich sein Handeln legitimieren lässt. Die nachträgliche Beschlussfassung sollte der Verwalter auf jeden Fall einholen.
> Bei Regelungen in der GO oder im Verwaltervertrag, die nicht nur konkrete Einzelfälle benennen, sondern eine Generalklausel vorsehen, sollte der Verwalter immer einen Beschluss herbeiführen, um sich selbst aus der Haftung zu nehmen. Sicher ist nur ein Beschluss, der den Verwalter zu einer konkreten Maßnahme ermächtigt.

5.2   Nachweis der Vollmacht

Der Fall
Die WEG beschließt, dem Hausmeister zu kündigen, und ermächtigt hierzu den Verwalter. Der spricht dem Hausmeister schriftlich die Kündigung aus, legt dem Kündigungsschreiben jedoch keine Vollmacht bei. Der Hausmeister rügt die fehlende Vollmacht. Der Verwalter legt sie daraufhin nachträglich vor. Allerdings ist die Kündigungsfrist zu diesem Zeitpunkt bereits abgelaufen und der Vertrag verlängert sich um ein weiteres Jahr. Der Hausmeister bestätigt dem Verwalter die Kündigung zum Ablauf des nächsten Jahres.

Das Problem
Kündigt der Verwalter einen Vertrag der WEG mit einem Dritten, handelt er nicht im eigenen Namen, sondern für die WEG. Beruft sich der Dritte darauf, dass der Erklärung keine Vollmacht beigefügt war und sich daher nicht ersehen

ließ, ob der Verwalter überhaupt zur Abgabe der Erklärung bevollmächtigt war, stellt dies die Wirksamkeit der Kündigung infrage.

Die Lösung

Wird die Kündigung nicht durch den Vertragspartner selbst, sondern durch einen Dritten ausgesprochen, muss er zu dieser Erklärung bevollmächtigt sein. Grundsätzlich ist die Vertretung offenzulegen, sodass der Dritte erkennen kann, dass der Verwalter nicht für sich, sondern für die WEG handelt. § 174 BGB bestimmt abstrakt, dass eine im fremden Namen abgegebene Erklärung zurückgewiesen werden kann, wenn dieser Erklärung keine Vollmachtsurkunde beigefügt war. Im obigen Fall kann der Kündigungsempfänger daher die ihm gegenüber ausgesprochene Kündigung durch den Verwalter zurückweisen, wenn der Verwalter seinerseits keine Vollmachtsurkunde beifügt.

Die Kündigung kann dann mangels Vorlage der Vollmacht zurückgewiesen werden. Zwar kann der Verwalter wiederum die Vollmacht nachreichen, allerdings nur mit der Wirkung, dass die Erklärung ab Vorlage der Vollmacht wirkt. Muss innerhalb einer bestimmten Frist, also zu einem bestimmten Zeitpunkt, gekündigt werden, kann die nachgeholte Vorlage der Vollmachtsurkunde zu spät sein. Der BGH[42] hat entschieden, dass auch der Verwalter, wenn er durch einen Beschluss ermächtigt wird zu kündigen, dem Dritten eine Vollmacht vorlegen muss, da es um den Schutz des Rechtsverkehrs gehe und sich der Umfang der Vertretung des Verwalters nicht anderweitig erkennen lasse.

Da der Verwalter als Vertreter für die WEG im Außenverhältnis tätig wird und eine Vertretung nach § 164 Abs. 2 BGB offenzulegen ist, muss dem Verwalter ein Nachweis seiner Vollmacht ausgestellt werden. In § 27 Abs. 6 WEGG hat der Gesetzgeber daher aufgenommen, dass der Verwalter einen Anspruch auf Ausstellung einer Urkunde hat, aus der sich seine Vertretungsmacht ergibt. Neben dem Anspruch auf Erteilung einer Vollmachtsurkunde kann der Verwalter seine Verwalterstellung über das beglaubigte Bestellungsprotokoll nachweisen (§ 26 Abs. 3 WEGG). Hierfür müssen die Unterschriften unter dem Protokoll von allen Unterzeichnern öffentlich beglaubigt werden – in der Regel daher vom Verwalter selbst, einem weiteren Eigentümer sowie, sofern bestellt, dem Vorsitzenden des Beirats oder seinem Vertreter. Ist der Verwalter als Erstverwalter namentlich in der GO benannt, ist für den Nachweis seiner Verwaltereigenschaft die Vorlage einer beglaubigten Abschrift der GO ausreichend. Wurde der Verwalter im schriftlichen Umlaufbeschluss als amtierender Verwalter gewählt, bedarf es zum Nachweis der beglaubigten Unterschriften

---

42 BGH, Urteil v. 20.2.2014 – III ZR 443/13; ZMR 2014, 566

aller Eigentümer. Möglich ist zudem, dass ein Verwalter über das Gericht bestellt wurde, weil sich die Eigentümer selbst nicht auf einen Verwalter einigen konnten. In diesem Fall kann der Verwalter über die Ausfertigung des Urteils oder Beschlusses des Gerichts seine Eigenschaft als Verwalter der WEG nachweisen.

> **! Gültige Nachweise des Verwalters**
>
> Der Verwalter kann seine Vollmacht belegen durch:
> - ein beglaubigtes Bestellungsprotokoll (§26 Abs. 3 WEGG)
> - eine beglaubigte Abschrift der GO, sofern der Verwalter namentlich benannt wurde
> - die beglaubigte Unterschrift aller Eigentümer bei Bestellung im Umlaufbeschluss
> - die Ausfertigung des Urteils oder Beschlusses bei gerichtlicher Beststellung als Notverwalter
> - eine Vollmachtserteilung nach §27 Abs. 6 WEGG

Der Verwalter wurde über §27 Abs. 2 und 3 WEGG als gesetzlicher Vertreter der WEG bzw. der ET bestimmt, sodass er in den Fällen, in denen er im Außenverhältnis tätig wird, nur seine Verwaltereigenschaft nachweisen muss, d.h. über einen beglaubigten Nachweis seiner Bestellung und der Bestellungsdauer. Einen weiteren Nachweis, dass er konkret für diese Handlung bevollmächtigt ist, muss er dann nicht führen.

Sofern der Verwalter jedoch aufgrund eines Beschlusses ermächtigt wurde, ergibt sich der Umfang seiner Befugnis nicht, sodass er einen weiteren Nachweis führen muss, der nur über eine Vollmachtserteilung nach §27 Abs. 4 WEGG möglich ist. Der Wortlaut des §27 Abs. 4 WEGG legt nahe, dass eine solche Vollmacht von allen Eigentümern unterzeichnet werden muss. Dies wird in großen WEG jedoch schlicht unmöglich sein. Mit der Beschlussfassung über den Verwaltervertrag sollte zugleich ein Eigentümer ermächtigt werden, sowohl den Verwaltervertrag als auch eine Vollmacht zu unterzeichnen, aus der sich ergibt, dass der Verwalter ermächtigt ist, im Namen der WEG tätig zu werden. Die Vollmacht sollte sowohl die gesetzlichen Befugnisse nach §27 Abs. 2 und 3 WEGG umfassen als auch die Ermächtigung, im Rahmen der Vereinbarungen und Beschlussfassungen der WEG für diese im Außenverhältnis aufzutreten. Endet das Verwalteramt, so hat der Verwalter die ihm erteilte Vollmacht auszuhändigen. Unterlässt er dies, kann er auf Herausgabe der Vollmacht gerichtlich in Anspruch genommen werden.

> **Wichtig** !
>
> Auf die Ausstellung einer Vollmachtsurkunde sollte jeder Verwalter neben dem Abschluss des Verwaltervertrags bestehen. Denn unabhängig von einer im Innenverhältnis bestehenden Legitimation erfordert die Offenkundigkeit einer Vertretung, dass auch dem Vertragspartner das Handeln im fremden Namen bekannt ist. Daneben gebietet der Rechtsschutz des Vertragspartners, dass er sich sicher sein kann, dass der Verwalter zur Vornahme der konkreten Handlung auch ermächtigt ist. Auch wenn in der täglichen Praxis von der Vorlage des Nachweises nicht häufig Gebrauch gemacht wird, sollte der Verwalter dann einen lückenlosen Nachweis seiner Bevollmächtigung beifügen, wenn es um die Abgabe von Erklärungen geht wie die Kündigung, Anfechtung oder den Widerruf eines Vertrags oder die Fristsetzung zur Vornahme einer Handlung (z.B. Mängelbeseitigung). Zum Nachweis muss die Vollmacht im Original und der Beschluss, aus dem sich der Wille der WEG ergibt, vorgelegt werden. Andernfalls droht dem Verwalter ein Regress der WEG, wenn diese z.B. mangels wirksamer Kündigung eines Vertrags und Ablauf der Kündigungsfrist weiterhin an einen Vertragspartner gebunden und zur Zahlung verpflichtet sind.

5.3 Kompetenzüberschreitung und Haftung des Verwalters

Der Fall

Die WEG beschließt eine aufwendige Instandsetzung der Fassade mit einem Kostenvolumen von 500.000 EUR, deren Finanzierung aus der Instandhaltungsrücklage erfolgen soll. Der Verwalter vergibt nach der Beschlussfassung den Auftrag weisungsgemäß an das Unternehmen U, das sofort mit der Ausführung beginnt. U tritt mehrfach an den Verwalter heran und verlangt die Beauftragung wichtiger zusätzlicher Arbeiten, die aus seiner Sicht für den Erfolg des Auftrags wichtig sind. Der Verwalter stimmt dem zu, sodass das Budget durch die weiteren Aufträge – erkennbar bei der Vergabe – um 150.000 EUR überzogen wird und schlussendlich 650.000 EUR aus der Rücklage entnommen werden. Die ET sind erzürnt und der Auffassung, der Verwalter hätte die weitere Beauftragung ohne vorherige Beschlussfassung der Eigentümer nicht vornehmen dürfen. Sie verlangen den Differenzbetrag vom Verwalter.

Das Problem

Gerade im Rahmen der Instandhaltung und Instandsetzung ist der Verwalter schnell einmal versucht, Aufträge zu erteilen, weil sie aus seiner Sicht sinnvoll sind und der Erhaltung des gemeinschaftlichen Eigentums dienen. Das können Aufträge sein, die ganz ohne Beschlussfassung der Eigentümer erfolgen, oder solche, die im Rahmen einer beschlossenen Instandsetzungsmaßnahme vom Verwalter ausgelöst werden und zu einer Kostensteigerung führen. Der

Verwalter muss stets auf seine Ermächtigung achten und den beschlossenen Kostenrahmen im Rahmen der beschlossenen Maßnahmen im Blick behalten.

Die Lösung
Beauftragt der Verwalter Instandsetzungsmaßnahmen ohne vorherige Beschlussfassung der Eigentümer, kann er seine Ermächtigung noch auf Vereinbarungen in der GO stützen, wenn diese dem Verwalter die Befugnis einräumen, einzelne Maßnahmen bis zu einem bestimmten Höchstbetrag je Einzelfall und begrenzt auf eine Jahreshöchstsumme ohne Zustimmung der Eigentümer zu beauftragen. Auch Vereinbarungen in den Verwalterverträgen können Befugnisse einräumen. Zur rechtlichen Wirksamkeit dieser Vereinbarungen sowohl in der GO als auch im Verwaltervertrag siehe den Fall »Die Vertretungsmacht des Verwalters«.

! Achtung

Löst der Verwalter durch eine weitere Beauftragung im Rahmen einer beschlossenen Instandsetzungsmaßnahme Kosten aus, die erkennbar nicht mehr vom Kostenrahmen gedeckt sind, oder steigen aus anderen Gründen die Kosten erheblich, so ist der Verwalter **immer** gehalten, die ET vorab zu informieren und sich die weitere Ermächtigung zur Beauftragung einzuholen.

Handelt der Verwalter ohne wirksame Ermächtigung der ET, so haftet er im Außenverhältnis als Vertreter ohne Vertretungsmacht. Ist die Maßnahme aber vom Verwalter beauftragt und abgeschlossen sowie vom Konto der Gemeinschaft bezahlt worden, stellt sich die Frage der Haftung des Verwalters im Innenverhältnis.

Die Eigentümer haben ein sog. Verzeihungsermessen, d.h. sie können nachträglich eine ohne Ermächtigung bereits beauftragte Maßnahme genehmigen und damit das Handeln des Verwalters legitimieren. Ein solcher Beschluss entspricht jedoch nur dann ordnungsmäßiger Verwaltung, wenn die ET vor der Abstimmung in die Lage versetzt werden, in der sie wären, wenn die Maßnahme vorab beschlossen worden wäre. Die Eigentümer sind daher darüber zu informieren, dass es einen Instandsetzungsbedarf gegeben hat, und der Verwalter ist gehalten, nachträglich Vergleichsangebote vorzulegen, um den Nachweis zu führen, dass die Kosten der bereits beauftragten Maßnahme nicht unverhältnismäßig sind.[43]

Verweigert die WEG jedoch die nachträgliche Genehmigung der Beauftragung, bleibt es dabei, dass der Verwalter seine Kompetenzen überschritten hat. Ist die Maßnahme bereits abgeschlossen, die Leistung des Unternehmers also

---

43 LG Hamburg, Urteil v. 14.12.2016 – 318 S 32/16; ZWE 2017, 276

erbracht und die Rechnung durch den Verwalter beglichen, hat er mit diesem Akt zweckwidrig auf das treuhänderisch verwaltete Vermögen der WEG zurückgegriffen und damit seine Pflichten als Verwalter eklatant verletzt. Der WEG stehen aus dieser Pflichtverletzung vertragliche und/oder deliktische Schadensersatzansprüche nach den §§ 280, 823 BGB zu. Der Verwalter hat Vorsatz und Fahrlässigkeit zu vertreten, wobei er die Sorgfalt eines durchschnittlichen und gewissenhaften Verwalters schuldet, die die Eigentümer in ihren eigenen Angelegenheiten aufwenden würden.[44] Gesteigerte Sach- und Fachkunde des Verwalters lässt auch die Anforderungen an die zu erfüllende Sorgfalt steigen. Ist der Verwalter Kaufmann (GmbH, GmbH & Co. KG) ist von einem gesteigerten Sorgfaltsmaßstab auszugehen, da er hier die Sorgfalt eines ordentlichen Kaufmanns nach § 347 HGB schuldet.[45] Der Verwalter haftet auch für seine Mitarbeiter oder sonstige Dritter, derer er sich zur Erfüllung seiner Aufgaben bedient.[46] Er haftet jedoch nicht für die Beauftragung von Rechtsanwälten oder Unternehmen, die zur Durchführung von Instandsetzungsmaßnahmen beauftragt werden, da die Erfüllung der beauftragten Arbeiten nicht zu den Pflichten des Verwalters gehören.[47] Anders ist es zu sehen, wenn der Verwalter jedoch ohne Ermächtigung der WEG ein Unternehmen mit einer Instandsetzungsmaßnahme beauftragt. In diesem Fall haftet der Verwalter auch für Pflichtverletzungen des Unternehmers.[48]

Haftung des Verwalters   **!**

- Verletzt der Verwalter fahrlässig oder vorsätzlich seine gesetzlichen oder vertraglichen Pflichten, haftet er der WEG gegenüber für den dadurch entstandenen Schaden (§§ 280, 823 BGB).
- Der Verwalter schuldet durchschnittliche und gewissenhafte Sorgfalt; als Kaufmann die Sorgfalt eines ordentlichen Kaufmanns (§ 347 HGB). Es gilt: Mit steigender Sach- und Fachkunde steigt die Anforderung an die zu erfüllende Sorgfalt.
- Der Verwalter haftet auch für seine Mitarbeiter oder sonstige Personen, derer er sich zur Erfüllung seiner Aufgaben bedient (§ 278 BGB).

Bei der Beauftragung von Instandsetzungsmaßnahmen wird der Verwalter jedoch auch dann nicht vollends von einer Haftung im Falle eines Schadens durch den Unternehmer befreit, wenn er ihm verbliebene Pflichten verletzt. Das gilt nicht nur dann, wenn der Verwalter ein Unternehmen mit der Durch-

---

44 LG München I, Urteil v. 16.9.2013 – 1 S 21191/12; ZMR 2014, 145
45 BGH, Urteil v. 21.12.1995 – V ZV 4/94; NJW 1996, 1216
46 OLG München, Urteil v. 24.7.2006 – 32 Wx 77/06; ZMR 2006, 883
47 LG Hamburg, Urteil v. 17.4.2009 – 318 T 12/08; ZMR 2011, 499
48 LG Hamburg, Urteil v. 17.4.2009 – 318 T 12/08; ZMR 2011, 499

führung beschlossener Maßnahmen beauftragt, sondern auch, wenn daneben ein Architekt oder Fachplaner mit der Bauleitung beauftragt wird.

Der Verwalter handelt grundsätzlich anstelle der Wohnungseigentümer und nimmt deren Interessen gleichsam wie ein Bauherr wahr. Er hat sich daher so zu verhalten, wie sich ein Eigentümer ohne Verschulden gegen sich selbst zu verhalten hätte. Es verbleibt eine Kontrollpflicht des Verwalters für die Einhaltung des von der WEG beschlossenen Kostenvolumens für die Maßnahme, bevor er die Rechnungen zur Zahlung freigibt.[49] Unterlässt er diese Kontrolle und führt eine Verletzung der Pflicht zu einer Steigerung der Kosten, so haftet der Verwalter für den dadurch entstandenen Schaden. Der Verwalter kann der WEG auch nicht entgegenhalten, dass diese im Gegenzug eine ordnungsmäßige Instandsetzung erhalten habe, denn die Entscheidungskompetenz, ob und wie das gemeinschaftliche Eigentum instand gesetzt wird, liegt einzig und allein bei den Eigentümern.

Auch ein Eigentümer kann nur in sehr engen Grenzen einen Ersatz seiner Kosten von der WEG verlangen, wenn er eigenmächtig das gemeinschaftliche Eigentum instand setzt. Eine Pflicht zur Übernahme der Kosten besteht nur dort, wo die vom Eigentümer vorgenommene Maßnahme zum einen dringend erforderlich und unumgänglich war und zum anderen die einzig sinnvolle Lösung, somit eine Reduzierung des Ermessens der Eigentümer auf null vorlag.[50]

> **! Wichtig**
>
> Die Rechtsprechung ist streng, wenn es um die Einschränkung der Rechte der Eigentümer geht und der Verwalter seine Befugnisse überschreitet. Der Verwalter muss daher dringend auf eine Ermächtigung zur Beauftragung einer Instandsetzungsmaßnahme achten. Auch wenn der Aufwand im Einzelfall hoch erscheint, so muss für jede Instandsetzungsmaßnahme ein Beschluss der Eigentümer vorliegen. Für kleinere Maßnahmen helfen ggf. die Vereinbarungen in der GO oder im Verwaltervertrag, die jedoch stets auf ihre Wirksamkeit zu überprüfen sind.
> Der Verwalter benötigt nicht nur zu Beginn einer Instandsetzungsmaßnahme einen Beschluss, sondern auch im Laufe der Durchführung der Maßnahme, sofern sich abzeichnet, dass die Maßnahme das beschlossene Kostenvolumen überschreitet. Da die Baukosten stets knapp kalkuliert sind und nahezu in jeder Beauftragung mit einer Kostensteigerung zu rechnen ist, sollte bei der Beschlussfassung ein »Puffer« (5 bis 10% der Baukosten) mitbeschlossen werden, um geringfügige Kostensteigerungen direkt abzufangen. Bereits die Änderung der Ausführungsart und dadurch entstehende Mehrkosten müssen jedoch vorab von den Eigentümern legitimiert werden, da sich der Verwalter sonst einer unnötigen Haftung ausgesetzt sieht.

---

49 LG München I, Urteil v. 31.3.2016 – 1 S 19002/11; ZWE 2016, 282
50 BGH, Urteil v. 25.9.2015 – V ZR 246/14; ZMR 2016, 210

5.4　Die Abwicklung von Versicherungsschäden

Der Fall

In der WEG kommt es zu einem Rohrbruch, im Zuge dessen die Wohnung von E in Mitleidenschaft gezogen wird. Die Gebäudeversicherung gewährt eine Deckungszusage für die Instandsetzung des Rohrbruchs sowie die in der Wohnung von E erforderlichen Trocknungs- und Instandsetzungsarbeiten. Verwalter V stellt sich die Frage, was er beauftragen darf.

Das Problem

Dieser Klassiker ist des Verwalters tägliche Arbeit. Kommt es zu einem Schadensfall in der WEG, ist der Verwalter gehalten, die Gebäudeversicherung zu informieren sowie die notwendigen Arbeiten vorzubereiten oder sogar zu beauftragen. Häufig sind durch die Schäden am gemeinschaftlichen Eigentum auch Schäden am Sondereigentum entstanden, die ineinandergreifen, sodass eine gemeinsame Beauftragung unumgänglich erscheint.

Die Lösung

Zur ordnungsmäßigen Verwaltung des gemeinschaftlichen Eigentums gehört auch der Abschluss der in §21 Abs. 5 Nr. 3 WEGG vorgesehenen Versicherungen, wie die Feuerversicherung zum Neuwert und die Haus- und Grundbesitzerhaftpflicht. Der Abschluss weiterer Versicherungen, z.B. Glasbruchversicherung, ist oftmals in der GO vorgesehen. Die Eigentümer können darüber hinaus weitere Risiken versichern lassen, wenn diese wirtschaftlich sinnvoll sind. Häufig ist in der Feuerversicherung auch das Risiko durch Leitungswasser- und Sturmschäden enthalten.

Vertragspartner ist die WEG als rechtsfähiger Verband, der im Falle einer Erstattung eines Versicherungsschadens Empfänger der Versicherungsleistung ist. Über die Gebäudeversicherung ist jedoch nicht nur das gemeinschaftliche Eigentum versichert, sondern auch Schäden, die im Sondereigentum durch einen Schaden am gemeinschaftlichen Eigentum aufgetreten sind. Es handelt sich daher um eine Versicherung auf fremde Rechnung. Erbringt die Versicherung für die Regulierung eines Schadens am Sondereigentum eine Versicherungsleistung an die WEG, so ist diese verpflichtet, die Versicherungsleistung an diejenige Person auszuzahlen, der sie nach den versicherungsvertraglichen Regeln zusteht. Im Falle einer zwischenzeitlichen Veräußerung der Eigentumswohnung, steht der Anspruch grundsätzlich dem Veräußerer und nicht dem Erwerber zu.[51]

51　BGH, Urteil v. 16.9.2016 – V ZR 29/16; ZMR 2016, 974

Der Verwalter ist im Falle eines Schadens verpflichtet, den Schaden unverzüglich der Versicherung zu melden, um keine Obliegenheitsverletzung zu begehen. Unterlässt er eine rechtzeitige Meldung und verweigert die Versicherung daher die Regulierung, macht sich der Verwalter schadensersatzpflichtig.

Der Verwalter ist außerdem gehalten, ihm aufgefallenen Feuchtigkeitsschäden und Schimmelbefall in einer Wohnung nachzugehen, wenn ihm diese vom Sondereigentümer gemeldet werden. Unterlässt er dies und stellt sich später ein Mangel am gemeinschaftlichen Eigentum heraus, z.B. ein korrodiertes Abwasserrohr, aus dem es stetig tropft, haftet der Verwalter ebenfalls.[52] Die Meldung auch der Schäden im Sondereigentum erfolgt über den Verwalter, da der einzelne Sondereigentümer nicht Vertragspartner der Versicherung ist.[53]

Davon zu unterscheiden ist jedoch die Verpflichtung und das Recht des Verwalters, die Schäden im Sondereigentum zu regulieren. Auch wenn das Sondereigentum über die Gebäudeversicherung mitversichert ist, so ändert dies nicht die wohnungseigentumsrechtlichen Grundsätze.

Erleidet der Sondereigentümer durch ein plötzlich auftretendes Schadensereignis am gemeinschaftlichen Eigentum (z.B. Rohrbruch, Wassereintritt durch das Dach, Sturmschäden etc.) einen Schaden an seinem Sondereigentum (z.B. feuchte Wände/Tapete, Beschädigung des Bodenbelags, der Möbel etc.), so haftet die Gemeinschaft nicht verschuldensunabhängig.[54] Ein Verschulden im Falle eines Rohrbruchs kann nur dann gesehen werden, wenn der WEG seit geraumer Zeit bekannt ist, dass das gesamte Strangsystem stark korrodiert ist und dringend ausgetauscht werden muss, eine Instandsetzung aber durch die Eigentümer verweigert wird.

Der Verwalter ist bei einem auftretenden Wasserschaden nach § 27 Abs. 1 Nr. 3, Abs. 3 Satz 1 Nr. 4 WEGG berechtigt, erforderliche Maßnahmen zu treffen, die für die Erhaltung des gemeinschaftlichen Eigentums dringend geboten sind. Er ist daher berechtigt, eine Ursachenforschung und erste Notmaßnahmen zu beauftragen, um weitere Schäden abzuwenden. So ist er ermächtigt, eine Leckageortung zu beauftragen, um die Ursache des Wasserschadens ausfindig zu machen und den Entstehungsort zu lokalisieren. Eine unmittelbare Schadensbeseitigung (Austausch des defekten Rohres zur Verhinderung weiteren Wasseraustrittes) kann der Verwalter ebenfalls in Auftrag geben.

---

52 LG München I, Urteil v. 15.10.2012 – 1 S 26801/11; ZMR 2013, 657
53 LG Frankfurt, Urteil v. 8.4.2011 – 2-08 O 384/10
54 BGH, Urteil v. 25.10.2010 – V ZR 10/10; ZMR 2010, 783

Sofern jedoch weitere Instandsetzungsarbeiten erforderlich sind, muss er die Eigentümer informieren und eine Beschlussfassung vorbereiten. §27 Abs. 1 Nr. 3 WEGG gibt nur die Ermächtigung, Maßnahmen zu Abwendung weiterer Gefahren zu beauftragen. Sofern daher die Gefahr gebannt ist, handelt es sich wieder um eine »bloße« Instandsetzungsmaßnahme, die ohne ausdrückliche Kompetenzzuweisung an den Verwalter über die GO oder den Verwaltervertrag durch die WEG beschlossen werden muss.

Ein großes Problem ist die Frage der Instandsetzung des Sondereigentums über den Verwalter, der im Namen der WEG Aufträge auslöst. Lässt sich der Verwalter gesondert vom Sondereigentümer ermächtigen, handelt und beauftragt er Dritte in dessen Namen. Andernfalls droht eine Kompetenzüberschreitung, die dann zum Tragen kommt, wenn die Versicherung die Folgeschäden im Sondereigentum nicht übernimmt. In diesem Fall greift wieder der Grundsatz, dass die WEG nicht verschuldensunabhängig haftet und der Sondereigentümer die Instandsetzung seines Sondereigentums selbst vorzunehmen hat. Die Abgrenzung wird im Einzelfall schwierig sein. Trocknungsgeräte, deren Aufstellung der Verwalter beauftragt hat, dienen sowohl der Trocknung des gemeinschaftlichen Eigentums (tragende Wand) als auch der Trocknung des Sondereigentums (nichttragende Wand in der Wohnung, Putz, Tapete etc.).

> **Achtung** !
> - Das Sondereigentum ist über die Gebäudeversicherung mitversichert.
> - Der Verwalter hat auch die Schäden am Sondereigentum zu melden und mit der Versicherung abzuwickeln.
> - Reguliert die Versicherung die Folgeschäden nicht, so gilt: keine verschuldensunabhängige Haftung der WEG.
> - Der Verwalter ist ermächtigt, Notfallmaßnahmen zur Abwendung weiterer Schäden zu beauftragen. Weitere Maßnahmen bedürfen einer Beschlussfassung.
> - Der Verwalter darf nicht im Namen der WEG Schäden im Sondereigentum beheben lassen. Die Ermächtigung durch den Sondereigentümer ist erforderlich.
> - Eine etwaige Eigenbeteiligung ist nach §16 Abs. 2 WEGG von allen Eigentümern zu tragen.

Eine weitere Schwierigkeit stellt der Umgang mit ausgehandelten Selbst-/ Eigenbeteiligungen der WEG je Schadensfall dar. Eine solche wird dann vereinbart, wenn bereits mehrfach Schäden aufgetreten sind. Reguliert daher die Versicherung einen Schaden der WEG inklusive der Folgekosten, die im Sondereigentum eingetreten sind, und zieht hiervon den vereinbarten Selbstbehalt ab, bleibt die WEG auf einem Teil des Schadens sitzen. Hier könnte man auf den Gedanken kommen, allein den Sondereigentümer mit diesem Eigenanteil zu belasten. Zu bedenken ist jedoch, dass die Instandhaltung und Instandsetzung des gemeinschaftlichen Eigentums Aufgabe aller Eigentümer ist. Kämen diese ihrer Verpflichtung ausreichend und ordnungsmäßig nach, bestünde kein Instandsetzungsrückstau und die Frage der Selbst- oder Eigenbeteiligung würde sich nicht stellen. Es entspricht daher dem Treueverhältnis der Wohnungseigentümer untereinander, im Schadensfall die Eigenbeteiligung nicht allein demjenigen aufzuerlegen, der zufällig unmittelbar vom Schaden betroffen ist, sodass nach hiesiger Auffassung eine Kostenbeteiligung aller Eigentümer geboten ist.

> **! Wichtig**
>
> Die Abwicklung von Versicherungsschäden ist für den Verwalter haftungsträchtig und oft riskant. Die Forderung der Eigentümer ist klar: Der Verwalter soll sich umfassend kümmern. Hierbei werden jedoch die unterschiedlichen Rechtsbeziehungen außen vor gelassen. Wird durch die Versicherung nicht reguliert, stellt sich die Frage, wer die bereits aufgewandten Kosten zu tragen hat. Der Verwalter muss so oder so den Schaden unverzüglich umfassend melden und erste Notmaßnahmen einleiten.
> Eine Schadensbehebung im Sondereigentum sollte der Verwalter entweder im Namen des Sondereigentümers vornehmen, sofern es sich um gesonderte Maßnahmen handelt, die nicht bereits über die Behebung des Schadens am gemeinschaftlichen Eigentum umfasst sind, oder den Eigentümer darauf verweisen, dass er beauftragen und ihm die Rechnungen zur Verfügung stellen muss, um diese bei der Versicherung einzureichen.

5.5 Die Beauftragung eines Rechtsanwalts in Passivprozessen

Der Fall

Eigentümer E ficht den Beschluss zu TOP 4 der letzten ETV an. Dem Verwalter wird die Anfechtungsklage zugestellt. Er informiert alle Eigentümer über die Klage und teilt mit, dass er Rechtsanwalt B mit der Verteidigung beauftragt habe. Eigentümer C ist erzürnt und der Auffassung, der Verwalter dürfe ohne Beschlussfassung keinen Rechtsanwalt beauftragen.

Das Problem

Ob nun ein Beschluss angefochten oder die WEG in einem sonstigen Verfahren verklagt wird – der Verwalter erhält die Klage und muss tätig werden.

Die Lösung

Als Vertreter der WEG ist der Verwalter zur Entgegennahme sämtlicher Willenserklärung und Zustellungen verpflichtet, die an die WEG gerichtet sind (§27 Abs. 2 Nr. 1, Abs. 3 Nr. 1 WEGG). §27 Abs. 2 Nr. 2 und Abs. 3 Nr. 2 WEGG gibt dem Verwalter die gesetzlichen Befugnisse zur Wahrung einer Frist oder zur Abwendung eines sonstigen Rechtsnachteils für die ET oder die WEG, die erforderlichen Maßnahmen zu ergreifen. Dies gilt für alle Passivprozesse, also für Klagen, die sich gegen die WEG als Verband der Wohnungseigentümer richten, aber auch für Klagen gegen die Wohnungseigentümer wie die wohl häufigste Form der Klage, die Anfechtungsklage nach §43 Nr. 4 WEGG.

Der Verwalter ist gesetzlich umfassend bevollmächtigt, die Wohnungseigentümer oder die WEG selbst vor Gericht zu vertreten, sofern es sich um Verfahren vor dem Amtsgericht handelt, oder einen Rechtsanwalt mit der Interessenvertretung zu beauftragen.[55] Der Verwalter kann auch Rechtsmittel für die WEG oder die ET einlegen oder hierfür einen Rechtsanwalt beauftragen. Auch wenn sich die Anfechtungsklage gegen die übrigen Wohnungseigentümer richtet und damit keine Verbandsklage darstellt, darf der Verwalter bei der Beauftragung eines Rechtsanwalts die dadurch entstehenden Kosten dem WEG-Konto entnehmen.[56]

Weiter ist der Verwalter verpflichtet, die Eigentümer unverzüglich über anhängige Verfahren zu unterrichten. »Unverzüglich« bedeutet »ohne schuldhaftes Verzögern«, sodass eine Information so zeitnah zu erfolgen hat, dass ein Wohnungseigentümer, der sich im Rahmen einer Anfechtungsklage selbst verteidigen möchte, hierzu rechtzeitig die Möglichkeit erhält. Unerlässlich ist die Übersendung der Klageschrift, weitere prozessleitende Verfügungen (Beweisbeschlüsse, Terminladung) und das Urteil. Die wechselseitigen Schriftsätze der Parteien müssen nicht übersandt werden. Die Unterrichtung muss so erfolgen, dass der Eigentümer typischerweise Kenntnis erlangen kann. Eine Übersendung per E-Mail ist ausreichend, sofern der Eigentümer sein Einverständnis erklärt hat, dieses Kommunikationsmittel zu akzeptieren. Das kann ausdrücklich erfolgen, aber auch durch Eröffnung des E-Mailverkehrs durch den Eigentümer selbst.

Achtung !

- Der Verwalter ist befugt, die WEG/ET in allen Passivprozessen zu vertreten, einen Rechtsanwalt zu beauftragen und Rechtsmittel (Berufung/Beschwerde) einzulegen.

---

55 BGH, Urteil v. 5.7.2013 – V ZR 241/12; ZMR 2013, 975
56 BGH, Urteil v. 17.10.2014 – V ZR 26/14; ZWE 2015, 277

- Für ein Anerkenntnis der Klage oder den Abschluss eines Vergleichs benötigt der Verwalter jedoch einen gesonderten Beschluss.
- Die Kosten, auch einer Anfechtungsklage, können dem Konto der Gemeinschaft entnommen werden.
- Die Eigentümer sind über die Klage, weitere prozessleitende Verfügungen und die Entscheidung des Gerichts zu informieren (§ 27 Abs. 1 Nr. 7 WEGG).

Gibt ein Eigentümer zu erkennen, in Verfahren, die sich gegen die übrigen Eigentümer richten, nicht durch den vom Verwalter beauftragten Rechtsanwalt vertreten werden zu wollen, muss der Verwalter den Rechtsanwalt darauf hinweisen, der dann dem Gericht anzeigt, den Eigentümer nicht mehr zu vertreten. Wie und ob sich der Eigentümer dann im Verfahren äußert, ist dann nicht mehr Sache des Verwalters. Gleichwohl ist der Eigentümer weiterhin zu informieren und an die Entscheidung des Gerichts gebunden.

! **Wichtig**

Der Verwalter sollte von der Möglichkeit der Beauftragung eines Rechtsanwalts Gebrauch machen. Führt er das Verfahren für die WEG oder die ET selbst und unterlaufen ihm dabei Verfahrensfehler, haftet der Verwalter der WEG oder den ET für den dadurch entstandenen Schaden.

Neben der Information der Eigentümer muss der Verwalter im Falle der Anfechtung eines Beschlusses daran denken, diese Anfechtung in der Beschluss-Sammlung zu vermerken.

Die weiteren im Verfahren sich ergebenden Entscheidungen, die Einfluss auf die Beendigung des Verfahrens haben, etwa ein Vergleich oder ein Anerkenntnis, darf der Verwalter nicht allein, auch nicht auf dringenden Rat des Rechtsanwalts, fällen, sondern muss darüber die ET auf einer außerordentlichen ETV entscheiden lassen.

Der Verwalter sollte zuletzt daran denken, dass die Anfechtung die Vollziehung eines Beschlusses nicht hindert. Bis zur rechtskräftigen Ungültigerklärung durch das Gericht bleibt der Beschluss wirksam.

5.6 Die Beauftragung eines Rechtsanwalts in Aktivprozessen und Vergütungsvereinbarung

Der Fall

Die WEG beschließt, gegen Eigentümer E gerichtlich vorzugehen, weil dieser eine nicht genehmigte Satellitenschüssel an der Fassade befestigt hat. Verwalter V beauftragt einen Rechtsanwalt, der jedoch wegen des geringen Streitwerts nur tätig werden will, wenn mit ihm ein höherer Streitwert vereinbart wird. Die gleiche Aussage erhält V bei zwei weiteren Rechtsanwälten. V kommt dem Verlangen des Rechtsanwalts nach. Eigentümer B erfährt dies und sieht eine Pflichtverletzung

Das Problem

Der Verwalter ist schnell einmal versucht, Ansprüche der WEG gerichtlich zu verfolgen oder durch einen Rechtsanwalt verfolgen zu lassen. Oftmals macht er sich dabei keine Gedanken, ob er hierfür überhaupt ermächtigt ist.

Die Lösung

Für gerichtliche Verfahren der WEG muss der Verwalter sowohl, wenn er das Verfahren für die WEG selbst führt, aber auch, wenn er einen Rechtsanwalt beauftragt, durch die WEG ermächtigt sein. Aktivprozesse sind alle Klagen (auch die Beantragung eines Mahnbescheids und die Einleitung eines selbstständigen Beweisverfahrens sind gerichtliche Verfahren) gegen einen Miteigentümer oder einen Dritten. Eine gesetzliche Ermächtigung, wie es der §27 Abs. 2 Nr. 2 und Abs. 3 Nr. 2 WEGG für Passivprozesse vorsieht, ist für Klagen der WEG nicht vorgesehen.

Zwar kann es Fälle geben, in denen der Ablauf einer Frist (z.B. Ablauf der Gewährleistungsfrist) zu einer Klage drängt, um eine Verjährung zu verhindern. Da §27 Abs. 3 Nr. 2 WEG den Verwalter berechtigt, Maßnahmen zu treffen, um eine Frist einzuhalten oder einen sonstigen Rechtsnachteil abzuwenden, könnte der Verwalter versucht sein, dies als Klageermächtigung auszulegen. Hiervor kann jedoch nur gewarnt werden.

Für Aktivprozesse gilt, dass der Verwalter dann tätig werden darf, wenn eine Einholung der Entscheidung der Eigentümer nicht mehr möglich ist. Da der Verwalter auch gehalten ist, die Fristen der WEG zu überwachen und der Ablauf einer Frist selten überraschend kommt, muss der Verwalter die Eigentümer rechtzeitig unterrichten und eine Entscheidung einholen, ob die Eigentümer klagen wollen. Zur Erhebung einer Klage im Namen der WEG ist der Verwalter nach §27 Abs. 3 Satz 1 Nr. 7 nur berechtigt, soweit er hierzu durch Vereinbarung (GO) oder Beschluss ermächtigt wurde.[57]

Die häufigsten Klagen der WEG sind Beitreibungsverfahren gegen die Eigentümer der WEG, die ihrer Zahlungsverpflichtung nicht nachkommen. Dafür sehen viele GO bereits die Vertretungsmacht des Verwalters vor. Da die Regelungen der GO von den Gerichten ausgelegt werden können, muss die Vereinbarung in der GO klar und eindeutig erkennen lassen, wozu der Verwalter ermächtigt wird. Auch der Verwaltervertrag kann eine Klagebefugnis für Wohngeldklagen vorsehen. Eine bloße Ermächtigung, rückständige Hausgelder beitreiben und hierfür einen Rechtsanwalt beauftragen zu dürfen, kann im Rahmen der sich

---

57 BGH, Beschluss v. 9.6.2016 – V ZB 17/15; ZMR 2016, 789

an das Erkenntnisverfahren anschließenden Vollstreckung Schwierigkeiten ergeben. Der BGH vertritt die Ansicht, dass der Verwalter für die Einleitung eines Zwangsversteigerungsverfahrens aufgrund der damit verbundenen Kosten eine ausdrückliche Ermächtigung der WEG benötigt.[58] Der Verwalter sollte daher seine bereits bestehende Ermächtigung dahin gehend erweitern, dass er sich auch für die Maßnahmen der Zwangsvollstreckung (Zwangsversteigerung, Zwangsverwaltung und Eintragung und Löschung einer Zwangssicherungshypothek) ermächtigen lässt.

Eine Vereinbarung im Verwaltervertrag, der Verwalter sei generell befugt, die Rechte der WEG in deren Namen außergerichtlich und gerichtlich unter Hinzuziehung eines Rechtsanwalts geltend zu machen, stellt eine unbillige Benachteiligung der Rechte der Eigentümer nach §307 Abs. 1 Satz 1 BGB dar und ist unwirksam. Es obliegt allein der Entscheidungsbefugnis der Eigentümer, ob sie Ansprüche gegen einen Miteigentümer oder einen Dritten gerichtlich verfolgen wollen.

Eine Klagebefugnis für den Verwalter kann daher aus der GO oder dem Verwaltervertrag ausschließlich für Wohngeldklagen hergeleitet werden. Alle anderen Klagen der WEG verlangen immer eine ausdrückliche Ermächtigung über einen Mehrheitsbeschluss der Eigentümer.

Erhält der Verwalter jedoch Kenntnis von einem durch einen Dritten eingeleiteten Zwangsversteigerungsverfahren gegen einen Eigentümer, ist er verpflichtet, bestehende Hausgeldrückstände in diesem Verfahren anzumelden – unabhängig von einer bestehenden Ermächtigung durch die WEG. Unterlässt er eine Anmeldung, haftet er den Eigentümern auf den entstandenen Schaden in Höhe von bis zu 5% des Verkehrswerts.[59] Begründet wird die Verpflichtung des Verwalters mit seiner Berechtigung und zugleich Verpflichtung nach §27 Abs. 1 Nr. 4 WEGG, die Lasten- und Kostenbeiträge einzuziehen. Da die Anmeldung im Gegensatz zur Einleitung eines Zwangsversteigerungsverfahrens nicht mit Kosten verbunden ist, ist die Anmeldung mit einem Abrufen bei einem Eigentümer gleichzusetzen und von ihm auch ohne ausdrückliche Ermächtigung der WEG vorzunehmen. Nach §10 Abs. 1 Nr. 2 ZVG sind die Hausgeldforderungen der Gemeinschaft bevorrechtigt aus dem Versteigerungserlös zu bedienen, sofern sie aus dem laufenden und den beiden Vorjahren der Beschlagnahme stammen. Der Nachweis und zugleich die Anmeldung beim

---

58 BGH, Urteil v. 8.12.2017 – V ZR 82/17; WM 2018, 340
59 BGH, Urteil v. 8.12.2017 – V ZR 82/17; WM 2018, 340

Versteigerungsgericht erfolgt über den beschlossenen Wirtschaftsplan bzw. die Jahresabrechnung und die Protokolle der jeweiligen Beschlussfassungen.

Die WEG kann nicht nur Rechte verfolgen, die als geborene Gemeinschaftsrechte nach §10 Abs. 6 Satz 3 1. Halbsatz WEGG angesehen werden, sondern auch die eigentlich bei den Eigentümern liegenden Ansprüche zur Ausübung durch den Verband vergemeinschaften (§10 Abs. 6 Satz 3 2. Halbsatz WEGG). Die Entscheidung der Vergemeinschaftung und der gerichtlichen Verfolgung treffen ausschließlich die Eigentümer, sodass der Verwalter hier nicht eigenmächtig handeln kann.

Ermächtigung de Verwalters

- Für Wohngeldklagen kann sich die Ermächtigung aus der Beschlussfassung oder aus der GO oder dem Verwaltervertrag ergeben.
- Eine Anmeldung im Zwangsversteigerungsverfahren muss durch den Verwalter auch ohne Ermächtigung erfolgen.
- Für alle anderen Klagen ist ein Mehrheitsbeschluss zwingend notwendig.

Die Ermächtigung des Verwalters und der Umfang der Ermächtigung müssen sich klar und eindeutig aus der Beschlussfassung ergeben. Nicht ausreichend dürfte für die Beauftragung eines Rechtsanwalts sein, dass »der Verwalter ermächtigt wird, den Anspruch gegen den Eigentümer E auf Beseitigung der Satellitenschüssel gerichtlich zu verfolgen.« Die Beauftragung des Rechtsanwalts geht aus der Formulierung nicht zweifelsfrei hervor.

Klagen der WEG werden überwiegend aufgrund der ausschließlichen Zuständigkeit in §43 WEG unabhängig vom Streitwert beim Amtsgericht geführt. Die Beauftragung eines Rechtsanwalts ist für eine Klage beim Amtsgericht nicht zwingende Voraussetzung. Besser ist es, »den Verwalter zu ermächtigen, für die außergerichtliche und gerichtliche Verfolgung des Anspruchs auf Beseitigung der Satellitenschüssel des Eigentümers E einen Rechtsanwalt zu beauftragen«. Der Ermächtigungsbeschluss muss spätestens bis zum Schluss der mündlichen Verhandlung vorliegen, d.h. in dringenden Fällen kann der Verwalter bereits klagen, sofern er sicher voraussehen kann, dass die Eigentümer einen positiven Beschluss fassen, und die Ermächtigung auf einer dann einzuberufenden ETV nachholen. Wichtig ist jedoch, dass bei Klagen, die eine verjährungshemmende Wirkung haben sollen, die Ermächtigung bereits zum Zeitpunkt der Klageerhebung, spätestens jedoch am Tag des Ablaufs der Frist vorliegen muss.[60] Eine später eingeholte Ermächtigung wirkt in diesen Fällen nicht zurück, sodass die Klageerhebung ohne Ermächtigung des Verwalters die Ansprüche der WEG nicht hemmen kann.

§ 27 Abs. 2 Nr. 4 und § 27 Abs. 3 Satz 1 Nr. 6 WEGG berechtigen den Verwalter, mit dem Rechtsanwalt im Einzelfall einen höheren als den gesetzlichen Streitwert zu vereinbaren.

! Wichtig

Der Verwalter muss bei einer aktiven Klage oder einem sonstigen gerichtlichen Verfahren im Namen der WEG oder ET darauf achten, ausreichend sowohl zur Einleitung eines gerichtlichen Verfahrens als auch für die Beauftragung eines Rechtsanwalts ermächtigt zu sein. Regelt weder die GO noch der Verwaltervertrag, dass der Verwalter berechtigt ist, Wohngeldklagen zu erheben, so sollte der Verwalter einen Beschluss fassen lassen, der ihn ermächtigt, unter Beauftragung eines Rechtsanwalts z.B. bei einem Rückstand von zwei Hausgeldraten oder einem Betrag, der zwei Hausgeldraten entspricht, nach vorherige Mahnung des säumigen Eigentümers die Rückstände gerichtlich beizutreiben.

Ein Vorratsbeschluss, also ein Beschluss, der sich nicht auf einen Einzelfall bezieht, sondern eine Vielzahl gleich gelagerter Fälle umfassen soll, kann in engeren Grenzen und unter Benennung konkreter Handlungen und Maßnahmen auch im Rahmen von Beseitigungs- und Unterlassungsansprüchen gefasst werden. So kann die WEG beschließen, dass der Verwalter ermächtigt werden soll, Eigentümer zu mahnen und unter Fristsetzung aufzufordern, dauerhaft im Hausflur gelagerte Gegenstände zu entfernen und bei Ablauf der Frist die Ansprüche gerichtlich zu verfolgen. Ein Beschluss der gleichen Vorgehensweisen bei »jedem Verstoß gegen die Hausordnung« dürfte dagegen das Ermessen der Eigentümer zu stark eingrenzen, ist aber wohl nur anfechtbar und nicht nichtig.[61]

! Tipp

Dem Verwalter ist anzuraten, ohne Ermächtigung nur dann zu klagen, wenn er sich absolut sicher ist, dass die WEG nach Klageerhebung die Ermächtigung des Verwalters für dieses Verfahren beschließt. Andernfalls sollte immer erst die Beschlussfassung eingeholt und dann geklagt werden.

---

60 BGH, Urteil v. 20.6.2013 – VII ZR 71/11, NZM 2013, 652; BGH, Urteil v. 12.4.2007 – VII ZR 236/05, ZMR 2007, 627
61 LG Hamburg, Urteil v. 15.4.2015 – 318 S 125/14; ZMR 2015, 572

5.7   Der Ersatzzustellungsvertreter aus juristischer Sicht

Der Fall

Verwalter V ist noch für zwei Jahre bestellt. Eigentümer E ist mit der Arbeit des Verwalters nicht zufrieden und beantragt die Abberufung aus wichtigem Grund. Der Beschluss wird abgelehnt. E ficht den Beschluss an und beantragt die Zustellung an den durch die WEG bestellten Ersatzzustellungsvertreter, den Eigentümer A. Der erfüllt die ihm auferlegten Pflichten und unterrichtet die übrigen Eigentümer über das anhängige Verfahren bis zur Urteilsverkündung. E verliert seine Klage. A verlangt von der WEG nun die Erstattung der ihm entstandenen Kosten. Die übrigen Eigentümer sind jedoch der Auffassung, er müsse seine Kosten im Verfahren anmelden und E müsse sie dann zahlen.

Das Problem

Ist der Verwalter selbst an einem Verfahren beteiligt oder besteht aus anderen Gründen die Gefahr einer Interessenkollision, so entsteht die Sorge, der Verwalter werde seinen Pflichten im Rahmen eines Klageverfahrens nicht ausreichend nachkommen.

Die Lösung

Der Verwalter ist nach §27 Abs. 1 Nr. 7 WEGG verpflichtet, die Eigentümer unverzüglich über anhängige Klageverfahren zu unterrichten und nach §§27 Abs. 2 Nr. 2, Abs. 3 Satz 1 Nr. 2 WEGG berechtigt, im Namen der WEG/ET die gegen sie erhobenen Ansprüche zu verteidigen oder einen Rechtsanwalt mit der Verteidigung zu beauftragen.

Liegt jedoch eine Interessenkollision vor, etwa weil der Verwalter selbst von der Klage betroffen ist, sieht der Gesetzgeber die Gefahr, der Verwalter könne seiner o.g. Verpflichtung nicht nachkommen. In §45 Abs. 2 WEG ist daher aufgenommen worden, dass die ET einen Ersatzzustellungsvertreter sowie dessen Vertreter bestellen müssen. Der Ersatzzustellungsvertreter übernimmt dann die Unterrichtungspflicht des Verwalters und hat die übrigen Eigentümer über das anhängige Verfahren zu unterrichten. Er ist jedoch nicht berechtigt, zur Verteidigung der Klage einen Rechtsanwalt zu beauftragen, sofern die ET den Ersatzzustellungsvertreter nicht mit weiteren Vollmachten ausgestattet haben.

Wurde in einer WEG kein Ersatzzustellungsvertreter bestimmt, so ist auf Antrag des Klägers durch das Gericht ein Ersatzzustellungsvertreter zu bestimmen. Das kann ein Eigentümer sein oder eine dritte Person, die das Gericht für zuverlässig erachtet. Der Kläger muss bei Beantragung der Zustellung an einen Ersatzzustellungsvertreter darlegen, dass eine konkrete Gefahr besteht, dass der Verwalter seiner Pflicht nicht nachkommen wird.[62] Die Kosten des Ersatzzustellungsvertreters sind Kosten der internen Verwaltung und daher von den ET nach §16 Abs. 2 WEG zu tragen. Es handelt sich nicht um erstattungsfähige Verfahrenskosten, die die unterliegende Partei im Verfahren zu tragen hat.[63]

> **! Wichtig**
>
> In vielen Gemeinschaften machen die ET von der Bestimmung des §45 Abs. 2 WEGG keinen Gebrauch, sodass es keinen Ersatzzustellungsvertreter gibt. Um den Anreiz zu erhöhen, entspricht es ordnungsmäßiger Verwaltung, dem Ersatzzustellungsvertreter neben der Erstattung seiner Auslagen einen weiteren Pauschalbetrag zuzusprechen.
> Andernfalls droht in den Fällen, in denen das Gericht einen externen Ersatzzustellungsvertreter bestimmt, die Gefahr, dass das Gericht nicht nur die zu erstattenden Auslagen (Höhe der Kopierkosten etc.) festsetzt, sondern darüber hinaus auch eine Vergütung für die Tätigkeit. Die Festsetzung liegt im Ermessen des Gerichts. Gerade bei größeren Gemeinschaften können schnell erhebliche Mehrkosten entstehen, die der klagende Eigentümer auch dann nicht zu tragen hat, wenn er im Verfahren unterliegt.

5.8 Die verwalterlose WEG

Der Fall

Die WEG kann sich nicht auf einen neuen Verwalter einigen. So läuft die Bestellung des amtierenden Verwalters zum Ende des Jahres ab, ohne dass sich die Eigentümer für einen neuen Verwalter entschieden haben. Die letzte Versammlung findet Mitte Dezember statt. Im darauffolgenden Januar klagt der Eigentümer E gegen die WEG, weil er der Auffassung ist, die WEG müsse ihm die Kosten einer Instandsetzungsmaßnahme erstatten.

Das Problem

Der Verwalter ist der Vertreter der WEG und tritt als solcher für die WEG wie ein Geschäftsführer auf, handelt für sie und nimmt Willenserklärungen und Zustellungen entgegen. Ist eine WEG jedoch verwalterlos, stellt sich die Frage, wie die WEG in diesen Fällen handelt, sich erklärt oder Zustellungen entgegennimmt.

---

62 BGH, Urteil v. 9.3.2012 – V ZR 170/11; ZMR 2012, 567
63 BGH, Beschluss v. 11.5.2017 – V ZB 52/15; ZMR 2017, 753

Die Lösung

In § 20 Abs. 2 WEGG hat der Gesetzgeber geregelt, dass die Bestellung eines Verwalters nicht ausgeschlossen werden kann. Sowohl eine Vereinbarung als auch ein Beschluss mit diesem Inhalt sind unzulässig. § 20 Abs. 2 WEGG sagt jedoch nicht, dass die Eigentümer zwingend einen Verwalter zu bestellen haben. Zwar können einzelne Eigentümer von den anderen Eigentümern im Rahmen einer ordnungsmäßigen Verwaltung die Bestellung eines Verwalters verlangen und diesen Anspruch auch im Rahmen der Beschlussersetzungsklage nach §§ 21 Abs. 4, 8 WEGG durchsetzen, müssen es aber nicht. Wird eine Beschlussersetzungsklage nicht geführt, bleibt die WEG vorerst verwalterlos.

In diesen Fällen wird die WEG von allen Eigentümern vertreten (§ 27 Abs. 3 Satz 2 WEG). Die Eigentümer müssen gemeinschaftlich handeln, was in größeren WEG nahezu unmöglich sein dürfte. Die Organisation des Handelns der WEG im Außenverhältnis kann über eine Beschlussfassung vorgenommen werden, wonach ein Miteigentümer bestimmt wird, der die WEG im Außenverhältnis vertritt (§ 27 Abs. 3 Satz 3 WEGG) und mit denselben Aufgaben und Befugnissen wie ein Verwalter ausgestattet wird. Der Umfang der Ermächtigung des Eigentümers oder der Eigentümer muss aber aus der Beschlussfassung ersichtlich sein.

Willenserklärungen und Zustellungen von Klagen, die an die WEG gerichtet sind, müssen nicht allen Miteigentümern zugehen. Es ist ausreichend, die Zustellung einer Klage an einen Eigentümer mit Wirkung für die WEG zu veranlassen.[64] Der Eigentümer ist dann seinerseits verpflichtet, die übrigen Eigentümer zu informieren. Die Zustellung einer Anfechtungsklage kann jedoch nicht an einen Eigentümer erfolgen, der dann wie ein Verwalter die anderen Eigentümer informieren muss. Da die Anfechtungsklage sich gegen alle Eigentümer mit Ausnahme des Klägers richtet, muss der klagende Eigentümer bei der Klageerhebung ausreichend Abschriften beifügen, damit die Zustellung an alle veranlasst werden kann. Das sonst übliche Nachreichen der Eigentümerliste ist dann nicht möglich. Alle Eigentümer als Beklagte müssen sich nebst ladungsfähiger Anschrift aus der Klage ergeben.

Vertretung der verwalterlosen WEG　　　　　　　　　　　　　　　　　　　　　**!**

- Die WEG wird durch alle Wohnungseigentümer vertreten (§ 27 Abs. 3 Satz 2 WEG).
- Alle Miteigentümer müssen aktiv tätig werden.
- Ist die WEG Empfängerin von Willenserklärungen oder Klagezustellungen, ist es ausreichend, wenn diese einem Miteigentümer zugehen.

64　LG Karlsruhe, Urteil v. 11.12.2012 – 11 S 231/11; ZWE 2013, 180

! **Wichtig**

Die Verwaltung einer WEG ohne Verwalter gestaltet sich schwierig. Sowohl die aktive Vertretung nach außen und die Frage, wer für die WEG im Außenverhältnis tätig wird, als auch die Organisation des Empfangs von Willenserklärungen und Zustellungen können die Eigentümer vor fast unüberbrückbare Schwierigkeiten stellen. Zulässig ist eine selbst organisierte WEG. Eine solche Selbstorganisation dürfte jedoch nur in kleineren WEG praktikabel sein und setzt ein hohes Maß an Einsatzbereitschaft der einzelnen Miteigentümer voraus.

6 Verkehrssicherung

6.1 Die Erfüllung der Verkehrssicherungspflicht und die Haftung

Der Fall

Eigentümer E informiert die übrigen Eigentümer darüber, auf seiner Sondernutzungsfläche im Garten ein Trampolin aufstellen zu wollen. Die Garten-
fläche des E ist nicht eingezäunt, sodass nicht nur die übrigen Eigentümer,
sondern auch Dritte auf die Fläche gelangen können. Die übrigen Eigentümer
sind der Auffassung, dass dürfe E nicht, weil er aufgrund der fehlenden Ein-
zäunung seines Gartens nicht verhindern kann, dass Unbefugte das Trampolin nutzen, und im Falle einer Verletzung alle Eigentümer haften.

Das Problem

Wie jeder Grundstückseigentümer eröffnet auch die WEG eine Gefahrenquelle,
die vom Gebäude und/oder vom Grundstück ausgeht. Die Gefahrenquellen
können vielfältig sein und werfen stets die Frage auf, wie die daraus entstehende Verkehrssicherungspflicht zu erfüllen ist, wer dies tun muss, und
schlussendlich, wer im Falle eines Schadens haftet. Auch der Verwalter sollte
sich der Pflichten bewusst sein, um die Eigentümer darüber zu informieren
und die erforderlichen Beschlussfassungen vorzubereiten.

Die Lösung

Die Verkehrssicherungspflicht ist die allgemeine Rechtspflicht, im Verkehr
Rücksicht auf die Gefährdung anderer zu nehmen. Verkehrssicherungspflich-
tig ist, wer den Verkehr auf seinem Grundstück eröffnet, zulässt oder andau-
ern lässt. Kurz gesagt, jedes Grundstück birgt allein aufgrund seines Daseins
gewisse Gefahrenquellen, die durch den Grundstückseigentümer verhindert
werden müssen.

Die ET sind Bruchteilseigentümer des Grundstücks. Seit der Rechtsfähigkeit
des Verbandes der Wohnungseigentümer ist die WEG selbst für die Einhaltung
der Verkehrssicherungspflicht verantwortlich.[65] Ihr obliegt es daher, die Gefahrenquellen des Grundstücks auszumachen und geeignete Maßnahmen zur
Gefahrenabwehr zu treffen. Ob es sich um eine Gefahrenquelle handelt und
welche Maßnahmen geeignet sind, richtet sich individuell nach den jeweiligen
Gegebenheiten in einer WEG und der Ausgestaltung des Grundstücks.

---

65 BGH, Urteil v. 9.3.2012 – V ZR 161/11; ZMR 2012, 646

Einfach ausgedrückt: Wer aufmerksam über das Grundstück läuft auf der Suche nach Flächen, Bauten o. Ä., die die Verletzungsgefahr nicht völlig abwegig erscheinen lassen, hat die jeweiligen Gefahrenquellen entdeckt. Hierzu zählen fehlende Umzäunungen, sodass Dritte ungehindert ein Grundstück betreten können, fehlende Umrandungen oder Abgrenzungen zu einer Tiefgarageneinfahrt, herausragende Pflastersteine, fehlende oder rostende Bodenabdeckungen, sich lösende Fassadenteile, morscher Baumbestand etc. Allerdings besteht keine Verkehrssicherungspflicht für jede auch nur ansatzweise erdenkliche Gefahr.[66] Abzustellen ist auf den berühmten gesunden Menschenverstand eines Durchschnittsbürgers.

Zur Erfüllung der Verkehrssicherungspflichten gehört nicht nur die erstmalige Begehung des Grundstücks und die Feststellung etwaiger Gefahrenquellen, sondern auch die dauernde Überwachung und laufende Kontrolle dieser. Auch die Eröffnung neuer Gefahrenquellen muss die WEG im Blick haben und geeignete Maßnahmen ergreifen, um eine Verletzung der Eigentümer, Bewohner oder Dritter möglichst zu vermeiden. Solche entstehen z. B., wenn einzelnen Eigentümern bauliche Veränderungen genehmigt werden. Auch wenn eine genehmigte bauliche Veränderung vorliegt, gehen die neuen Gebäudeteile in das gemeinschaftliche Eigentum über.

Zwar kann sich der Bauwillige im Innenverhältnis verpflichten, die Verkehrssicherungspflicht zu übernehmen und zu überwachen und die Eigentümer vor Ansprüchen Dritter freizustellen; im Außenverhältnis haftet jedoch weiterhin die WEG. Verletzt die WEG die Verkehrssicherungspflicht und kommt eine Person zu Schaden, sind die Schadensersatzansprüche gegen den Verband zu richten. Die Eigentümer haften im Außenverhältnis nur quotal in Höhe ihres Miteigentumsanteils nach § 10 Abs. 8 WEG.[67]

Neben dem Verband der Wohnungseigentümer haftet auch der Verwalter für die Verletzung der Verkehrssicherungspflicht und sich daraus ergebende Schäden, da er mit der Wahrnehmung der Pflichten der Gemeinschaft beauftragt und nach § 27 Abs. 1 Nr. 2 WEGG verpflichtet ist, die für die Instandhaltung erforderlichen Maßnahmen zu treffen.[68] Zu einer ordnungsmäßigen Instandhaltung und Instandsetzung des gemeinschaftlichen Eigentums gehört auch die Erfüllung der Verkehrssicherungspflicht.

Dabei ist der Verwalter nicht berechtigt, eigenmächtig aus seiner Sicht geeignete Maßnahmen zu ergreifen, sondern muss die Eigentümer auf von ihm festgestellte

---

66 BGH, Urteil v. 6.5.2015 – VIII ZR 161/14; NJW 2015, 2111
67 OLG München, Beschluss v. 24.10.2005 – 34 Wx 82/05; NZM 2006, 110
68 BGH, Urteil v. 23.3.1993 – VI ZR 176/92; NJW 1993, 1782

Gefahrenquellen hinweisen und geeignete Maßnahmen zur Gefahrenabwehr vorschlagen, die dann von den Eigentümern als Maßnahme der ordnungsmäßigen Verwaltung mit einfacher Stimmenmehrheit beschlossen werden können.

Lehnen die Eigentümer eine Beschlussfassung ab und bleibt die Gefahrenquelle unverändert eröffnet, setzt sich der Verwalter dem Risiko der Haftung weiterhin aus. Auch wenn die Eigentümer ihm eine Haftungsfreistellung erklären würden, verbleibt die Haftung im Außenverhältnis, d.h. die Haftung einer Person gegenüber, die nicht Mitglied der WEG ist.

Bei der Aufstellung eines Trampolins kann daher die Eröffnung einer neuen Gefahrenquelle gegeben sein, wenn das Trampolin nicht nur für die Miteigentümer, sondern auch für jeden Dritten frei zugänglich ist. Es ist daher nicht zu kontrollieren, wer unbefugt das Trampolin nutzt. Eine Haftung im Außenverhältnis trifft dann alle Eigentümer, sodass eine Zustimmung in diesen Fällen erforderlich ist. Wird das Trampolin jedoch in einem eingezäunten Sondernutzungsbereich aufgestellt, bedarf es keiner Zustimmung der übrigen Eigentümer – auch nicht unter dem Gesichtspunkt einer baulichen Veränderung, da ein Nachteil der übrigen Eigentümer nicht gegeben ist.[69]

> **Wichtig**   !
>
> Der Verwalter muss die Gefahrenquellen des Grundstücks und des Gebäudes kennen und den Eigentümern im Rahmen seiner Pflicht nach §27 Abs. 1 Nr. 2 geeignete Maßnahmen vorschlagen. Da der Verwalter, unabhängig von der Beschlussfassung der Eigentümer, für die Verletzung der Verkehrssicherungspflicht haftet, sollte er diese Aufgabe nicht auf die leichte Schulter nehmen.
> Problematisch ist für den Verwalter die Frage, wie er sich verhalten soll, wenn die Eigentümer erforderliche Maßnahmen nicht beschließen – trotz ausdrücklichen Hinweises des Verwalters. Er ist dann mit der Ablehnung des Beschlusses weiterhin haftbar, ohne daran etwas ändern zu können. Es bleibt ihm nur die Risikoabschätzung und Frage, ob die Zusammenarbeit mit dieser WEG in Anbetracht des bestehenden Haftungsrisikos weiterhin möglich und wirtschaftlich tragbar ist. Diese Frage muss jeder Verwalter für sich beantworten.

6.2   Kann die Verkehrssicherungspflicht übertragen werden?

Der Fall
Die WEG möchte Kosten sparen. Da alle Miteigentümer zugleich auch in der Liegenschaft wohnen, fassen sie auf der ETV den Beschluss, den Winterdienst

---

69   LG München I, Beschluss v. 20.12.2017 – 1 S 17182/17; IMR 2018, 158

im Wechsel vorzunehmen, und stellen einen umfangreichen Plan auf, der alle Eigentümer im gleichen Umfang verpflichtet. Eigentümer E hat zwar Verständnis dafür, Kosten sparen zu wollen, aber wenig Lust, morgens die Gehwege von Schnee und Eis zu befreien. Er ficht den Beschluss aber nicht an. Der Winter kommt und E hält sich nicht an den aufgestellten Winterdienstplan. Verwalter V fordert ihn mehrfach auf. Die WEG erörtert auf der nächsten ETV, ob und wie sie E auf Erfüllung der aus ihrer Sicht bestehenden Pflicht in Anspruch nehmen können.

Das Problem

Die Erfüllung der den Eigentümern oder der WEG obliegenden Pflichten können an Dritte delegiert werden. Die Delegation ist auch in Bereichen zulässig, in denen es um die Erfüllung der Verkehrssicherungspflicht (wie etwa den Winterdienst) geht. Problematisch ist, ob auch die Eigentümer selbst zur Vornahme einer Handlung verpflichtet werden können, die in Erfüllung einer bestehenden Verkehrssicherungspflicht erforderlich ist. Der Verwalter muss nicht nur die Möglichkeiten kennen, wenn es um den Wunsch der Eigentümer geht, derartige Fälle regeln zu wollen, sondern auch einen Blick dafür haben, welche Beschlüsse oder Vereinbarungen Wirkung entfalten bei Gemeinschaften, in denen er die Verwaltung übernimmt.

Die Lösung

Die Delegation an Dritte ist zulässig. Dabei haben die Eigentümer die Person, die die Pflichten der WEG übernimmt, gewissenhaft auszusuchen, was in der Regel bei der Beauftragung eines Fachunternehmens angenommen wird, wenn nicht dessen Unzuverlässigkeit bekannt ist. Sofern die WEG eine dritte Person mit der Erfüllung der Verkehrssicherungspflichten beauftragt, wie etwa den Hausmeister, entfällt die Haftung für die Verletzung der Verkehrssicherungspflicht nicht, sondern wandelt sich in eine Haftung für eine Verletzung der Kontroll- und Überwachungspflichten. Die Ausübung der Kontroll- und Überwachungspflicht obliegt in erster Linie dem Verwalter als Vertreter der WEG. Erforderlich sind zu Beginn der Tätigkeit des Dritten stichprobenartige Kontrollen. Werden keine Beanstandungen festgestellt oder seitens der Eigentümer gemeldet, kann die WEG und der Verwalter auf eine ordnungsmäßige Erfüllung vertrauen. Kommt es zu einem Schadensfall aufgrund der mangelhaft ausgeführten Arbeit des Beauftragten, so haftet nur dieser deliktisch.

Wie für jede Beschlussfassung benötigen die Eigentümer eine gesetzliche oder sich aus der GO ergebende Beschlusskompetenz, um Angelegenheiten der gemeinschaftlichen Verwaltung über einen Mehrheitsbeschluss regeln zu können. Sofern die WEG beabsichtigt, die Eigentümer zur Erfüllung der

Verkehrssicherungspflicht durch eigene Vornahme über einen Beschluss zu verpflichten und ihnen damit weitergehende Leistungspflichten auferlegen will, so fehlt den Eigentümern dazu die zwingend erforderliche Beschlusskompetenz. Über eine Beschlussfassung können die Eigentümer nur zu der in §16 WEGG geregelten Kosten- und Lastentragung verpflichtet werden. Weitergehende Leistungspflichten (sog. tätige Mithilfe) können über einen Beschluss nicht begründet werden.[70]

Gerade im Bereich der Verkehrssicherungspflicht obliegt die Erfüllung dieser nicht dem einzelnen Eigentümer, sondern dem Verband, sodass auch nur er diese Pflicht erfüllen und sie nicht über einen Beschluss an die einzelnen Mitglieder delegieren kann.[71] Eine dennoch erfolgte Beschlussfassung ist nichtig, entfaltet keine Wirkung für die Eigentümer und verpflichtet einen einzelnen Eigentümer auch dann nicht, wenn alle anderen Eigentümer sich an den nichtigen Beschluss halten und danach handeln.

Die Verpflichtung zur tätigen Mithilfe bei der Erfüllung der Verkehrssicherungspflicht kann nur vereinbart werden und erfordert damit die Zustimmung aller Eigentümer sowie – für die Bindung der Sonderrechtsnachfolger – die Eintragung ins Grundbuch nach §10 Abs. 3 WEGG. Ist eine Regelung der tätigen Mithilfe bereits in der GO vereinbart, ergibt sich aus dieser die jeweilige Pflicht der Eigentümer.

> **Wichtig** !
>
> Die Eigentümer können die sogenannte tätige Mithilfe mangels Beschlusskompetenz nicht beschließen – ein solcher Beschluss wäre nichtig. Der Verwalter darf einen solchen Beschluss nicht verkünden, da er sich im Falle einer Klage auf Feststellung der Nichtigkeit des Beschlusses sonst der Gefahr der Auferlegung der Prozesskosten nach §49 Abs. 2 WEGG ausgesetzt sehen kann. Die Nichtigkeitsfeststellung ist übrigens unbegrenzt möglich und unterliegt nicht der Monatsfrist des §46 Abs. 1 WEGG.
> Möglich ist eine schuldrechtliche Vereinbarung der Eigentümer, die jedoch nur in kleinen Gemeinschaften eine Rolle spielen dürfte. Sofern eine Regelung in der GO enthalten ist, die den Eigentümern weitergehende Pflichten auferlegt, hat der Verwalter zu überwachen, ob die Eigentümer diesen Pflichten nachkommen.
> Übernimmt der Verwalter eine neue WEG und hat diese in der Vergangenheit einen solchen Beschluss gefasst, muss er die Eigentümer auf dessen Nichtigkeit hinweisen und auf eine anderweitige Regelung drängen.

70 BGH, Urteil v. 18.6.2010 – V ZR 193/09; ZMR 2010, 777
71 BGH, Urteil v. 9.3.2012 – V ZR 161/11; ZMR 2012, 646

7 Die Wohnungseigentümer und andere Beteiligte

7.1 Der Wohnungseigentümer

Der Fall

Erwerber A kauft von Eigentümer M die Eigentumswohnung im DG. Die Grundbuchumschreibung findet bereits einige Tage später statt. Der neue Eigentümer A meldet sich beim Verwalter und bittet um Auskunft, welche Rechte und Pflichten er eigentlich hat.

Das Problem

Eigentümer ist man dann, wenn die Eintragung des Eigentums in Abteilung I des Grundbuchs erfolgt ist. Vielen Eigentümern ist allerdings oft nicht bewusst, welche Rechte und Pflichten sich aus der Eigentümerstellung in einer WEG ergeben.

Die Lösung

Der Gesetzgeber hat in den §§ 13, 14, 16 WEG konkrete Rechte und Pflichten festgesetzt. Die Rechte des Eigentümers sind:

- Jeder Eigentümer kann, soweit dem nicht das Gesetz oder Rechte Dritter entgegenstehen, mit den im Sondereigentum stehenden Gebäudeteilen nach Belieben verfahren, insbesondere diese bewohnen, vermieten, verpachten oder in sonstiger Weise nutzen und andere von Einwirkungen ausschließen.
- Jeder Eigentümer ist zum Mitgebrauch des gemeinschaftlichen Eigentums nach Maßgabe der §§ 14 und 15 berechtigt.

Jeder Eigentümer ist verpflichtet,

- die im Sondereigentum stehenden Gebäudeteile so instand zu halten und von diesen sowie vom gemeinschaftlichen Eigentum nur in solcher Weise Gebrauch zu machen, dass dadurch keinem der anderen Wohnungseigentümer ein Nachteil erwächst. Diese Pflicht muss der Eigentümer auch auf seinen Mieter übertragen.
- Einwirkungen auf die im Sondereigentum stehenden Gebäudeteile und das gemeinschaftliche Eigentum zu dulden und das Betreten und die Benutzung der im Sondereigentum stehenden Gebäudeteile zu gestatten, soweit dies zur Instandhaltung und Instandsetzung des gemeinschaftlichen Eigentums erforderlich ist; der hierdurch entstehende Schaden ist zu ersetzen

- die Lasten des gemeinschaftlichen Eigentums sowie die Kosten der Instandhaltung, Instandsetzung, sonstigen Verwaltung und eines gemeinschaftlichen Gebrauchs des gemeinschaftlichen Eigentums nach dem Verhältnis der Miteigentumsanteile zu tragen.

Viele Verwalter haben für neue Eigentümer ein Informationsblatt entwickelt, aus dem sich die vorbezeichneten Rechte und Pflichten inkl. Information zum Eigentümerwechsel ergeben. Das vereinfacht oft die Verwaltung und die Eigentümer beschäftigen sich intensiver mit den Eigenschaften einer WEG.

Wichtig

Vom Grundsatz der Grundbuchumschreibung gibt es nur eine Ausnahme: der werdende Eigentümer, der typischerweise bei Bauträgerobjekten vorkommt.
Vor Entstehen einer WEG bilden die Erwerber, für die eine Auflassungsvormerkung im Grundbuch eingetragen und denen der Besitz an der erworbenen Wohnung übergeben worden ist, eine sog. werdende Gemeinschaft. Die Erwerber, obwohl sie noch nicht im Grundbuch als Eigentümer eingetragen sind, sind verpflichtet, entsprechend § 16 Abs. 2 WEG die Kosten und Lasten des künftigen gemeinschaftlichen Eigentums zu tragen. Diese Verpflichtung entfällt nicht dadurch, dass eine WEG im Rechtssinne entsteht, d. h. wenn der erste Erwerber in Abteilung I des Grundbuchs eingetragen wird.[72]
Darüber hinaus ist ein Erwerber, der den Erwerbsvertrag vor Entstehen der WEG abschließt und zu dessen Gunsten eine Auflassungsvormerkung eingetragen wird, auch dann als werdender Eigentümer anzusehen, wenn er den Besitz an der Wohnung erst nach dem Entstehen der WEG erlangt. Der im Grundbuch als Eigentümer eingetragene Veräußerer haftet nicht gesamtschuldnerisch für die Lasten der Wohnung, wenn der Erwerber als werdender Wohnungseigentümer anzusehen ist.[73]

7.2 Die Haftung des Wohnungseigentümers im Außenverhältnis

Der Fall

Die WEG hat vor einigen Wochen von einem Dachdeckerunternehmen eine vollständige Dachsanierung durchführen lassen. In der Zwischenzeit haben sich einige Hausgeldrückstände angesammelt und der Verwalter ist nicht mehr in der Lage, die Rechnung des Dachdeckers zu begleichen. Sonderumlagen haben die Eigentümer mangels Masse abgelehnt.

---

72   BGH, Beschluss v. 5.6.2008 – V ZB 85/07; ZMR 2008, 805
73   BGH, Urteil v. 11.5.2012 – V ZR 196/11; ZMR 2012, 711

Das Problem

Eigentlich ist der teilrechtsfähige Verband (also die WEG) der Auftraggeber und muss für die Rechnungsbezahlung einstehen. Die WEG setzt sich allerdings aus den Eigentümern zusammen und da stellt sich naturgemäß die Frage, wer für Verbindlichkeiten im Außenverhältnis haftet.

Die Lösung

Vor dem 1.7.2007 und der Anerkennung der Teilrechtsfähigkeit der WEG, haftete noch jeder Eigentümer gesamtschuldnerisch für Verbindlichkeiten der WEG.

Gemäß §10 Abs. 8 Satz 1 WEG haftet nun jeder Eigentümer einem Gläubiger nach dem Verhältnis seines Miteigentumsanteils (§16 Abs. 1 Satz 2) für Verbindlichkeiten der WEG, die während seiner Zugehörigkeit zur Gemeinschaft entstanden oder während dieses Zeitraums fällig geworden sind. Das Dachdeckerunternehmen kann also nicht – wie vor dem 1.7.2007 oft üblich – den solventesten Eigentümer zur Zahlung der gesamten Summe in Anspruch nehmen, sondern kann von jedem Eigentümer nur noch den Betrag in Höhe seines Miteigentumsanteils fordern.

> **Wichtig**
>
> Eine Änderung der Haftung ist weder durch einen Beschluss noch durch eine Vereinbarung zulässig. Allerdings können sich bei kommunalen Abgaben oder landesgesetzlicher Anordnungen (z.B. Wasser, Müll, Straßenreinigung etc.) wieder eine gesamtschuldnerische Haftung der einzelnen Eigentümer ergeben.[74]

7.3 Notgeschäftsführung – welche Rechte hat der Eigentümer?

Der Fall

Am 24.12. gegen 17 Uhr merkt der Eigentümer plötzlich, dass eine Leitung in Badezimmer undicht ist. Damit der Schaden nicht größere wird, ruft er den im Treppenhaus ausgewiesenen Notdienst (Installateur) an und lässt den Schaden sofort reparieren. Der Eigentümer gibt dem Installateur die Adresse des Verwalters. Der Handwerker schickt die Rechnung dann im neuen Jahr an den Verwalter.

---

74 BGH, Urteil v. 20.1.2010 – VIII ZR 329/08, ZMR 2011, 142; BGH, Urteil v. 18.6.2009 – VII ZR 196/08, IMR 2009, 270

Das Problem

Gemäß § 21 Abs. 3 WEG ist jeder Eigentümer berechtigt, ohne Zustimmung der anderen Wohnungseigentümer die Maßnahmen zu treffen, die zur Abwendung eines dem gemeinschaftlichen Eigentum unmittelbar drohenden Schadens notwendig sind. In der Praxis ist oft streitig, ob die vom Eigentümer gewählte Maßnahme tatsächlich eine Notmaßnahme war oder ob noch genügend Zeit bestand, den Verwalter entsprechend zu informieren, der die Sachlage dann prüft und alles Notwendige veranlasst.

Die Lösung

Im vorliegenden Fall ist eindeutig, dass eine Gefahr bestand und der Eigentümer zur Abwendung eines noch größeren Schadens sofort handeln musste. Der Eigentümer sollte den Verwalter nach Beauftragung sofort mit einer Schadensmeldung ggf. unter Beifügung von aussagekräftigen Bildern informieren, damit der Verwalter sich ein Bild von der Sachlage machen kann.

> **! Wichtig**
>
> Sicherheitshalber sollte in jeder WEG besprochen werden, was eine Notgeschäftsführung ist und wie sie abläuft. Die Notgeschäftsführung bezieht sich selbstverständlich nur auf das gemeinschaftliche Eigentum. Nach der einschlägigen Kommentierung werden folgende Sachverhalte als Notgeschäftsführung eingeordnet:[75]
> - Beauftragung
>   - eines Gasnotdienstes bei Gasgeruch,
>   - eines Rohrreinigungsdienstes bei Rohrverstopfung oder
>   - eines Handwerkernotdienstes, um ein infolge Rohrbruchs oder unsachgemäßer Verlegung undichtes Wasserrohr abzudichten
> - die Eindeckung eines durch Sturm abgedeckten oder sonst altersbedingt sanierungsbedürftigen Daches zum Schutz vor Wasserschäden
> - der Ersatz eines schadhaften Fensters zur Vermeidung von Mietminderung

Der Verwalter sollte beachten, dass es sich bei der Aufzählung nur um Beispiele handelt. Die jeweiligen Umstände des Einzelfalls sind selbstverständlich entscheidend.

7.4 Aufopferungsanspruch für Beschädigungen am Sondereigentum

Der Fall

Zur Sanierung der konstruktiven Gebäudeteile des Balkons der Wohnung 10 müssen die sich im Sondereigentum befindlichen Fliesen zerstört werden. Der

---

75 Bärmann/Merle, WEG § 21 Rn. 9–14, beck-online

betroffene Eigentümer der Wohnung 10 verlangt nun von der WEG einen Ausgleich. Die WEG ist der Ansicht, dass die Fliesen bereits 30 Jahre alt waren, und lehnt einen Anspruch des betroffenen Eigentümers ab.

Das Problem
In der Praxis bleibt oft unberücksichtigt, dass es im WEGG zum Schadensersatz eine entsprechende Regelung gibt (§14 Nr. 4 Halbsatz 2 WEG). Danach ist jeder Eigentümer dazu verpflichtet, »das Betreten und die Benutzung der im Sondereigentum stehenden Gebäudeteile zu gestatten, soweit dies zur Instandhaltung und Instandsetzung des gemeinschaftlichen Eigentums erforderlich ist; der hierdurch entstehende Schaden ist zu ersetzen.«

In entsprechender Anwendung des §14 Nr. 4 Halbsatz 2 WEG gilt die Gestattungspflicht auch für die mit einem Sondernutzungsrecht belegten Gebäudeteile oder Gemeinschaftsflächen.

Die Lösung
Ist dem Eigentümer durch die Instandhaltungs- und Instandsetzungsmaßnahme am Gemeinschaftseigentum ein Schaden an seinem Sondereigentum entstanden, ist dieser durch die WEG zu ersetzen. Es handelt sich hier um den Spezialtatbestand des verschuldensunabhängigen Aufopferungsanspruchs.

Der Anspruch umfasst sowohl unmittelbare Substanzschäden am Sondereigentum und an sonstigen privaten Gegenständen des betroffenen Wohnungseigentümers als auch adäquat kausal verursachte Folgevermögensschäden (z. B. Mietausfall, entgangener Gewinn). Einen Abzug »Alt für Neu« muss sich der betroffene Wohnungseigentümer nicht anrechnen lassen.

Darüber hinaus kann ein Wohnungseigentümer den Schaden, der ihm nach §14 Nr. 4 Halbsatz 2 WEG zu ersetzen ist, fiktiv in Höhe des Nettobetrags der Reparaturkosten abrechnen, wenn er ihn in Eigenleistung beseitigt. Schuldner des Entschädigungsanspruchs nach §14 Nr. 4 Halbsatz 2 WEG ist die Wohnungseigentümergemeinschaft.

Wichtig !

Die WEG hat keine Beschlusskompetenz, in den Anspruch aus §14 Nr. 4 Halbsatz 2 durch Beschluss einzugreifen oder ihn auszuschließen. Ein dennoch gefasster Beschluss wäre mangels Beschlusskompetenz nichtig. Anders sieht es aus, wenn der Anspruch aus §14 Nr. 4 Halbsatz 2 WEG durch eine Vereinbarung in der Gemeinschaftsordnung ausgeschlossen wurde.[76] Folgende Positionen sind in der Recht-

---

76   LG München I, Schlussurteil v. 16.9.13 – 1 S 21191/12 WEG; ZMR 2014, 145

sprechung und im Schrifttum als Aufopferungsschäden, die grundsätzlich ersetzt werden müssen, anerkannt:

- Kosten für Reparatur und Wiederherstellung des Sondereigentums
- Mietausfall und sonstiger entgangener Gewinn
- Umzugs-, Transport- und Lagerkosten
- Kosten für Ersatzwohnraum
- finanzieller Ausgleich für fehlenden Eigengebrauch
- Kosten für Vorsorgemaßnahmen
- Kosten der Säuberung
- Verdienstausfall

7.5 Wann hat der Eigentümer Anspruch auf Schadenersatz?

Der Fall

In einer Wohnung zeigt sich an der Decke im Wohnzimmer plötzlich und unerwartet ein Wasserschaden. Ursache für den Wasserschaden war ein Konstruktionsfehler am Tür-Fenster-Element in der Wohnung darüber. Der Schaden im gemeinschaftlichen Eigentum wird nach Bekanntwerden sofort behoben. Der geschädigte Eigentümer fordert vom Verwalter bzw. der WEG einen Betrag in Höhe von 399 EUR für die Renovierung der Decke und 200 EUR für die Reinigung seines Teppichs.

Das Problem

Derartige Fälle kommen in der Praxis regelmäßig vor. Im WEGG gibt es hierzu keine bestimmten Regelungen, sodass die Vorschriften des BGB und Schadenersatzrechts anzuwenden sind. Hat der Eigentümer einen Anspruch auf Schadenersatz?

Die Lösung

Grundlage eines Schadenersatzanspruchs ist stets eine schuldhafte Pflichtverletzung der WEG oder des Verwalters.[77] Kann also nicht nachgewiesen werden, dass der Schaden schuldhaft herbeigeführt wurde, gibt es auch keinen Schadenersatz. Im vorliegenden Fall sollte ein Schadenersatzanspruch nicht vorliegen, da der Schaden plötzlich und unerwartet aufgetreten ist. Ob sich auf einer Anspruchsgrundlage (z.B. Gewährleistung, Versicherung) eine Erstattungsmöglichkeit ergibt, ist im vorliegenden Beispiel nicht von Bedeutung, sollte aber im Einzelfall geprüft werden.

---

77   BGH, Urteil v. 21.5.2010 – V ZR 10/10; ZMR 2010, 783

Achtung   **!**

Ein Anspruch auf Schadensersatz wegen verzögerter Beschlussfassung über notwendige Instandsetzungsmaßnahmen scheidet aus, wenn der betroffene Wohnungseigentümer vorher gefasste Beschlüsse über die Zurückstellung der Instandsetzung **nicht angefochten** hat.[78]

Wichtig   **!**

Liegt ein Verschulden vor, haftet zunächst die WEG. Diese kann dann prüfen, ob der Verwalter gegen seine Pflichten verstoßen hat, und den Anspruch an diesen weitergeben. In der Praxis ist oft schwierig zu entscheiden, wie hoch der sog. Verzögerungsschaden ist.

Undichtes Dach verursacht Schäden   **!**

Dem Verwalter ist bereits seit Januar bekannt, dass das Dach an einigen Stellen undicht ist. Beim Eigentümer der Dachgeschosswohnung schneit und regnet es seitdem herein und es kommt zu Beschädigungen am Sondereigentum. Die zuständigen Dachdecker können den Schaden erst beheben, wenn es nicht mehr schneit und das Wetter sich für diese Arbeiten eignet. Der Schaden wird erst im März behoben. Seit Januar ist der Schaden am Sondereigentum allerdings größer geworden. Fraglich ist nun, in welchem Umfang hier Schadenersatz zu leisten wäre. Bei solchen Fällen sollte immer rechtlicher Rat eingeholt werden, damit es zu keinen unnötigen Streitigkeiten kommt. Selbstverständlich sollte die WEG in diesen Sachverhalt eingebunden werden und dem Verwalter durch Beschluss auch eine Weisung zur weiteren Vorgehensweise erteilen.
In einer anderen Konstellation – ein Eigentümer meldet Ansprüche auf Schadenersatz gegen einen anderen Eigentümer oder sogar Mieter an – hat der BGH entschieden:[79]
»Wird die Nutzung des Sondereigentums durch rechtswidrige Einwirkungen beeinträchtigt, die von im Sondereigentum eines anderen Wohnungseigentümers stehenden Räumen ausgehen, kann dem betroffenen Wohnungseigentümer ein nachbarrechtlicher Ausgleichsanspruch in entsprechender Anwendung von §906 Abs. 2 Satz 2 BGB zustehen; das gilt auch im Verhältnis von Mietern solcher Räume.«

7.6 Der Anspruch des Eigentümers auf ordnungsmäßige Verwaltung

Der Fall
Ein Eigentümer meldet dem Verwalter, dass er erneut Undichtigkeiten im Bereich des Flachdachs entdeckt hat. Den Eigentümern ist bereits seit Jahren bekannt, dass das Flachdach 30 Jahre alt ist und zeitnah saniert werden muss.

---

78   BGH, Urteil v. 13.7.2012 – V ZR 94/11; ZMR 2012, 974
79   BGH, Urteil v. 25.10.2013 – V ZR 230/12; ZMR 2014, 225

Der Folgeschaden im Sondereigentum ist noch überschaubar. Der Verwalter lässt die Undichtigkeiten durch ein Dachdecker sofort lokalisieren und provisorisch abdichten. Auf der Eigentümerversammlung legt er der WEG drei vergleichbare Angebote zur Flachdachsanierung in Höhe von 200.000 EUR vor und bittet die WEG, das weitere Vorgehen zu beschließen. Die WEG lehnt eine Gesamtsanierung erneut ab und beauftragt lediglich die punktuelle Abdichtung der entsprechenden Stellen. Der betroffene Eigentümer im Dachgeschoss ist damit nicht einverstanden, da es nur eine Frage der Zeit ist, bis die nächsten Stellen am Dach undicht werden.

Das Problem

Gemäß §21 Abs. 4 WEG kann jeder Eigentümer eine Verwaltung verlangen, die den Vereinbarungen und Beschlüssen und, soweit solche nicht bestehen, dem Interesse der Gesamtheit der Wohnungseigentümer nach billigem Ermessen entspricht. Zur ordnungsgemäßen Verwaltung gehört auch, die ordnungsgemäße Instandhaltung und Instandsetzung des gemeinschaftlichen Eigentums. In der Praxis stellt sich oft die Frage, welche der von der WEG favorisierten Maßnahme ordnungsgemäß ist und welche nicht mehr.

Die Lösung

Gibt es Mängel am gemeinschaftlichen Eigentum, hat jeder Eigentümer einen Anspruch auf eine fachgerechte und vollständige Beseitigung des Mangels. Den Anspruch kann er notfalls auch gerichtlich gegen die Mehrheit der Eigentümer durchsetzen. Problematisch sind die Sachverhalte, in denen es auf den ersten Blick mehrere Lösungsvorschläge gibt und die WEG eine Auswahlmöglichkeit hat – oftmals wird nämlich die leichtere und günstigere Lösung gewählt. Im Fall des Flachdachs scheint es eher so zu sein, dass aufgrund des Alters eine Totalsanierung notwendig ist. Das Dach ist anfällig und es kommt regelmäßig zu Wassereinbrüchen in den Sondereigentumseinheiten darunter. Letztlich ist es eine Frage des Einzelfalls bzw. eine Auslegung der Gerichte. Soweit eine solche Frage bei Gericht anhängig wird, entscheiden die Gerichtsgutachter das Verfahren. Aus Erfahrung kann man aber davon ausgehen, dass bei deutlich älteren Bauteilen stets von einer vollständigen Erneuerung – dann natürlich nach den neuen Vorschriften in der EnEV – ausgegangen werden kann.

> **! Wichtig**
>
> Der Verwalter sollte im Protokoll der entsprechenden Eigentümerversammlung immer dokumentieren, dass er auf den unverjährbaren Anspruch der ordnungsgemäßen Verwaltung hingewiesen hat und ein Anspruch auf ordnungsgemäße Instandhaltung und Instandsetzung auch gerichtlich durchgesetzt werden kann.[80]

---

80 BGH, Urteil v. 27.4.2012 – V ZR 177/11; ZMR 2012, 713

Der BGH hat sich in einer interessanten Entscheidung bereits zu folgendem Thema geäußert:[81] Erleidet ein einzelner Wohnungseigentümer einen Schaden an seinem Sondereigentum, weil eine Beschlussfassung über die sofortige Vornahme derartiger Instandsetzungsmaßnahmen unterblieben ist, trifft die Verpflichtung zum Schadensersatz nicht den rechtsfähigen Verband, sondern diejenigen Wohnungseigentümer, die

- schuldhaft entweder untätig geblieben sind oder
- nicht für die erforderliche Maßnahme gestimmt bzw.
- sich enthalten haben.

Erstmalig wurde mit dieser Entscheidung festgelegt, dass sich ein Eigentümer an der Willensbildung beteiligen muss, sonst können ihm und nicht der WEG Schadenersatzansprüche drohen. Der Verwalter muss bei solchen Fällen darauf achten, dass er die Namen der mit Nein stimmenden und der sich enthaltenden Eigentümer notiert. Nicht anwesende Eigentümer ergeben sich aus der Anwesenheitsliste.

7.7 Ist eine Instandsetzung durch den Eigentümer ohne Beschluss möglich?

Der Fall
Die WEG befasst sich in einer Eigentümerversammlung mit einer Undichtigkeit im Bereich der Bodenplatte, die eigentlich abgedichtet werden muss, und lehnt die Maßnahme erst einmal ab. Eine Eigentümerin, die mit Ihrer Souterrainwohnung davon betroffen ist, ist damit nicht einverstanden, lässt den Schaden auf eigene Kosten beheben und fordert anschließend eine Erstattung der verauslagten Kosten von der WEG.

Das Problem
Grundsätzlich kann ein Eigentümer Vereinbarungen und Gesetze nicht unterlaufen und eigenmächtig das gemeinschaftliche Eigentum instand setzen. Hiervon unberührt bleibt natürlich die sog. Notgeschäftsführung aus §21 Abs. 2 WEG. Aus Sicht der betroffenen Eigentümerin war die Maßnahme zwingend geboten und durch die Ablehnung der WEG sah sie keine andere Möglichkeit, als den Schaden selbst zu beheben, da die Maßnahme ohnehin hätte durchgeführt werden müssen. Reicht ein solcher Fall, um sich den sog. Bereicherungsanspruch erstatten zu lassen?

---

81   BGH, Urteil v. 17.10.2014 – V ZR 9/14; ZMR 2015, 241

Die Lösung

Das WEGG und die Rechtsprechung stecken voller Überraschungen. Der vorgenannte Fall lag tatsächlich in einer ähnlichen Konstellation vor. Auf alle juristischen Feinheiten kann an dieser Stelle nicht eingegangen werden. Der BGH hat hierzu entschieden:[82]

1. Ein Bereicherungsanspruch für eine eigenmächtige Instandsetzung oder Instandhaltung des Gemeinschaftseigentums kommt nur in Betracht, wenn die Maßnahme ohnehin hätte vorgenommen werden müssen.

2. Wer einen solchen Bereicherungsausgleich schuldet, bestimmt sich danach, ob die Maßnahme im Zeitpunkt ihrer Vornahme erst noch beschlossen (dann die Wohnungseigentümer) oder ob sie – sei es wegen eines entsprechenden Beschlusses der Wohnungseigentümer, sei es wegen der Dringlichkeit – durchgeführt werden musste (dann die Gemeinschaft).

Nach der Rechtsprechung kann sich also ein Bereicherungsanspruch der Eigentümer gegen die WEG oder anderen Eigentümer ergeben.

Die eben zitierte Entscheidung ist schwer verständlich und mit vielen juristischen Fallstricken versehen.

! **Wichtig**

Dem Verwalter kann nur geraten werden, nicht selbstständig zu entscheiden, ob ein Bereicherungsanspruch des Eigentümers in Betracht kommt. Vielmehr sollte das Thema auf die Tagesordnung der Eigentümerversammlung gesetzt werden und die WEG sollte dann entscheiden, wie in dieser Angelegenheit weiter verfahren wird. Ohne Rechtsberatung durch einen fachkundigen Rechtsanwalt wird es wohl nicht gehen, da – wie die Entscheidung des BGH zeigt – differenziert werden muss, ob der Anspruch überhaupt besteht und wer diesen letztlich schuldet.

7.8 Kann das Hausgeld gekürzt werden (hier: Verwaltervergütung)?

Der Fall

Ein Eigentümer ist mit der Leistung des Verwalters nicht zufrieden. Mehrfach hat er den Verwalter gebeten, den Mieter über ihm darauf hinzuweisen, dass zwischen 20.00 Uhr und 0.00 Uhr keine laute Musik gehört werden darf. Der Eigentümer kündigt dem Verwalter daher an, dass er im nächsten Monat das Hausgeld um die Verwaltervergütung kürzen wird.

---

82 BGH, Urteil v. 25.9.2015 – V ZR 246/14; ZMR 2016, 210

Das Problem

Den Eigentümern ist oft die Systematik des WEGG nicht klar. Die WEG ist allein Inhaberin des Anspruchs auf Zahlung des Hausgeldes und nicht der Verwalter. In der Praxis kommen sogar Fälle vor, in denen die Eigentümer das gesamte Hausgeld zurückhalten, da ihnen beispielsweise die längst fällige Jahresabrechnung noch nicht zustellt wurde. Gibt es tatsächlich die Möglichkeit, dass ein Eigentümer das Hausgeld kürzen und somit ein Zurückbehaltungsrecht geltend machen kann?

Die Lösung

Das Hausgeld wird durch Mehrheitsbeschluss in der Eigentümerversammlung festgelegt und dient dazu, die laufenden Kosten der WEG zu decken. Gegen Beitragsforderungen der WEG kann ein Eigentümer grundsätzlich nur mit Forderungen aufrechnen, die anerkannt oder rechtskräftig festgestellt sind.[83] In Betracht kommt lediglich eine Aufrechnung aus Notgeschäftsführung (§21 Abs. 2 WEG) oder wenn es sich aus einer Vereinbarung der Gemeinschaftsordnung ergibt. Ansonsten können Aufrechnungen nur vorgenommen werden, wenn dies durch ein Urteil festgestellt wurde.

> **Wichtig** !
>
> Versuchen Sie den Eigentümern klar zu machen, dass durch das Zurückbehalten des Hausgeldes oder eines Teils davon nicht dem Verwalter geschadet wird, sondern der WEG. Der Verwalter bekommt seine Vergütung vom Vertragspartner – und das ist die WEG und nicht der einzelne Eigentümer.

7.9 Muss die WEG zwingend einen Verwaltungsbeirat bestimmen?

Der Fall

Die WEG besteht aus 20 Wohnungen und hat bisher keinen Verwaltungsbeirat im Sinne des §29 WEG bestellt. Ein Eigentümer beantragt, dass auf der nächsten Eigentümerversammlung ein Verwaltungsbeirat bestellt werden soll. Hat er einen Anspruch darauf?

Das Problem

In einigen WEG entsteht oft Streit darüber, ob ein Verwaltungsbeirat sinnvoll ist oder nicht. Dies hängt oft damit zusammen, dass bereits bestehende Verwaltungsbeiräte ihre Kompetenzen überschritten oder nicht immer im Sinne

---

83   BGH, Urteil v. 29.1.2016 – V ZR 97/15; ZMR 2016, 472

der WEG gehandelt haben. Die Größe der WEG spielt natürlich auch eine wichtige Rolle. Es ist z.B. bei einer WEG mit fünf Einheiten nicht sinnvoll, einen dreiköpfigen Verwaltungsbeirat zu bestellen.

Die Lösung

Das Gesetz formuliert in §29 Abs. 1 WEG, dass die WEG einen Verwaltungsbeirat bestellen kann, aber nicht muss. Ab einer bestimmten Größe ist ein Verwaltungsbeirat auf jeden Fall sinnvoll – insbesondere vor dem Hintergrund, dass der Verwaltungsbeirat den Wirtschaftsplan, die Abrechnung sowie die Rechnungslegung des Verwalters überprüft und der WEG eine Empfehlung in Form einer Stellungnahme ausspricht.

> **!** **Wichtig**
>
> Unabhängig von irgendwelchen Gesetzen oder Vorgaben durch die Rechtsprechung schenken die Eigentümer dem Verwaltungsbeirat ihr Vertrauen und verlassen sich oft darauf, dass dieser die Interessen der Eigentümer auch ordnungsgemäß vertritt. Auch wenn die Willensbildung der Eigentümer letztlich in einer Eigentümerversammlung erfolgt, hat der Verwaltungsbeirat durch seine Vertrauensstellung einen enormen Einfluss auf Abstimmungen in der Eigentümerversammlung und kann dadurch die Geschehnisse in die richtige Richtung lenken bzw. beeinflussen.

7.10 Wie viele Personen dürfen in den Verwaltungsbeirat gewählt werden?

Der Fall

Die WEG besteht aus 20 Wohnungen und hat bisher keinen Verwaltungsbeirat im Sinne des §29 WEG bestellt. Ein Eigentümer beantragt, dass auf der nächsten Eigentümerversammlung ein Verwaltungsbeirat bestellt werden soll. Im Rahmen der Beratungen stellt sich heraus, dass zwei Eigentümer Interesse an der Tätigkeit haben.

Die WEG beschließt mehrheitlich: Eigentümer M und B werden in den Verwaltungsbeirat gewählt. Eigentümer M und B nehmen die Wahl an.

Ein Eigentümer ist mit dem Beschluss nicht einverstanden und ficht diesen beim zuständigen Gericht an.

Das Problem

In der Praxis kommt es immer wieder vor, dass sich nicht genügend Bewerber für den Verwaltungsbeirat finden. Für den Verwalter kann das ab einer bestimmten Objektgröße ein Nachteil sein. Der Verwaltungsbeirat soll den Verwalter bei der Durchführung seiner Aufgaben unterstützen (§ 29 Abs. 2 WEG), ist aber auch eine wichtige Schnittstelle zwischen den Eigentümern und dem Verwalter. Das WEGG regelt in § 29 Abs. 1 WEG, dass der Verwaltungsbeirat aus einem Wohnungseigentümer als Vorsitzenden und zwei weiteren Wohnungseigentümern als Beisitzern besteht, somit aus drei Personen. Fraglich ist, ob die WEG sich zwingend daran halten muss oder nach Bedarf bzw. Kandidaten entscheiden kann.

Die Lösung

Weicht ein Beschluss von den Vorgaben des Gesetzes ab, werden also weniger oder mehr als drei Eigentümer in den Verwaltungsbeirat gewählt, handelt es sich um einen rechtswidrigen Beschluss, d.h. bei einer Anfechtung wird dieser gerichtsseitig aufgehoben. Nur durch eine Vereinbarung in der Gemeinschaftsordnung kann eine andere Besetzung des Verwaltungsbeirats festgelegt werden.[84]

Die Entscheidung des BGH ist natürlich völlig praxisfremd. Findet man in einer WEG keine drei Kandidaten für den Verwaltungsbeirat mehr, sollte nach der Rechtsprechung nicht darüber abgestimmt werden. Der Verwalter ist gut beraten, wenn er die WEG auf die Rechtslage aufmerksam macht und dies im Protokoll dokumentiert. Die WEG kann den Verwalter natürlich anweisen, einen rechtswidrigen Beschluss zu verkünden, der dann nach Ablauf der Anfechtungsfrist in Bestandskraft erwächst.

Wichtig   **!**

Der Verwalter sollte die Eigentümer auf jeden Fall motivieren, am Abend der Entscheidung drei Personen in den Verwaltungsbeirat zu wählen. Wenn unmittelbar nach der Eigentümerversammlung ein Kandidat aus persönlichen Gründen zurücktritt, ist zumindest der Beschluss über den Verwaltungsbeirat erst einmal wirksam zustande gekommen. Bis zur nächsten Eigentümerversammlung besteht somit ein »Rumpfbeirat«.

Im nächsten Jahr können dann entweder Beiratsergänzungswahlen durchgeführt werden oder eine erneute Wahl aller Kandidaten. Das hängt von der jeweiligen Situation ab.

Bitte beachten Sie auch, dass eine Blockwahl grundsätzlich nicht erlaubt ist – es muss über jeden einzelnen Kandidaten separat abgestimmt werden. Allerdings kann die WEG durch Beschluss regeln, dass sie mit der Blockwahl einverstanden ist, soweit kein Eigentümer eine Einzelabstimmung verlangt. Der Verwalter sollte diese Vorgehensweise auf jeden Fall im Protokoll dokumentieren.

---

84   BGH, Urteil v. 5.2.2010 – V ZR 126/09; ZMR 2010, 545

Übrigens: Der Eigentümer, der zum Mitglied des Verwaltungsbeirats bestellt werden soll, ist gem. §25 Abs. 5 WEG nicht vom Stimmrecht ausgeschlossen.

7.11 Was darf der Verwaltungsbeirat entscheiden?

Der Fall

Die WEG möchte gerne einen Dienstleister mit der Reinigung der Treppenhäuser beauftragen. Auf der Eigentümerversammlung wird beschlossen, dass der Verwaltungsbeirat den Dienstleister aussuchen und in Abstimmung mit dem Verwalter beauftragen kann. Kann eine solche Befugnis auf den Verwaltungsbeirat übertragen werden?

Das Problem

Gemäß §29 Abs. 2 WEG unterstützt der Verwaltungsbeirat den Verwalter. Dem WEGG kann nicht entnommen werden, dass der Verwaltungsbeirat eine eigene Entscheidungskompetenz besitzt.

Die Lösung

Grundsätzlich können dem Verwaltungsbeirat durch Beschluss keine Entscheidungskompetenzen übertragen werden. Die Gesamtheit der Eigentümer bzw. die WEG ist Entscheidungsorgan und muss ihre Willensbildung so organisieren, dass aus dem Beschluss konkret erkennbar ist, welcher Dienstleister zu welchen Konditionen beauftragt werden soll.

! **Wichtig**

Die Praxis sieht natürlich oft anders aus: In der Regel sind die Verwalter und die Eigentümer sogar erleichtert, wenn der Verwaltungsbeirat einen Teil der Aufgaben – die eigentlich der WEG oder dem Verwalter zustehen – übernehmen. Oftmals werden durch die Verwaltungsbeiräte sogar kleinere Aufträge an Handwerker erteilt und die Rechnung unmittelbar an die Verwaltung zwecks Bezahlung geschickt. Hier erkennt man deutlich den großen Unterschied zwischen der Theorie und der Praxis. Verwalter, Verwaltungsbeirat und Eigentümer sollten nur darauf achten, dass durch diese Vorgehensweisen keine Haftungsfalle entsteht.

7.12 Wann haftet der Verwaltungsbeirat?

Der Fall

Der Verwalter hat der WEG für das letzte Kalenderjahr noch keine Abrechnung übermittelt. Auch die Rechnungsprüfung durch den Verwaltungsbeirat steht noch aus, obwohl dieser bereits mehrfach beim Verwalter angefragt hat. Nach einiger Zeit bekommt der Verwaltungsbeirat die Rechnungsordner und stellt fest, dass offensichtlich erhebliche Fehlbuchungen in Höhe von rd. 30.000 EUR durch den Verwalter vorgenommen wurden. Auf der Eigentümerversammlung erfahren die Eigentümer davon und wollen den Verwalter, aber auch den Verwaltungsbeirat, dafür haftbar machen.

Das Problem
Das Amt des Verwaltungsbeirats ist ein ehrenamtliches und wird in der Regel auch von »Laien« übernommen, d.h. der Haftungsmaßstab wird in der Rechtsprechung nicht besonders hoch angelegt. Doch wie sieht es mit der Haftung aus und kann diese beschränkt oder der Verwaltungsbeirat sogar versichert werden?

Die Lösung
Soweit nichts anderes beschlossen oder vereinbart wurde, haftet der Verwaltungsbeirat für Verschulden, also für Vorsatz und jede Fahrlässigkeit.

Als Sorgfaltsmaßstab ist bei ehrenamtlicher Tätigkeit das Wissen ordentlicher, interessierter und gewissenhafter, ehrenamtlich tätiger Prüfer heranzuziehen.[85] Eine Beschlusskompetenz, die generelle Haftung auszuschließen, gibt es nicht. Derartige Beschlüsse wären nichtig. Nach h. M kann aber – unter Verstoß gegen §21 Abs. 4 WEG – beschlossen werden, eine Haftung der aktuellen Verwaltungsbeiräte für leichte Fahrlässigkeit auszuschließen.[86]

> **Wichtig**   **!**
>
> Zu den Hauptaufgaben des Verwaltungsbeirats gehört die Prüfung der Jahresabrechnung. Aufgrund der zunehmenden Rechtsprechung hinsichtlich der Gesamt- und Einzelabrechnung und weiterer Bestandteile ist eine komplette und vollständige Überprüfung der Jahresabrechnung durch die Verwaltungsbeiräte kaum noch möglich. In der Praxis ist wichtig, dass die Verwaltungsbeiräte zumindest die Belege und Kontoauszüge auf Schlüssigkeit überprüfen und damit sicherstellen, dass das Vermögen der WEG vollumfänglich vorhanden ist.
>
> Besteht der Verwaltungsbeirat aus fachkundigen Steuerberatern oder Wirtschaftsprüfern, kann das Gericht bei einer Überprüfung der Sach- und Rechtslage durchaus feststellen, dass die besonderen Kenntnisse dieser Personen haftungserschwerend angerechnet werden. Übt der Verwaltungsbeirat seine Kontrollpflichten gemäß §29 Abs. 3 WEG allerdings überhaupt nicht oder nur oberflächlich aus, könnte im Falle eines Schadens ein Haftungsgrund bestehen. Es kommt hier stets auf die besonderen Umstände des Einzelfalls an.

---

85   Hügel/Elzer/Hügel/Elzer, WEG §29 Rn.62–63, beck-online
86   Hogenschurz, MietRB 2014, 279; Riecke/Schmid/Abramenko, §29 Rn.26

In der Regel wird durch Mehrheitsbeschluss (§21 Abs. 3 WEG) eine Vermögensschaden-haftpflichtversicherung für die Verwaltungsbeiräte abgeschlossen. Die Kosten sind überschaubar (ca. 150 EUR im Jahr) und die Versicherung gibt zusätzliche Sicherheit.

7.13 Sonderausschüsse – ist ein Ersatz des Verwaltungsbeirats möglich?

Der Fall

Auf der Eigentümerversammlung einer WEG (50 Wohnungen) wird über verschiedene Sanierungsmaßnahmen am gemeinschaftlichen Eigentum (Dach, Fassade, Fenster und Heizung) diskutiert. Einen Verwaltungsbeirat gibt es nicht. Die Eigentümer kommen auf die Idee, mit Stimmenmehrheit einen Bauausschuss zu gründen, der aus vier Wohnungseigentümern besteht. Die Aufgaben des Bauausschusses sollen darin bestehen, in Zusammenarbeit mit dem Verwalter eine Aufstellung der verschiedenen Möglichkeiten der Sanierungsmaßnahmen für die nächste Eigentümerversammlung vorzubereiten und vorzustellen. Ein Eigentümer erhebt Anfechtungsklage, weil er mit der Gründung des Bauausschusses nicht einverstanden ist. Was sagen die Gerichte dazu?

Das Problem

Das WEGG kennt lediglich das Organ des Verwaltungsbeirats (§29 WEG). Vorschriften zu bestimmten Sonderausschüssen gibt es nicht. Hat die WEG eine Beschlusskompetenz, einen Ausschuss für bestimmte Aufgaben zu gründen?

Die Lösung

Die Rechtsprechung hat bereits mehrfach entschieden, dass eine WEG durchaus die Möglichkeit hat, durch Mehrheitsbeschluss einen Sonderausschuss für einzelne Aufgaben einzurichten, sofern die gesetzlichen oder vereinbarten Kompetenzen des Verwalters und der Eigentümer nicht beschnitten werden.[87] An den Sonderausschuss dürfen also lediglich vorbereitende Maßnahmen delegiert werden. Die Übertragung einer Entscheidung oder sogar die Auftragsvergabe wäre nicht ordnungsgemäß.

! **Wichtig**

Von der WEG gegründete Ausschüsse können dem Verwalter bei der Umsetzung bestimmter Beschlüsse eine gute Hilfe sein. Allerdings muss der Verwalter genau darauf achten, dass diese Gremien nicht ihre Kompetenzen überschreiten. Nach der Rechtsprechung darf der Bauausschuss nichts entscheiden bzw. nur nach Vorgabe der WEG handeln.

---

87   BGH, Urteil v. 5.2.2010 – V ZR 126/09; NZM 2010, 325

7.14   Kann ein Mieter Verwaltungsbeirat werden?

Der Fall
Der Mieter M wird schon seit 25 Jahren wirksam von seinem Eigentümer bevollmächtigt, an der Eigentümerversammlung teilzunehmen. Beim TOP »Wahl des Verwaltungsbeirats« finden sich nur zwei Kandidaten, die Interesse zeigen. Mieter M wird von den anderen Eigentümern dazu gedrängt, sich ebenfalls als Kandidat aufstellen zu lassen. Ein Eigentümer ficht den Bestellungsbeschluss der drei Kandidaten an.

Das Problem
In der Praxis werden oft Personen in den Verwaltungsbeirat gewählt, die nach dem WEGG gar nicht wirksam bestellt werden können. Das Gesetz regelt ausdrücklich in § 29 WEG, dass **nur Wohnungseigentümer** bestellt werden dürfen.

Die Lösung
Auch wenn die Mehrheit der Eigentümer den Mieter M für geeignet hält, verstößt die Bestellung gegen das Gesetz und ist damit rechtswidrig. »Rechtswidrig« bedeutet, dass der Beschluss nicht per se nichtig ist, sondern nach Ablauf der einmonatigen Anfechtungsfrist Bestandskraft erhält. Bei einer Anfechtung muss allerdings damit gerechnet werden, dass der Beschluss aufgehoben wird. Auch hier können dem Verwalter gemäß § 49 Abs. 2 WEG die Prozesskosten auferlegt werden, wenn er die WEG nicht auf die Rechtslage hinweist. Nur Wohnungseigentümer können in den Verwaltungsbeirat gewählt werden.

Wichtig   !

Ähnlich wie bei der Anzahl der Verwaltungsbeiräte muss der Verwalter auch hier ausführlich die Rechtslage erläutern. Nimmt die WEG das Anfechtungsrisiko in Kauf, muss ihr bewusst sein, dass sie am Ende auch für die Prozesskosten haftet – und nicht der Verwalter.

In diesem Zusammenhang gab es eine interessante Entscheidung des AG Idstein:[88] »Ist ein Nichteigentümer Mitglied des Verwaltungsbeirats, steht ihm ein Recht zur Anwesenheit auf der Eigentümerversammlung nur insoweit zu, als sein spezifischer Aufgabenbereich, etwa im Rahmen der Prüfung der Jahresabrechnung betroffen ist. Verbleibt er auch bei anderen Tagesordnungspunkten in der Eigentümerversammlung, so sind die in seiner Anwesenheit

---

88   AG Idstein, Beschluss v. 20.10.2015 – 32 C 7/15; ZMR 2016, 318

gefassten Beschlüsse wegen des Verstoßes gegen den Grundsatz der Nichtöffentlichkeit anfechtbar.«

Der Leitsatz ist deswegen interessant, weil der Nichteigentümer bestandskräftig in den Verwaltungsbeirat gewählt wurde. Trotzdem stellt seine Anwesenheit bei Tagesordnungspunkten, die nicht die originären Aufgaben des Verwaltungsbeirats betreffen, einen Verstoß gegen das Prinzip der Nichtöffentlichkeit dar. Inwieweit sich diese Ansicht insgesamt durchsetzen wird, bleibt abzuwarten.

7.15 Darf dem Verwaltungsbeirat ein Gehalt gezahlt werden?

Der Fall
Die WEG beschließt auf einer Eigentümerversammlung, jedem Mitglied des Verwaltungsbeirats eine jährliche Pauschale von 800 EUR zu überweisen. Ein Eigentümer ist damit nicht einverstanden und ficht den Beschluss beim zuständigen Amtsgericht an.

Das Problem
Das Amt des Verwaltungsbeirats ist eine ehrenamtliche Tätigkeit, die grundsätzlich nicht vergütet wird. Fraglich ist also, ob die WEG zur Beschlussfassung über eine Vergütung eine Beschlusskompetenz besitzt bzw. in welchem Umfang ein solcher Beschluss erfolgen kann, damit er noch ordnungsgemäßer Verwaltung entspricht.

Die Lösung
In der Rechtsprechung und in der Literatur ist anerkannt, dass dem Verwaltungsbeirat seine Aufwendungen ersetzt werden (Aufwendungsersatz). Die Eigentümer unterschätzen, dass auch das Amt des Verwaltungsbeirats sehr zeitaufwendig sein kann. Nicht nur, dass die Verwaltungsbeiräte ihre Freizeit opfern, ihnen entstehen auch Fahrtkosten, Telefonkosten etc. Diese Kosten bekommen sie in jedem Fall ersetzt, unabhängig davon, ob die WEG eine Pauschale beschließt (Ersatz der tatsächlichen Ausgaben nach §670 BGB). In der Regel liegt der Satz pro Mitglied zwischen 50 EUR und 250 EUR im Jahr.

! **Wichtig**

Der Aufwendungsersatz sollte einmalig – soweit es keine anderslautenden Vereinbarungen gibt – mit dem Bestellungsbeschluss festgelegt werden. Bei der Höhe des Aufwendungsersatzes ist es wichtig, darauf zu achten, dass dieser nicht als Entlohnung angesehen werden kann und damit steuerpflichtig wird.

Beispiel für eine zu hohe Aufwandsentschädigung !

Die Gewährung einer Aufwandsentschädigung in Höhe von 500 EUR pro Mitglied des Verwaltungsbeirats widerspricht in der Regel ordnungsgemäßer Verwaltung.[89]

7.16 Wer bestimmt den Vorsitzenden des Verwaltungsbeirats?

Der Fall

Die frisch gewählten Mitglieder des Verwaltungsbeirats einer WEG sitzen am Abend zusammen und beraten einige Themen der letzten Eigentümerversammlung. Unter anderem stellt sich die Frage, wer den Vorsitz des Verwaltungsbeirats übernimmt.

Das Problem

Das Gesetz regelt lediglich die Bestellung des Verwaltungsbeirats, aber nichts zur konkreten Bestellung des Vorsitzenden oder des Stellvertreters.

Die Lösung

In der Praxis gibt es zwei Möglichkeiten, den Vorsitzenden und den Stellvertreter zu bestimmen:

1. Im Zug der Bestellung des Verwaltungsbeirats werden die Posten direkt mitvergeben bzw. es wird durch Beschluss festgelegt, wer den Vorsitz und die Stellvertretung übernimmt.
2. Der Verwaltungsbeirat hat durchaus die Möglichkeit, nach dem Mehrheitsprinzip den Vorsitz und den Stellvertreter in einer internen Beiratssitzung zu bestimmen.

Wichtig !

Wird durch die Gemeinschaftsordnung keine Geschäftsordnung für Verwaltungsbeiräte vorgegeben, organisiert sich der Verwaltungsbeirat selbstständig. In der Praxis gibt es hier selten Probleme unter den Beteiligten. Meistens sind die zu vergebenden Posten im Vorfeld verabredet. Die Bestimmung des Vorsitzenden und des Stellvertreters ist für den Verwalternachweis äußerst wichtig. Daher sollte die Festlegung nicht auf die lange Bank geschoben werden. Gegebenenfalls fragen die Rechtspfleger bei der Bearbeitung einer Verwalterzustimmung nach dem Nachweis, ob die unterzeichnende Person tatsächlich der Vorsitzende oder der Stellvertreter ist.

---

89 AG München, Endurteil v. 1.2.2017 – 481 C 15463; ZWE 2017, 419; so auch: KG, Beschluss v. 29.3.2004 – 24 W 194/02; NZM 2005, 107

7.17 Können nur natürliche Personen in den Verwaltungsbeirat gewählt werden?

Der Fall

Die WEG verfügt über 100 Wohnungen. Einer GmbH gehören 30 Wohnungen. Der Geschäftsführer der GmbH bewirbt sich bei der WEG um einen Posten im Verwaltungsbeirat.

Das Problem

Das WEGG sagt lediglich, dass ein Wohnungseigentümer in den Verwaltungsbeirat gewählt werden kann. Wie verhält es sich nun bei juristischen Personen? Kann das Vertretungsorgan einer Kapitalgesellschaft – insbesondere der Geschäftsführer einer GmbH, der das Wohnungseigentum gehört – zum Beiratsmitglied bestellt werden oder sogar die Gesellschaft selbst?

Die Lösung

Nach h.M. kann die eigentliche Gesellschaft nicht in den Verwaltungsbeirat gewählt werden, aber es ist in der Literatur anerkannt, dass der gesetzliche Vertreter einer juristischen Person (GmbH, UG, AG) oder einer Personengesellschaft (OHG, KG) in Form der natürlichen Person in den Verwaltungsbeirat gewählt werden kann. In dem entsprechenden Beschluss sollte allerdings darauf hingewiesen werden, dass die gewählte Person als Vertreter der Gesellschaft den Posten im Verwaltungsbeirat bekleidet.

! Wichtig

Der vorbezeichnete Fall kommt selten vor, allerdings soll er zeigen, dass selbst bei der Wahl des Verwaltungsbeirats immer Besonderheiten auftreten können, auf die man vorbereitet sein sollte.

7.18 Wie lange ist der Verwaltungsbeirat im Amt?

Der Fall

Der Verwalter setzt jedes Jahr den Tagesordnungspunkt »Wahl des Verwaltungsbeirats« auf die Tagesordnung. Einige Eigentümer wundern sich und bitten den Verwalter, den Tagesordnungspunkt nicht jedes Jahr beraten zu müssen, da es wichtigere Themen gebe.

Das Problem

Für den Verwaltungsbeirat gibt es im Gesetz keine Bestelldauer. Doch welche Gestaltungen sind hier möglich?

Die Lösung

Soweit die Gemeinschaftsordnung nichts Konkretes regelt, kann die WEG selbstständig durch Beschluss festlegen, wie lange der Verwaltungsbeirat bestellt sein soll. In der Regel erfolgt eine Bestellung auf unbestimmte Zeit, d. h. der Tagesordnungspunkt muss erst dann wieder beraten werden, wenn folgende Voraussetzungen vorliegen:

Mitglieder des Verwaltungsbeirats
- scheiden freiwillig aus dem Amt aus,
- verkaufen ihre Einheiten,
- scheiden durch Tod aus,
- scheiden durch Abwahl (ähnlich wie beim Verwalter) aus.

Wichtig

Der Punkt »Wahl des Verwaltungsbeirats« sollte wirklich nur auf die Tagesordnung gesetzt werden, wenn es einen besonderen Anlass dafür gibt, sonst kostet die Beratung nur Zeit und könnte sowohl die Eigentümer, aber auch den amtierenden Verwaltungsbeirat irritieren.

Wenn ein fester Zeitraum der Bestellung des Beirates durch die Eigentümer beschlossen wurde, sollte er niemals an die Bestelldauer des Verwalters geknüpft werden, weil sonst im schlimmsten Fall niemand da ist, der zur Eigentümerversammlung einladen kann (§ 24 Abs. 3 WEG).

7.19 Muss der Verwaltungsbeirat auch entlastet werden?

Der Fall

Der Verwalter hat erstmalig den Punkt »Entlastung des Verwaltungsbeirats« auf die Tagesordnung gesetzt. Einige Eigentümer können damit nichts anfangen und bitten um eine entsprechende Erläuterung durch den Verwalter.

Das Problem

Das WEGG kennt die Entlastung des Verwaltungsbeirats nicht. Es gelten die gleichen Regeln zur Entlastung wie beim Verwalter.

Die Lösung

Die Entlastung ist als negatives Schuldanerkenntnis im Sinne von § 397 Abs. 2 BGB anzusehen und hat regelmäßig zur Folge, dass auf etwaige – nicht aus einer Straftat herrührende – Ersatzansprüche gegen den Verwaltungsbeirat, soweit sie den Eigentümern bekannt oder für sie bei sorgfältiger Prüfung erkennbar waren, verzichtet wird.

Die Entlastung des Verwaltungsbeirats hat darüber hinaus weitere Funktionen:

- Die Eigentümer billigen mit dem Beschluss über die Entlastung des Verwaltungsbeirats dessen zurückliegende Amtsführung im jeweils genannten Zeitraum.
- Die Eigentümer sprechen dem Verwaltungsbeirat für die künftige Verwaltertätigkeit ihr Vertrauen aus.

! **Wichtig**

Ein Mitglied des Verwaltungsbeirats ist bei der Abstimmung über seine eigene Entlastung gemäß § 25 Abs. 5 WEG vom Stimmrecht ausgeschlossen. Das Stimmrechtsverbot umfasst auch die Ausübung von Stimmrechtsvollmachten anderer Eigentümer.

In der Praxis gibt es Entscheidungen, wonach dem Verwaltungsbeirat die Entlastung versagt wurde: »Die Entlastung des Verwaltungsbeirats widerspricht einer ordnungsgemäßen Verwaltung und ist nach § 21 Absatz 4 WEG rechtswidrig, wenn Ansprüche gegen den Verwaltungsbeirat in Betracht kommen und kein Grund ersichtlich ist, auf diese Ansprüche zu verzichten. Dieser Fall ist insbesondere dann anzunehmen, wenn die von dem Beirat geprüfte Abrechnung fehlerhaft ist und geändert werden muss.«[90]

7.20 Ist der Zwangsverwalter der neue Eigentümer?

Der Fall

Der vermietende Eigentümer der Wohnung 5 hat erhebliche Hausgeldrückstände. Durch das Amtsgericht wird angeordnet, dass für die Wohnung ein Zwangsverwalter bestellt wird. Rechtsanwalt A bekommt vom Gericht den Zuschlag und legitimiert sich daraufhin beim Verwalter. Der Verwalter weiß nicht so recht, wie er den Zwangsverwalter behandeln soll. Handelt es sich um den neuen Eigentümer?

Das Problem

Ist über eine Wohnung die Zwangsverwaltung angeordnet, verliert der betroffene Eigentümer lediglich die Verfügungsbefugnis über seine Wohnung. Die Zwangsverwaltung kommt immer dann in Betracht, wenn die entsprechende Eigentumswohnung vermietet ist, und stellt damit eine Form der Zwangsvollstreckung in das unbewegliche Vermögen (§ 866 Abs. 1 ZPO) dar. Voraussetzung

---

90 BGH, Urteil v. 4.12.2009 – V ZR 44/09; ZMR 2010, 300; Fortführung von Senat, BGHZ 156, 19

für die Zwangsverwaltung ist für den Antragsteller (Gläubiger) ein vollstreckbarer Titel.

Der BGH hat hierzu einen schöne Definition entwickelt:[91] »Die Zwangsverwaltung ist, wie sich insbesondere aus §152 Abs. 1 ZVG ergibt, darauf gerichtet, die laufenden, aus der ordnungsgemäßen Nutzung des Grundstücks stammenden Erträge zur Befriedigung des Gläubigers einzusetzen, während dem Schuldner die Substanz des Vermögensgegenstandes ungeschmälert erhalten bleibt.« Was muss der Verwalter bei der Anordnung der Zwangsverwaltung beachten?

Die Lösung
Der Zwangsverwalter ist kein neuer Eigentümer, sondern er übernimmt lediglich die »Verwaltung« der Wohnung. Er ist aber ein wichtiger Ansprechpartner für den Verwalter. Zusammenfassend kann man die Zwangsverwaltung wie folgt darstellen:

Auswirkungen der Zwangsverwaltung   !

Zwangsverwalter als Vermieter
- Der Zwangsverwalter ist an die bestehenden Mietverträge gebunden.
- Soweit eine leer stehende Mietfläche vorhanden ist, hat der Zwangsverwalter diese zu vermieten. Gleiches gilt für Räume, deren Miet- bzw. Pachtverhältnis im Laufe der Zwangsverwaltung endet.
- Der Zwangsverwalter hat die ortsübliche Miete zu verlangen.
- Marktkenntnisse des Zwangsverwalters werden vorausgesetzt.

Beitragsforderungen bzw. Hausgeldzahlungen
- Regelmäßig fällig werdende Beträge sind ab der Beschlagnahme als Hausgeld im Vorrang zu bezahlen, soweit die Zwangsverwaltung nicht notleidend ist.
- Ergibt sich aus der während der Zwangsverwaltung beschlossenen Jahresabrechnung eine Nachzahlung, ist der Zwangsverwalter nur für die sogenannte Abrechnungsspitze verantwortlich (Fälligkeitstheorie).
- Befindet sich der Schuldner bereits im Verzug und wurden Raten im Voraus fällig gestellt, muss der Zwangsverwalter diese nicht bezahlen, da eine Fälligkeit gegen ihn insoweit nicht mehr begründet werden kann (Vorsicht also bei Beschlüssen zur Vorfälligkeit!)

Wohnungseigentümerversammlung
- Der Zwangsverwalter ist zur Eigentümerversammlung einzuladen.
- Ob neben dem Zwangsverwalter auch der Eigentümer eine Einladung erhalten muss, ist umstritten. Es gibt Meinungen in der Literatur, die darauf hinweisen, dass je nach Beschlussgegenstand auch der Eigentümer zu laden ist. Diese

---

91   BGH, Beschluss v. 14.4.2005 – V ZB 6/05; NZM 2006, 71

Differenzierung ist in der Praxis schwierig. In der Regel wird nur der Zwangsverwalter eingeladen, da dieser die Hausgelder zahlt und auch überwiegend Entscheidungen für die Wohnung trifft.

! Wichtig

Soweit die Zwangsverwaltung für ein Wohnungseigentum angeordnet wurde, muss der Verwalter organisatorisch einige Dinge klären. Da es sich um keinen neuen Eigentümer handelt, muss einerseits darauf geachtet werden, dass der Zwangsverwalter nicht für Verbindlichkeiten bis zur Beschlagnahme handelt, andererseits muss der Zwangsverwalter in der Verwaltersoftware als Ansprechpartner und Adressat für die Eigentümerversammlung geführt werden.

7.21 Der Ersatzzustellungsvertreter aus praktischer Sicht

Der Fall

Der Verwalter wird von der WEG für ein weiteres Jahr bestellt. Der Beschluss wird von einem Eigentümer angefochten. Der Eigentümer ist der Ansicht, dass der bestellte Verwalter ungeeignet sei, und legt dem Gericht im Rahmen der Klage folgende Gründe dafür vor:

- Der Verwalter hat wiederholt eigenmächtig ohne Beschluss der Eigentümerversammlung gehandelt.
- Der Verwalter hat in der Vergangenheit seine Pflichten als Zustellungsvertreter verletzt.
- Der Verwalter hat in der Vergangenheit Weisungen der Wohnungseigentümer nicht beachtet oder sich pflichtwidrig geweigert, Beschlüsse der Gemeinschaft durchzuführen.

Das Gericht gelangt zu der Ansicht, dass der Verwalter als Zustellungsvertreter der beklagten Eigentümer ausscheidet, und fragt daher beim Verwalter nach, welchen Ersatzzustellungsvertreter die WEG bestellt hat. Der Verwalter teilt dem Gericht mit, dass er noch nie etwas von einem Ersatzzustellungsvertreter gehört hat, es also keinen gibt.

Das Problem

Der Verwalter ist Zustellungsvertreter der Eigentümer, wenn diese Beklagte oder gemäß § 48 Abs. 1 Satz 1 beizuladen sind, es sei denn, er ist als Gegner der Eigentümer an dem Verfahren beteiligt oder aufgrund des Streitgegenstandes besteht die Gefahr, der Verwalter werde die Eigentümer nicht sachgerecht unterrichten.

Für diese Fälle hat die WEG seit dem 1.7.2007 den sog. Ersatzzustellungsvertreter sowie dessen Vertreter zu bestellen, auch wenn ein Rechtsstreit noch nicht anhängig ist. Es handelt sich also um einen Vorsorgebeschluss, der mit einfacher Mehrheit gefasst werden kann. Der Ersatzzustellungsvertreter tritt in die dem Verwalter als Zustellungsvertreter der Eigentümer zustehenden Aufgaben und Befugnisse ein, sofern das Gericht die Zustellung an ihn anordnet. Als Zustellungsvertreter kommen Eigentümer, der Verwaltungsbeirat, aber auch Dritte in Betracht. Im Rahmen des Beschlusses wird ebenfalls geregelt, dass der Ersatzzustellungsvertreter seine Auslagen erstattet bekommt.

Was passiert aber, wenn es keine Ersatzzustellungsvertreter gibt, und welche Aufgaben hat der Ersatzzustellungsvertreter eigentlich?

Die Lösung
Nach uberwiegender Auffassung ist der Verwalter als Zustellungsvertreter nur dann ausgeschlossen, wenn eine konkrete Gefahr der sachwidrigen Information besteht. Eine solche Gefahr sei erst dann gegeben, so der BGH, wenn ein echter Konflikt zwischen den Interessen des Verwalters und den übrigen von ihm vertretenen Eigentümern auftrete, etwa wenn das Vertrauensverhältnis zwischen dem Verwalter und einigen oder allen von ihm vertretenen Eigentümern nachhaltig gestört ist.[92]

Gibt es keinen Ersatzzustellungsvertreter oder ist die Zustellung aus anderen Gründen nicht ausführbar, kann das Gericht einen Ersatzzustellungsvertreter bestellen. In der Regel sind das Rechtsanwälte in dem entsprechenden Bezirk. Die Aufgabe des Ersatzzustellungsvertreters beschränkt sich lediglich darauf, die Klage an die entsprechenden Eigentümer weiterzuleiten, mehr nicht. Die betroffenen Eigentümer müssen sich dann entscheiden, ob Sie sich gegen diese Klage verteidigen möchten.

In einer relativ aktuellen Entscheidung des BGH wurden die wichtigsten Grundsätze zu den Kosten des Ersatzzustellungsvertreters aufgestellt:[93]

> **BGH, Beschluss v. 11.5.2017 – V ZB 52/15** !
> Die Kosten eines Ersatzzustellungsvertreters sind Kosten der internen Verwaltung und zählen nicht zu den Kosten des Rechtsstreils im Sinne von §91 Abs. 1 Satz 1 ZPO, und zwar unabhängig davon, ob der Ersatzzustellungsvertreter durch Beschluss der Wohnungseigentümer oder durch das Gericht bestellt worden ist.

---

92 BGH, Urteil v. 9.3.2012 – V ZR 170/11; ZMR 2012, 567
93 BGH, Beschluss v. 11.5.2017 – V ZB 52/15; ZMR 2017, 753

Auch die Kosten der Unterrichtung der beklagten Wohnungseigentümer durch einen Zustellungsvertreter sind stets Kosten der internen Verwaltung und nicht gemäß §91 ZPO erstattungsfähig, ohne dass es darauf ankommt, ob der Verwalter oder ein Ersatzzustellungsvertreter die Unterrichtung vornimmt (insoweit Aufgabe des Senatsbeschlusses vom 14.5.2009 – V ZB 172/08, NJW 2009, 2135 Rn. 12).

Der gerichtlich bestellte Ersatzzustellungsvertreter kann Auslagenersatz und ggf. eine Vergütung von der Wohnungseigentümergemeinschaft verlangen. Ob und ggf. in welcher Höhe eine Vergütung geschuldet ist, muss das Gericht bei der Bestellung – oder ggf. nachträglich – festlegen, wobei es sich an der üblichen Vergütung im Sinne von §675, §612 Abs. 2 BGB orientieren kann; auch hat es die Berechnung des Auslagenersatzes vorzugeben. In der Jahresabrechnung sind die Kosten des Ersatzzustellungsvertreters als Kosten der Verwaltung nach dem von §16 Abs. 2 WEG vorgegebenen Maßstab zu verteilen.

! **Wichtig**

Der Verwalter sollte den Eigentümern auf jeden Fall empfehlen, einen Ersatzzustellungsvertreter zu bestellen, der einen Bezug zur WEG hat. Falls ein nicht mit der WEG vertrauter Rechtsanwalt als Ersatzzustellungsvertreter in einer Beschlussanfechtungssache bestellt wird, kann das zu einem unangenehmen Problem werden.

8   Eigentümerwechsel

8.1   Der Regelfall

Der Fall

Eigentümer E zeigt dem Verwalter an, dass er seine Wohnung an N verkauft hat. Im Kaufvertrag ist geregelt, dass der Käufer die Wohnung zum 1. Mai übernimmt und ab diesem Zeitpunkt die Kosten- und Nutzenlast übergeht. E entzieht sein erteiltes SEPA-Lastschriftmandat und weist den Verwalter an, sich ab dem 1. Mai in allen Belangen an N zu halten. Außerdem hätte er gerne seinen Anteil an der Instandhaltungsrücklage überwiesen. Der sei vom Kaufvertrag nicht umfasst und die WEG müsse diesen Anteil vom Erwerber einfordern.

Das Problem

Die in der Praxis immer wieder auftauchende Schwierigkeit des Verwalters, den Wünschen der Eigentümer nachzukommen und diese zu respektieren, ist häufig mit den rechtlichen Voraussetzungen nicht in Einklang zu bringen. Sofern der Käufer und neue Eigentümer seinen Verpflichtungen nachkommt, kann der Verwalter der Bitte des Verkäufers und scheidenden Eigentümers entsprechen. Problematisch wird es, wenn sich der Erwerber nicht an seine Verpflichtungen der WEG gegenüber hält oder Rechte als Eigentümer in Anspruch nehmen will, die ihm ggf. noch nicht zustehen. Neben der Erfüllung fälliger Forderungen, wie der Beitragszahlung der laufenden Hausgelder, Sonderumlagen oder Abrechnungsspitzen aus den beschlossenen Jahresabrechnungen, geht es auch um die Frage der Teilnahme an der ETV und hier insbesondere um die Ausübung des Stimmrechtes.

Die Lösung

Der Verwalter hat zu beachten, dass der Erwerber einer Sondereigentumseinheit erst ab dem Tag der Eigentumsumschreibung im Grundbuch als Mitglied der Gemeinschaft anzusehen ist. Die Eintragung der Auflassungsvormerkung – in der Regel kurz nach Unterzeichnung des notariellen Kaufvertrags – ändert die Rechtslage der WEG gegenüber nicht.

Die Auflassungsvormerkung dient der Absicherung und dem Schutz des Erwerbers vor weiteren Verfügungen des Verkäufers über das Eigentum. Mit der Eintragung der Auflassungsvormerkung kann der Verkäufer ohne die Zustimmung des Erwerbers keine Verfügungen zu seinem Nachteil vornehmen, die eine dauerhafte rechtliche Wirkung gegen den Erwerber entfalten.

Die kaufvertraglichen Regelungen (Lastenübergang) sind für die Frage der Rechte und Pflichten der WEG gegenüber daher bedeutungslos. Der Kaufvertrag wird ausschließlich zwischen dem Verkäufer und dem Käufer geschlossen (Inter-partes-Wirkung) und kann daher für an dem Vertrag nicht beteiligte Personen keine Bindungswirkung entfalten.

Der Verkäufer haftet daher bis zur Eigentumsumschreibung weiterhin für die bis dahin fällig werdenden Hausgelder und sonstigen Zahlungsverpflichtungen.[94] Der Erwerber ist bis zur Eigentumsumschreibung rechtlich nicht nur nicht verpflichtet, die der WEG gegenüber fälligen Zahlungsverpflichtungen gem. §16 Abs. 2 WEGG zu bedienen, sondern er kann der WEG gegenüber bis zu diesem Zeitpunkt auch keine Rechte herleiten. Eine Teilnahme an der ETV unter Ausübung des Rede- und Stimmrechtes ist daher ohne gesonderte Vollmacht des Veräußerers nicht möglich – dies sollte der Verwalter beachten. Eine Vollmacht wird häufig bereits über den Kaufvertrag verliehen.

Ein Anteil an der Instandhaltungsrücklage steht weder dem Veräußerer noch dem Erwerber zu. Mit der zweckgebundenen Zahlung des Grundbucheigentümers an die WEG geht der Betrag für die Instandhaltungsrücklage in das Vermögen der WEG über. Der einzelnen Eigentümer hat darauf keinen Anspruch mehr. Er kann über diesen Betrag daher nicht mehr allein verfügen. Entnahmen sind nur durch alle Eigentümer im Rahmen einer Beschlussfassung möglich und müssen für Maßnahmen der Instandhaltung und Instandsetzung verwendet werden.

> **! Wichtig**
>
> Der Verwalter ist gut beraten, sich nicht auf die Angaben des Verkäufers zum Lastenübergang zu verlassen, sondern die Eigentumsumschreibung abzuwarten. Sowohl Verkäufer als auch Käufer sind verpflichtet, die Verwaltung von der Eigentumsumschreibung in Kenntnis zu setzen.
>
> Das Bedürfnis des Veräußerers und auch des Erwerbers, bereits in der Zeit zwischen kaufvertraglichem Lastenübergang und Umschreibung als »Volleigentümer« behandelt zu werden, kann der Verwalter erfüllen und die Leistungen des Erwerbers annehmen. Er sollte jedoch beachten, dass im Falle des Ausbleibens der Hausgelder die Ansprüche nur dem Veräußerer gegenüber gerichtlich durchgesetzt werden können.
>
> §24 Abs. 1 WEGG gibt vor, dass die Wohnungseigentümer zur ETV einzuladen sind. Der Verwalter muss also zwingend beachten, dass der Erwerber bis zur Umschreibung im Grundbuch ohne Vollmacht an der ETV nicht teilnehmen kann und dass weiterhin der Verkäufer zu laden ist. Im Rahmen der Vollmachterteilung sind zu-

---

94   sog. Fälligkeitstheorie, BGH, Beschluss v. 30.11.1995 – V ZB 16/95; WE 1996, 144

dem die Regelungen der GO zu beachten: Sehr häufig sind dort Vereinbarungen enthalten, die den Kreis der Vertretungsberechtigten einschränken (z.B. nur Miteigentümer, Verwalter oder nahe Angehörige). In diesen Fällen kann der Käufer weder an der ETV teilnehmen noch ein Stimmrecht ausüben, sondern ist wie ein unbeteiligter Dritter zu behandeln. Die Teilnahme stellt dann einen Verstoß gegen den Grundsatz der Nichtöffentlichkeit dar.

In der Praxis hat es sich bewährt, bei der Bearbeitung des Eigentumswechsels, Erwerber und Veräußerer mittels eines Informationsblattes mit allen wesentlichen Erläuterungen und Hinweisen zu versorgen. Jeder Verwalter hat hierzu seine eigene Methode. Wichtig ist aber, dass folgende Informationen vorhanden sind:

- Wann ist man »rechtlich« der Eigentümer?
- Wer kann an der Eigentümerversammlung teilnehmen?
- Wer ist für die Abrechnungsspitze zuständig?
- Sonderservice: Unterstützung bei der Abrechnung zwischen Veräußerer / Erwerber

8.2 Der Erbfall

Der Fall
Eigentümer A verstirbt am 27.04. Erben sind die drei Kinder des A, die jedoch von Beginn an ihrer Zahlungsverpflichtung nicht nachkommen. Von der WEG in Anspruch genommen, wenden sie ein, nicht im Grundbuch zu stehen und daher auch nicht zahlen zu müssen.

Das Problem
Häufig erfährt der Verwalter als Letzter, dass ein Eigentümer verstorben ist. Noch schwieriger ist es dann für den Verwalter, in Erfahrung zu bringen, wer als Erbe in Betracht kommt. Die Erbenermittlung kann zeitaufwendig und langwierig sein, sodass die laufenden Beitragszahlungen in der Zwischenzeit oftmals ausbleiben. Es stellt sich weiter die Frage, ab welchem Zeitpunkt die Erben für die entstehenden Zahlungsverpflichtungen einzutreten haben und wie die Erbengemeinschaft (mehrere Erben) zu behandeln ist.

Die Lösung
Mit dem Erbfall geht das Vermögen des Erblassers als Ganzes kraft Gesetzes auf die Erben über (§ 1922 Abs. 1 BGB). Hierbei wird von einer sog. Gesamtrechtsnachfolge gesprochen, wonach nicht nur das aktive oder positive Vermögen, sondern auch das negative Vermögen (Forderungen und Verbindlichkeiten Dritter nach § 1967 BGB) auf die Erben übergeht. Die Erben werden

daher kraft Gesetzes Eigentümer. Die Erben oder Dritte können zwar eine Grundbuchumschreibung fordern, es handelt sich hier aber lediglich um eine Grundbuchberichtigung (Anpassung des Grundbuches an die tatsächlichen rechtlichen Gegebenheiten). Der gesetzliche Übergang des Vermögens des Erblassers erfolgt unabhängig vom Willen des oder der Erben. Sie haben jedoch die Möglichkeit, das Erbe nach § 1942 BGB auszuschlagen.

Nach § 1967 BGB haftet der Erbe für Nachlassverbindlichkeiten grundsätzlich unbeschränkt, d.h. nicht nur mit dem Nachlass selbst, sondern auch mit seinem eigenen Vermögen. Der Erbe kann seine Haftung jedoch auf den Nachlass beschränken – er haftet dann nicht mehr mit seinem persönlichen Vermögen (§§ 1975 ff. BGB). Bei den Zahlungsverpflichtungen der Gemeinschaft ist daher zu unterscheiden, ob es sich um Verbindlichkeiten handelt,

- die bereits zum Zeitpunkt des Erbfalls entstanden sind (»vom Erblasser herrührende Schulden«), oder um solche,
- die erst nach dem Erbfall entstehen.

Bei Ersteren kann der Erbe die Haftung auf den Nachlass beschränken, sodass der WEG im Rahmen der Vollstreckung eines erlangten Titels nur die Möglichkeit bleibt, in das Nachlassvermögen zu vollstrecken. Dies kann in der Regel über die Einleitung des Zwangsversteigerungsverfahrens erfolgen, sodass die Forderungen über den Versteigerungserlös befriedigt werden können. Außerdem greif hier die in § 10 Abs. 1 Nr. 2 ZVG verankerte Vorweg-Befriedigung in Höhe von 5% des Verkehrswerts für die Forderungen, die im Jahr der Beschlagnahme sowie in den beiden Jahren davor entstanden sind.

Für Forderungen, die nach dem Erbfall fällig werden, nimmt der BGH Eigenverbindlichkeiten der Erben an, wenn diese die Erbschaft angenommen haben oder die Ausschlagungsfrist abgelaufen ist und ihm die faktische Nutzungsmöglichkeit zusteht.[95] Eine Begrenzung der Haftung auf den Nachlass ist nicht mehr möglich, sodass der Erbe auch mit seinem persönlichen Vermögen haftet.

Miterben haften gemäß § 2058 BGB für gemeinschaftliche Nachlassverbindlichkeiten als Gesamtschuldner. Die WEG hat also die freie Wahl, welchen Miterben sie in Anspruch nimmt. Die WEG muss daher nicht die Quoten der Miterben untereinander beachten, die sie in der Regel auch nicht kennt. Der in Anspruch genommene Miterbe kann sich jedoch die Einrede des ungeteilten Nachlasses vorbehalten, sodass eine Vollstreckung in das private Vermögen des Miterben nicht möglich ist (§ 2059 Abs. 1 Satz 1 BGB). Weiter ist

---

95 BGH, Urteil v. 5.7.2013 – V ZR 81/12; NZM 2013, 736

die Inanspruchnahme nur eines Miterben (Vorlage eines Vollstreckungstitels gegen nur einen Miterben) in der Vollstreckung in das Grundbuch problematisch, da lediglich hinsichtlich der Quote des Miterben eine Belastung des Grundstücks und folglich eine Zwangsversteigerung auch nur für den Anteil des Miterben erfolgen kann. Gebote für den ggf. untergeordneten Anteil am Grundstück werden nicht erreicht werden können. Die Erlangung eines Vollstreckungstitels gegen alle Miterben ist insoweit unerlässlich, sofern die WEG beabsichtigt, das Sondereigentum zum Zwecke der Befriedigung der Forderungen versteigern zu lassen.

Wichtig !

Tritt der Erbfall ein, ist der Verwalter gehalten, die Erben zu ermitteln oder durch einen Rechtsanwalt ermitteln zu lassen, um die in der Regel anfallenden Hausgeldschulden zügig beitreiben zu können. Sind mehrere Personen Erben (Erbengemeinschaft) und steht nicht zu erwarten, dass ein Miterbe die Verbindlichkeiten auch bedient oder bedienen kann, ist es unerlässlich, alle Miterben gerichtlich in Anspruch zu nehmen, um eine Vollstreckung in das Eigentum als Ganzes zu ermöglichen.

Unabhängig von der Zahlungsverpflichtung gehen die sonstigen Rechte und Pflichten (insbes. Teilnahme-/Stimmrecht in der ETV) mit dem Tag des Todes auf die Erben über – sie sind unabhängig von Eintragungen im Grundbuch, anders als beim rechtsgeschäftlichen Erwerb, zu beachten. Hatte der Erblasser eine Dauervollmacht erteilt, wirkt diese jedoch nicht den Erben gegenüber. Bei einer Erbengemeinschaft sind sämtliche Miterben vom Verwalter zu laden.

8.3   Die Zwangsversteigerung

Der Fall

Die WEG hat erfolgreich rückständige Hausgelder gegen den Eigentümer S beigetrieben und diese im Rahmen der Zwangsversteigerung auch überwiegend vollstrecken können. Der Zuschlag erfolgt am 24.7. Ab August bleibt der Ersteher das monatliche Hausgeld schuldig. Die WEG ist der Ansicht, dass aufgrund der Regelung in der GO, wonach der Erwerber für Zahlungsrückstände des Veräußerers haftet, der Ersteher auch für die über die Zwangsversteigerung nicht befriedigten Forderungen gegen S haftet.

Beispiel einer Regelung für eine Erwerberhaftung in der GO !

Jeder Wohnungs- und Teileigentümer haftet im Falle des rechtsgeschäftlichen Erwerbs seines Sondereigentums für die offenen Zahlungsverpflichtungen des Voreigentümers. Die gesamtschuldnerische Haftung umfasst auch die Zinsen und die entstandenen Kosten der außergerichtlichen und gerichtlichen Beitreibung.

Das Problem

Oft kommt es vor, dass die WEG selbst versteigern lässt, um Forderungen der WEG zu befriedigen oder es erfolgt aus anderen Gründen ein Eigentumserwerb über eine Zwangsversteigerung. Für den Verwalter stellt sich dann stets die Frage, auf welchen Zeitpunkt des Erwerbs abzustellen ist und ab welchem Zeitpunkt der Ersteher als Miteigentümer in der WEG zu begrüßen und als solcher zu behandeln ist. Auch die Regelung in der GO, dass der Erwerber für die Verbindlichkeiten des Veräußerers haftet, erleichtert die Beitreibung bestehender Forderungen der WEG häufig und erhöht die Chancen, dass die WEG auch tatsächlich vollumfänglich befriedigt wird. Anders als beim rechtsgeschäftlichen Erwerb gibt es bei einem Eigentumserwerb über eine Zwangsversteigerung Besonderheiten zu beachten, die im Wesen der Zwangsversteigerung begründet sind.

> **!** **§56 Satz 2 Gesetz über die Zwangsversteigerung und die Zwangsverwaltung (ZVG)**
>
> Von dem Zuschlag an gebühren dem Ersteher die Nutzungen und trägt er die Lasten.

Die Lösung

Der Eigentumserwerb im Rahmen der Zwangsversteigerung bildet – neben dem Erbfall – eine weitere Ausnahme von dem Grundsatz, dass die Eigentumsübertragung einen notariellen Kaufvertrag/Schenkungsvertrag voraussetzt und ein Erwerber erst mit der grundbuchrechtlichen Eigentumsumschreibung Eigentümer und damit Mitglied in der WEG werden kann. Die Zwangsversteigerung vollzieht den Eigentumswechsel – wie die Erbfolge – kraft Gesetzes. Nach §56 Satz 2 ZVG gebühren dem Ersteher vom Tag des Zuschlages an die Nutzung und er trägt die Lasten. Der Eigentumsübergang findet mit dem Zeitpunkt der Wirksamkeit des Zuschlagbeschlusses statt. Die spätere Grundbuchumschreibung ist daher, anders als beim rechtsgeschäftlichen Erwerb, nicht entscheidend.

Da der Ersteher also mit dem Tag des Zuschlages die Lasten des Grundstückes nach §56 Satz 2 ZVG zu tragen hat, folgt hieraus, dass nach §16 Abs. 2 WEG diejenigen Kosten durch den Ersteher zu tragen sind, die nach dem Zuschlagszeitpunkt fällig werden (sog. Fälligkeitstheorie) – unabhängig von der Frage, ob der Ersteher an der Beschlussfassung mitgewirkt hat, die die Fälligkeit der einzelnen Zahlungsverpflichtungen begründet.

Eine weitere Ausnahme zum rechtsgeschäftlichen Erwerb besteht im Zusammenhang mit der Regelung in der GO zur Haftung des Erwerbers für Verbindlichkeiten des Veräußerers. Da §56 Satz 2 ZVG ausdrücklich regelt, dass der Ersteher erst ab dem Zeitpunkt des Zuschlags für die Lasten haftet, ist eine Regelung in der GO, nach der der Ersteher für bereits entstandene

Verbindlichkeiten des Veräußerers haftet, wirkungslos. Einer solchen Regelung steht der ausdrückliche Wortlaut des §56 Satz 1 ZVG entgegen.[96]

Wichtig　!

Der Ersteher einer Wohneinheit im Rahmen der Zwangsvollstreckung ist mit dem Zuschlag als Eigentümer zu behandeln und tritt in alle Rechte und Pflichten ein – mit Ausnahme einer Haftungsregelung in der GO für Altverbindlichkeiten des Veräußerers. Der Ersteher hat nur den Zahlungsverpflichtungen nachzukommen, die nach dem Zuschlagsbeschluss fällig werden.

8.4　Ist ein Erwerber an Beschlüsse gebunden?

Der Fall
Erwerber E sieht nicht ein, dass er sich an einer Sonderumlage beteiligen soll, die bestandskräftig beschlossen wurde, als er noch nicht Eigentümer war. Die Sonderumlage wird erst nach der Eigentumsumschreibung fällig. Schließlich habe er ja seine Zustimmung zu dem Beschluss nicht gegeben. Er verweigert die Zahlung.

Das Problem
Der neue Eigentümer wird Mitglied in einer WEG, die in der Regel bereits seit Jahren oder gar Jahrzehnten besteht. Es gibt daher neben den Regelungen in der GO eine Vielzahl an Beschlüssen, die das Verhältnis der ET untereinander regeln und gestalten sowie Verbindlichkeiten für die ET begründen. Der Einwand der neuen Eigentümer, nicht an einer Beschlussfassung mitgewirkt zu haben und daher an eine solche nicht gebunden zu sein, ist daher ein häufiges Argument, dem sich der Verwalter ausgesetzt sieht.

Die Lösung
In §10 Abs. 4 WEG hat der Gesetzgeber aufgenommen, dass alle Beschlüsse, die im Rahmen einer Mehrheitsentscheidung gefasst wurden, auch den Sonderrechtsnachfolger, also Erwerber, binden, ohne dass es einer Eintragung in das Grundbuch bedarf:

---

§10 Abs. 4 WEGG　!

Beschlüsse der Wohnungseigentümer gemäß §23 und gerichtliche Entscheidungen in einem Rechtsstreit gemäß §43 bedürfen zu ihrer Wirksamkeit gegen den Sonderrechtsnachfolger eines Wohnungseigentümers nicht der Eintragung in das Grundbuch.

96　BGH, Beschluss v. 24.2.1994 – V ZB 43/93; NJW 1994, 2950

Die Regelung stellt eine gesetzliche Ausnahme zu dem Grundsatz dar, dass der Erwerber seine Rechte und Pflichten aus dem Inhalt des Grundbuches und den im Grundbuch aufgeführten Urkunden erkennen können muss, und stellt damit eine Einschränkung des Erwerberschutzes dar. Gemäß § 20 WEG obliegt jedoch die Verwaltung des gemeinschaftlichen Eigentums den Wohnungseigentümern, die die Verwaltung über Beschlussfassungen nach §§ 21 Abs. 1, 23 WEG vornehmen. Die Beschlussfassung ist daher ein wesentlicher Bestandteil des Wesens der WEG. Der Gesetzgeber hielt es deshalb richtigerweise für unerlässlich, die neuen Eigentümer zur Wahrung der Handlungsfähigkeit der WEG und des Vertrauens der Eigentümer in die Bestandskraft der gefassten Beschlüsse an diese zu binden und damit den Schutz des Erwerbers hinter dem Interesse der WEG zurückstehen zu lassen.

In § 10 Abs. 5 WEG ist weiter geregelt, dass auch diejenigen Eigentümer an eine Mehrheitsbeschlussfassung gebunden sind, die gegen den Beschluss gestimmt oder an diesem nicht mitgewirkt haben. Auch diese Regelung soll sicherstellen, dass Beschlussfassungen, die bestandskräftig werden, alle Eigentümer binden (bestehende und zukünftige) und dass es auf die Mitwirkung der einzelnen Eigentümer nicht ankommt. Andernfalls wäre eine Verwaltung des gemeinschaftlichen Eigentums unmöglich oder doch mit erheblichem Aufwand verbunden.

Die Bindungswirkung gilt auch für die Beschlüsse, die aufgrund einer in der GO vereinbarten Öffnungsklausel gefasst werden (§ 10 Abs. 4 Satz 2 WEG).

Der Erwerber ist allerdings nicht schutzlos – er muss nicht sehenden Auges in sein Unglück rennen. Er kann und sollte vor Erwerb nicht nur die GO zur Kenntnis nehmen, sondern hat zudem die Möglichkeit, sich über die Beschlusslage der WEG zu informieren. Seit dem 1.7.2007 ist der Verwalter gemäß § 24 Abs. 7 WEG verpflichtet, eine Beschluss-Sammlung zu führen, in der fortlaufend nummeriert die von der WEG gefassten Beschlüsse im Wortlaut aufgenommen werden. Beschlüsse vor dem 1.7.2007 ergeben sich aus den Protokollen der ETV, die als Bestandteil der Verwaltungsunterlagen beim Verwalter aufbewahrt werden müssen und zu den Unterlagen gehören, die nicht vernichtet werden dürfen. Nicht nur Beschlüsse (§ 10 Abs. 3 WEGG) binden die Sonderrechtsnachfolger, sondern auch gerichtliche Entscheidungen in einem Rechtsstreit nach § 43 WEG. Hierzu zählen u. a.

- Anfechtungsklagen,
- Beitreibungsverfahren,
- Klagen gegen Eigentümer auf Beseitigung/Unterlassung,
- Klagen einzelner Eigentümer gegen die WEG sowie
- Klagen der WEG gegen den amtierenden oder ausgeschiedenen Verwalter.

Diese gerichtlichen Entscheidungen regeln das Verhältnis der Eigentümer untereinander und auch hier hat der Gesetzgeber eine Bindungswirkung der aktuellen und zukünftigen Eigentümer vorgesehen hat. Von den gerichtlichen Entscheidungen sollen gerichtliche Vergleiche der Eigentümer ausgenommen sein, sodass diese für eine Bindungswirkung der Eintragung in das Grundbuch bedürften.[97]

> **Wichtig**   !
>
> Im Vorfeld des Eigentumserwerbs gibt es in der Regel Anfragen des potenziellen Erwerbers um Einsicht in die Verwaltungsunterlagen. Mit einer Vollmacht des Veräußerers ist die Einsicht zu gewähren. Einen Anspruch auf Zusendung aller »entscheidungserheblichen Unterlagen« für den Kauf hat der Interessent auch mit einer wirksamen Vollmacht nicht. Die Zusendung stellt eine Zusatzleistung dar, die sich der Verwalter durch den Erwerber vergüten lassen sollte.

8.5 Ist ein Erwerber an Vereinbarungen gebunden?

Der Fall

Die WEG Kleinstraße besteht aus vier selbst nutzenden Eigentümern, die nach der Teilung in Wohnungseigentum neben der GO eine Vielzahl weiterer Vereinbarungen getroffen haben. Insbesondere besteht eine schriftliche Vereinbarung, dass die Eigentümer im Wechsel den Winterdienst auszuüben haben. Der neue Eigentümer E sieht überhaupt nicht ein, sich daran zu beteiligen, und verweigert die Übernahme. Er wendet den anderen Eigentümern gegenüber ein, die Vereinbarungen, die nicht in der GO enthalten sind, würden ihn nicht binden.

Das Problem

In vielen Gemeinschaften bestehen neben den Regelungen der GO und der Beschlüsse weitere Vereinbarungen, die der Verwalter oft mühsam zusammensuchen muss. Inhalt der Vereinbarung sind häufig weitere Pflichten der Eigentümer, die im Beschlusswege mangels Beschlusskompetenz so nicht begründet werden könnten. Bei einem Eigentumswechsel muss der Verwalter daher wissen, wie er mit einer schuldrechtlichen Vereinbarung umzugehen hat und welche Konsequenzen ihn in seiner weiteren Arbeit daraus treffen könnten.

---

97 OLG Zweibrücken, Beschluss v. 11.6.2011 – 3 W 218/00; ZMR 2001, 734

! **§ 10 Abs. 3 WEGG**

Vereinbarungen durch die die Wohnungseigentümer ihr Verhältnis untereinander in Ergänzung oder Abweichung von Vorschriften dieses Gesetzes regeln, sowie die Abänderung oder Aufhebung solcher Vereinbarungen wirken gegen den Sonderrechtsnachfolger eines Wohnungseigentümers nur, wenn sie als Inhalt des Sondereigentums im Grundbuch eingetragen werden.

Die Lösung

Die Vereinbarungen der Eigentümer, die ihren Niederschlag in der GO finden, bilden das Grundgerüst der WEG und regeln eine Vielzahl von Angelegenheiten der Verwaltung des gemeinschaftlichen Eigentums oder des Verhältnisses der Eigentümer untereinander dauerhaft und bindend für alle Eigentümer. Die Gemeinschaftsordnung als Teil der Teilungserklärung wird über die Bezugnahme in den Grundbuchblättern zum Gegenstand des Sondereigentums, sodass ein Eigentümer mit dem Eintritt in die Gemeinschaft unmittelbar an diese Regelungen gebunden ist. Es steht den Eigentümer aber grundsätzlich frei, neben den in der GO verankerten Vereinbarungen weitere abzustimmen. Vereinbarungen sind schuldrechtliche Verträge der Eigentümer, die grundsätzlich formfrei sind, daher auch mündlich getroffen werden können. Anders als bei der Beschlussfassung ist die Vereinbarung nicht abhängig von einer Beschlusskompetenz; vielmehr sind die Eigentümer frei, den Inhalt der Vereinbarung festzulegen, sofern

- alle Eigentümer dieser zustimmen,
- nicht gegen ein gesetzliches Gebot verstoßen wird (§ 134 BGB),
- die Grenzen der Sittenwidrigkeit nach § 138 BGB beachtet und
- keinen elementaren Mitgliedschaftsrechte beschnitten werden.

Wie es Verträgen in der Regel immanent ist, binden sie nur die Personen/ Parteien, die an dem Vertragsschluss mitgewirkt haben. Eine Ausnahme kann dann bestehen, wenn es sich um Vereinbarungen handelt, die für den Sonderrechtsnachfolger ausschließlich positiv wirken. Die im Wege einer Vereinbarung getroffenen Regelungen gelten nur für und gegen die an der Vereinbarung Beteiligten. Um eine Bindungswirkung auch für die Sonderrechtsnachfolger zu erreichen, bedarf es nach § 10 Abs. 3 WEGG der Eintragung in das Grundbuch als Inhalt des Sondereigentums. Andernfalls ist der eintretende Eigentümer nur dann an die schuldrechtlichen Vereinbarungen der anderen Eigentümer gebunden, wenn er ihnen aktiv beitritt.

! **Wichtig**

Der Verwalter ist gut beraten, bei Übernahme einer Verwaltung – gerade bei der Übernahme kleinerer Gemeinschaften –, sich nicht nur die GO und die Beschlusslage anzusehen, sondern zu erfragen, ob die Eigentümer weitere Vereinbarungen getroffen haben.

Sofern der Verwalter von der Absicht einer Veräußerung erfährt, hat er die Möglichkeit, den Veräußerer darauf hinzuweisen, kaufvertraglich die lediglich schuldrechtlichen Vereinbarungen aufzunehmen und den Erwerber erklären zu lassen, dass er diesen zustimmt. Erfolgt eine Bindung nicht, muss beachtet werden, dass die schuldrechtliche Vereinbarung mit dem Beitritt des neuen Mitglieds in die WEG unwirksam wird. Da nicht nur einzelne Eigentümer an eine Regelung gebunden sein können, muss der über die Vereinbarung geregelte Sachverhalt mit den Eigentümern erneut erörtert werden, um Regelungslücken (z.B. Übernahme des Winterdienstes) zu vermeiden.

8.6   Veräußerungszustimmung – wichtige Gründe

Der Fall

Eigentümer E will seine Wohnung veräußern. Er hat erhebliche Wohngeldrückstände. In der GO ist eine Verwalterzustimmung vereinbart. Der Erwerber ist der Sohn des E, der sich jedoch weigert, für die Verbindlichkeiten seines Vaters aufzukommen, und nach Abschluss des notariellen Vertrags die Zustimmung des Verwalters V verlangt. V weigert sich und ist der Auffassung, der »Apfel fällt nicht weit vom Stamm«.

Das Problem

In vielen GO ist die Regelung enthalten, dass der Verwalter der Veräußerung von Sondereigentum zustimmen muss. Es liegt dann in erster Linie in der Hand des Verwalters zu entscheiden, ob er die Zustimmung erteilt oder sie verweigert. Der Verwalter steht oft vor dem Problem, welche Umstände für die Entscheidung maßgebend sind, was für die Entscheidungsfindung herangezogen werden darf und was er unbeachtlich lassen muss.

Beispiel einer Veräußerungszustimmung in der GO   **!**

Eine Veräußerung des Wohnungseigentums bedarf der Zustimmung. Über die Erteilung und Versagung entscheidet der Verwalter, dem eine beglaubigte Abschrift des Veräußerungsvertrags zum Verbleib bei seinen Akten vorzulegen ist. Versagt der Verwalter die Zustimmung, so kann sie auf Antrag durch Mehrheitsbeschluss der Wohnungseigentümer ersetzt werden.

Die Lösung

Grundsätzlich hat jeder Sondereigentümer das Recht, frei über sein Eigentum zu verfügen. Das WEGG hat jedoch in §12 aufgenommen, dass die Eigentümer im Rahmen der Vereinbarung der GO und damit als Inhalt ihres Sondereigentums vereinbaren können, eine Veräußerung von der Zustimmung anderer Eigentümer oder eines Dritten abhängig zu machen. Die Vorschrift dient dem

Schutz der ET, die mitentscheiden können sollen, wen sie zukünftig als weiteres Mitglied in ihrer Gemeinschaft aufnehmen. Die Zustimmung darf jedoch nach dem Wortlaut des §12 WEGG nur aus wichtigem Grund versagt werden, um die Beschränkung des Verfügungsrechts eines Eigentümers nicht von der willkürlichen Entscheidung der ET abhängig zu machen.

Enthält die GO ein Zustimmungserfordernis der ET oder eines Dritten (in den überwiegenden Fällen die des Verwalters), ist der Kaufvertrag bis zur Zustimmungserteilung in notarieller Form nach §29 GBO schwebend unwirksam und eine Umschreibung im Grundbuch kann nicht erfolgen. Die Regelung in der GO kann wiederum Ausnahmen beinhalten, sodass eine Zustimmung dann nicht eingeholt werden muss, wenn eine Veräußerung an Abkömmlinge vorgesehen ist.[98] Die Zustimmung kann nur aus wichtigen Gründen versagt werden, der in der Person des Erwerbers liegen und sich auf wirtschaftliche und verhaltensbedingte Gründe beziehen muss. Hierzu zählen insbesondere:

- Insolvenz des Erwerbers oder bekannte finanzielle Unzuverlässigkeit
- beabsichtigte zweckwidrige Nutzung seiner Sondereigentumseinheit
- anstößiger Nutzungszweck der Sondereigentumseinheit (Prostitution)
- beharrliche Weigerung des Erwerbers, sich in die Gemeinschaft einzugliedern (Verstoß gegen Regelungen der GO/Verstoß gegen Hausordnung)
- objektiv störende charakterliche Eigenschaften, die den Gemeinschaftsfrieden gefährden

Kosten, die im Zusammenhang mit der Auskunfts- und Zustimmungserteilung stehen, hat die Gemeinschaft nach §16 Abs. 2 WEGG zu tragen. Sie hat aber die Möglichkeit, diese Kosten dem Verursacher aufzuerlegen, sofern ein Beschluss nach §21 Abs. 7 WEG gefasst wurde. Ein Beschluss, dem Erwerber die Kosten der Zustimmung aufzuerlegen, ist nichtig, da es sich um einen Beschluss zulasten Dritter handelt. Eine im Verwaltervertrag vereinbarte Sondervergütung des Verwalters für die Zustimmung ist zulässig.

Für unseren Fall gilt: Sofern der Verwalter keine tatsächliche wirtschaftliche Unzuverlässigkeit oder sonstige Gründe in der Person des Sohns des E feststellt, ist allein die Tatsache, dass es sich um den Sohn des E handelt, kein Grund, die Zustimmung zu versagen. Auch die Weigerung, die Schulden seines Vaters übernehmen zu wollen, stellt keinen wichtigen Grund dar, da der Erwerber grundsätzlich nicht für die Hausgeldschulden des Veräußerers haftet, sofern in der GO keine gesamtschuldnerische Haftung explizit vereinbart wurde. Der Verwalter ist daher gehalten, die Zustimmung zu erteilen.

---

98   KG Berlin, Beschluss v. 28.2.2012 – 1 W 43/12 und 1 W 41/12; ZMR 2012, 653

Wichtig   !

Wichtig ist, dass für die Versagung der Zustimmung ausschließlich auf die in der Person des Erwerbers liegenden Gründe abzustellen ist. Allgemein spricht man von der »persönlichen und finanziellen Zuverlässigkeit« des potenziellen Erwerbers. Ob der Veräußerer Hausgeld schuldet, ist daher unerheblich und der Verwalter ist gut beraten, diesen Umstand gänzlich unberücksichtigt zu lassen.

Der Verwalter muss in Erfüllung seiner Prüfungspflichten den Veräußerer anhalten, jede mögliche Information über die Person des Erwerbers einzuholen, ggf. über die Erteilung einer Selbstauskunft.[99] Zwar kann der Erwerber auch unmittelbar befragt werden, es besteht jedoch kein Anspruch auf Auskunft (freiwillige Angaben). Damit zumindest die finanzielle Zuverlässigkeit überprüft werden kann, bedienen sich die meisten Verwalter einer Wirtschaftsauskunftsdatei (z.B. Creditreform), um einen Einblick in die persönlichen Umstände des Erwerbers zu erhalten. Der Verwalter hat die Auskünfte zeitnah einzuholen und nach deren Vorlage in der Regel binnen 14 Tagen die Zustimmung zu erteilen, sofern er nicht beabsichtigt, sie zu versagen.[100]

Kommt der Verwalter dieser Verpflichtung nicht rechtzeitig nach, kann er vom Veräußerer gerichtlich in Anspruch genommen werden und macht sich schadenersatzpflichtig. Hat der Verwalter in seinem Verwaltervertrag mit der Gemeinschaft eine Sondervergütung vereinbart, ist darauf zu achten, dass Kostenschuldner die WEG ist. Eine Regelung im Verwaltervertrag, den Veräußerer mit der Sondervergütung zu belasten, ist für die Eigentümer nicht bindend, da der Vertrag mit der WEG geschlossen ist und daher nicht geeignet sein kann, den Kostenverteilerschlüssel zu ändern.[101] Auch hier muss vorab ein Beschluss nach §21 Abs. 7 WEGG gefasst werden, dem Verursacher – also dem Verkäufer – neben den Kosten der Zustimmungserteilung auch die Sondervergütung aufzuerlegen. Andernfalls ist die Sondervergütung von der WEG zu leisten.

8.7 Veräußerungszustimmung – Delegation an die Eigentümer

Der Fall

Eigentümer E will seine Wohnung veräußern. In der GO ist eine Verwalterzustimmung enthalten. Der Erwerber war vor Jahren bereits Eigentümer und in dieser Zeit als Störenfried bekannt. Der Verwalter ist unsicher, ob er die Zustimmung erteilen soll und beruft eine außerordentliche ETV ein, um die WE entscheiden zu lassen. Eigentümer E ist über die Verzögerung verärgert und der Auffassung, V müsse entscheiden. Er erhebt Klage gegen V.

---

99   OLG Köln, Urteil v. 15.3.1996 – 19 U 139/95; NJW-RR 1996, 1296
100 OLG Düsseldorf, Beschluss v. 13.8.2003 – I-3 Wx 173/03; RNotZ 2004, 91
101 BGH, Urteil v. 9.7.2010 – V ZR 202/09; ZMR 2010, 775

Das Problem

Kommt der Verwalter zu dem Entschluss, dass er die Zustimmung versagen würde, sich seiner Entscheidung aber nicht sicher ist, stellt sich die Frage, ob er die ihm über die GO auferlegte Befugnis zu entscheiden an die WEG delegieren, diese also entscheiden lassen kann.

Die Lösung

Es wird Fälle geben, in denen der Verwalter die Versagung der Zustimmung nicht vertreten möchte. Etwa, wenn zwar Gründe in der Person des potenziellen Erwerbes vorhanden sind, die seine Eignung infrage stellen, der Verwalter jedoch die Zustimmung oder Versagung der ET einholen möchte, um sich seinerseits abzusichern.

Es wird auch Konstellationen geben, in denen die Eigentümer selbst aktiv werden und den Verwalter anweisen, eine außerordentliche ETV einzuberufen, um über die Frage der Zustimmung zu beschließen. Beide Varianten sind möglich, sodass die Eigentümer die Entscheidung selbst treffen und den Verwalter anweisen können, wie er sich zu verhalten hat, oder der Verwalter die Frage an die WEG delegiert. Der Verwalter wird bei der Entscheidung über die Zustimmung zur Veräußerung dann als Treuhänder und mittelbarer Stellvertreter der Wohnungseigentümer tätig.[102] Wird die Entscheidungsbefugnis an die WEG zurückgegeben, ist der Verwalter von der Verpflichtung einer eigenen Entscheidung frei und kann vom Veräußerer nicht mehr gerichtlich in Anspruch genommen werden. Er ist aber auch an die Entscheidung der ET gebunden, auch wenn er selbst die Zustimmung erteilen würde.

> **! Wichtig**
>
> Bestehen Zweifel, ob in der Person des Erwerbers wichtige Gründe liegen, die eine Versagung der Zustimmung rechtfertigen würden, kann es ratsam sein, die ET entscheiden zu lassen. Die Entscheidung darf dann aber nicht auf die »lange Bank geschoben« werden, vielmehr muss unter Verkürzung der Ladungsfristen eine außerordentliche ETV einberufen werden, um den bestehenden Schwebezustand zu beenden.

8.8 Veräußerungszustimmung – Zeitpunkt der Zustimmungserteilung

Der Fall

Eigentümer E will seine Wohnung veräußern. In der GO ist eine Verwalterzustimmung enthalten. Verwalter V erteilt die Zustimmung in der erforderlichen

---

102 BGH, Urteil v. 20.7.2012 – V ZR 241/11, ZMR, 2012, 972; BGH, Urteil v. 28.2.2012 – V ZR 166/10, ZMR 2011, 813; BGH, Beschluss v. 21.12.1995 – V ZB 4/94, ZMR 1996, 274

Form nach §29 Grundbuchordnung (GBO) Ende Dezember. Sein Verwalteramt endet zum 31.12. Das Grundbuchamt ist im Januar bei der Prüfung der Umschreibung der Auffassung, dass die Zustimmung des alten Verwalters nicht ausreichend sei. Der amtierende Verwalter müsse zustimmen.

Das Problem

Der Verwalter hat die Form der Zustimmung zu beachten, aber auch, dass die von ihm erteilte Zustimmung geeignet ist, den Anspruch des Veräußerers auf Zustimmung zu erfüllen. Die Erteilung der Zustimmung kann unter Umständen eine der letzten Amtshandlungen des Verwalters vor der Beendigung seiner Amtszeit sein, während die Einreichung beim Grundbuchamt erfolgt, wenn der zustimmende Verwalter bereits aus seinem Amt ausgeschieden ist.

Die Lösung

Die Zustimmungserklärung des Verwalters ist in der Form des §29 GBO abzugeben, d.h., die Unterschriften sind notariell zu beglaubigen. Der Verwalter hat seine Verwaltereigenschaft neben der notariellen Beurkundung unter der Zustimmungserklärung durch Vorlage seines Bestellungsprotokolls nachzuweisen. In §26 Abs. 3 WEG hat der Gesetzgeber aufgenommen, dass der Verwalter seine Eigenschaft als solcher über ein notariell beglaubigtes Bestellungsprotokoll nachweisen kann – auch die Unterschriften unter diesem Protokoll müssen notariell beglaubigt sein.

Nachdem lange streitig war, wie mit dem Verlust der Verwaltereigenschaft nach Zustimmung in beglaubigter Form und Vorlage beim Grundbuchamt umzugehen ist, hat der BGH sich dazu entschieden, dass die Beendigung des Verwalteramtes nach wirksamer Zustimmung, aber noch vor Wirksamkeit der Veräußerung durch Eigentumsumschreibung unschädlich ist.[103] Der neue Verwalter muss daher nicht erneut zustimmen.

Wichtig !

Um die Formerfordernisse im Falle einer Zustimmung zügig erfüllen zu können, ist der Verwalter gehalten, seine und die Unterschriften der das Bestellungsprotokoll unterzeichnenden Eigentümer zeitnah nach der Versammlung beglaubigen (Unterschriftsbeglaubigung bei einem Notar) zu lassen. Zum einen liegt dann das beglaubigte Bestellungsprotokoll bei einer Anfrage auf Erteilung der Zustimmung bereits vor, zum anderen besteht nicht die Gefahr, dass ein das Bestellungsprotokoll unterzeichnender Eigentümer zu einem späteren Zeitpunkt nicht mehr Eigentümer ist. Der Eigentümer muss sonst aufwendig ermittelt werden – er ist aber auch nach seinem Austritt aus der WEG noch verpflichtet, die Beglaubigung vorzunehmen.

---

103 BGH, Beschluss v. 11.10.2012 – V ZB 2/12; NZM 2013, 34

Gerade weil der Verwalter für einen Zeitraum von bis zu fünf Jahren bestellt werden kann, dürfte die Gefahr des Austritts eines unterzeichnenden Eigentümers nicht zu vernachlässigen sein.

Zuletzt ist zu beachten, dass längere Verzögerungen bei der Zustimmungserteilung zulasten des Verwalters gehen und er sich schadensersatzpflichtig machen kann. Es ist Aufgabe des Verwalters, die notwendigen Beglaubigungen rechtzeitig einzuholen.

8.9 Eigentümerwechsel – was passiert mit der Abrechnungsspitze der Jahresabrechnung?

Der Fall

Eigentümer E hat seine Wohnung an B veräußert. Der kaufvertragliche Besitzübergang ist der 1.11., die Umschreibung erfolgt zum 15.12. desselben Jahres. Das monatliche Hausgeld beträgt 100 EUR. Eigentümer E hat die Hausgelder für Januar und Februar nicht gezahlt, B hat bereits ab November das Hausgeld in voller Höhe beglichen. Die Jahresabrechnung, die der Verwalter im Folgejahr erstellt, weist eine Nachzahlung von 300 EUR aus und setzt sich wie folgt zusammen:

Jahresabrechnung (Einheiten: 10)			
Pos.	**Gesamt**	**Schlüssel**	**Ihr Anteil**
Hausm.	1.000,00 EUR	Einheit	100,00 EUR
Verwalter	1.000,00 EUR	Einheit	100,00 EUR
Versicherung	1.000,00 EUR	Einheit	100,00 EUR
Gesamt	13.000,00 EUR		1.300,00 EUR
Soll-WP	12.000,00 EUR		1.200,00 EUR
Ihre Zahlung			1.000,00 EUR
Ergebnis JA			100,00 EUR
Rückstand WP (o. sonst. Vorjahressalden)			200,00 EUR
Ergebnis ges.			**300,00 EUR**

Das Problem

Der unterjährige Eigentumswechsel bringt nicht nur die Herausforderung für den Verwalter mit sich, ein neues Mitglied in die WEG einzugliedern, sondern führt in der Buchhaltung zu einer Umstellung der Zahlungsverpflichtung. Das allein dürfte dem Verwalter nicht weiter schwerfallen.

Anders sieht es jedoch aus, wenn es um die Erstellung der Jahresabrechnung geht, Hausgelder im Zuge des Eigentumswechsels nicht mehr ordnungsgemäß bedient werden oder Veräußerer und Erwerber über den Beginn der Zahlungsverpflichtung streiten und dies dann auf den Verwalter abladen, der die Situation klären soll. Kommt es dann noch zu einer Situation, in der Rückstände gerichtlich eingefordert werden müssen, muss der Verwalter sauber arbeiten.

Die Lösung

Die Zahlungsverpflichtung trifft nach der herrschenden Fälligkeitstheorie den Eigentümer, der zum Zeitpunkt der Fälligkeit der Forderungen Grundbucheigentümer ist.[104] Der in die WEG eintretende neue Eigentümer ist erst verpflichtet zu zahlen, wenn die Umschreibung im Grundbuch erfolgt ist. Das erfährt der Verwalter leider in der Regel nur dann, wenn Veräußerer und/oder Erwerber ihrer Pflicht nachkommen und dies dem Verwalter mitteilen. Häufiger dürfte es sein, dass dem Verwalter der kaufvertragliche Besitzübergang mitgeteilt wird. Die kaufvertraglichen Vereinbarungen entfalten jedoch keine Wirkung für die WEG, sodass es auf diesen Zeitpunkt nicht ankommt.

Bei der Erstellung der Jahresabrechnung muss sich der Verwalter immer wieder vor Augen führen, dass die Eigentümer bei der Beschlussfassung über die Genehmigung der Jahresabrechnung nur über die Abrechnungsspitze entscheiden. Die Abrechnungsspitze umfasst den Betrag, der die Wirtschaftsplan-Sollzahlungen abzüglich der tatsächlich angefallenen Kosten übersteigt.[105] Die ordnungsgemäße Erstellung einer Jahresabrechnung stellt auf eine Sollabrechnung und nicht auf eine Istabrechnung ab. Ausschlaggebend sind also nicht die tatsächlichen Zahlungen des jeweiligen Eigentümers; vielmehr wird unterstellt, der Eigentümer sei seiner Zahlungsverpflichtung aus dem Wirtschaftsplan nachgekommen (Sollabrechnung). Dieser Sollbetrag wird den tatsächlichen Kosten des Jahres gegenübergestellt. Der sich aus der Gegenüberstellung ergebende Saldobetrag (Nachforderung oder Guthaben) wird als Ergebnis der Jahresabrechnung beschlossen und begründet eine Zahlungsverpflichtung des Grundbucheigentümers. Dabei ist es nach der Fälligkeitstheorie unerheblich, ob der neue Eigentümer vor oder nach Ablauf des abzurechnenden Zeitraums Mitglied der WEG geworden ist.[106] Entscheidend ist nur, ob er zum Zeitpunkt der Fälligkeit der Abrechnungsspitze im Grundbuch bereits umgeschrieben wurde.

---

104 BGH, Urteil v. 1.6.2012 – V ZR 171/11, ZMR 2012, 976; BGH, Urteil v. 1.6.2012 – V ZR 147/11, ZMR 2012, 642
105 BGH, Urteil v. 1.6.2012 – V ZR 171/11, ZMR 2012, 976; BGH, Urteil v. 1.6.2012 – V ZR 147/11; ZMR 2012, 642
106 BGH, Urteil v. 2.12.2011 – V ZR 113/11; ZMR 2012, 284

Mit der Begründung der Abrechnungsspitze als neue Forderung gegen den Eigentümer soll verhindert werden, dass der Erwerber für Verbindlichkeiten des Voreigentümers haftet. Sofern über die Jahresabrechnung auch Vorjahressalden (nicht gezahlte Hausgelder, Rückstände bei beschlossenen Sonderumlagen, Abrechnungsergebnisse der Vorjahre etc.) in das Gesamtergebnis einfließen und der Beschlussfassung der Eigentümer unterliegen, müsste der neue Eigentümer nach der Fälligkeitstheorie für das so ermittelte Gesamtergebnis haften. Eine Erwerberhaftung ist allerdings grundsätzlich ausgeschlossen, sofern die GO nicht eine solche explizit regelt. Auch ohne Eigentumswechsel hätte die Neubegründung des Anspruchs für Forderungen aus der Vergangenheit in der Jahresabrechnung zur Folge, dass diese Forderungen nicht verjähren, da sie jedes Jahr über die Genehmigung der Jahresabrechnung neu begründet werden. Diese Folgen gilt es zu verhindern, was der BGH mit der Entwicklung der Abrechnungsspitze zu lösen versucht.

! **Achtung**

- Mit der Genehmigung der Jahresabrechnung wird nur die Abrechnungsspitze beschlossen und fällig.
- Die Abrechnungsspitze ist der Betrag, der die Wirtschaftsplan-Sollzahlungen abzüglich der tatsächlich angefallenen Kosten übersteigt.
- Die Jahresabrechnung muss die Abrechnungsspitze deutlich erkennbar ausweisen.
- Zur Information können weiter bestehende Vorjahressalden aufgenommen werden, unterliegen aber nicht der Beschlussfassung.

Zur Verdeutlichung: Die Anwendung der Fälligkeitstheorie und die Annahme, dass die Eigentümer über die Jahresabrechnung nur über die Abrechnungsspitze beschließen, bedeutet im obigen Fall, dass E nach wie vor über den Wirtschaftsplan zur Zahlung des Rückstandes in Höhe von 200 EUR verpflichtet ist, während B nur für die Abrechnungsspitze haftet, also für 100 EUR.

Der Verwalter muss beachten, dass diese Vorgehensweise auch dann gilt, wenn die Jahresabrechnung mit einem Guthaben als Abrechnungsspitze endet und der alte Eigentümer noch Forderungen auf den Wirtschaftsplan schuldet. Das Guthaben ist auszubezahlen und die Forderung aus dem Wirtschaftsplan beim alten Eigentümer einzufordern. Eine Verrechnung des Guthabens des neuen Eigentümers mit den Verbindlichkeiten des alten Eigentümers darf nicht vorgenommen werden.

> **Wichtig**   !
>
> In der Jahresabrechnung ist der Ausweis des tatsächlichen Abrechnungsergebnisses (Abrechnungsspitze) zwingend geboten, damit die Eigentümer erkennen können, welche Zahlungsverpflichtung sich aus der genehmigenden Beschlussfassung ergibt. Da die Eigentümer die Jahresabrechnung aber eher als »Rechnung beim Wirt« verstehen, muss sie nach deren Verständnis ausweisen, was der Eigentümer der WEG insgesamt schuldet.
>
> Aus diesem Grund ist es auch im Sinne der Eigentümer – und trägt zur Verständlichkeit bei –, wenn neben der Abrechnungsspitze zur Information ausgewiesen wird, welche sonstigen Forderungen die WEG gegen den Eigentümer aus den Vorjahren hat. Dies dient auch der besseren Überprüfung, wie sich die wirtschaftliche Situation der WEG insgesamt darstellt.
>
> Bei der Beitreibung rückständiger Forderungen muss der Verwalter streng nach der Fälligkeitstheorie vorgehen. Er kann dem neuen Eigentümer daher nicht das Gesamtergebnis aus der Jahresabrechnung (siehe Beispiel oben) entgegenhalten, sondern muss es zerlegen und bei den einzelnen Forderungen den jeweiligen Schuldner (Grundbucheigentümer) ermitteln. Hierfür ist es unerlässlich, dass der Verwalter den Zeitpunkt der Umschreibung kennt. Er hat insofern ein berechtigtes Interesse, selbst einen Grundbuchauszug beim Grundbuchamt zu beantragen.
>
> Wichtig ist, dass der Verwalter keine Verrechnung der Altsalden (Forderungen aus dem Wirtschaftsplan, die der ausscheidende Eigentümer nicht gezahlt hat) mit einem Guthaben aus der Jahresabrechnung zugunsten des Erwerbers vornehmen darf. Vielmehr muss er das Guthaben ausbezahlen und den Fehlbetrag aus dem Wirtschaftsplan beim ausscheidenden Eigentümer einfordern.

8.10 Eigentümerwechsel – muss eine anteilige Jahresabrechnung erstellt werden?

Der Fall

Eigentümer E hat seine Wohnung an B veräußert. Der kaufvertragliche Besitzübergang ist der 1.5., die Auflassungsvormerkung zugunsten des B wurde am 2.4. eingetragen, die Umschreibung erfolgt zum 5.9. desselben Jahres. B hat auch tatsächlich ab Mai das monatliche Hausgeld gezahlt. Er erhält im Folgejahr die Jahresabrechnung vom Verwalter und greift sofort zum Hörer, um diesen darüber zu informieren, dass die Abrechnung falsch ist, weil der Zeitraum der Abrechnung den Eigentumswechsel gar nicht berücksichtigt. Er ist doch erst seit dem 1.5. Eigentümer, hat mit der Zeit davor nichts zu tun und ist schon gar nicht bereit, hierfür zu zahlen. Der Verwalter ist verunsichert, wie er sich verhalten soll und welche Verpflichtungen er bei der Erstellung der Jahresabrechnung hat.

Das Problem

Findet ein unterjähriger Eigentumswechsel statt, was der Regelfall sein dürfte, steht der Verwalter immer wieder vor der Forderung des Veräußerers und des Erwerbers, die Jahresabrechnung dem jeweiligen Zeitraum der Eigentümerstellung in der WEG anzupassen. Die erste Hürde ist bereits die Frage, auf welchen Zeitpunkt abzustellen ist. Auf den kaufvertraglich vereinbarten Besitzübergang, die Auflassungsvormerkung oder doch erst die Umschreibung im Grundbuch? Wie muss die Aufteilung dann erfolgen? Müssen die Kosten geteilt werden? Wer muss die Jahresabrechnungen dann erhalten und darf der Veräußerer noch mitstimmen, weil ihn ja noch ein Teil der Jahresabrechnung trifft?

Die Lösung

Ein Anspruch des Veräußerers oder Erwerbes an den Verwalter, eine zeitanteilige Jahresabrechnung zu erstellen, die den jeweiligen Zeitraum der Zugehörigkeit zur WEG berücksichtigt, besteht generell nicht. Hintergrund ist, dass die Eigentümer im Rahmen des Beschlusses über die Genehmigung der Jahresabrechnung nur und ausschließlich über die Abrechnungsspitze befinden und mit der Beschlussfassung auch nur für die Abrechnungsspitze ein Anspruch entsteht. Zur Erinnerung: Die Abrechnungsspitze umfasst den Betrag, der die Wirtschaftsplan-Sollzahlungen abzüglich der tatsächlichen Kosten übersteigt.[107] Nach der herrschenden Fälligkeitstheorie ist Zahlungspflichtiger für Forderungen der WEG derjenige, der zum Zeitpunkt der Fälligkeit im Grundbuch als Eigentümer geführt wird.[108] Es kann daher nach der herrschenden Auffassung nur **eine** Jahresabrechnung mit **einer** Abrechnungsspitze geben. Eine Beschlussfassung über eine anteilige Jahresabrechnung für den Veräußerer mit einem eigenen Abrechnungsergebnis kann zudem den Veräußerer nicht binden, da er an der Beschlussfassung mangels Eigentumsstellung nicht einmal mitgewirkt hat. Andererseits kann er als Nichteigentümer nicht mehr zur ETV geladen werden. Daher ist vom Verwalter eine Jahresabrechnung zu erstellen und dem Erwerber als neuen Eigentümer zu übersenden, der über diese Jahresabrechnung im Rahmen der Beschlussfassung auch entscheidet.

> **!** **Achtung**
>
> - Einen Anspruch auf zeitanteilige Jahresabrechnung gibt es nicht.
> - Erstellt der Verwalter eine solche, so ist der neue Eigentümer zwingend auch über die anteilige Abrechnung des Veräußerers in Kenntnis zu setzen.
> - Der Grundbucheigentümer haftet für die Abrechnungsspitze auch bei Erstellen einer zeitanteiligen Jahresabrechnung.

---

107 BGH, Urteil v. 1.6.2012 – V ZR 171/11; ZMR 2012, 642
108 BGH, Beschluss v. 23.9.1999 – V ZB 17/99, MDR 2000, 21

Der Verwalter hat nur dann eine Verpflichtung zur Erstellung einer anteiligen Jahresabrechnung, wenn er eine solche schuldrechtlich zugesagt hat, z.B. über den Verwaltervertrag. In diesen Fällen ist jedoch dem Erwerber auch die anteilige Jahresabrechnung für den Veräußerer zu übersenden. Denn auch wenn sich der Verwalter verpflichtet hat, eine anteilige Jahresabrechnung zu erstellen, so haftet ausschließlich der Erwerber, der zum Zeitpunkt der Beschlussfassung Grundbucheigentümer ist, für die Abrechnungsspitze.

> **Wichtig**   !
>
> Die Vorgaben der Rechtsprechung kollidieren bei diesem Thema stark mit dem Bedürfnis der Kunden, eine Jahresabrechnung zu erhalten, die dem Zeitraum der Zugehörigkeit entspricht. Oftmals möchte der Verwalter diesem Kundenwunsch nachkommen. Sofern er dabei die obigen Voraussetzungen beachtet, spricht nichts gegen eine anteilige Jahresabrechnung. Im Falle einer Beitreibung muss aber darauf geachtet werden, dass für die Abrechnungsspitze nur der neue Eigentümer in Anspruch genommen wird, da andernfalls ein Prozessverlust droht. Wenn der Verwalter dem Kundenwunsch nachkommt, kann auch der Besitzübergang die entscheidende Zäsur sein. Auf die Grundbuchumschreibung kommt es dann nicht mehr an.

9 Die Lehre von den Beschlüssen

9.1 Die Jahrhundertentscheidung des BGH – zur Wirksamkeit von Beschlüssen

Der Fall

Sie befassen sich erstmalig mit dem Thema Beschlussfassung. Nach dem Studium diverser Literatur ergeben sich folgende Fragen:

1. Wann ist ein Beschluss nichtig?
2. Wann können Beschlüsse gefasst werden?
3. Was ist der Unterschied zwischen einem vereinbarungsändernden, vereinbarungswidrigen und vereinbarungsersetzenden Beschluss?

Das Problem

Schaut man in das WEGG, finden sich zwar grundsätzliche Regelungen zur Beschlussfassung, aber keine Hinweise darauf, wann ein Beschluss z.B. nichtig ist. Begriffe wie »vereinbarungsändernd« oder »vereinbarungswidrig« sind gar nicht zu finden.

Die Lösung

Die Rechtsprechung! Mit der Jahrhundertentscheidung hat der BGH folgende Grundsätze aufgestellt:[109]

1. **Wann ist ein Beschluss nichtig?**

   Ein Beschluss ist nichtig (also »von Anfang an nicht in der Welt«), wenn
   - der Beschluss gegen die guten Sitten oder ein zwingendes, gesetzliches Gebot verstößt oder
   - der Beschluss trotz absoluter Beschlussunzuständigkeit gefasst wurde[110] oder
   - der Beschluss nicht hinreichend bestimmt und damit nicht umsetzbar ist.

2. **Wann können Beschlüsse gefasst werden?**

   Beschlüsse können dann gefasst werden, wenn das Gesetz oder die Gemeinschaftsordnung (z.B. durch Öffnungsklausel) dies vorsehen, somit also eine Beschlusskompetenz besteht.

3. **Was ist der Unterschied zwischen einem vereinbarungsändernden, vereinbarungswidrigen und vereinbarungsersetzenden Beschluss?**

- **Vereinbarungsändernder Beschluss**

   Beschluss, der die Vorgaben der Gemeinschaftsordnung dauerhaft abändert. Derartige Beschlüsse sind **immer nichtig**!

---

109 BGH, Beschluss v. 20.9.2000 – V ZB 58/99; ZMR 2000, 771
110 BGH, Beschluss v. 20.9.2000 – V ZB 58/99; ZMR 2000, 771

Beispiel: Beschluss über eine Änderung des Stimmrechts vom Kopfprinzip auf das Wertprinzip (nach Miteigentumsanteilen)

- **Vereinbarungswidriger Beschluss**

Beschluss, der von den Vorgaben einer Vereinbarung abweicht (im Einzelfall). Aufgrund der vorhandenen Beschlusskompetenz sind derartige Beschlüsse **nur anfechtbar, nicht nichtig.**

Beispiel: Beschluss über eine Jahresabrechnung mit von der Gemeinschaftsordnung abweichendem Verteilungsschlüssel.

- **Vereinbarungsersetzender Beschluss**

Beschlüsse beziehen sich auf eine Angelegenheit, die der Beschlussfassung grundsätzlich zugänglich sind. Sind diese Beschlüsse allerdings nicht ordnungsmäßig, werden sie bei einer Anfechtung aufgehoben, ansonsten erwachsen sie in Bestandskraft.

Der BGH hat dies zu folgenden gesetzlichen Regelungen festgelegt:

- Maßnahmen des Gebrauchs (§ 15 Abs. 2 WEG)
- Verwaltung (§ 21 Abs. 3 WEG)
- bauliche Veränderung (§ 22 Abs. 1 WEG)

Beispiel: Beschluss über eine bauliche Veränderung (§ 22 I WEG) mit einfacher Mehrheit, obwohl alle Eigentümer zustimmen müssen. Der Beschluss erwächst nach Ablauf der Anfechtungsfrist von einem Monat (§ 46 WEG) in Bestandskraft.

> **! Wichtig**
>
> Die o. g. Kriterien sind unbedingt zu beachten, da ansonsten eine Aufhebung der Beschlüsse droht!

9.2   Leistungspflichten – Winterdienst

Der Fall

Auf einer Eigentümerversammlung beschließt die WEG mehrheitlich, dass der Winterdienst gemäß dem vom Verwalter aufgestellten »Schneedienstplan« erfolgen soll. Ein Eigentümer ist damit nicht einverstanden, es kommt zu einer Anfechtung bei Gericht.

Das Problem

Die Vergangenheit! Vor dem 20.9.2000 waren eine sehr lange Zeit sog. Zitterbeschlüsse wirksam, d. h. es wurden verschiedenartige Beschlüsse gegen das Gesetz oder die Vereinbarungen der Gemeinschaftsordnung gefasst und nach Ablauf der Anfechtungsfrist (ein Monat) wurden diese Beschlüsse bestandskräftig, soweit sie gerichtsseitig nicht für ungültig erklärt wurden. Der BGH setzte dem am 20.9.2000 mit seiner Jahrhundertentscheidung ein Ende:

BGH, Beschluss v. 20.9.2000 – V ZB 58/99 !

Was zu vereinbaren ist, kann nicht beschlossen werden, solange nicht vereinbart ist, dass dies auch beschlossen werden darf.[111]

Die Lösung

Der obengenannte Beschluss ist nichtig. Die WEG hat keine Beschlusskompetenz dafür, die Eigentümer zu Handlungs- oder Leistungspflichten zu zwingen. Nur durch eine Vereinbarung in der Gemeinschaftsordnung können derartige Handlungs- oder Leistungspflichten begründet werden.[112]

Wichtig !

- Für die Auferlegung von anderen Leistungspflichten (wie z.B. Treppenhausreinigung o.Ä.) besteht ebenfalls keine Beschlusskompetenz. Auch hier bedarf es einer Vereinbarung.
- Auch in einer Hausordnung kann die Durchführung des Winterdienstes im Wechsel nicht festgelegt werden, da es sich beim Winterdienst um die Einhaltung der Verkehrssicherungspflicht gegenüber Dritten handelt, welche der WEG obliegt.

Umstritten ist noch, ob andere Leistungspflichten (wie z.B. Treppenhausreinigung) wirksam in der Hausordnung begründet werden können. Nach einer Entscheidung des LG München könnte sich ausnahmsweise eine Beschlusskompetenz für eine tätige Mithilfe ergeben, wenn typische Pflichten einer Hausordnung geregelt werden sollen.[113]

Es ist äußerst wichtig, dass der Verwalter die Beschlusslage vor dem 20.9.2000 prüft. Sollte sich bei der Prüfung herausstellen, dass es gemessen an der Jahrhundertentscheidung noch nichtige Beschlüsse gibt, sollte die WEG sofort davon in Kenntnis gesetzt werden bzw. der Verwalter sollte selbstverständlich vorher prüfen, in welcher Art und Weise er dies den Eigentümern begreiflich macht und welche Lösungsansätze in Betracht kommen.

9.3 Elementare Mitgliedschaftsrechte I – Tierhaltung

Der Fall

Dem Verwalter liegt zur nächsten ETV folgender Antrag zur Tagesordnung vor: »Die Tierhaltung in der WEG ist ab sofort verboten!«

---

111 BGH, Beschluss v. 20.9.2000 – V ZB 58/99; ZMR 2000, 771
112 u.a. BGH, Urteil v. 9.3.2012 – V ZR 161/11; NJW 2012, 1724
113 LG München I, Urteil v. 2.8.2010 – 1 S 4042/10; ZMR 2010, 991

Auf der Eigentümerversammlung wird der Antrag mit 20 Ja-Stimmen und 5 Nein-Stimmen mehrheitlich beschlossen. Eigentümer Z (Mitarbeiter im Tierschutzbund) kündigt an, den Beschluss gerichtlich überprüfen zu lassen.

Das Problem

Dem WEGG ist nicht zu entnehmen, ob die WEG für den kompletten Ausschluss der Tierhaltung eine Beschlusskompetenz besitzt. Folglich müssen anderen Kriterien herangezogen werden. Nur welche?

! Achtung

Besteht eine Beschlusskompetenz, ist ein Beschluss grundsätzlich nie nichtig, es sei denn, er hat andere gravierende Mängel (z.B. er ist nicht hinreichend bestimmt, verstößt gegen ein Gesetz oder berührt den Kernbereich des Wohnungseigentums).

Die Lösung

Da sich die Lösung nicht direkt aus dem WEGG entnehmen lässt, bleibt nichts anderes übrig, als die Rechtsprechung zu überprüfen. Aus Gesetz und Rechtsprechung ergeben sich folgende Grundsätze:

- Eine WEG kann entweder durch gewöhnlichen Mehrheitsbeschluss (Gebrauchsregelung, §15 Abs. 2 WEG) oder durch das Aufstellen einer Hausordnung – mit typischen Verhaltensregeln – einen ordnungsmäßigen Gebrauch des gemeinschaftlichen Eigentums beschließen.
- Allerdings findet die Beschlusskompetenz der WEG dort ihre Grenzen, wo gegen elementare Rechte der Eigentümer (§13 Abs. 1 WEG) verstoßen wird. Ein Verstoß hiergegen hat zur Folge, dass der Beschluss **nichtig** ist.

! Wichtig

Interessanterweise greift ein Beschluss, der ein generelles Verbot der Hundehaltung vorsieht, nicht in den dinglichen Kernbereich des Wohnungseigentums ein, mit der Folge, dass ein entsprechender Mehrheitsbeschluss nicht von vornherein nichtig ist und nach Ablauf der einmonatigen Anfechtungsfrist Bestandskraft erhält (vgl. BGH, Beschluss vom 4.5.1995, V ZB 5/95), soweit er nicht angefochten wurde.

! BGH, Beschluss vom 4.5.1995 – V ZB 5/95; NJW 1995, 2036

Ein unangefochtener Mehrheitsbeschluß der Wohnungseigentümer, der die Hundehaltung in einer Wohnanlage generell verbietet, hat vereinbarungsersetzenden Charakter (...) und bindet alle Wohnungseigentümer, weil er weder sittenwidrig ist noch in den dinglichen Kernbereich des Wohnungseigentums eingreift.

9.4 Elementare Mitgliedschaftsrechte II – Stimmrechtsausschluss bei Hausgeldrückstand?

Der Fall

In der Gemeinschaftsordnung der WEG finden Sie folgende Vereinbarung: »Eigentümer, die Hausgeldrückstände haben, sind bis zur Begleichung der Hausgeldrückstände vom Stimmrecht ausgeschlossen.«

Während der gesamten Eigentümerversammlung lassen Sie den säumigen Eigentümer M nicht mit abstimmen, da dieser enorme Hausgeldrückstände hat. Eigentümer M kündigt aber bereits während der Eigentümerversammlung an, alle Beschlüsse anzufechten. Wird er damit durchkommen?

Das Problem

Ähnlich wie beim vorherigen Praxisbeispiel ergibt sich aus dem WEGG nicht, ob eine derartige Vereinbarung wirksam angewandt werden kann oder nicht. Wie soll der Verwalter sich hier verhalten? In der Praxis heißt es doch, die Gemeinschaftsordnung ist die »Bibel« oder »Verfassung« der WEG.

Die Lösung

Die Rechtsprechung! Eine Vereinbarung, die einem Eigentümer die elementaren Mitgliedschaftsrechte (z.B. Teilnahmerecht an der ETV, Rederecht, Antragsrecht und auch Abstimmungsrecht) nimmt, kann weder wirksam beschlossen noch vereinbart werden. Dies hat der BGH mit seiner Entscheidung vom 10.12.2010 erst bestätigen müssen.[114] Eine Ausnahme für ein Stimmrechtsverbot ergibt sich aus § 25 Abs. 5 WEG.

> **Wichtig**   **!**
>
> Grundsätzlich kann man davon ausgehen, dass alle Beschlüsse nichtig sind, die in den elementaren Kernbereich des Wohnungseigentums (z.B. Stimmrecht etc.) eingreifen. Aus Sicherheitsgründen sollte immer anwaltliche Hilfe in Anspruch genommen werden, wenn der Fall nicht eindeutig erscheint.

9.5 Beschlusskompetenz Umzugskostenpauschale – was ist denn das?

Der Fall

Bei ihrer Gründung im Jahre 2005 setzte die WEG durch Mehrheitsbeschluss eine Umzugskostenpauschale in Höhe von 50 EUR für jeden Umzug fest. In

---

114 BGH, Urteil v. 10.12.2010 – V ZR 60/10; ZMR 2011; 397

dem Beschluss wird weiterhin geregelt, dass die Umzugskostenpauschale vom jeweiligen Eigentümer (auch wenn der Mieter umzieht) zu tragen ist.

Das Problem

Bis zum 30.6.2007 gab es im WEGG hierfür keine Beschlusskompetenz, d.h. alle Beschlüsse, die vor dem 1.7.2007 gefasst wurden, sind nichtig.

Die Lösung

Mit der WEG-Novelle (Änderung des WEG zum 1.7.2007) wurde der WEG die Beschlusskompetenz eingeräumt, auch Umzugskostenpauschalen durch Beschluss festzulegen.[115]

> **! §21 Abs. 7 WEG**
>
> Die Wohnungseigentümer können (...) Kosten für eine besondere Nutzung des gemeinschaftlichen Eigentums (...) mit Stimmenmehrheit beschließen.

> **! Wichtig**
>
> Der Verwalter sollte prüfen, ob Beschlüsse zur Umzugskostenpauschale vor der WEG-Novelle (also vor dem 1.7.2007) gefasst worden sind. Mangels Beschlusskompetenz sind diese nichtig und sollten für eine ordnungsgemäße Anspruchsgrundlage durch einen Zweitbeschluss erneuert werden.

9.6 Der »Tod« der Öffnungsklausel und das Belastungsverbot

Der Fall

Die WEG besteht aus sechs Wohnungen. Den Wohnungen im Erdgeschoss wurden Sondernutzungsrechte an Gartenflächen zugewiesen. In der Gemeinschaftsordnung finden sich folgende Regelungen:

1. Gemäß §6 der GO obliegt die Instandhaltung und Instandsetzung des gemeinschaftlichen Eigentums der WEG und ist vom Verwalter durchzuführen.
2. Gemäß §7 der GO wurde bestimmt, dass eine Änderung des §6 der Gemeinschaftsordnung durch Beschluss mit Zweidrittelmehrheit aller Eigentümer möglich ist.

Die WEG beschließt in Änderung der Gemeinschaftsordnung mit vier Ja- und zwei Nein-Stimmen, dass hinsichtlich der Sondernutzungsflächen der

---

115 BGH, Urteil vom 1.10.2010 – V ZR 220/09; ZMR 2011, 141

Erdgeschosswohnungen ab dem 1.7.2012 die ordnungsgemäße Instandhaltung in Gestalt von Gartenpflege- und Reinigungsarbeiten den jeweiligen Sondernutzungsberechtigten obliegt und diese auch die dadurch entstehenden Kosten zu tragen haben. Dies schließt die notwendige Bewässerung mit ein.

Das Problem

In der Praxis hat der Verwalter sowohl die gesetzlichen Bestimmungen des WEGG sowie die in der Gemeinschaftsordnung getroffenen Vereinbarungen zu beachten und anzuwenden.

Grundsätzlich können Vereinbarungen nur durch eine neue Vereinbarung geändert werden (Änderung der Gemeinschaftsordnung = Zustimmung sämtlicher Eigentümer erforderlich). Geänderte Vereinbarungen wirken nur gegen den Sonderrechtsnachfolger eines Eigentümers, wenn diese Änderung dann als Inhalt des Sondereigentums im Grundbuch eingetragen wird.

Grundsätzlich sind alle Eigentümer für die Instandhaltung und Instandsetzung des Sondernutzungsrechts verantwortlich, sofern die Gemeinschaftsordnung keine anderslautenden Vereinbarungen enthält.[116] Auch wenn bestimmte Eigentümer unter Ausschluss der anderen Eigentümer eine bestimme Fläche des gemeinschaftlichen Eigentums nutzen dürfen, bleibt die Fläche immer noch Gemeinschaftseigentum. Ein Grundsatz, der in der Praxis oft nicht bekannt ist. Insbesondere Eigentümer verwechseln das Sondernutzungsrecht oft mit dem Sondereigentum.

Im vorliegenden Fall existiert keine eindeutige Regelung, welche die Instandhaltung und Instandsetzung den Sondernutzungsberechtigten überträgt. Ganz im Gegenteil, in §6 wird ausdrücklich darauf hingewiesen, dass die Instandhaltung und Instandsetzung des gemeinschaftlichen Eigentums der WEG obliegt.

In §7 der GO wird der WEG allerdings durch eine Öffnungsklausel die Beschlusskompetenz eingeräumt, die Vereinbarung in §6 durch einen Beschluss mit Zweidrittelmehrheit von sämtlichen Eigentümern zu ändern. Davon hat die WEG Gebrauch gemacht. Die beiden Sondernutzungsberechtigten sind damit nicht einverstanden und fechten den Beschluss in ihrer Eigenschaft als Eigentümer an.

---

116 BGH, Urteil v. 28.10.2016 – V ZR 91/16; ZMR 2017, 256

Die Lösung

In der Gemeinschaftsordnung kann wirksam vereinbart werden, dass Vereinbarungen mit einer bestimmten Mehrheit durch Beschluss abgeändert werden können. Das ist die sog. Öffnungsklausel.[117]

Eine Öffnungsklausel ist grundsätzlich etwas Positives, da die WEG in der Gestaltung ihrer Willensbildung flexibler ist. Auf den ersten Blick scheint der Beschluss hinsichtlich der Änderung der Instandhaltung und Instandsetzung der Sondernutzungsrechte hinreichend bestimmt und verständlich zu sein. Auch die erforderliche Zweidrittelmehrheit wurde problemlos erreicht.

Dennoch hat der BGH die Verwendung der Öffnungsklausel massiv eingeschränkt und klargestellt, dass die Öffnungsklausel nicht angewandt werden kann, wenn durch den anschließenden Beschluss **unentziehbare, aber verzichtbare Mitgliedschaftsrechte** begrenzt werden.[118] Ein in solche Rechte ohne Zustimmung der nachteilig betroffenen Eigentümer eingreifender Beschluss ist **schwebend unwirksam**.

Zu den unentziehbaren, aber verzichtbaren Mitgliedschaftsrechten gehört das sog. Belastungsverbot, das jeden Eigentümer vor der Aufbürdung neuer (originärer) – sich weder aus dem Gesetz noch aus der bisherigen Gemeinschaftsordnung ergebender – Leistungspflichten schützt.

! **Wichtig**

Neben nichtigen und rechtswidrigen Beschlüssen gibt es nun auch schwebend unwirksame Beschlüsse, d.h. der Beschluss wird erst wirksam, wenn der betroffene Eigentümer seine Zustimmung erteilt. Fraglich und offen gelassen wurde allerdings, in welcher Form die Zustimmung nachträglich erfolgen muss und wie der Verwalter den Beschluss dann rechtswirksam verkündet. In der Entscheidung gibt es auch keine Hinweise dazu, in welcher Art und Weise die Eintragung in die Beschluss-Sammlung zu erfolgen hat. Sicherheitshalber sollte in der Beschluss-Sammlung unter der Rubrik »Anmerkungen« eingetragen werden, dass der Beschluss – soweit die Zustimmung noch nicht erfolgt ist – schwebend unwirksam ist. Wie lange der »schwebende Zustand« anhält, ist ebenfalls nicht geklärt. Die WEG sollte daher im Rahmen des Beschlusses eine bestimmte Frist vorgeben, in welcher die Zustimmung zu erfolgen hat. Wird die Zustimmung nicht erteilt, gilt der Beschluss als nicht zustande gekommen.

---

117 BGH, Beschluss v. 27.6.1985 – VII ZB 21/84; ZMR 86, 16
118 BGH, Urteil v. 10.10.2014 – V ZR 315/13; ZMR 2015, 239

9.7 Ist die Abdingbarkeit von Stimmenmehrheiten möglich?

Der Fall

In der Gemeinschaftsordnung finden Sie folgende Vereinbarung: »Abweichend von § 26 WEG erfolgt die Bestellung des Verwalters mit mehr als 75 % der Stimmen aller Eigentümer.« Ist die Vereinbarung wirksam?

Das Problem

Grundsätzlich hört man immer wieder, die Gemeinschaftsordnung sei die »Bibel« der WEG und geht dem Gesetz immer vor. In bestimmten Fällen trifft dies auch zu, es gibt allerdings wichtige Ausnahmen. Hinweise, wann eine Vereinbarung das Gesetz abändern kann, ergeben sich entweder aus dem Gesetz selbst oder der bereits ergangenen Rechtsprechung bzw. Literatur.

Die Lösung

Die Vereinbarung in der Gemeinschaftsordnung ist unwirksam, denn das WEGG regelt zur erforderlichen Mehrheit der Verwalterbestellung in § 26 Abs. 1 Satz 5 WEG:

> **§ 26 Abs. 1 Satz 5 WEG**   **!**
>
> »Andere Beschränkungen der Bestellung oder Abberufung des Verwalters sind nicht zulässig.«

Daraus ergibt sich, dass eine Vereinbarung, die ein höheres Quorum bestimmt, nicht anwendbar ist. Es verbleibt zwingend bei der gesetzlichen Regelung, nämlich der einfachen Stimmmehrheit.

Vorgenannte Lösung ist übrigens auch im vorliegenden Fall anzuwenden: »In der Gemeinschaftsordnung wurde vereinbart, dass Betriebskosten mit einer Zweidrittelmehrheit aller Eigentümer geändert werden können.« Die Vereinbarung ist seit dem 1.7.2007 unwirksam, da nach Einführung des § 16 Abs. 3 WEG Betriebs- und Verwaltungskosten mit einfachem Mehrheitsbeschluss geändert werden können.

In der Praxis wird es sicherlich nicht immer einfach sein, die Eigentümer von der Unwirksamkeit einer bestimmten Vereinbarung zu überzeugen. Hilfreich sind natürlich entsprechende Hinweise oder Texte aus der Literatur, die den Eigentümern zur Verfügung gestellt werden können.

Hier eine Übersicht über ausdrückliche Abänderungsverbote durch eine Vereinbarung:

Übersicht über Abänderungsverbote	
Gesetzesstelle im WEG	**Thema**
§ 11 Abs. 1 Satz 2 WEG	Unauflöslichkeit der Gemeinschaft
§ 12 Abs. 2 Satz 1 WEG	Veräußerungszustimmung
§ 12 Abs. 4 Satz 2 WEG	Veräußerungszustimmung
§ 16 Abs. 5 WEG	Kostenverteilung
§ 18 Abs. 4 WEG	Entziehung des Wohnungseigentums
§ 20 Abs. 2 WEG	Gliederung der Verwaltung
§ 22 Abs. 2 Satz 2 WEG	Modernisierung
§ 26 Abs. 1 Satz 5 WEG	Bestellung und Abberufung des Verwalters
§ 26 Abs. 2 Halbsatz 2 WEG	Bestellung und Abberufung des Verwalters
§ 27 Abs. 4 WEG	Aufgaben und Befugnisse des Verwalters

9.8 Der Umlaufbeschluss – wie praxistauglich ist er?

Der Fall

Die ordentliche Eigentümerversammlung hat bereits stattgefunden. Im Laufe des Jahres wird der Verwalter vom Verwaltungsbeirat gebeten, einen Beschluss über die Anschaffung einer neuen Müllbox einzuholen, da die vorhandene stark reparaturbedürftig ist.

Verwalter und Verwaltungsbeirat verständigen sich darauf, dass die Zustimmung der anderen Eigentümer im Wege des Umlaufbeschlusses eingeholt werden sollen. Ein Eigentümer wohnt allerdings im Ausland und tritt weder auf den Eigentümerversammlungen in Erscheinung, noch äußert er sich zu Rundschreiben oder Informationen des Verwalters.

Das Problem

Im WEGG sind für verschiedene Beschlussgegenstände (z.B. Jahresabrechnung, Verwalterbestellung) bestimmte Mehrheiten vorgegeben, soweit eine Beschlussfassung in der Eigentümerversammlung erfolgt. Bei einem Umlaufbeschluss gemäß § 23 Abs. 3 WEG müssen – unabhängig davon, worüber abgestimmt wird – stets sämtliche Eigentümer ihre Zustimmung erteilen, d.h. alle Eigentümer müssen mit »Ja« stimmen. Fehlen Rückmeldungen einzelner Eigentümer, gibt es Nein-Stimmen oder Enthaltungen, gilt der Umlaufbeschluss als nicht zustande gekommen.

Die Lösung

Die Initiierung eines Umlaufbeschlusses funktioniert in der Praxis nur bei »kleinen WEG«, da stets damit gerechnet werden muss, dass nicht alle Eigentümer ihre Zustimmung erteilen. Im Übrigen definiert das Gesetz in §23 Abs. 3 WEG dass der Umlaufbeschluss in schriftlicher Form erfolgen, somit mindestens eine eigenhändige Unterschrift des erklärenden Eigentümers geleistet werden muss.

Nicht nur der Verwalter ist berechtigt, einen Umlaufbeschluss zu initiieren, sondern auch Eigentümer haben das Recht, dann allerdings unter Beachtung der gesetzlichen Vorschriften, einen Umlaufbeschluss einzuleiten.

Soweit die Allstimmigkeit erreicht wurde, ist der Umlaufbeschluss nicht automatisch wirksam. Ähnlich wie bei Beschlüssen in der Eigentümerversammlung, muss auch ein Umlaufbeschluss verkündet werden. Hierzu informiert der Verwalter die Eigentümer durch ein weiteres Rundschreiben. Nach der Verkündung darf die Eintragung in die Beschluss-Sammlung nicht vergessen werden.

Umstritten ist die Frage, ob es sich bei einem nicht zustande gekommenen Umlaufbeschluss, um einen **Nichtbeschluss** oder **Negativbeschluss** handelt. Die Unterscheidung ist von eklatanter Bedeutung, weil ein Nichtbeschluss nicht innerhalb der gesetzlichen Anfechtungsfrist (§46 WEG) angefochten werden kann. Nach der einschlägigen Kommentierung sollte es sich im Rahmen der Verkündung um einen Negativbeschluss handeln. Somit besteht auch das Recht, Umlaufbeschlüsse entsprechend anzufechten, auch die Eintragung in die Beschluss-Sammlung sollte erfolgen.[119]

Wichtig   !

Eine bereits erteilte Zustimmung zu einem Umlaufbeschluss kann bis zum Eingang beim Beschlussinitiator zurückgezogen werden. Der Verwalter sollte beachten, dass die Regelungen der Gemeinschaftsordnung andere Vereinbarungen enthalten. Unter Umständen ergeben sich zum Umlaufbeschluss bestimmte ergänzende Vereinbarungen (z.B. kann geregelt werden, ob der Umlaufbeschluss in Form des Zirkulars oder durch Einzelabstimmung erfolgen soll). Nach h.M. ist §23 Abs. 3 WEG allerdings nicht hinsichtlich des Zustimmungserfordernisses aller Eigentümer abdingbar (z.B. Umlaufbeschluss nur mit einfacher Mehrheit).

---

119 Bärmann, WEG, 13.Aufl. 2015, §23 Rd. 116

9.9 Woraus ergeben sich die Beschlusskompetenzen und -mehrheiten im WEGG?

Der Fall

Der Verwalter plant die nächste Eigentümerversammlung und prüft, welche Beschlussmehrheiten es im WEGG überhaupt gibt. Für die Eigentümer ist wichtig, dass auf der nächsten Eigentümerversammlung über den Wechsel der Wohngebäudeversicherung und die Reparatur der Haustür Beschlüsse gefasst werden.

Das Problem

Diverse Beschlussgegenstände und somit Beschlusskompetenzen werden mit Angabe der entsprechenden Beschlussmehrheit im WEGG geregelt. Besteht keine Beschlusskompetenz und ist der Beschluss nicht hinreichend bestimmt oder lässt er keine durchführbare Regelung erkennen, ist von der Nichtigkeit des Beschlusses auszugehen. Für die Praxis gehört es daher zum Handwerkszeug des Verwalters, über die entsprechenden Beschlusskompetenzen und dazugehörigen Beschlussmehrheiten im Bilde zu sein.

Die Lösung

Im Gesetz gibt es eine Vielzahl von konkreten Regelungen, die das Tagesgeschäft deutlich erleichtern. Es gibt aber auch Beschlussgegenstände, die sich nicht ohne Weiteres aus dem WEGG entnehmen lassen. So nennt § 22 Abs. 1 bis 3 WEG die Begriffe »bauliche Veränderung«, »modernisierende Instandsetzung« und »Modernisierung«. Die Begriffe »Instandhaltung« und »Instandsetzung« sucht man im WEGG allerdings vergeblich. Auch zu bestimmten Rechtsgeschäften, wie z.B. den Wechsel der Wohngebäudeversicherung, gibt es keine Anhaltspunkte zur Beschlussmehrheit.

Beschlusskompetenzen des WEGG mit Mehrheiten		
Fundstelle	**Thema**	**Erforderliche Mehrheit**
§ 12 Abs. 4 WEGG	Aufhebung Veräußerungszustimmung	einfache Mehrheit
§ 15 Abs. 2 WEGG	Gebrauchsregelung SE/GE	einfache Mehrheit
§ 16 Abs. 3 WEGG	Änderung Kostenverteilung (Betriebs- und Verwaltungskosten)	einfache Mehrheit
§ 16 Abs. 4 WEGG	Änderung Kostenverteilung (bauliche Veränderung, Instandsetzung im Einzelfall)	doppelt qualifizierte Mehrheit
§ 18 Abs. 3 WEGG	Entziehung des Wohnungseigentums	absolute Mehrheit

Beschlusskompetenzen des WEGG mit Mehrheiten

Fundstelle	Thema	Erforderliche Mehrheit
§21 Abs. 3 WEGG	ordnungsgemäße Verwaltung (z.B. Instandsetzung etc.)	einfache Mehrheit
§21 Abs. 7 WEGG	Zahlungen, Verzug, besondere Nutzung des GE und besonderer Aufwand	einfache Mehrheit
§22 Abs. 1 WEGG	bauliche Veränderung	Zustimmung aller benachteiligten Eigentümer
§22 Abs. 2 WEGG	Modernisierung	doppelt qualifizierte Mehrheit
§22 Abs. 3 WEGG	modernisierende Instandsetzung	einfache Mehrheit
§24 Abs. 5 WEGG	Vorsitz in der Eigentümerversammlung	einfache Mehrheit
§26 Abs. 1 WEGG	Verwalter (Bestellung/Abberufung)	einfache Mehrheit
§28 WEGG	Abrechnung, Rechnungslegung, Wirtschaftsplan	einfache Mehrheit
§29 Abs. 1 WEGG	Verwaltungsbeirat (Bestellung)	einfache Mehrheit
§45 Abs. 2 WEGG	Ersatzzustellungsvertreter (Bestellung)	einfache Mehrheit

Soweit es im Gesetz keine konkrete Regelung für einen Beschlussgegenstand gibt, hat sich in der Praxis durchgesetzt, die Beschlusskompetenz aus §21 Abs. 3 WEGG anzuwenden:

§21 Abs. 3 WEGG

Soweit die Verwaltung des gemeinschaftlichen Eigentums nicht durch Vereinbarung der Wohnungseigentümer geregelt ist, können die Wohnungseigentümer eine der Beschaffenheit des gemeinschaftlichen Eigentums entsprechende ordnungsmäßige Verwaltung durch Stimmenmehrheit beschließen.

Bei der Beschlussfassung nach §21 Abs. 3 WEGG ist stets darauf zu achten, dass der Beschluss ordnungsmäßiger Verwaltung entspricht. Der Begriff der »ordnungsgemäßen Verwaltung« wird im WEGG allerdings nicht näher definiert. Unter Maßnahmen der ordnungsgemäßen Verwaltung fallen somit alle Maßnahmen, die im Interesse aller Eigentümer auf die Erhaltung, Verbesserung oder dem der Zweckbestimmung des gemeinschaftlichen Eigentums entsprechenden Gebrauch gerichtet sind. Hierzu ein Beispiel:

> **! Beispiel**
>
> Die WEG lehnt mehrheitlich die zwingend notwendige Dachreparatur ab. Die Beschlusskompetenz hierzu ergibt sich aus dem vorgenannten §21 Abs. 3 WEGG. Allerdings gibt es im WEGG den Grundsatz, dass gemäß §21 Abs. 5 WEGG zur ordnungsgemäßen, dem Interesse der Gesamtheit der Eigentümer entsprechenden Verwaltung die ordnungsgemäße Instandhaltung und Instandsetzung des gemeinschaftlichen Eigentums gehört. Daraus folgt, dass ein Beschluss der eine sinnvolle und überfällige Instandhaltungs- oder Instandsetzungsmaßnahme ablehnt, zwar nicht nichtig, aber rechtswidrig und damit anfechtbar ist, weil der Inhalt gegen den Grundsatz der ordnungsgemäßen Verwaltung (§21 Abs. 3 i.V.m. §21 Abs. 5 WEGG) verstößt.

Auch der Versicherungswechsel fällt unter den §21 Abs. 3 WEGG. Entspricht der Wechsel der Versicherung also ordnungsgemäßer Verwaltung (z.B. nicht ausreichender Versicherungsschutz, aber höhere Prämie), wird ein einfacher Mehrheitsbeschluss nach Ablauf der Anfechtungsfrist bestandskräftig.

> **! Wichtig**
>
> Den Begriff der ordnungsgemäßen Verwaltung findet man in unzähligen Entscheidungen der Gerichte wieder. Die Eigentümer gehen davon aus, dass sich die ordnungsgemäße Verwaltung auf den Verwalter bezieht, da das Wort »Verwaltung« dort genannt ist, dabei ist in §21 WEGG in der Überschrift geregelt, dass es um die »Verwaltung der Wohnungseigentümer« geht. Damit müssen die Wohnungseigentümer eine ordnungsgemäße Verwaltung durch die entsprechende Willensbildung gewährleisten.

> **! §21 Abs. 5 WEG**
>
> 5) Zu einer ordnungsmäßigen, dem Interesse der Gesamtheit der Wohnungseigentümer entsprechenden Verwaltung gehört insbesondere:
> 1. die Aufstellung einer Hausordnung;
> 2. die ordnungsmäßige Instandhaltung und Instandsetzung des gemeinschaftlichen Eigentums;
> 3. die Feuerversicherung des gemeinschaftlichen Eigentums zum Neuwert sowie die angemessene Versicherung der Wohnungseigentümer gegen Haus- und Grundbesitzerhaftpflicht;
> 4. die Ansammlung einer angemessenen Instandhaltungsrückstellung;
> 5. die Aufstellung eines Wirtschaftsplans (§28);
> 6. die Duldung aller Maßnahmen, die zur Herstellung einer Fernsprechteilnehmereinrichtung, einer Rundfunkempfangsanlage oder eines Energieversorgungsanschlusses zugunsten eines Wohnungseigentümers erforderlich sind.

9.10   Anfechtung von Beschlüssen – ein Monat sind nicht vier Wochen

Der Fall

Die Eigentümerversammlung der WEG findet am 15.2.2018 statt. Es werden zahlreiche Beschlüsse gefasst und vom Verwalter verkündet. Ein Eigentümer ist mit diversen Beschlüssen nicht einverstanden, da diese gegen den Grundsatz der ordnungsgemäßen Verwaltung verstoßen, und möchte diese beim zuständigen Amtsgericht anfechten. Welche Frist muss er einhalten?

Das Problem

Oftmals ist den Eigentümern gar nicht bekannt, dass es die Möglichkeit der Beschlussanfechtung gibt, d.h. in der Praxis bekommen die Verwalter oft gewöhnliche »Einsprüche« per Brief, Fax oder E-Mail. Es wird davon ausgegangen, dass ein schriftlicher Einspruch beim Verwalter ausreichend ist und der Beschluss dann nicht umgesetzt oder sogar ausgesetzt wird.

Die Lösung

Gemäß §46 WEG muss die Klage innerhalb eines Monats (nicht vier Wochen) nach Beschlussfassung bzw. Verkündung des Beschlusses erhoben werden. Die Klagefrist ist eine materiell-rechtliche Ausschlussfrist für die Geltendmachung von Anfechtungsgründen. Wird sie versäumt, wird die Klage als unbegründet abgewiesen, und die Beschlüsse – soweit sie nicht nichtig sind – sind ab diesem Zeitpunkt bestandskräftig.

Die Frist endet gemäß §188 Abs. 2 BGB mit Ablauf des Tages, der im darauffolgenden Monat dem Tag der Beschlussfassung entspricht. Hat der Monat weniger als 31 Tage, ist §188 Abs. 3 BGB anzuwenden. Fand die ETV am 30.1. statt, endet die Beschlussanfechtungsfrist somit am 28.2. bzw. 29.2. Ist das Fristende ein Samstag, Sonn- oder Feiertag, läuft die Frist erst mit dem Ende des nächsten Werktags ab (§193 BGB).

> **Wichtig**   !
>
> Der Verwalter ist gemäß §27 Abs. 1 Ziffer 1 WEGG verpflichtet, Beschlüsse der Eigentümer **sofort durchzuführen**. Beschlüsse werden nicht mit Ablauf der Anfechtungsfrist wirksam, sondern in dem Moment der Verkündung. Für Eigentümer besteht also nur die Möglichkeit, gegen einen Beschluss vorzugehen, wenn dieser fristgerecht beim zuständigen Amtsgericht angefochten wird.

Gemäß §23 Abs. 4 Satz 2 WEG ist ein Beschluss gültig, solange er nicht durch rechtskräftiges Urteil für ungültig erklärt wird. In der Praxis hört man oft, dass Beschlüsse erst nach Ablauf der Beschlussanfechtungsfrist umgesetzt werden. Für den Verwalter ist allerdings auch nach Ablauf der Beschlussanfechtungsfrist nicht immer ersichtlich, ob der Beschluss nun angefochten wurde oder zwischenzeitlich bestandskräftig geworden ist. Die Zustellung der Beschlussanfechtungsklage kann sich nämlich Wochen bzw. Monate hinziehen, sodass sich die Beschlussumsetzung um länger als einen Monat verzögern kann. Es steht dem Verwalter selbstverständlich frei, unmittelbar nach Ablauf der Frist bei den zuständigen Amtsgerichten anzufragen, ob eine Beschlussanfechtung eingegangen ist oder nicht.

In der Praxis können vielleicht folgende Formulierungen helfen:

- **Variante I:** Dieser Beschluss soll nur umgesetzt werden, wenn er nicht innerhalb der Monatsfrist beim örtlich zuständigen Amtsgericht angefochten wird, was durch den Verwalter durch eine Nachfrage bei der dortigen Geschäftsstelle zu klären ist.
- **Variante II:** Sollte der Beschluss fristgerecht angefochten werden, ist der Verwalter berechtigt, die Umsetzung des Beschlusses bis zur rechtskräftigen Entscheidung des Gerichts auszusetzen.

9.11   Der Zweitbeschluss

Der Fall
Mit einer Gegenstimme wird auf der Eigentümerversammlung am 3.3.2018 unter TOP 7 die Gesamt- und Einzelabrechnungen für das Kalenderjahr 2017 beschlossen. Nach der Eigentümerversammlung kündigt der Eigentümer Q eine Beschlussanfechtung an, da er der Meinung ist, die vorgelegte Abrechnung sei rechtswidrig, weil die dort angesetzten Verwalterkosten nicht nach der Anzahl der Wohnungen hätten verteilt werden müssen, sondern nach MEA (Miteigentumsanteilen).

Der Verwalter prüft daraufhin die Beschlusslage bzw. die Vereinbarungen der Gemeinschaftsordnung und stellt mit Entsetzen fest, dass Eigentümer Q Recht hat. Da es zur Verteilung der Verwalterkosten keine konkreten Regelungen gibt, müssen diese Kosten nach dem allgemeinen Kostenverteilerschlüssel (§16 Abs. 2 WEG), nämlich nach Miteigentumsanteilen verteilt werden.

Das Problem
In der Praxis werden die Kosten des Verwalters oft automatisch nach Einheiten verteilt, und es wird nicht bedacht, dass eine Verteilung nach Einheiten nur korrekt ist, wenn dies auch durch die Gemeinschaftsordnung vorgegeben oder durch Beschluss gemäß §16 Abs. 3 WEG geregelt ist. Ansonsten gilt der Grundsatz: Alle Kosten (mit Ausnahme der Heizkosten) werden nach dem

gesetzlichen Kostenverteilungsschlüssel verteilt – § 16 Abs. 2 WEG = Miteigentumsanteile. Der Verwaltervertrag kann die Kostenverteilung der WEG **nicht** ändern.

Der Verwalter muss also im vorliegenden Fall mit einer Anfechtung durch Eigentümer Q rechnen. Die Folge: Der Beschluss über die Jahresabrechnung 2017 wird sehr wahrscheinlich vom Gericht aufgehoben. Wie kann der Verwalter den Beschluss der Eigentümerversammlung vom 3.3.2018 retten?

Die Lösung
Stellt der Verwalter fest, dass er möglicherweise einen rechtswidrigen Beschluss verkündet hat, sollte er sofort prüfen, welche Mängel (formale oder materielle) der Beschluss hat, die Fehler beheben und dann zu einer weiteren Eigentümerversammlung einladen und einen sog. Zweitbeschluss fassen lassen. Die WEG ist befugt, über eine schon geregelte Angelegenheit erneut zu beschließen. Der neue Beschluss muss jedoch schutzwürdige Belange eines Eigentümers aus Inhalt und Wirkungen des Erstbeschlusses beachten.[120]

Im vorliegenden Fall muss die Jahresabrechnung hinsichtlich der Verteilung der Verwalterkosten geändert und erneut allen Eigentümern zugestellt werden. Sodann sollte zu einer weiteren Eigentümerversammlung eingeladen werden, auf welcher der Beschluss der Eigentümerversammlung vom 3.3.2018 durch einen neuen Beschluss ersetzt wird.

Wichtig   !
Selbstverständlich kann die zusätzliche Eigentümerversammlung nicht berechnet werden, da ein Verschulden des Verwalters vorliegt. Soweit durch Eigentümer zwischenzeitlich eine Beschlussanfechtung eingereicht wurde, entstehen dem Verwalter für dieses Verfahren, das sich durch den Zweitbeschluss in der Hauptsache erledigt, nur geringe Kosten.

In der Praxis unterscheidet man einen inhaltsgleichen Zweitbeschluss und ergänzende bzw. abändernde Zweitbeschlüsse.

- **der inhaltsgleiche Zweitbeschluss:** Ist der Erstbeschluss fehlerhaft zustande gekommen, sollte der Verwalter prüfen, ob es sinnvoll sein kann, den Beschluss mit dem gleichen Inhalt auf einer weiteren Eigentümerversammlung noch einmal zu fassen – z.B. wenn der erste Beschluss durch einen formalen Fehler (falsche Ladungsfrist zur Eigentümerversammlung etc.) entstanden ist. Der Zweitbeschluss heilt den Fehler des Erstbeschlusses. Soweit der

---

120 BGH, Beschluss v. 20.12.1990 – V ZB 8/90; ZMR 1991, 146)

inhaltsgleiche Zweitbeschluss bestandskräftig wird, ersetzt dieser den Erstbeschluss.

- **der ergänzende bzw. abändernde Zweitbeschluss:** Die WEG ist grundsätzlich berechtigt, über eine schon geregelte gemeinschaftliche Angelegenheit erneut zu beschließen. Die Befugnis dazu ergibt sich aus der autonomen Beschlusszuständigkeit der Gemeinschaft. Dabei spielt es keine Rolle, aus welchen Gründen die Gemeinschaft eine erneute Beschlussfassung für angebracht hält. Von Bedeutung ist nur, ob der neue Beschluss aus sich heraus einwandfrei ist.[121] Somit kann der Erstbeschluss durch einen neuen abändernden oder ergänzenden Zweitbeschluss geändert werden. Im Übrigen können Erstbeschlüsse durch einen Zweitbeschluss auch vollständig aufgehoben werden, sodass sich dadurch eine Anfechtung des Erstbeschlusses erledigt. Es muss dann lediglich eine Klärung der bis dahin angefallenen Anwalts- und Gerichtskosten erfolgen.

9.12 Der Klassiker: Instandsetzung von Fenstern

Der Fall
Im Jahr 1986 hat die WEG beschlossen: »Jeder Sondereigentümer ist eigenständig für die Instandhaltung und Instandsetzung seiner Fenster und die damit verbundenen Kosten verantwortlich.« Im Jahr 2018 kauft Eigentümer M eine Wohnung und möchte, dass alle defekten Fenster in der Wohnung ausgetauscht werden.

Das Problem
Seit der Jahrhundertentscheidung ist klar, dass alle Beschlüsse die gegen das Gesetz oder eine Vereinbarung verstoßen, von Anfang nichtig sind.[122] Auch Uraltbeschlüsse zur Regelung einer Pflicht zur Instandhaltung und Instandsetzung nebst Kostentragung durch den jeweiligen Sondereigentümer fallen unter diese Kategorie – und sind nichtig. Viele Eigentümer wollen die Rechtslage oft nicht wahrhaben und machen den Verwalter für die Situation verantwortlich. Wie können solche Fälle in der Praxis gelöst werden?

Die Lösung
Fenster sind zwingend Gemeinschaftseigentum. Es gilt:
- Die Eigentümer sind nach der gesetzlichen Kompetenzzuweisung für die Beschlussfassung über die Instandsetzung und den Austausch von zum Gemeinschaftseigentum gehörenden Fenster zuständig (§ 21 Abs. 1 WEG und § 21 Abs. 5 Nr. 2 WEG bzw. § 22 WEG).

---

121 BGH, Beschluss v. 20.12.1990 – V ZB 8/90; ZMR 1991, 146
122 BGH, Beschluss v. 20.9.2000 – V ZB 58/99; ZMR 2000, 771

- Die Eigentümer müssen die damit verbundenen Kosten tragen (§ 16 Abs. 2 WEG).
- Nur durch **Vereinbarung** können die Wohnungseigentümer abweichend hiervon die Pflicht zur Instandsetzung und Instandhaltung von Teilen des gemeinschaftlichen Eigentums und zur Tragung der damit verbundenen Kosten durch eine klare und eindeutige Regelung einzelnen Sondereigentümern auferlegen.[123]

Wichtig   !

Viele Eigentümer werden mit dieser Lösung nicht einverstanden sein. Die Instandhaltung und Instandsetzung von Fenstern ist oft ein emotionales Thema und für viele Eigentümer spielt die Gerechtigkeit oder die Gleichbehandlung eine wesentliche Rolle.

In der Regel geht es um die Kosten der Fenster, welche die Eigentümer in der Vergangenheit oder bis zur Diskussion über dieses Thema selbst verauslagt haben. Viele komplizierte rechtliche Fragen sind hiermit verbunden. Der Verwalter sollte nur kompetent beraten und mögliche Lösungswege aufzählen.

Aus der Rechtsprechung hat sich in einigen Fällen herauskristallisiert, dass die WEG den Eigentümern, welche die Fenster nachweisbar auf eigene Kosten ausgetauscht und gezahlt haben, einen bestimmten Geldbetrag (meist den Zeitwert) als Ausgleichszahlung erstatten kann. In der Regel funktioniert das in einer WEG allerdings nur, wenn die Instandhaltungsrücklage dafür ausreicht, denn wenn Sonderumlagen ins Spiel kommen, wird eine zufriedenstellende Lösung für alle Eigentümer schwierig.

Hier ein Vorschlag zum möglichen Vorgehen, wenn zur Erstattung der Kosten für den Fensteraustausch ein nichtiger Beschluss gefasst wurde:

- Die WEG sollte juristische Beratung in Anspruch nehmen, die jeweilige Einzelfallsituation analysieren und einen konkreten Lösungsvorschlag durch den Rechtsanwalt erarbeiten lassen.
- Der Empfehlung des Rechtsanwalts sollte in der Regel gefolgt werden. Gegebenenfalls klärt der Rechtsanwalt die Fragen der Eigentümer auf der Eigentümerversammlung.
- Es kann nicht empfohlen werden, dass der Verwalter selbstständig versucht, der WEG einen Beschlussvorschlag für ein solche Situation zu unterbreiten. Derartige Beschlüsse sind mit einem enormen Anfechtungsrisiko verbunden.

Hier einige Beispiele aus der Rechtsprechung:

---

123 BGH, Urteil v. 22.11.2013 – V ZR 46/13; ZMR 2014, 899

> **!** **Beispiele aus der Rechtsprechung**
>
> **OLG Düsseldorf, Beschluss vom 26.5.2008 – I-3 Wx 271/07; ZMR 2008, 732**
> Beschließen Wohnungseigentümer 1983 mehrheitlich, dass jeder Wohnungseigen
> tümer für die Kosten der Instandsetzung bzw. Erneuerung der im Bereich seiner
> Sondereigentumseinheit gelegenen Fenster selbst aufzukommen hat und stellt
> sich diese Beschlussfassung mit Rücksicht auf die Entscheidung des BGH vom
> 20. September 2000 (»Jahrhundertentscheidung«) als nichtig heraus, nachdem
> bereits mehrere Wohnungseigentümer auf ihre Kosten ihre Fenster saniert haben,
> so entspricht es ordnungsgemäßer Verwaltung, diesen – bei der Höhe nach nicht
> mehr nachweisbaren Kosten, rechtlicher Unsicherheit hinsichtlich des Verjährungs
> beginns und auszuschließender Verwirkung – ihren Mindestaufwand (hier: jeweils
> geschätzte 1.000,– Euro) zu erstatten.
>
> **LG Düsseldorf, Beschluss vom 10.9.2014 – 25 S 9/14; ZMR 2015, 478**
> Wenn eine Eigentümergemeinschaft (hier: vor dem 20.9.2000) einen nichtigen
> Beschluss dahin gehend gefasst hat, dass jeder Eigentümer die Kosten für »seine«
> Fenster tragen soll, so ist es nach weitem Ermessen der Eigentümerversammlung
> gedeckt, wenn im Wege des Beschlusses Vergleichsangebote – u.a. unter Verzicht
> auf die Verjährungseinrede – mit gestaffelten Erstattungsbeiträgen den Eigentü
> mern gemacht werden.
> Dem einzelnen Eigentümer wird hierdurch nicht die Möglichkeit genommen, seine –
> vermeintlich höheren – Ansprüche gerichtlich geltend zu machen.

9.13 Ist eine Änderung der Gemeinschaftsordnung durch Beschluss möglich?

Der Fall

Die WEG hat viele unerwünschte und unflexible Vereinbarungen in der Gemeinschaftsordnung. Der Verwaltungsbeirat beantragt eine Änderung der
Gemeinschaftsordnung und bittet den Verwalter, das Thema auf die Tagesordnung der nächsten Eigentümerversammlung zu setzen, damit ein entsprechender Beschluss gefasst werden kann.

Das Problem

Die Vereinbarungen der Gemeinschaftsordnung sind als Inhalt des Sondereigentums in das Grundbuch eingetragen. In § 10 Abs. 3 WEGG ist geregelt:

> **!** **§ 10 Abs. 3 WEGG**
>
> Vereinbarungen, durch die die Wohnungseigentümer ihr Verhältnis untereinander in
> Ergänzung oder Abweichung von Vorschriften dieses Gesetzes regeln, sowie die Ab
> änderung oder Aufhebung solcher Vereinbarungen wirken gegen den Sondernach
> folger eines Wohnungseigentümers nur, wenn sie als Inhalt des Sondereigentums
> im Grundbuch eingetragen sind.

Im WEGG gilt also der Grundsatz, dass eine Vereinbarung nur durch eine andere Vereinbarung ergänzt oder geändert werden kann. Der Verwaltungsbeirat schlägt hier den leichteren Weg durch einen Beschluss in der Eigentümerversammlung vor. Aber kann die Gemeinschaftsordnung durch Beschluss geändert werden?

Die Lösung

Für eine Änderung der Gemeinschaftsordnung bzw. den dort befindlichen Vereinbarungen ist die Zustimmung von sämtlichen Eigentümern erforderlich (sog. Allstimmigkeit) – und zwar in schriftlicher Form unter der entsprechenden Änderungsurkunde. Zur Eintragung der Gemeinschaftsordnung in das Grundbuch bedarf es der **Eintragungsbewilligung aller Wohnungseigentümer** (in notariell beglaubigter Form gemäß §29 GBO und §129 BGB). Weigert sich ein Eigentümer, die Änderungsurkunde zu unterschreiben, kann die Änderung nicht in das Grundbuch eingetragen werden und wird somit nicht verbindlich.

In der Praxis unterscheidet man zwischen sog. dinglichen und schuldrechtlichen Vereinbarungen:

- **Dingliche Vereinbarungen** werden in das Grundbuch eingetragen.
- **Schuldrechtliche Vereinbarungen** können auch außerhalb des Grundbuches geschlossen werden, sind aber praxisuntauglich, weil es ja gerade der Wunsch der Eigentümer ist, dass eine Vereinbarung dauerhaft alle Eigentümer – also z.B. auch neue Eigentümer – binden soll.

> **Wichtig** ❗
>
> In seltenen Fällen kommt es vor, dass die WEG sich tatsächlich allstimmig dafür ausspricht, eine Änderung der Gemeinschaftsordnung durchzuführen. Rechtsprechung zu der Vorgehensweise gibt es kaum.

Interessant ist das Urteil des AG Schwelm, wonach Maßnahmen zur Vorbereitung einer Abänderung der Teilungserklärung (gemeint war: Gemeinschaftsordnung) und damit der maßgeblichen Vereinbarung zur Regelung des Grundverhältnisses der Wohnungseigentümergemeinschaft **nur im Vereinbarungswege** geschehen können.[124]

Offensichtlich hat die WEG nur einen Mehrheitsbeschluss für entsprechende Vorbereitungsmaßnahmen (z.B. Beauftragung des Notars etc.) gefasst. Selbst wenn man vor dieser Entscheidung angenommen hat, dass so ein Vorbereitungsbeschluss bestandskräftig werden kann, bedeutet das nicht per se, dass

---

124 AG Schwelm, Urteil v. 11.8.2017 – 29 C 37/16; ZMR 2017, 937

die nicht zustimmenden Eigentümer die Änderungserklärung unterschreiben müssen. Es ist vermutlich sogar sicherer, wenn die WEG den Änderungswillen inklusive der vorbereitenden Maßnahmen durch eine allstimmige (ggf. schuldrechtliche) Vereinbarung trifft, denn die Allstimmigkeit wird auch später bei den Unterschriften erforderlich. Ein Anspruch zur Unterzeichnung lässt sich aus einem Beschluss nicht ableiten.

Wenn die Gemeinschaftsordnung geändert werden soll, könnte das so ablaufen:

- Alle Eigentümer vereinbaren, dass eine Änderung erfolgen soll.
- In dieser Vereinbarung sollte klar definiert werden, welchen Inhalt die neuen Vereinbarungen haben sollen.
- Der Verwalter sollte dann einen Notar mit der Erstellung der Änderungsurkunde beauftragen.
- Vorsicht: Bei der Änderung der Gemeinschaftsordnung ist die Zustimmung sämtlicher Grundpfandrechtsgläubiger (eingetragen in Abteilung III aller Wohnungsgrundbücher) erforderlich.
- Sobald der Notar die Änderungsurkunde erstellt hat, sollte der Entwurf nebst einer Einladung zu einer außerordentlichen Eigentümerversammlung allen Eigentümern übermittelt werden.
- Weisen Sie in diesem Zuge darauf hin, dass der Notar an der Eigentümerversammlung teilnimmt, um die Beglaubigung oder Beurkundung der Änderungsurkunde vorzunehmen.
- Alle Eigentümer müssen sich durch Lichtbildausweis legitimieren.
- Soweit Eigentümer verhindert sind oder räumlich nicht zur Verfügung stehen, wird der Notar für die Einholung dieser Unterschriften in der entsprechenden Form Sorge tragen.

> **! Wichtig**
>
> In der Praxis ist die Abgrenzung zwischen einem allstimmig gefassten Beschluss und einer (nicht im Grundbuch eingetragenen) Vereinbarung oft schwierig. Ob eine von allen Eigentümern allstimmig getroffene Regelung ein Beschluss oder eine Vereinbarung darstellt, ist daher oft eine Auslegungsfrage und bei Streitigkeiten nur vom Gericht überprüfbar. Soweit die WEG tatsächlich eine Vereinbarung treffen möchte, sollte das Wort »Vereinbarung« auch auf dem Dokument stehen und alle Eigentümer sollten dieses Dokument unterzeichnen.

9.14 Spezielle Öffnungsklausel in der Gemeinschafts- ordnung (Zweidrittelmehrheit)

Der Fall

In der Gemeinschaftsordnung gibt es folgende Vereinbarung: »Änderungen der Gemeinschaftsordnung können mit Zweidrittelmehrheit in einer Eigentümerversammlung beschlossen werden.« In einer Eigentümerversammlung – die WEG besteht aus 100 Wohnungen – sind 51 Eigentümer anwesend oder vertreten, die Beschlussfähigkeit ist also gegeben und die WEG stimmt nach dem Einheitenprinzip ab. Sodann wird über die Änderung der Kostenverteilung der Instandhaltungskosten abgestimmt. (34 Ja-Stimmen, 6 Nein-Stimmen, 11 Enthaltungen). Der Verwalter stellt fest, dass die Zweidrittelmehrheit gemäß dem Inhalt der Gemeinschaftsordnung erreicht wurde, und verkündet den Beschluss als zustande gekommen. Ein Eigentümer geht gerichtlich gegen den Beschluss vor.

Das Problem

Grundsätzlich gelten die Mehrheiten des WEGG. Die Gemeinschaftsordnung kann aber durch eine sog. Öffnungsklausel andere Mehrheiten festlegen. Fraglich ist nur, von welcher Größe die Zweidrittelmehrheit berechnet werden darf: von allen im Grundbuch eingetragenen Eigentümern oder von den anwesenden und vertreten auf der Eigentümerversammlung?

Die Lösung

Selbstverständlich kommt es auf die Formulierung der Vereinbarung an. Typische Öffnungsklauseln mit einer Änderungsmöglichkeit durch eine Zweidrittelmehrheit (wie in unserem Beispiel) beziehen sich allerdings auf alle im Grundbuch eingetragenen Eigentümer, d.h. im vorliegenden Fall hätten mindestens 67 Eigentümer dafür stimmen müssen.[125]

> **Wichtig**   !
>
> Der Verwalter sollte sorgfältig auf die Formulierungen in der Gemeinschaftsordnung achten. Ist nicht erkennbar, ob sich die Mehrheit auf alle im Grundbuch eingetragenen oder nur die in der Eigentümerversammlung anwesenden oder vertretenen Eigentümer bezieht, ist im Zweifel von allen im Grundbuch eingetragenen Eigentümern auszugehen.

---

125 BGH, Urteil v. 1.4.2011 – V ZR 162/10, Rn. 14; ZMR 2011, 652

9.15 »Geborene« und »gekorene« Ausübungsbefugnis beim Beschluss

Der Fall

In der Landesbauordnung (exemplarisch §49 NRW) steht: »In Wohnungen müssen Schlafräume und Kinderzimmer sowie Flure, über die Rettungswege von Aufenthaltsräumen führen, jeweils mindestens einen Rauchwarnmelder haben. Dieser muss so eingebaut oder angebracht und betrieben werden, dass Brandrauch frühzeitig erkannt und gemeldet wird. (…) Die Betriebsbereitschaft der Rauchwarnmelder hat der unmittelbare Besitzer sicherzustellen (…).

Der Verwalter fragt sich nun, was sich aus dieser Vorschrift für seine WEG ableiten lässt.

Das Problem

Das Thema Rauchwarnmelder wurde exemplarisch für die Begriffe der »geborenen« und »gekorenen« Ausübungsbefugnis einer WEG gewählt. In den meisten Bundesländern wurde in der jeweiligen Landesbauordnung eine Vorschrift zur Installation von Rauchwarnmeldern in Wohnungen verabschiedet. Die Praxis tat sich lange Zeit sehr schwer damit, wie diese Vorschriften auf die WEG zu übertragen sind, insbesondere ob die WEG oder der Eigentümer die Ausstattung vornehmen muss.

Die Lösung

Der BGH differenziert verschiedene Fallgruppen:[126]

- **»Geborene« Wahrnehmungskompetenz:** Sofern der einzelne Eigentümer Adressat der Einbauverpflichtung ist, besteht eine geborene Wahrnehmungskompetenz der Gemeinschaft – allerdings nur, wenn die Verpflichtung sämtliche Mitglieder betrifft. Da die Bauordnungen nur die Ausstattung von Wohnungen, nicht aber auch von anderweitig genutzten Räumen mit Rauchwarnmeldern vorschreiben, fehlt es an dieser Voraussetzung, sobald eine Anlage auch Teileigentumseinheiten umfasst.[127] Wenn also alle Wohnungseigentümer die gleiche Verpflichtung trifft, tritt die sogenannte »geborene« Wahrnehmungskompetenz ein und das bedeutet, dass die WEG die Ausstattung beschließen muss! Hier einige Beispiele:
  - Besteht die Eigentümergemeinschaft nur aus Wohnungseigentümern (§1 Abs. 2 WEG) und keinen separaten Teileigentümern (z. B: Gewerbe, Kfz-Stellplätze in der Tiefgarage oder Garagen), muss die Eigentümer-

---

126 BGH, Urteil v. 8.2.2013 – V ZR 238/11; ZMR 2013, 642
127 BGH, Urteil v. 8.2.2013 – V ZR 238/11; ZMR 2013, 642, S.6, Ziffer 3

gemeinschaft die Ausstattung vornehmen. Der Beschluss regelt dann nur noch das Wie, aber nicht das Ob.

– Besteht die Eigentümergemeinschaft aus Wohnungseigentümern, die gleichzeitig auch Inhaber von Teileigentum sind, sollte es sich auch um eine »geborene Wahrnehmungskompetenz« handeln, da sich in dieser Konstellation die Pflicht zur Ausstattung an sämtliche (gleiche) Wohnungseigentümer richtet.[128]

– Unterlassen die Eigentümer eine Beschlussfassung oder kommt die einfache Mehrheit nicht zustande, hat jeder einzelne Eigentümer einen Anspruch auf ordnungsmäßige Verwaltung nach §21 Abs. 4 i.V.m. §21 Abs. 3 WEG, der gerichtlich durchsetzbar ist.[129]

- **»Gekorene« Wahrnehmungskompetenz:** Die »gekorene« Wahrnehmungskompetenz setzt nicht zwingend das Bestehen gleichgerichteter Pflichten sämtlicher Mitglieder der Gemeinschaft voraus. Daraus ergibt sich, dass die WEG die Ausstattung durch einfachen Mehrheitsbeschluss an sich ziehen kann, wenn die Verpflichtung zum Einbau mit Rauchwarnmeldern nicht sämtliche Wohnungseigentümer betrifft, somit Wohnungseigentümer und separate, eigenständige Teileigentümer (z.B. Gewerbe, Kfz-Stellplätze oder Garagen) vorhanden sind.

Muss die WEG auch die Wartung der Rauchwarnmelder durchführen? Dass der Wohnungseigentümergemeinschaft zur einheitlichen Wartung der Rauchwarnmelder eine Beschlusskompetenz zusteht, ist in der Literatur und Rechtsprechung verbindlich geklärt.[130] Es gibt in der Literatur allerdings auch Ansichten, wonach die Wohnungseigentümergemeinschaft zur Wartung der Rauchwarnmelder verpflichtet ist.[131]

Wichtig   !

Das Beispiel der Rauchwarnmelder soll zeigen, wie kompliziert die Unterscheidung zwischen »geborener« und »gekorener« Ausübungs- bzw. Wahrnehmungsbefugnis sein kann. Der Verwalter sollte sich merken:

- Besteht eine »geborene Wahrnehmungskompetenz«, also ein zwingendes Handeln durch Gesetz, muss der Verwalter die WEG zur Beschlussfassung anhalten.

- Besteht lediglich eine »gekorene Wahrnehmungskompetenz, also kein zwingendes Handeln der WEG, muss grundsätzlich auch nichts unternommen werden. Die WEG sollte aber hierüber aufgeklärt werden. Typische Beispiele für eine gekorene Wahrnehmungsbefugnis: Ansichziehen von Ansprüchen auf Unterlassung oder Beseitigung aus §§15 Abs. 3 WEGG und 1004 BGB.

---

128 Fritsch; ZMR 2016, 926
129 Fritsch; ZMR 2016, 926
130 Vgl. u.a. BGH, Urteil v. 8.2.2013 – V ZR 238/11; LG Karlsruhe, Urteil v. 17.11.2015 – 11 S 38/15, NZM, 2016, 240; LG Dortmund, Urteil v. 5.8.2016 – 1 S 80/16, ZWE 2017, 138
131 Fritsch; ZMR 2016, 927

9.16 Die Beschluss-Sammlung

Der Fall

Der Verwalter hat zum 1.1.2018 eine neue WEG übernommen. Bei der Aufarbeitung der Verwaltungsunterlagen stellt er fest, dass die seit dem 1.7.2007 zu führende Beschluss-Sammlung fehlt.

Das Problem

Seit der WEG-Novelle (1.7.2007) ist der Verwalter gemäß § 24 Abs. 7 WEG verpflichtet, eine Beschluss-Sammlung zu führen. In § 26 WEG ist sogar normiert: »Ein wichtiger Grund [für die Abberufung des Verwalters] liegt regelmäßig vor, wenn der Verwalter die Beschluss-Sammlung nicht ordnungsmäßig führt.« Da der Verwalterwechsel schon vollzogen wurde, braucht über eine außerordentliche Abberufung nicht weiter nachgedacht zu werden. Trotzdem stellt sich die Frage, wie der neue Verwalter nun vorgeht. Muss er die Beschluss-Sammlung jetzt unentgeltlich erstellen?

Die Lösung

Bis zum Verwalterwechsel war der vorherige Verwalter verpflichtet, eine ordnungsgemäße Beschluss-Sammlung zu führen, d.h. der neue Verwalter muss den alten Verwalter auffordern, die Beschluss-Sammlung zum Stichtag des Verwalterwechsels vollständig nachzuholen und nachzureichen. Auch bei der Beschluss-Sammlung ist es ähnlich wie bei Erstellung der Jahresabrechnung, dass die Fälligkeit der Eintragung unverzüglich nach der entsprechenden ETV eintritt.

Soweit der alte Verwalter auch nach einer Fristsetzung nicht reagiert, sollte der neue Verwalter der WEG vorschlagen, dass er die Beschluss-Sammlung gegen Kostenerstattung nachholt. Gegebenenfalls ist dann auch noch zu beschließen, dass ein fachkundiger Rechtsanwalt damit beauftragt wird, den Schadenersatzanspruch der WEG gegen den alten Verwalter im Wege der Klage geltend zu machen.

Das Wichtigste zur Beschluss-Sammlung im Überblick:

1. Eine bestimmte Form wird für die Beschluss-Sammlung nicht vorgeschrieben. Das Medium sollte aber danach ausgesucht werden, dass eine problemlose Einsicht durch die Eigentümer und auch ein schneller Ausdruck möglich ist (z.B. Software für Immobilienverwalter, Excel, Word etc.).
2. Die Eintragungen müssen fortlaufend sein und nummeriert werden.
3. Die Eintragungen müssen unverzüglich (ohne schuldhaftes Verzögern innerhalb von drei Tagen nach der ETV) vorgenommen werden – auch das Eintragungsdatum darf nicht fehlen.

4. In die Beschluss-Sammlung sind
    -   der Wortlaut der verkündeten Beschlüsse (Positivbeschluss, Negativ-beschluss, Umlaufbeschluss) mit Ort und Datum der ETV einzutragen;
    -   Urteilsformeln (auch gerichtliche Vergleiche) der gerichtlichen Ent-scheidungen in einem Rechtsstreit gemäß §43 mit Angabe ihres Da-tums, des Gerichts und der Parteien aufzunehmen.
5. Geschäftsordnungsbeschlüsse müssen nach h.M. nicht eingetragen wer-den.
6. Anfechtungen und anschließende Urteile der Gerichte sind unter »Anmer-kungen« einzutragen.
7. Das Gesetz sagt zwar, dass Eintragungen auch gelöscht werden können, in der Praxis wird aber empfohlen, die entsprechenden Eintragungen nur durchzustreichen.
8. Soweit Sie in den Beschlüssen auf Anlagen verweisen, muss zur Beschluss-Sammlung ein separater Ordner angelegt werden, in dem die Anlagen ge-sichtet werden können
9. Fehlt ein Verwalter, so ist der Vorsitzende der Wohnungseigentümerver-sammlung verpflichtet, die Beschluss-Sammlung zu führen, sofern die Wohnungseigentümer durch Stimmenmehrheit keinen anderen für diese Aufgabe bestellt haben.

Wichtig   !

Der Verwalter sollte darauf achten, dass nach dem Gesetz nur Beschlüsse ab dem 1.7.2007 zwingend in die Beschluss-Sammlung aufzunehmen sind.

Aus praktischer Erfahrung kann gesagt werden, dass die Beschluss-Sammlung nicht den Zweck erfüllt, den der Gesetzgeber in der Gesetzesbegründung erklärt hat, nämlich dass insbesondere Erwerber sich einen Überblick über die Beschlüsse verschaffen können. Die Beschluss-Sammlung ist aus Sicht der Praxis nutzlos, weil Beschlüsse vor dem 1.7.2007 nicht erfasst werden. Das be-deutet im Umkehrschluss: Der Eigentümer muss sich die Beschluss-Sammlung ab dem 1.7.2007 ansehen und dann alle Protokolle davor. Wenn eine WEG sich z.B. im Jahr 1970 gegründet hat, wären das mindestens 37 Protokolle.

Achtung   !

Vorsicht: Es gibt Gemeinschaftsordnungen, die anordnen, dass der Verwalter ein Beschlussbuch (ähnlich wie die Beschluss-Sammlung) führen muss. Das Beschluss-buch ist allerdings ab Gründung der WEG zu führen!

Der BGH musste sich im Jahre 2012 damit beschäftigen, ob die Eigentümer durch die Vorschrift (§26 WEG) gezwungen sind, den Verwalter bei Fehlern in der Beschluss-Sammlung tatsächlich abzuberufen.[132] Der BGH verneint die Frage. Die Eigentümer haben bei der außerordentlichen Abberufung einen Beurteilungsspielraum. Die WEG kann also im Rahmen einer ETV davon Abstand nehmen, den Verwalter abzuberufen, wenn verlässliche Aussicht besteht, dass die Verstöße gegen die Pflicht zur Führung einer Beschluss-Sammlung nachhaltig abgestellt werden.

Es sei noch darauf hingewiesen, dass es sich im vorliegenden Fall um Fehler des Verwalters handelte, die unmittelbar nach der WEG-Novelle (1.7.2007) gemacht wurden. Aus der Entscheidung: »Aus der Anhörung des Geschäftsführers der Verwalterin hat es in tatrichterlicher Würdigung die Überzeugung gewonnen, dass die Probleme teilweise durch Anfangsmängel der verwendeten Software verursacht wurden.« Inwieweit diese Entscheidung auf die heutige Praxis zu übertragen ist, bleibt abzuwarten. Sicherlich sind die besonderen Umstände des Einzelfalls immer entscheidend.

---

132 BGH, Urteil v. 10.2.2012 – V ZR 105/11; ZMR 2012, 565

10 Die Eigentümerversammlung

10.1 Wer lädt zur Eigentümerversammlung ein?

Der Fall

Die WEG hat schon seit Monaten nichts mehr von ihrem Verwalter gehört. Die Vorlage der Jahresabrechnung ist bereits überfällig und eine Eigentümerversammlung hat bisher auch nicht stattgefunden. Weitere Monate vergehen und der Verwalter lässt nichts von sich hören. Abmahnungen mit Fristsetzungen des Verwaltungsbeirats wurden ignoriert. Der Verwaltungsbeirat kommt auf die Idee, selbstständig zu einer Eigentümerversammlung einzuladen, damit bestimmte Themen besprochen und der Verwalter mangels Vertragserfüllung außerordentlich abberufen werden kann.

Das Problem

Die gesetzlichen Aufgaben des Verwaltungsbeirats sind im Gesetz überschaubar definiert. Neben der Unterstützung des Verwalters gehört noch die Überprüfung der Jahresabrechnung, des Wirtschaftsplans und der Rechnungslegung dazu. Grundsätzlich kann auch nur der Verwalter zu einer Eigentümerversammlung einladen oder ein Wohnungseigentümer lässt sich durch das Gericht ermächtigen, eine Eigentümerversammlung einberufen zu dürfen.

Das WEGG definiert in §24 Abs. 3 WEG: Fehlt ein Verwalter oder weigert er sich pflichtwidrig, die Versammlung der Wohnungseigentümer einzuberufen, so kann die Versammlung auch, falls ein Verwaltungsbeirat bestellt ist, von dessen Vorsitzendem oder seinem Vertreter einberufen werden.

In der Praxis ist oft fraglich, wann man dem Verwalter unterstellen kann, dass er sich weigert, eine Eigentümerversammlung einzuberufen, und der Verwaltungsbeirat aktiv werden kann.

Die Lösung

Gemäß §24 Abs. 1 WEG wird die Eigentümerversammlung vom Verwalter einberufen. Grundsatz: Verweigert sich der Verwalter, kann der Vorsitzende des Verwaltungsbeirats oder sein Stellvertreter schnell handeln und zur Eigentümerversammlung einladen. Wichtig ist natürlich, dass dem Verwaltungsbeirat alle zustellungsfähigen Ladungsadressen der anderen Miteigentümer vorliegen.

Der Verwalter handelt pflichtwidrig, wenn er die jährliche Eigentümerversammlung nicht einberuft, aber auch, wenn er eine notwendig gewordene

Eigentümerversammlung nicht einberuft (z. B. wenn dringend die Willensbildung der WEG zu einem bestimmten Thema erforderlich ist).

> **! Achtung**
>
> Eine Eigentümerversammlung muss vom Verwalter auch dann einberufen werden, wenn dies schriftlich unter Angabe des Zwecks und der Gründe von mehr als einem Viertel der Eigentümer verlangt wird (§ 24 Abs. 2 WEG).

Es soll schon vorgekommen sein, dass Verwaltungsbeiräte auch unberechtigterweise zu einer Eigentümerversammlung eingeladen und den amtierenden Verwalter einfach abberufen haben. Der Verwalter hat natürlich dann das Recht, den Beschluss über die Abberufung entsprechend anzufechten.

10.2   Ein Nichtberechtigter lädt zur Eigentümerversammlung ein – was nun?

Der Fall
Da der Verwalter der WEG untätig ist, lädt der Nachbar, dem zufällig alle Adressen der Eigentümer vorliegen, zu einer außerordentlichen Eigentümerversammlung ein. Thema soll sein: Beratung und ggf. Beschlussfassung über die Einfriedung der Grundstücksgrenze. Nach Erhalt der Einladung melden sich die Eigentümer beim Verwalter und bitten um Klarstellung der Situation.

Das Problem
Nach dem Inhalt des WEGG kann grundsätzlich nur der Verwalter oder, wenn dieser sich weigert oder nicht vorhanden ist, der Vorsitzende des Verwaltungsbeirats oder dessen Vertreter zur Eigentümerversammlung einladen (§ 24 Abs. 3 WEG). Weitere Einberufungsberechtigte sind dem WEGG fremd. Fraglich ist also, was passiert, wenn ein (unbekannter) Nichtberechtigter zur Eigentümerversammlung einlädt, diese stattfindet und entsprechende Beschlüsse gefasst werden.

Die Lösung
Je nach Fallgestaltung ist zu differenzieren:
1. **Abberufene Verwalter oder Wohnungseigentümer berufen ein:** Gefaste Beschlüsse sind nicht nichtig, sondern anfechtbar. Erwachsen also nach Ablauf der Anfechtungsfrist in Bestandskraft.
2. **Ein beliebiger Dritter beruft ein:** Erfolgt die Einberufung durch einen beliebigen Dritten (wie z. B. einen unbekannten Nachbarn), liegt keine Eigentümerversammlung i. S. d. WEG vor (Nichteinladung), in welcher wirksame

Beschlüsse gefasst werden können. Die Eigentümer müssen auf den ersten Blick erkennen können, dass ein Nichtberechtigter zur Eigentümerversammlung eingeladen hat.

> **Wichtig**
> Wird die Einladung zur Eigentümerversammlung durch den Nichtberechtigten von
> sämtlichen Eigentümern auf der Eigentümerversammlung genehmigt, können die
> Beschlüsse wirksam werden.

10.3 Wer muss zur Eigentümerversammlung eingeladen werden?

Der Fall
Der Verwalter hat zur Eigentümerversammlung den Nießbraucher der Wohnung 1 eingeladen. Hintergrund: Der Nießbraucher ist auch im Verwaltungsbeirat und war vor wenigen Monaten noch der Eigentümer der Wohnung.

Das Problem
In der Praxis kommt es häufig zu Konstellationen, in denen jemand sein Eigentum im Wege der vorweggenommen Erbfolge an die Kinder o. Ä. überträgt,
sich aber den Nießbrauch vorbehält. Im WEGG ist unter § 24 Abs. 1 geregelt:

> **§ 24 Abs. 1 WEGG**
> Die Versammlung der **Wohnungseigentümer** wird von dem Verwalter mindestens
> einmal im Jahr einberufen.

Die Lösung
Auch wenn der Nießbraucher im Verhältnis zum Eigentümer umfangreiche
Rechte besitzt, lässt dies das Stimmrecht des Eigentümers unberührt. Das
Stimmrecht bleibt dauerhaft beim Eigentümer. Soweit der Eigentümer und der
Nießbraucher untereinander bestimmte Regelungen getroffen haben, gelten
diese nur im Innenverhältnis.[133]

> **Wichtig**
> Selbstverständlich kann der Nießbraucher mittels einer Stimmrechtsvollmacht an
> der Eigentümerversammlung teilnehmen. Allerdings sind stets die Vereinbarungen
> der GO zu beachten, wonach ein Vertreterkreis auch eingeschränkt werden kann
> (z.B. dass nur Ehegatten, Miteigentümer oder Verwalter vertreten dürfen).

---

133 BGH, Beschluss v. 7.3.2002 – V ZB 24/01; ZMR 2002, 440

In der Praxis sind noch folgende Punkte zu beachten:

- **Einzeleigentümer:** Grundsätzlich keine Besonderheiten. Es muss nur darauf geachtet werden, dass Eigentümer mit Wohnsitz im Ausland fristgerecht eingeladen werden. Darüber hinaus gibt es bei Neubauprojekten die Besonderheit, dass hier der werdende Eigentümer und nicht der im Grundbuch eingetragene Eigentümer eingeladen werden muss.
- **Personenmehrheiten (z.B. Eheleute, Erbengemeinschaften usw.):** Grundsätzlich müssen alle im Grundbuch eingetragenen Eigentümer eine eigene Einladung bekommen. Entweder regelt die Gemeinschaftsordnung, dass sich aus dem Kreis dieser Personenmehrheit ein »Hauptansprechpartner« zur Verfügung stellt oder der Verwalter sollte freiwillig versuchen, eine entsprechende Erklärung der Personenmehrheit zu bekommen, die eine bestimmte Person bevollmächtigt, alle Angelegenheiten zu regeln.
- **Zwangsverwalter:** In der Literatur ist noch umstritten, ob nur der Zwangsverwalter oder auch der Eigentümer in der Eigentümerversammlung stimmberechtigt sind, denn es wird die Auffassung vertreten, dass der Eigentümer bei bestimmten Beschlussgegenständen (z.B. Gebrauchsregelung in der Hausordnung o.Ä.) ein Stimmrecht besitzt. Der Zwangsverwalter muss auf jeden Fall eingeladen werden. Es steht im Ermessen des Verwalters, ob er auch den unter Zwangsverwaltung gestellten Eigentümer eine Einladung übermittelt.

10.4 Die nicht unterschriebene Einladung zur Eigentümerversammlung

Der Fall

Der Verwalter lädt zur ordentlichen Eigentümerversammlung ein. Das Einladungsschreiben enthält keine Originalunterschrift, sondern neben dem Firmenbriefkopf lediglich die Grußformel:

Mit freundlichen Grüßen
Ihre Immobilienverwaltung GmbH

Eigentümer Q moniert, dass das Einladungsschreiben nicht wirksam ist, da es nicht eigenhändig unterschrieben wurde, und droht mit der Anfechtung aller Beschlüsse.

Das Problem

Das WEGG regelt in §24 Abs. 4 WEG, dass die Einladung zur Eigentümerversammlung in **Textform** erfolgen muss (vor der WEG-Novelle 1.7.2007 war es noch Schriftform). Doch was bedeutet Textform?

§126b BGB

Ist durch Gesetz Textform vorgeschrieben, so muss eine lesbare Erklärung, in der die Person des Erklärenden genannt ist, auf einem dauerhaften Datenträger abgegeben werden. Ein dauerhafter Datenträger ist jedes Medium, das

1. es dem Empfänger ermöglicht, eine auf dem Datenträger befindliche, an ihn persönlich gerichtete Erklärung so aufzubewahren oder zu speichern, dass sie ihm während eines für ihren Zweck angemessenen Zeitraums zugänglich ist, und

2. geeignet ist, die Erklärung unverändert wiederzugeben.

Zulässig ist somit die Einberufung per Post, Fax, E-Mail oder SMS, soweit aus der übermittelten Erklärung die einladende Person (in der Regel der Verwalter) eindeutig erkannt werden kann. Bei einer Versendung per E-Mail ist problematisch, ob die E-Mail überhaupt geöffnet oder gelesen wird. Ein Zugang kann bei dieser Form der Einladung nur angenommen werden, wenn der Empfänger sich ausdrücklich damit einverstanden erklärt.

Die Lösung

Die Einladung ohne Unterschrift ist korrekt. Zum einen sind die Formvorschriften der §24 Abs. 4 WEG und §126b BGB eingehalten und zum anderen kann jeder Eigentümer erkennen, dass der Verwalter (Firmierung mit Briefkopf sowie Grußzeile sind vorhanden) gemeint ist.

Wichtig

Verstöße gegen die Formvorschrift führen zur Anfechtbarkeit der Beschlüsse! Achtung bei anderen Regelungen in der Gemeinschaftsordnung! Diese Vereinbarungen haben Vorrang vor dem WEGG; z.B. »Die Einladung zur Eigentümerversammlung muss in Schriftform erfolgen.«

Ohne konkrete Absprache mit den Eigentümern kann der Verwalter nicht vom gewohnten Brief auf E-Mail umstellen. Verwalter sollten sich sicherheitshalber von jedem Eigentümer die ausdrückliche Genehmigung einholen, dass Dokumente (wie Einladung zur Eigentümerversammlung nebst Abrechnung, Wirtschaftsplan etc.) auf elektronischem Wege (Fax, E-Mail) übermittelt werden dürfen. Alternativ können die Eigentümer sich auch bereit erklären, dass die benötigten Dokumente zukünftig von einer vom Verwalter zur Verfügung gestellten Online-Plattform heruntergeladen werden können.

10.5   Die nicht zugestellte Einladung – was nun?

Der Fall

Der Verwalter hat zur Eigentümerversammlung eingeladen. Drei Tage vor der Eigentümerversammlung erlangt er Kenntnis davon, dass die Adresse des Eigentümer Q fehlerhaft ist und die Einladung nicht zugestellt werden konnte.

Das Problem

Die Absendung der Einladung reicht für den Zugang nicht aus, d.h. die Einladung eines Eigentümers ist nur wirksam, wenn sie diesem auch zugeht. Die Stammdaten bzw. Adresspflege der Eigentümer ist wichtig, Fehler des Verwalters aber unvermeidlich. Wichtig ist hier zu unterscheiden, ob dem Verwalter die ladungsfähige Anschrift überhaupt korrekt mitgeteilt wurde oder der Fehler tatsächlich beim Verwalter liegt.

Die Lösung

Liegt ein Verschulden des Eigentümers vor, weil er seine ladungsfähige Anschrift nicht oder falsch mitteilt, und misslingt seine Ladung zur Eigentümerversammlung aus diesem Grund, muss er sich die unterbliebene Ladung als Folge seiner Obliegenheitsverletzung zurechnen lassen; in der Versammlung gefasste Beschlüsse können dann nicht wegen der unterbliebenen Ladung angefochten werden.[134]

> **!   Wichtig**
>
> In vielen Gemeinschaftsordnungen finden sich sog. Zugangs- bzw. Ladungsfiktionen, d.h. eine Einladung gilt dann als zugegangen, wenn sie an die letzte bekannte Anschrift verschickt wurde. Durch Beschluss kann die Zugangsfiktion nicht geregelt werden (keine Beschlusskompetenz).

> **!   Achtung**
>
> Die unterbliebene Einladung eines Wohnungseigentümers zu einer Eigentümerversammlung führt regelmäßig nur zur Anfechtbarkeit der in der Versammlung gefassten Beschlüsse, nicht aber zu deren Nichtigkeit.
>
> In schwerwiegenden Ausnahmefällen können die Beschlüsse aber nichtig sein. Insbesondere dann, wenn ein Eigentümer gezielt und böswillig von der Eigentümerversammlung ausgeschlossen wird.[135]

---

134 BGH, Urteil v. 5.7.2013 – V ZR 241/12; ZMR 2013, 975
135 BGH, Urteil v. 20.7.2012 – V ZR 235/11; ZMR 2012, 971

10.6 Einladungsfrist: Zwei Wochen sind nicht zwei Wochen!

Der Fall

Der Verwalter hat mit dem Verwaltungsbeirat vereinbart, dass die Eigentümerversammlung am 18.8. stattfinden soll. Die Gemeinschaftsordnung regelt keine Besonderheiten zur Einladungsfrist. Der Verwalter verschickt die Einladung am 4.8.

Das Problem

Bei der Einladung darf nicht nur die reine Ladungsfrist des §24 Abs. 4 WEGG (mindestens zwei Wochen) berücksichtigt werden, sondern die Postlaufzeiten und der Tag des Zugangs müssen ebenfalls bei der Fristberechnung beachtet werden.

Achtung !

Es gelten die Berechnungsfristen der §§187 Abs. 1 und 188 Abs. 2 BGB: Demnach darf der Tag des Zugangs nicht mitgerechnet werden. Fristende ist am letzten Tag der Frist um 0.00 Uhr.

In der Praxis muss der Termin der Eigentümerversammlung und die damit verbundene Versendung der Einladung großzügiger geplant werden. Aus Sicherheitsgründen sollten bei Versendung der Einladung **weitere vier Tage** berücksichtigt werden.

Die Einladung ist im vorliegenden Fall natürlich nicht fristgerecht erfolgt. Zwar liegen zwischen dem 4.8 und dem 14.8. 14 Tage, aber die Postlaufzeiten sowie der Tag des Zugangs wurden bei der Berechnung des Verwalters nicht berücksichtigt.

Wichtig !

Soweit die Ladungsfrist nicht eingehalten wurde, sollte der Verwalter überlegen, ob er die fehlerhaft einberufene Eigentümerversammlung absagt und anschließend erneut fristgerecht einlädt. Der Verwalter ist berechtigt, eine Versammlung jederzeit auch wieder abzusagen. Je nach Zeitpunkt und Grund können sich gegen den Verwalter aber Schadenersatzansprüche ergeben, z.B. Saalmiete oder sogar Fahrt- und Übernachtungskosten von Eigentümern, die für die Eigentümerversammlung extra anreisen.

Übrigens: Die Gemeinschaftsordnung kann den §24 Abs. 4 WEG ändern, d.h. die vereinbarten Fristen sind dann verbindlich und gehen dem Gesetz vor.

10.7 Ist eine außerordentliche Eigentümerversammlung kostenlos?

Der Fall

Der Verwalter muss aufgrund der anstehenden Heizungssanierung eine außerordentliche Eigentümerversammlung einberufen, um die Willensbildung der WEG herbeizuführen.

Das Problem

Einerseits ist der Verwalter verpflichtet, zur ordnungsgemäßen Verwaltung die Willensbildung der Eigentümer herbeizuführen, andererseits stellt sich natürlich die Frage, wie viele Eigentümerversammlungen ein Verwalter im Jahr durchführen muss.

Die Lösung

Wie sagt man so schön? Es kommt darauf an. Soweit es keine vertraglichen Vereinbarungen oder Regelungen in der Gemeinschaftsordnung gibt, sind weitere Eigentümerversammlungen leider mit der Grundvergütung abgegolten.

! **Wichtig**

Es muss unbedingt darauf geachtet werden, dass über die turnusmäßige Eigentümerversammlung hinaus alle weiteren Eigentümerversammlungen vernünftig vergütet werden. Die Sondervergütung kann allerdings nur wirksam vereinbart werden, wenn im Verwaltervertrag explizit steht, dass die Zusatzvergütung für die außerordentliche Eigentümerversammlung oder Wiederholungsversammlung nur vom Verwalter beansprucht werden darf, wenn diese nicht durch sein Verschulden stattfindet.
Kalkulationsbasis: Einheiten × Auslagen (Porto, Papier etc.) + geschätzte Stunden für Vorbereitung, Abhaltung der Eigentümerversammlung und Nachbereitung (Niederschrift/Protokoll erstellen und versenden, Beschluss-Sammlung pflegen).

10.8 Die Uhrzeit der Eigentümerversammlung

Der Fall

Der Verwalter muss in der Zeit von Januar bis Juni ca. 70 Eigentümerversammlungen vorbereiten, abhalten und nachbereiten. Der Zeitplan kann nur eingehalten werden, wenn er mehrere Eigentümerversammlungen an einem Tag durchführt. Er lädt daher die WEG mit 30 Eigentümern für Montag um 14 Uhr zur Eigentümerversammlung ein.

Das Problem

Das WEGG enthält keine Vorgabe zur Uhrzeit einer Eigentümerversammlung. Der Verwalter muss sich also an der »gelebten« Praxis orientieren, aber was bedeutet das und in welcher Zeitspanne können Eigentümerversammlungen stattfinden?

Die Lösung

Durch eine Vereinbarung in der Gemeinschaftsordnung kann eine bestimmte Uhrzeit für die Abhaltung der Eigentümerversammlungen festgelegt werden, sonst liegt es im Ermessen des Verwalters, eine Uhrzeit auszusuchen.

Nach h.M. muss der Verwalter grundsätzlich Rücksicht auf die üblichen Arbeitszeiten an Werktagen nehmen. Daraus folgt, dass eine Eigentümerversammlung werktags nicht vor 17 Uhr stattfinden sollte.[136]

Ob in der heutigen Zeit an dieser Sichtweise noch festgehalten werden kann? Die Lebensumstände der Gesellschaft haben sich nach hier vertretener Auffassung allgemein geändert: Schichtarbeit, verschobene Arbeitszeiten, verschiedene Termine für die Ferien (da bundeslandabhängig), verschiedene gesellschaftliche Ereignisse usw. Auch die Zusammensetzung der WEG kann bei der Uhrzeitwahl eine wichtige Rolle spielen. Beispiel: Besteht die WEG nur aus Rentnern, die nicht mehr berufstätig sind, kann die Eigentümerversammlung auch um 10 Uhr vormittags stattfinden. Es ist immer eine Frage des Einzelfalls.

Hier einige Beispiele aus der Rechtsprechung zur besseren Orientierung:

> **Beispiele aus der Rechtsprechung**
>
> **LG München I, Beschluss vom 19.7.2004 – 1 T 3954/04; NZM 2005, 591**
> Jedenfalls in kleineren Wohnanlagen (hier: vier Wohnungen) ist der Wohnungseigentumsverwalter im Rahmen pflichtgemäßer Ermessensausübung verpflichtet zu versuchen, jedem Mitglied in zumutbarer Weise eine Versammlungsteilnahme zu ermöglichen. Dieser Pflicht kommt der Verwalter bei einer Ladung für 17.30 Uhr an einem Werktag nicht nach, wenn er von beruflichen Verhinderungen einzelner Eigentümer erfährt (...)
>
> **OLG Köln, Beschluss vom 13.9.2004 – 16 Wx 168/04; NZM 2005, 20**
> Bei großen Wohnungseigentümergemeinschaften (hier: 500 Einheiten), deren Mitglieder über die gesamte Bundesrepublik verstreut wohnen, widerspricht es nicht ordnungsgemäßer Verwaltung, die Jahreseigentümerversammlung auf nachmittags 15 Uhr einzuberufen.

---

136 BeckOK WEG/Bartholome, WEG § 24 Rn. 74–79, beck-online

> **! Wichtig**
>
> Am besten spricht der Verwalter mit dem Verwaltungsbeirat den Tag und die Uhr-
> zeit der Eigentümerversammlung ab.
>
> Es gibt kein gesetzliches Verbot zur Abhaltung von Eigentümerversammlungen in
> der Ferienzeit. Allerdings sollte der Verwalter aus Sicherheitsgründen die betroffene
> WEG informieren, wenn die Abhaltung der ordentlichen Eigentümerversammlung in
> den Sommerferien geplant ist. Jeder Eigentümer hat dann die Möglichkeit, sich zu
> erkundigen, welche Themen auf der Versammlung beraten werden und ob er dann
> persönlich teilnimmt oder eine Person seines Vertrauens zur Stimmabgabe bevoll-
> mächtigt.[137]

10.9   Der Ort der Eigentümerversammlung

Der Fall

Die WEG liegt in Köln. Der Verwalter möchte die Eigentümerversammlung in
Düsseldorf durchführen.

Das Problem

Das WEGG regelt nichts zum Ort der Eigentümerversammlung. Unklar ist auch,
wer den Ort für die Eigentümerversammlung aussuchen darf. Die Eigentümer
oder der Verwaltungsbeirat?

Die Lösung

Grundsatz: Der Ort der Eigentümerversammlung muss einen räumlichen Bezug zum Objekt aufweisen und sich daher im Umkreis der Anlage befinden.

Konkrete Entfernungen sind im Schrifttum oder in den einzelnen Gerichtsur-
teilen nicht genannt. Das OLG Köln hat einmal formuliert: »Die Eigentümerversammlung muss dort stattfinden, wo ein redlicher Eigentümer sie billiger-
weise erwarten darf.«[138] In der Regel kann man davon ausgehen, dass es sich
dann um einen Ort in der Stadt des Objekts handelt.

Von diesem Grundsatz gibt es natürlich immer Ausnahmen. Nehmen wir an,
die WEG liegt an der Stadtgrenze zweier Städte. Zu Fuß erreicht man die Gaststätte mit Versammlungslokal in nur 100 Metern. Dann findet die Eigentümerversammlung in einer anderen Stadt statt, und dies entspricht nach hier
vertretener Auffassung auch ordnungsgemäßer Verwaltung.

---

137   siehe LG Karlsruhe, Urteil v. 25.10.2013 – 11 S 16/13; ZWE 2014, 93
138   OLG Köln, Beschluss v. 6.1.2006 – 16 Wx 188/05; ZMR 2006, 384

Wichtig !

Der Verwalter sollte sich grundsätzlich mit der WEG verständigen, an welchem Ort die ETV stattfinden soll, und dies entsprechend dokumentieren. Bei bereits bestehenden WEG gibt es bereits bestimmte Orte, an denen eine Eigentümerversammlung stattgefunden hat. Bei Neubauprojekten muss der Verwalter etwas sensibler mit der Ortsauswahl umgehen.

Faustformel zum Ort der ETV:

- Zugänglich (z.B. barrierefrei)
- Zumutbar (z.B. ausreichende Kapazitäten für die Teilnehmer)
- Ortsbezug (im Umkreis des Objekts)

10.10 Kann die Eigentümerversammlung in der Wohnung des Verwalters stattfinden?

Der Fall

Der Verwalter führt die Eigentümerversammlung regelmäßig in seinem privaten Wohnzimmer durch.

Das Problem

Das WEGG regelt nichts zum Ort der Eigentümerversammlung, insbesondere nicht, ob diese in den privaten Räumen des Verwalters oder auch eines Eigentümers stattfinden kann. Die Frage, ob es sich also um einen geeigneten und zumutbaren Versammlungsort handelt, hängt stets vom Einzelfall ab.

Die Lösung

Es gibt nur einige untergerichtliche Entscheidungen zu der Frage, ob eine ETV in den Privaträumen des Verwalters oder eines Eigentümers durchgeführt werden kann. Auch hier spielt die besondere Konstellation in einer WEG immer eine Rolle. Die Wohnung des Verwalters oder eines Miteigentümers ist dann unzumutbar, wenn bereits Differenzen zwischen verschiedenen Beteiligten bestehen oder zu vermuten ist, dass diese bestehen werden. In diesen Fällen sollte ein »neutraler« Ort für die Eigentümerversammlung gewählt werden. Ansonsten sind die Beschlüsse möglicherweise nicht ordnungsgemäß zustande gekommen und werden bei einer gerichtlichen Anfechtung aufgehoben.

Wichtig !

Theorie und Praxis sind besonders in diesem Fall oft gegensätzlich. Soweit unter den Beteiligten Differenzen (auch zum Ort der Eigentümerversammlung) bestehen, sollte der Verwalter aus Haftungsgründen einen Weisungsbeschluss der WEG einholen, sofern keine anderslautende Vereinbarung in der Gemeinschaftsordnung existiert.

10.11 Darf die Eigentümerversammlung im Biergarten stattfinden?

Der Fall

Im Hochsommer lädt der Verwalter die WEG in den Biergarten »Trinkgut« in der Düsseldorfer Altstadt ein. Naturgemäß kommt es während der Eigentümerversammlung zu einigen Störungen durch andere Gäste. Die Eigentümerversammlung wird allerdings trotzdem weitergeführt. Eigentümer E ist der Ansicht, dass die Beschlüsse auf der Eigentümerversammlung nicht vernünftig zustande gekommen seien, und droht mit einer Anfechtung bei Gericht.

Das Problem

Der Verwalter muss nicht nur darauf achten, dass er bei der Einladung den korrekten Ort aussucht, der Versammlungsraum muss das Prinzip der Nichtöffentlichkeit erfüllen. In der Praxis sagt man daher, es muss sich um einen »geschlossenen Raum« handeln.

Die Lösung

Eigentümer E wird wohl mit seiner Beschlussanfechtungsklage durchkommen, da hier in erheblichem Maße gegen das Prinzip der Nichtöffentlichkeit verstoßen wurde.

> **! Wichtig**
>
> Wenn neue Versammlungsstätten gesucht werden, sollte man sich die Räume auf jeden Fall ansehen, damit tatsächlich gewährleistet ist, dass es sich um einen geschlossenen Raum handelt und keine bösen Überraschungen zu erwarten sind.

10.12 Wer führt den Versammlungsvorsitz?

Der Fall

In der laufenden Eigentümerversammlung stellt der Verwaltungsbeirat plötzlich den Antrag, dass der Verwalter nicht mehr den Vorsitz der Eigentümerversammlung führen soll.

Das Problem

Das Vorgehen des Verwaltungsbeirats ist nicht unüblich. In bestimmten Fällen muss ein Verwalter mit solchen Anträgen rechnen, z.B. bei einem anstehenden Verwalterwechsel.

Die Lösung

Der Verwalter hat grundsätzlich kein Recht, auf den Vorsitz der Eigentümerversammlung zu bestehen. Gemäß § 24 Abs. 5 WEG obliegt zwar dem Verwalter der Vorsitz, allerdings kann die WEG durch einfachen Mehrheitsbeschluss einen anderen Versammlungsleiter bestimmen.

> **Wichtig**
>
> Der Wechsel des Versammlungsvorsitzes kann sinnvoll sein, wenn der Verwalter wiederbestellt werden soll, die Eigentümer aber bestimmte Details im Vorfeld in Ruhe beraten möchten. Bei einem Wechsel des Versammlungsvorsitzes sollte der Verwalter darauf hinweisen, dass ab diesem Zeitpunkt auch die Pflicht zur Weiterführung des Protokolls besteht.

10.13 Mangelnde Beschlussfähigkeit – Wiederholungsversammlung am selben Tag?

Der Fall

Die ordentliche Eigentümerversammlung um 18.00 Uhr war nicht beschlussfähig. Gemäß dem Einladungsschreiben findet unmittelbar danach, nämlich um 18.30 Uhr, die Wiederholungsversammlung statt. Einige Eigentümer monieren die Terminierung und drohen mit Anfechtung.

Das Problem

Das WEGG regelt nur: Ist eine Eigentümerversammlung nicht beschlussfähig, so beruft der Verwalter eine neue Versammlung mit dem gleichen Gegenstand ein. Weitere Regelungen zur nicht beschlussfähigen Eigentümerversammlung kennt das WEGG nicht.

Die Lösung

Die sog. **Eventualeinberufung** (Wiederholungsversammlung am selben Tag der ersten Eigentümerversammlung) ist nur zulässig, wenn die Gemeinschaftsordnung eine klare und konkrete Ermächtigung beinhaltet. Gibt es keine Ermächtigung, muss erneut mit gesetzlicher oder vereinbarter Ladungsfrist und exakt denselben Tagesordnungspunkten zur Wiederholungsversammlung eingeladen werden.

Oft findet sich in den Gemeinschaftsordnungen folgende Vereinbarung: »Die Versammlung ist beschlussfähig, wenn mehr als die Hälfte aller vorhandenen Stimmen vertreten sind. Ist die Versammlung nicht beschlussfähig, hat der Verwalter eine zweite Versammlung mit demselben Gegenstand einzuberufen.

Diese ist ohne Rücksicht auf die Zahl der vertretenen Stimmen beschlussfähig. In der Einladung ist hierauf besonders hinzuweisen.«

Hierbei handelt es sich lediglich um eine Wiedergabe des §25 Abs. 4 WEG:

> **! §25 Abs. 4 WEG**
>
> Ist eine Versammlung nicht gemäß Absatz 3 beschlußfähig, so beruft der Verwalter eine neue Versammlung mit dem gleichen Gegenstand ein. ²Diese Versammlung ist ohne Rücksicht auf die Höhe der vertretenen Anteile beschlußfähig; hierauf ist bei der Einberufung hinzuweisen.

Es handelt sich somit nicht um die die Ermächtigung, eine Eventualeinberufung durchzuführen. Soweit eine Eventualeinberufung zulässig ist und stattfindet, ist diese Versammlung unabhängig davon, wie viele Miteigentumsanteile vertreten sind, beschlussfähig.

> **! Wichtig**
>
> Soweit eine Wiederholungsversammlung ohne Ermächtigung in der Gemeinschaftsordnung abgehalten wird, sind die dort gefassten Beschlüsse anfechtbar, aber nicht nichtig.[139]
> Eine allgemeine Beschlusskompetenz zur Vornahme der Eventualeinberufung wird in der Literatur abgelehnt.[140] Spannend bleibt die Frage, ob eine Beschlusskompetenz dafür besteht, dass die Ermächtigung zur Durchführung der Eventualeinberufung immer nur für ein Jahr (also immer für die nächste ETV) beschlossen wird.[141]

10.14 Beschlussfähig trotz Stimmverbot?

Der Fall

Die WEG möchte gegen den Mehrheitseigentümer M eine Zahlungsklage wegen nicht gezahlter Hausgelder einleiten und hierzu die nötigen Beschlüsse fassen. Der Verwalter erläutert, dass Mehrheitseigentümer M gemäß §25 Abs. 5 WEG vom Stimmrecht ausgeschlossen sei. Als der Verwalter abstimmen lassen möchte, wendet Mehrheitseigentümer M ein, dass die Eigentümerversammlung nicht mehr beschlussfähig sei, da er nicht mit abstimmen dürfe.

---

139 OLG München Beschluss v. 26.1.2018 – 34 Wx 304/17, BeckRS 2018, 400, beck-online
140 u.a. Bärmann, WEG, 13.Aufl. 2015; Rd. 118
141 LG München I, Urteil v. 10.6.2010 – 36 S 3150/10; ZMR, 2010, 877

Das Problem

Ein Eigentümer, der vom Stimmverbot betroffen ist, darf bei der Beschlussfassung nicht mit abstimmen. Einschlägig hierfür ist §25 Abs. 5 WEGG:

> **§25 Abs. 5 WEGG**
>
> Ein Wohnungseigentümer ist nicht stimmberechtigt, wenn die Beschlußfassung die Vornahme eines auf die Verwaltung des gemeinschaftlichen Eigentums bezüglichen Rechtsgeschäfts mit ihm oder die Einleitung oder Erledigung eines Rechtsstreits der anderen Wohnungseigentümer gegen ihn betrifft oder wenn er nach §18 rechtskräftig verurteilt ist.

Die Stimmverbote wirken sich auch auf die Beschlussfähigkeit aus. Das könnte nach dem Inhalt des Gesetztes (§25 Abs. 5 WEG) dazu führen, dass die Eigentümerversammlung nicht mehr beschlussfähig ist, wenn der Mehrheitseigentümer zu bestimmten Beschlussgegenständen dauerhaft vom Stimmrecht ausgeschlossen würde. Wie löst der Verwalter das Problem?

Die Lösung

Sind ein oder mehrere Eigentümer, die mindestens die Hälfte aller MEA vertreten, hinsichtlich aller oder einzelner Beschlussgegenstände dauerhaft vom Stimmrecht ausgeschlossen, ist §25 Abs. 3 WEG nicht anwendbar. Andernfalls könnte eine erste Versammlung niemals beschlussfähig sein.

Ein Eigentümer ist nicht stimmberechtigt, wenn die Beschlussfassung die Vornahme eines Rechtsgeschäfts mit ihm betrifft. Beispiel: Die WEG möchte von dem Eigentümer eine Garage anmieten, damit die gemeinschaftlichen Gartengeräte dort abgestellt werden können. Darüber hinaus greift das Stimmrechtsverbot, wenn ein Beschluss über verfahrensrechtliche Maßnahmen (Einleitung eines Rechtsstreits, Art und Weise der Prozessführung und der Frage, der verfahrensrechtlichen Beendigung) gefasst werden soll.

Das Stimmrechtsverbot bedeutet nicht, dass der oder die betroffenen Eigentümer vom Rede-, Teilnahme- und Antragsrecht ausgeschlossen sind. Auch das Anfechtungsrecht aus §46 WEG bleibt davon unberührt. Wird die Stimme dennoch abgegeben, darf diese nicht mitgezählt werden. Erfolgt eine unberechtigte Berücksichtigung der Stimme und verkündet der Verwalter einen entsprechenden Beschluss, kann der Beschluss erfolgreich angefochten werden. Grundsätzlich wird der Beschluss nur dann für ungültig erklärt, wenn sich die Stimmabgabe auf das Beschlussergebnis ausgewirkt hat.

> **! Wichtig**
>
> Die Beschlussfähigkeit muss nicht nur zu Beginn der Eigentümerversammlung bestehen, sie muss bei jeder einzelnen Abstimmung gegeben sein. Sollten Eigentümer plötzlich den Saal verlassen, sollte der Verwalter immer nachfragen, ob sie die Eigentümerversammlung verlassen und bereit wären, eine Person ihres Vertrauens mit einer Stimmrechtsvollmacht auszustatten.

10.15 Abstimmung: Kann eine abgegebene Stimme zurückgezogen werden?

Der Fall

Eigentümer M hat im Zuge der Abstimmung über die Jahresabrechnung per Handzeichen mit Nein gestimmt. Er überlegt es sich dann aber noch einmal und teilt kurz vor der Ergebnisverkündung durch den Verwalter mit, dass er doch mit Ja stimmt.

Das Problem

Konkrete Regelungen im WEGG zur Abgabe der Stimme existieren nicht. Es ist also fraglich, ob ein Eigentümer in einer laufenden Abstimmung und jederzeit sein Stimmverhalten ändern bzw. eine einmal abgegebene Stimme ändern kann.

Die Lösung

Die in der Eigentümerversammlung abgegebene Stimme kann nach ihrem Zugang beim Versammlungsleiter nicht mehr widerrufen werden.[142]

> **! Wichtig**
>
> Es obliegt selbstverständlich dem jeweiligen Versammlungsleiter, ob stringent nach der vom BGH vorgegeben Systematik verfahren wird. Wichtig ist nur, dass der Einwand des Eigentümers nicht nach Verkündung des Beschlussergebnisses kommt bzw. der Ablauf der Eigentümerversammlung dadurch nicht erheblich gestört wird.

10.16 Abstimmung: Welche Abstimmungsmethoden gibt es?

Der Fall

Auf der Eigentümerversammlung einer WEG mit 20 Wohnungen sind 15 Eigentümer anwesend oder vertreten. Im Zuge der Abstimmung über die Jahresabrechnung verfährt der Verwalter wie folgt:

---

142 BGH, Urteil v. 13.7.2012 – V ZR 254/11; ZMR 2012, 980

»Wer ist dagegen?« Es meldet sich keiner.

»Wer enthält sich der Stimme?« Es melden sich zwei Eigentümer.

»Dann gehe ich davon aus, dass der Rest dafür ist.« 13 Ja-Stimmen.

»Der Beschluss ist somit einstimmig angenommen.«

Einige Eigentümer monieren die Abstimmung, da der Verwalter nicht alle drei Abstimmungsfragen (Wer ist dafür? Wer ist dagegen? Wer enthält sich?) gleichermaßen abgefragt hat.

Das Problem

Im WEGG gibt es keine Regelungen zu den Abstimmungsmethoden. In Betracht kommen daher folgende Möglichkeiten:

- die Abstimmung durch Handzeichen
- die Abstimmung durch jeweils persönliche Frage an jeden einzelnen Eigentümer nebst Antwort
- die geheime Abstimmung (schriftlich)
- die Abstimmung durch das Ausfüllen von Stimmzetteln (oder elektronische Verfahren)
- die Abstimmung durch namentliche Abstimmung
- die Abstimmung durch Stillschweigen auf entsprechende Anfrage
- zukünftig auch: Abstimmung in elektronischer Form

Die Lösung

Sofern in der Gemeinschaftsordnung keine Vorgaben für das Abstimmungsverfahren (Abstimmungsmodus) getroffen sind, entscheidet hierüber

- der Versammlungsvorsitzende oder
- nach einer entsprechenden Abstimmung (Geschäftsordnungsbeschluss) die anwesenden Wohnungseigentümer.

Im vorliegenden Fall ist es aber auch zulässig, die sog. **Subtraktionsmethode** des BGH anzuwenden.[143] Danach kann der Versammlungsleiter das tatsächliche Ergebnis einer Abstimmung auch dadurch feststellen, dass er bereits nach der Abstimmung über zwei von drei – auf Zustimmung, Ablehnung oder Enthaltung gerichteten – Abstimmungsfragen die Zahl der noch nicht abgegebenen Stimmen als Ergebnis der dritten Abstimmungsfrage wertet.

Wichtig !

Wichtig ist allerdings, dass zum Zeitpunkt der Abstimmung die Anzahl der anwesenden und vertretenen Eigentümer und – bei Abweichung vom Kopfprinzip – auch deren Stimmkraft feststeht, damit ein verlässliches Ergebnis erzielt werden kann.

---

143 BGH, Beschluss v. 19.9.2002 – V ZB 37/02; ZMR 2002, 936

10.17 Muss das Abstimmungsergebnis rechnerisch protokolliert werden?

Der Fall

In der Eigentümerversammlung wird über die Jahresabrechnung abgestimmt. Nach dem Inhalt der Gemeinschaftsordnung erfolgt die Abstimmung der WEG nach dem Wertprinzip (Miteigentumsanteile).

Abstimmungsergebnis (insgesamt 100 Wohnungen): 90 dafür, 8 Enthaltungen, 2 Gegenstimmen. Aufgrund des klaren Ergebnisses macht der Verwalter sich nicht die Mühe, die Abstimmungsergebnisse auszurechnen. Ein Eigentümer ist damit nicht einverstanden und weist darauf hin, dass der Verwalter hierzu verpflichtet sei.

Das Problem

In der Regel zählt man bei jeder Abstimmung die Stimmen aus und verkündet dann das Ergebnis. Gibt es auch andere Möglichkeiten, um sich in bestimmten Situationen das aufwendige Auszählen zu ersparen?

Die Lösung

Nach der einschlägigen Kommentierung muss das Abstimmungsergebnis nur dann rechnerisch ermittelt werden, wenn der Verwalter bei der Durchführung der Abstimmung nicht überblicken kann, welche Mehrheiten sich für die drei Fragen (Ja, Nein oder Enthaltung) ergeben.[144] Im vorliegenden Fall ist das Ergebnis mehr als eindeutig, sodass eine aufwendige Auszählung eigentlich nicht erforderlich wäre.

> **! Wichtig**
>
> In vielen Situationen erleichtert der genannte Grundsatz den Verwaltern die Durchführung der Eigentümerversammlung. Sollte es allerdings zu unklaren Mehrheitsverhältnissen kommen oder der Verwalter den Überblick verloren haben, sollte aus Sicherheitsgründen immer vollständig ausgezählt werden. Soweit die Eigentümerversammlung von mehreren Personen der Verwaltung betreut wird, kann die Versammlung fortgeführt werden, während parallel ausgezählt wird (selbstverständlich muss die Abstimmung schriftlich erfasst werden, z.B. durch Stimmzettel, Exceltabelle, elektronisches System etc.). Nach der Auszählung kann der Beschluss verkündet werden.

---

144 Jennißen, WEG, 4. Aufl., § 23 Rn. 63

10.18 Enthaltungen – sind das Ja- oder Nein-Stimmen?

Der Fall

In der Eigentümerversammlung (WEG mit zehn Wohnungen) wird über den Beschluss zur Jahresabrechnung folgendes Abstimmungsergebnis verkündet:

- dafür: 1 Eigentümer
- Enthaltungen: 9 Eigentümer
- dagegen: 0 Eigentümer

Der Verwalter stellt fest, dass der Beschluss damit **einstimmig** zustande gekommen ist. Die Eigentümer wundern sich, da doch nur ein Eigentümer dafür war und neun Eigentümer sich enthalten haben.

Das Problem

Im vorliegenden Fall stellt sich die Frage, wie Enthaltungen zu werten sind.

Die Lösung

Enthaltungen werden weder als Ja- noch als Nein-Stimme gewertet und haben auf das Abstimmungsergebnis keine Auswirkung. Mehrheiten bilden sich nur durch Ja- und Nein-Stimmen. Da eine Stimme dafür und keine Stimme dagegen waren, wurde die Jahresabrechnung einstimmig genehmigt.

> **Wichtig**   !
>
> Der Verwalter sollte stets prüfen, ob die Gemeinschaftsordnung zu den Enthaltungen andere Regelungen vorgibt. Es kann z.B. vereinbart werden, dass Enthaltungen wie Gegenstimmen zu werten sind.[145]

10.19 Störender Wohnungseigentümer – ist ein Versammlungsausschluss möglich?

Der Fall

Bei Tagesordnungspunkt 8 springt Eigentümer A plötzlich auf und beschimpft die anderen Eigentümer sowie den Verwalter. Der Verwalter ermahnt Eigentümer A und fordert ihn freundlich auf, sich zu beruhigen, damit der Ablauf der Eigentümerversammlung nicht gefährdet ist. Eigentümer A kommt aber nicht zur Ruhe, ganz im Gegenteil, die Gefühlsausbrüche sind nicht mehr zu kontrollieren.

---

145 BayObLG, Beschluss v. 11.4.1991 – BReg. 2 Z 28/91; NJW-RR 1992, 83

Das Problem

Kann der Verwalter einen Versammlungsteilnehmer von der Eigentümerversammlung ausschließen? Was aber, wenn Eigentümer A die Eigentümerversammlung nicht freiwillig verlassen möchte?

Die Lösung

Grundsätzlich hat der Verwalter das sog. Hausrecht und muss im Rahmen der Moderation dafür sorgen, dass die Eigentümerversammlung vernünftig abläuft und die notwendigen Beschlüsse gefasst werden können. Gibt es Eigentümer, die den Ablauf gefährden oder sogar beleidigend oder handgreiflich werden, kann der Verwalter ohne Weiteres den Ausschluss des betroffenen Eigentümers aus der Eigentümerversammlung ansagen. Allerdings kommt der Ausschluss wirklich nur als ultima ratio in Betracht, wenn ein störungsfreier Ablauf der Versammlung nicht anders gewährleistet werden kann.

Folgt der betroffene Eigentümer der Anweisung des Verwalters nicht, sollte sofort die Polizei verständigt werden, die dann dafür sorgt, dass die Eigentümerversammlung vernünftig weitergeführt werden kann.

! **Wichtig**

Soweit der Ausschluss aus der Eigentümerversammlung grundlos war oder nicht genügend Gründe dafür vorlagen, droht eine Anfechtung der Beschlüsse. Der Verwalter sollte sich daher gut überlegen, in welchen Situationen er den Ausschluss rechtfertigen kann, und stets die wichtigsten Eckpunkte hierzu im Protokoll dokumentieren.

10.20 Darf der Mieter an der Eigentümerversammlung teilnehmen?

Der Fall

Eigentümer M bringt zur Eigentümerversammlung seinen Mieter mit, weil dieser in der Wohnung wohnt und sich brennend für die Beratungen der WEG interessiert. M fragt den Verwalter, ob der Mieter an der Eigentümerversammlung teilnehmen darf.

Das Problem

Nach dem WEGG können grundsätzlich nur Eigentümer (§ 24 Abs. 1 WEG) oder wirksam Bevollmächtigte an der Eigentümerversammlung teilnehmen. Es gilt das sog. **Prinzip der Nichtöffentlichkeit**, wonach außenstehende Dritte nicht an der Eigentümerversammlung teilnehmen dürfen. Gibt es aber eine Möglichkeit, dass der Mieter an der Eigentümerversammlung teilnehmen kann?

Die Lösung

Es gibt in der Literatur mehrere Auffassungen zur möglichen Vorgehensweise:

1. Üblicherweise werden die anwesenden Eigentümer gefragt, ob gegen die Teilnahme des Dritten (hier: Mieter) Einwände bestehen. Soweit nur ein Eigentümer damit nicht einverstanden ist, muss der Dritte die Eigentümerversammlung verlassen. Diese Vorgehensweise klingt logisch, weil man eigentlich annimmt, dass das Prinzip der Nichtöffentlichkeit eben nicht durch einen Beschluss ausgehebelt werden kann.[146]

2. Es gibt aber auch obergerichtliche Entscheidungen, die zulassen, dass ein Geschäftsordnungsbeschluss mit einfacher Mehrheit über die Teilnahme des Dritten gefasst werden kann. Auch wenn der Geschäftsordnungsbeschluss zustande kommt, bedeutet das nicht automatisch, dass die Zulassung korrekt war. Auch der Geschäftsordnungsbeschluss muss ordnungsgemäßer Verwaltung entsprechen, kann aber grds. nur in Kombination mit dem Beschluss angefochten werden, der im Rahmen einer Beschlussanfechtungsklage überprüft werden soll.[147]

Je nachdem, welche Variante der Verwalter also wählt, muss der Mieter die Eigentümerversammlung verlassen.

Wichtig !

Der Dritte (in der Regel ein Gast oder Besucher) hat kein Stimmrecht. In der Praxis – gerade bei großen WEG – kann es durchaus vorkommen, dass die Teilnahme eines Dritten dadurch genehmigt wird, indem die Anwesenheit dieser Personen nicht gerügt wird (konkludente Zustimmung).

Der Verwalter sollte zu Beginn der Eigentümerversammlung immer darauf hinweisen, dass er davon ausgeht, dass nur Berechtigte im Sinne des WEGG an der Eigentümerversammlung teilnehmen. In der Regel ergibt sich dann eine Situation, in der sich die entsprechenden Personen entweder selbst »outen« oder vom Verwaltungsbeirat oder anderen Eigentümern auf die Teilnahme eines Nichtberechtigten hingewiesen wird.

Hierzu ein Beispiel aus der Verwalterpraxis:

Eigentümer entpuppt sich als Mieter !

Der Verwalter hat die Möglichkeit, eine WEG mit 28 Wohnungen zu übernehmen. Er stellt sich einem Gremium vor, das eine Vorauswahl der Bewerber durchführt. Ein Mann in diesem Gremium, scheint der »Hauptansprechpartner« zu sein. Zwar gibt es einen Verwaltungsbeirat. Dieser hat sich aber überwiegend zurückgezogen.

---

146 Bärmann, WEG, 13. Aufl. 2015, § 24 Rn. 102
147 LG München, Urteil v. 29.1.2015 – 36 S 2567/14, ZMR 2015, 490; LG Karlsruhe, Urteil v. 11.5.2010 – 11 S 9/08, ZWE 2010, 377

Der »Hauptansprechpartner« empfiehlt der WEG den Verwalter und auf der Eigentümerversammlung wird dieser dann auch allstimmig zum Verwalter gewählt. Der Verwalter erhält vom »Hauptansprechpartner«, der auch der Rechnungsprüfer in dieser WEG ist, viele nützliche Tipps zur Übernahme der WEG und zu den noch offenen Beschlüssen. Auf der ersten Eigentümerversammlung stellt der Verwalter allerdings fest, dass der Hauptansprechpartner der Mieter einer Wohnung ist. Eigentümerin ist seine Mutter. In der Gemeinschaftsordnung gibt es eine Einschränkung des Vertreterkreises für die Eigentümerversammlung: Danach dürfen nur Ehegatten, Miteigentümer und Verwalter vertreten. Nach Auswertung der neuen Situation, darf der »Hauptansprechpartner« eigentlich nicht an der Eigentümerversammlung teilnehmen.

Selbstverständlich hat der Verwalter den »Hauptansprechpartner« stets an der Eigentümerversammlung teilnehmen lassen. Bis heute gab es in dieser WEG keine Probleme. Das Beispiel soll noch einmal verdeutlichen, dass Theorie und Praxis oft nicht dasselbe sind und der Verwalter oft auch strategische Entscheidungen treffen muss, die aber ggf. zu einer Haftungsfalle führen.

10.21 Darf ein Berater bei der Eigentümerversammlung anwesend sein?

Der Fall
Eigentümerin S ist von Rom nach Berlin in ihre neue Eigentumswohnung umgezogen. Sie ist der deutschen Sprache noch nicht hinreichend mächtig, sodass sie zu ihrer ersten Eigentümerversammlung einen Dolmetscher mitbringt, der entsprechend übersetzen kann. Einige Eigentümer sind dagegen, dass der Dolmetscher teilnimmt, da dies einen Verstoß gegen das Prinzip der Nichtöffentlichkeit darstellt.

Das Problem
In der Praxis stellt sich die Frage, ob ein Eigentümer möglicherweise einen Anspruch auf einen Berater/eine Begleitperson hat oder die anderen Eigentümer dies ablehnen können, da dadurch ein Verstoß gegen das Prinzip der Nichtöffentlichkeit vorliegt.

Die Lösung
Jeder Einzelfall muss natürlich besonders betrachtet werden. Grundsätzlich hat ein Eigentümer aber einen Anspruch darauf, folgende Personen zur Eigentümerversammlung mitzubringen: Dolmetscher, Pfleger, Vormund, Betreuer etc.

Fraglich und hier nicht zu beantworten ist, wann der Anspruch besteht und wann nicht. Das kann der Verwalter immer nur spontan in der Eigentümerversammlung selbstständig entscheiden bzw. er kann die anderen Eigentümer über die Rechtslage aufklären.

Im vorliegenden Fall droht möglicherweise eine erfolgreiche Beschlussanfechtung, wenn der Dolmetscher nicht zugelassen wird, denn die neue Eigentümerin kann dann den Beratungen und Abstimmungen nicht ordnungsgemäß folgen und nicht ihren Teil zur Willensbildung beitragen.

Wichtig

Der Verwalter sollte sich immer neutral verhalten und der WEG die Rechtslage zu Beratern in der Eigentümerversammlung erläutern und im Protokoll dokumentieren. Unproblematisch sind in der Regel die Fälle, in denen die WEG einen Berater braucht, wie z. B. bei einem komplizierten Rechtsstreit gegen den Bauträger oder einer umfangreichen Sanierungsmaßnahme. Der Berater sollte in der Einladung auf jeden Fall angekündigt werden.

10.22 Die Tagesordnung

Der Fall

Der Verwalter möchte zur Eigentümerversammlung einladen. Folgende Tagesordnung verschickt er an alle Eigentümer:

Tagesordnung zur Eigentümerversammlung

TOP 1: Feststellung der Beschlussfähigkeit
TOP 2: Abrechnung
TOP 3: Wirtschaftsplan
TOP 4: Treppenhaus
TOP 5: Gärtner
TOP 6: Sonstiges

Ein Eigentümer meldet sich beim Verwalter und weist diesen darauf hin, dass die Tagesordnung nicht aussagekräftig genug sei und der Verwalter sofort eine Korrektur verschicken müsse.

Das Problem

Im WEGG ist in §23 Abs. 2 WEG lediglich geregelt: »Zur Gültigkeit eines Beschlusses ist erforderlich, dass der Gegenstand bei der Einberufung bezeichnet ist.« Reicht diese sehr kurze Tagesordnung in diesem Fall aus?

Die Lösung

Die Tagesordnung muss so gestaltet sein, dass der Eigentümer deutlich erkennt, was in der Eigentümerversammlung überhaupt besprochen werden soll. Folgende Grundsätze sollte man sich merken:

- Die Tagesordnung muss die Möglichkeit der Vorbereitung geben und die Eigentümer vor Überraschungen schützen.
- Die Bezeichnung der TOPs muss so gewählt werden, dass jeder Eigentümer verstehen und überblicken kann, worum es geht und welche Auswirkungen ein Beschluss hat![148]

! Wichtig

Neben der konkreten Bezeichnung der Gegenstände sollten auch Erläuterungen und Beschlussvorschläge verschickt werden. Das bringt Vorteile:

- Eigentümer und Verwalter sind optimal auf die Versammlung vorbereitet.
- Der Ablauf der Versammlung ist transparenter und schneller.
- Abstimmungen und Nachbearbeitung sind einfacher und schneller.
- Das Anfechtungsrisiko wird minimiert.

Der BGH hat in einer Entscheidung auch darauf hingewiesen, dass nur dann eine ordnungsgemäße Beschlussfassung vorliegt, wenn – unabhängig von der ausreichenden Bezeichnung der Tagesordnungspunkte – bestimmte Unterlagen beigefügt werden, damit der Beschlussgegenstand inhaltlich vernünftig beraten werden kann.[149]

Klare Beispiele hat der BGH nicht genannt, aber in der Praxis ist es selbstverständlich, dass z.B. zum Tagesordnungspunkt »Abrechnung« alle Abrechnungsunterlagen beigefügt werden oder zum Tagesordnungspunkt »Verwalterbestellung« das Angebot und der Vertrag des Verwalters. Soweit Sie zukünftig in den Beschlüssen auf Anlagen verweisen, muss den Eigentümern zwingend eine Anlage vorliegen, damit der Beschluss ordnungsgemäß ist.

! Wichtig

Unter »Sonstiges« können keine Beschlüsse gefasst werden. Die Rechtsprechung lässt allerdings zu, dass unter »Sonstiges« Angelegenheiten von untergeordneter Bedeutung besprochen und protokolliert werden.

---

148 BGH, Urteil v. 13.1.2012 – V ZR 129/11; ZMR 2012, 380
149 BGH, Urteil v. 13.1.2012 – V ZR 129/11; ZMR 2012, 380

10.23 Die Tagesordnung – ist das Nachschieben von Tagesordnungspunkten zulässig?

Der Fall

Die Einladung zur Eigentümerversammlung wurde bereits allen Eigentümer zugestellt. Der Verwaltungsbeirat ruft beim Verwalter an und beantragt noch, dass die Tagesordnung um den Punkt »Installation von Markisen« ergänzt werden soll.

Das Problem

In der Praxis stellt sich oft die Frage, unter welchen Gegebenheiten eine bereits übermittelte Tagesordnung ergänzt bzw. erweitert werden kann. Aus dem WEGG lassen sich hierzu keine konkreten Vorgaben ableiten.

Die Lösung

Soweit die gesetzliche Ladungsfrist (§ 24 Abs. 4 WEG) bzw. die vereinbarte Ladungsfrist gemäß Gemeinschaftsordnung bereits läuft, dürfen keine Tagesordnungspunkte mehr nachgeschoben werden. Ein Verstoß führt zwar nicht zur Nichtigkeit, aber zur Anfechtbarkeit der gefassten Beschlüsse.

> **Wichtig** !
>
> Der Verwalter sollte die Eigentümer über diesen Umstand informieren, damit es zu keinen unnötigen Diskussionen kommt. Eigentümer haben stets ein Jahr Zeit, die von ihnen gewünschten Themen einzureichen.

Ein Beispiel aus der Verwalterpraxis:

> **Beispiel** !
>
> Der Verwalter erhält zwei Monate vor der geplanten Eigentümerversammlung vom Vorsitzenden des Verwaltungsbeirats den Antrag, den Punkt »Instandsetzung der Wohnungseingangstür (Wohnung Nr. 5)« auf die Tagesordnung zu setzen. Aus unerklärlichen Gründen verschwindet der Antrag. Der TOP fehlt bei der Einladung zur Eigentümerversammlung.
> Selbstverständlich hat der Verwalter den Tagesordnungspunkt noch nachgeschoben, indem er eine Ergänzung der Tagesordnung vorgenommen und diese erneut allen Eigentümern zugestellt hat.

Diese Vorgehensweise ist natürlich aufgrund des Anfechtungsrisikos gefährlich. Es wäre vermutlich besser, sich beim Vorsitzenden des Verwaltungsbeirats zu entschuldigen und zeitnah eine außerordentliche Eigentümerversammlung durchzuführen, damit der Punkt noch im selben Jahr beraten werden kann und der Vorsitzende des Verwaltungsbeirats nicht verärgert wird. Für die außerordentliche Eigentümerversammlung dürfen dann selbstverständlich keine Kosten anfallen.

10.24 Wie viele Tagesordnungspunkte muss der Verwalter aufnehmen?

Der Fall
Eigentümer Q reicht dem Verwalter jedes Jahr acht Anträge zur Eigentümerversammlung ein. Die anderen Eigentümer sind bereits durch die Fülle der Anträge genervt. Wer entscheidet, ob Anträge in die Tagesordnung aufgenommen werden? Ist der Verwalter verpflichtet, jeden Punkt aufzunehmen?

Das Problem
Aus dem WEGG ergeben sich keine Hinweise, wie der Verwalter in solchen Fällen verfahren muss. Allerdings sollte dem Verwalter, aber auch den anderen Eigentümers stets bewusst sein, dass die Willensbildung über Beschlüsse erfolgt und die Aufnahme der Themen – auch wenn es manchmal etwas lästig ist – vielleicht doch sinnvoll ist.

Die Lösung
Grundsätzlich hat jeder Eigentümer Anspruch auf die Aufnahme von Tagesordnungspunkten, soweit deren Behandlung ordnungsmäßiger Verwaltung entspricht. Es müssen also sachliche Gründe vorliegen, warum dieser eine Tagesordnungspunkt erörtert und dann ggf. ein Beschluss darüber gefasst werden soll.

Der Anspruch kann allerdings nicht mehr gegeben sein, wenn die Ladungsfrist zur Eigentümerversammlung bereits läuft. Sollte der Verwalter die Aufnahme von Tagesordnungspunkten ohne Grundlage ignorieren, kann er sich schadenersatzpflichtig machen und gezwungen werden, eine außerordentliche Eigentümerversammlung einzuberufen. Die Schwierigkeit liegt darin zu erkennen, ob der Tagesordnungspunkt ordnungsmäßiger Verwaltung entspricht oder nicht. Das Entscheidungsrecht des Verwalters, Anträge nicht aufzunehmen, ist hier eingeschränkt.

> **!** **Wichtig**
>
> In fast jeder WEG gibt es Einzelne, die unzählige Anträge stellen, obwohl die deutliche Mehrheit der Eigentümer davon genervt ist. In diesen Fällen sollte die WEG alle Tagesordnungspunkte – soweit möglich – kurz beraten und einen Negativbeschluss fassen, wenn der Punkt aus Sicht der WEG nichts mit ordnungsgemäßer Verwaltung zu tun hat. Faustregel: Das sollte bei acht Anträgen ca. 20 Minuten dauern.

10.25 Namentliche Abstimmung – aber wann?

Der Fall

Die Fassade ist derart marode, dass Wasser in die Wohnung des Eigentümers M eindringt. Provisorische Maßnahmen helfen nicht mehr. Eine Totalsanierung in Höhe von 50.000 EUR ist fällig. Die WEG (10 Eigentümer) lehnt auf der Eigentümerversammlung die Totalsanierung durch Beschluss ab.

Das Problem

Aus der Ablehnung der WEG entstehen dem betroffenen Eigentümer möglicherweise Schadenersatzansprüche. Es stellt sich nur die Frage, gegen wen ein möglicher Schadenersatzanspruch geltend gemacht werden muss.

Die Lösung

Zwischenzeitlich hat der BGH entschieden: »Erleidet ein einzelner Wohnungseigentümer einen Schaden an seinem Sondereigentum, weil eine Beschlussfassung über die sofortige Vornahme derartiger Instandsetzungsmaßnahmen unterblieben ist, so trifft die Verpflichtung zum Schadensersatz nicht den rechtsfähigen Verband, sondern diejenigen Wohnungseigentümer, die schuldhaft entweder untätig geblieben sind oder nicht für die erforderliche Maßnahme gestimmt bzw. sich enthalten haben.«

> **Wichtig** !
>
> Damit der geschädigte Eigentümer in die Lage versetzt wird, seine Ansprüche geltend zu machen, muss er wissen, gegen wen. Bei solch kritischen Themen bzw. Abstimmungen muss der Verwalter die Namen der Eigentümer notieren, die gegen die Maßnahme gestimmt oder sich enthalten haben. Sogar Eigentümer, die nicht an der Eigentümerversammlung teilgenommen haben, machen sich schadenersatzpflichtig, da sie »schuldhaft untätig« geblieben sind.

Übrigens: Auch bei einem Beschluss über eine bauliche Veränderung müssen die Namen notiert werden, denn gemäß § 16 Abs. 6 WEG müssen Eigentümer, die einer baulichen Veränderung nicht zugestimmt haben, sich an den Kosten nicht beteiligen, sofern sie das Ergebnis der baulichen Veränderung nicht nutzen.

10.26 Muss zur Eigentümerversammlung eigentlich eine schriftliche Vollmacht vorgelegt werden?

Der Fall

Der Verwalter sammelt gerade die Unterschriften auf der Anwesenheitsliste zur Eigentümerversammlung. Eigentümer M legt dem Verwalter die Vollmacht in Form einer Faxmitteilung des Eigentümers X vor. Darf Eigentümer M nun das Stimmrecht des Eigentümers X wahrnehmen? Was bedeutet in diesem Zusammenhang »Schriftform«?

Das Problem
In der Praxis gehen die Beteiligten oftmals davon aus, dass es ein Gesetz gibt, wonach eine schriftliche Vollmacht vorgelegt werden muss, also ein Dokument mit einer Bevollmächtigung und mit der eigenhändigen Unterschrift (§ 126 BGB) des Vollmachtgebers (= Schriftform).

Die Lösung
Grundsätzlich ist die Erteilung einer Vollmacht formfrei (§ 167 Abs. 2 BGB). Sie kann also mündlich, durch Telefax oder per E-Mail erfolgen. Wichtig ist in diesem Zusammenhang: Die Gemeinschaftsordnung kann etwas anderes regeln (z. B. explizit die Schriftform i. S. d. § 126 BGB).

Das Problem ist nicht die Form der Vollmacht, sondern der Nachweis in der Eigentümerversammlung, dass die Bevollmächtigung besteht. Eine mündliche Bevollmächtigung ist problematisch, weil der Nachweis schwierig zu erbringen ist. Wird diese jedoch nicht gerügt, kann auch eine mündlich erteilte Vollmacht eine wirksame Stimmabgabe nach sich ziehen. Jeder Eigentümer kann seine Stimmabgabe durch einen Bevollmächtigten entsprechend § 174 BGB zurückweisen, wenn dieser keine Vollmachtsurkunde vorlegt. In diesem Fall ist die Stimmabgabe unwirksam.

Im vorliegenden Fall muss erst einmal geprüft werden, ob die Gemeinschaftsordnung eine Form für die Vollmacht vorschreibt. Gibt es keine Formvorschriften, kann der Verwalter die Vollmacht in Textform (hier: Fax) akzeptieren. Bei der Schriftform muss das Dokument nicht eigenhändig unterschrieben werden, sondern es kann auch eine E-Mail oder ein Fax sein.

! **Wichtig**

Ist in der Gemeinschaftsordnung die Schriftform für die Erteilung der Vollmacht vereinbart, so hat ein Mangel der Vollmacht (also wenn sie z. B. nicht in Schriftform vorliegt) nicht die Unwirksamkeit der Stimmabgabe zur Folge. Die Beschlüsse sind dann allerdings anfechtbar.

Anders ist es nur, wenn in der Gemeinschaftsordnung vereinbart wurde, dass die Stimmabgabe durch einen Bevollmächtigten nur dann wirksam sein soll, wenn dieser eine schriftliche Vollmacht vorlegt. Geschieht dies nicht, ist die Stimmabgabe ohne Vorlage einer Vollmacht wegen Fehlens einer Wirksamkeitsvoraussetzung unwirksam.

Übrigens: Jeder Eigentümer hat das Recht die Vollmachten einzusehen, ein Verstoß – insbesondere während der Eigentümerversammlung – kann zur erfolgreichen Anfechtung der Beschlüsse führen.

Tipp !

In der Praxis ist es üblich, dass mit der Einladung entsprechende Vollmachtvordrucke mitverschickt werden, damit es bei Feststellung der Beschlussfähigkeit bzw. auch bei den entsprechenden Abstimmungen nicht zu Problemen kommt. Achten Sie auch darauf, in den Vollmachtvordruck aufzunehmen, dass der Vollmachtnehmer berechtigt ist, eine entsprechende Untervollmacht zu erteilen, und dass die Vollmacht auch für eine Wiederholungsversammlung gilt.

10.27 Müssen sich Ehegatten gegenseitig für die Eigentümerversammlung bevollmächtigen?

Der Fall

Die Eheleute K und M sind jeweils zur Hälfte Eigentümer einer Wohnung. Ehemann K kommt allein und ohne Vollmacht seiner Ehefrau zur Eigentümerversammlung und stimmt auch über sämtliche Tagesordnungspunkte ab. Müssen sich Ehegatten gegenseitig zur Stimmabgabe bei der Eigentümerversammlung bevollmächtigen?

Das Problem

Das Gesetz regelt in §25 Abs. 2 Satz 2 WEG, dass die Stimmabgabe bei mehreren Eigentümern für eine Einheit nur gemeinsam erfolgen kann. Demnach könnte man annehmen, dass die Vorlage der Vollmacht zwingend erforderlich ist, damit wirksam abgestimmt werden kann.

Die Lösung

In der Rechtsprechung gibt es einige Entscheidungen, welche die Vorlage einer Vollmacht unter Ehegatten für nicht erforderlich halten.[150] Der BGH hat sich allerdings zu diesem Thema noch nicht äußern müssen.

Wichtig !

Wenn der Verwalter ganz sichergehen will, sollte er darauf bestehen, dass die Vollmacht des Ehegatten vorgelegt wird.

---

150 LG Köln, Urteil v. 4.10.2012 – 29 S 91/12, ZMR 2013, 134; LG München I, Urteil v. 31.3.2011 – 36 S 1580/11, ZMR 2011, 835

10.28 Wie viele Vollmachten darf man eigentlich vergeben?

Der Fall

Die Gemeinschaftsordnung enthält hinsichtlich der Vertretung in der Eigentümerversammlung keine Regelung.

Anlässlich der Eigentümerversammlung am 24.5. erscheinen für die Wohnung des Eigentümers R als Bevollmächtigte: Herr M, Herr S, Herr X und Herr Y. Alle können eine schriftliche Vollmacht für denselben Vollmachtgeber bzw. dieselbe Wohnung vorlegen.

Das Problem

Geht es, dass es für eine Wohnung mehrere Bevollmächtigte gibt? Dann können die Verwalter zukünftig nicht mehr seriös planen, wie groß der Versammlungssaal sein muss.

Die Lösung

Ein Eigentümer kann sich bei der Ausübung seines Stimmrechts auch durch mehrere Bevollmächtigte vertreten lassen. Diese können nur einheitlich abstimmen, wenn sie gleichzeitig in der Versammlung anwesend sind.[151]

! **Wichtig**

Selbstverständlich darf eine solche Personengruppe den Ablauf der Eigentümerversammlung nicht stören. Vermutlich findet die Anzahl der Bevollmächtigten dort ihre Grenzen, wo das Schikaneverbot (§226 BGB: »Die Ausübung eines Rechts ist unzulässig, wenn sie nur den Zweck haben kann, einem anderen Schaden zuzufügen.«) gilt.

10.29 Der Eigentümer als Vollmachtgeber und gleichzeitig Vollmachtnehmer?

Der Fall

Eigentümer M hat zwei Einheiten. In der WEG wird nach MEA abgestimmt. Eigentümer M möchte gerne seinen Rechtsanwalt als Unterstützung dabeihaben und überlegt sich, dem Rechtsanwalt für eine Wohnung die Stimmvollmacht zu übertragen, sodass dieser wirksam an der Eigentümerversammlung teilnehmen kann. Für die andere Wohnung möchte Eigentümer M dann selbst auftreten.

---

151 BGH, Urteil v. 30.3.2012 – V ZR 178/11; ZMR 2012, 644

Das Problem

Soweit das Kopfprinzip (§ 25 Abs. 5 WEG) gilt, wird der Plan des Eigentümers M definitiv nicht funktionieren, denn dann würde theoretisch eine unzulässige Stimmvermehrung erzeugt.

Aber wie verhält es sich, wenn das Objekt- oder Wertprinzip in der Gemeinschaftsordnung vereinbart wurde? Durch den Nichtöffentlichkeitsgrundsatz sollte der Plan des Eigentümers M scheitern, sonst wäre es in bestimmten Konstellationen immer möglich, dass diverse Dritte an der Eigentümerversammlung teilnehmen.

Die Lösung

Der Eigentümer kann – soweit die Gemeinschaftsordnung keine Beschränkung erhält – jede Person mit der Vertretung beauftragen. Allerdings darf er dann nicht gleichzeitig an der Eigentümerversammlung teilnehmen.[152]

> **Wichtig** !
>
> Der Verwalter sollte sorgfältig darauf achten, dass die richtigen Personen an der Eigentümerversammlung teilnehmen, da sonst die Anfechtung der Beschlüsse droht.

10.30 Welches Stimmrechtsprinzip gilt?

Der Fall

In der Gemeinschaftsordnung ist vereinbart, dass die WEG nach Einheiten (Objektprinzip) abstimmt. Auf der Eigentümerversammlung möchte die WEG über die gesamte Dämmung der Fassade beschließen. Der Verwalter lässt über die Modernisierung im Sinne des § 22 Abs. 2 WEG abstimmen, nimmt aber statt des Kopfprinzips (§ 25 Abs. 5 WEG) das in der Gemeinschaftsordnung vereinbarte Objektprinzip. Der Beschluss kommt zustande und wird vom Verwalter verkündet. Ein Eigentümer ist damit nicht einverstanden und droht mit einer Anfechtung.

Das Problem

Grundsätzlich kann das gesetzliche Stimmrecht (§ 25 Abs. 5 WEG) durch eine Vereinbarung in der Gemeinschaftsordnung geändert werden, d. h alle Abstimmungen müssen dann auch nach dem vereinbarten Stimmrechtsprinzip durchgeführt werden. Es gibt aber im WEGG den § 16 Abs. 4 (Änderung Kostenverteilung Instandhaltung/bauliche Veränderung) und § 22 Abs. 2 (Modernisierung),

---

152 LG Karlsruhe, Urteil v. 21.7.2015 – 11 S 118/14; ZWE 2016, 94

wonach bei solchen Abstimmungen nicht das vereinbarte Stimmrechtsprinzip gilt, sondern das im jeweiligen Gesetz vorgesehene Stimmrecht.

Die Lösung

Der vorgenannte Beschluss ist nicht ordnungsgemäß zustande gekommen, da das falsche Stimmrechtsprinzip verwendet wurde.

Der § 22 Abs. 2 WEGG (siehe auch § 16 Abs. 4 WEGG) regelt:

> **! § 22 Abs. 2 WEGG**
>
> Maßnahmen gemäß Absatz 1 Satz 1, die der Modernisierung entsprechend § 555b Nummer 1 bis 5 des Bürgerlichen Gesetzbuches oder der Anpassung des gemeinschaftlichen Eigentums an den Stand der Technik dienen, die Eigenart der Wohnanlage nicht ändern und keinen Wohnungseigentümer gegenüber anderen unbillig beeinträchtigen, können abweichend von Absatz 1 durch eine Mehrheit von drei Viertel aller stimmberechtigten Wohnungseigentümer im Sinne des § 25 Abs. 2 und mehr als der Hälfte aller Miteigentumsanteile beschlossen werden. Die Befugnis im Sinne des Satzes 1 kann durch Vereinbarung der Wohnungseigentümer nicht eingeschränkt oder ausgeschlossen werden.

Der Beschluss wird bei einer Anfechtung aufgehoben.

> **! Wichtig**
>
> Der Verwalter sollte bei den vorgenannten Beschlussgegenständen darauf achten, dass zwingend das Kopfprinzip (§ 25 Abs. 2 Satz 1 WEG) anzuwenden ist.

In der Praxis gibt es drei Stimmrechtsprinzipien:
1. per Gesetz (§ 25 Abs. 2 Satz 1 WEG): **Kopfstimmrecht** – jeder Eigentümer hat eine Stimme, unabhängig davon, wie viele Einheiten er hat. Beispiel: Hat der Eigentümer 10 Wohnungen, hat er eine Stimme.
2. durch Vereinbarung: **Objektprinzip** – jeder Eigentümer erhält für jede Einheit eine Stimme.
3. durch Vereinbarung: **Wertprinzip** – die Stimmkraft richtet sich nach der Höhe der Miteigentumsanteile.

10.31 Versendung der Niederschrift – aber bis wann?

Der Fall

Am 2.2.2018 fand die Eigentümerversammlung statt. Am 2.3.2018 beschweren sich die ersten Eigentümer, wann denn die Niederschrift – also das Protokoll – endlich übermittelt wird. Der Verwalter hätte die Niederschrift jedem

Eigentümer spätestens drei Wochen nach der Eigentümerversammlung zustellen müssen.

Das Problem

Im WEGG ist lediglich geregelt, dass über die in der Versammlung gefassten Beschlüsse eine Niederschrift aufzunehmen ist. Jeder Eigentümer ist berechtigt, diese Niederschrift einzusehen. Daraus ergibt sich aber keine automatische Pflicht für den Verwalter, diese Niederschrift auch zu versenden.

Die Lösung

Zwar gibt es aus dem Gesetz heraus keine Verpflichtung zur Übersendung der Niederschrift, oftmals werden solche Pflichten allerdings im Verwaltervertrag vereinbart.

Vor der WEG-Novelle (1.7.2007) war in der Rechtsprechung verbreitet, dass die Niederschrift den Eigentümern spätestens drei Wochen nach der Eigentümerversammlung zugestellt werden muss, da nach einem Monat die Anfechtungsfrist abläuft und die Eigentümer so nicht in die Lage versetzt wurden zu entscheiden, ob sie den oder die Beschlüsse ggf. gerichtlich überprüfen lassen wollen.

Die Rechtsprechung ist veraltet. Mit Einführung der Beschluss-Sammlung (seit 1.7.2007) haben die Eigentümer die Möglichkeit, diese zeitnah einzusehen, denn die Beschluss-Sammlung ist unverzüglich zu führen, d.h. drei bis fünf Werktage nach der entsprechenden Eigentümerversammlung.

Wichtig !

In der Regel wird die Beschluss-Sammlung mit der Niederschrift erstellt. Im Übrigen hat der Verwalter ein Interesse daran, die Niederschrift so schnell wie möglich zu verschicken, damit die Beschlussumsetzung zeitnah erfolgen kann. Unabhängig von der Rechtslage werden die Eigentümer, wenn sie keine Niederschrift erhalten, nach einer gewissen Zeit verstärkt anrufen – und das kostet Zeit und Kraft.

10.32 Die Niederschrift – Ergebnis- oder Verlaufsprotokoll?

Der Fall

Der Verwaltungsbeirat verlangt vom Verwalter, neben den eigentlichen Beschlüssen, auch alle Wortbeiträge und Diskussionen in die Niederschrift (Protokoll) aufzunehmen.

Das Problem

Aus dem WEGG ergeben sich keine Hinweise, was der Verwalter bei der Niederschrifterstellung beachten muss.

Die Lösung

Grundsätzlich muss der Verwalter ein Ergebnisprotokoll führen, denn der Wortlaut der Beschlüsse ist entscheidend, nicht die einzelnen Wortbeiträge der Eigentümer. Folgende Inhalte sind für die Niederschrift wichtig:

Gesetzlich geregelt:
- die in der Versammlung gefassten Beschlüsse (§ 24 Abs. 6 Satz 1 WEG)
- welche Personen unterzeichnen müssen (§ 24 Abs. 6 Satz 2 WEG)

Folgende Inhalte müssen in der Niederschrift enthalten sein:
- Name der Eigentümergemeinschaft
- Datum und Ort der Versammlung
- Feststellung der Beschlussfähigkeit
- gefasste Beschlüsse mit Abstimmungsergebnis/Verkündung
- Unterschriften gemäß § 24 Abs. 6 Satz 2 WEG

! **Wichtig**

In bestimmten Einzelfällen bietet es sich allerdings an, die Niederschrift etwas ausführlicher zu gestalten, insbesondere wenn Belehrungen oder Haftungsthemen thematisiert werden. Der BGH hat anlässlich seiner Entscheidung zur Aufnahme eines Kredits durch die WEG erstmalig darauf hingewiesen, dass der Verwalter über bestimmte Inhalte belehren muss und dies in der Niederschrift auch dokumentiert werden muss.[153]

10.33 Wer muss die Niederschrift unterzeichnen?

Der Fall

Die Eigentümerversammlung hat stattgefunden. Nachdem der Verwalter die Niederschrift (= Protokoll) erstellt hat, stellt sich die Frage, wer diese eigentlich unterschreiben muss.

Das Problem

In der Praxis kommt es immer wieder vor, dass die Niederschrift von den falschen Personen unterzeichnet wird (z.B. Protokollführer). Wenn die Niederschrift nicht

---

153 BGH, Urteil v. 25.9.2015 – V ZR 244/14; ZMR 2016, 49

als Verwalternachweis in öffentlich beglaubigter Form vorgelegt werden muss, hält sich der Schaden in Grenzen bzw. praktisch wirken sich falsche Unterschriften dann nicht aus. Wenn die Niederschrift aber in öffentlich beglaubigter Form vorgelegt werden muss, müssen die korrekten Personen unterzeichnen und diese Unterschriften müssen auch beglaubigt werden.

Die Lösung
Achten Sie stets darauf, dass die nach dem WEGG geforderten Unterschriften geleistet werden. Gemäß § 26 Abs. 3 WEG genügt die Vorlage einer Niederschrift über den Bestellungsbeschluss des Verwalters, bei der die Unterschriften nachstehender Personen öffentlich beglaubigt werden müssen:

- Versammlungsvorsitzender – in der Regel der Verwalter
- ein Wohnungseigentümer – sollte in der ETV bereits ausgesucht werden
- Vorsitzender des Verwaltungsbeirats oder sein Stellvertreter – dem Verwalter sollte stets klar sein, wer der Vorsitzende und wer der Stellvertreter des Verwaltungsbeirats ist, und dies dokumentieren, entweder durch Beschluss in der ETV oder durch ein internes Protokoll des Verwaltungsbeirats

Wichtig !

Der Verwalter sollte auf andere Regelungen in der Gemeinschaftsordnung achten. In der Praxis kämpft der Verwalter oft damit, die Unterschriften einzufordern, um die Niederschrift zeitnah versenden zu können. Jeder Verwalter hat hierzu seine eigene Methode entwickelt (z.B. Ausdruck und Unterzeichnung der Niederschrift unmittelbar nach der Eigentümerversammlung, Versendung der Niederschrift nur mit der Unterschrift des Verwalters; die Unterschriften der anderen Beteiligten werden nachträglich auf der Originalniederschrift nachgeholt etc.).

Folgende Grundsätze sollten hier beachtet werden:
1. Der Verwalter ist nach dem WEGG nicht verpflichtet, allen Eigentümern eine Kopie der Niederschrift zu übersenden (§ 24 Abs. 6 WEG).
2. Fehlende Unterschrift berühren grds. nicht die Wirksamkeit der Beschlüsse.
3. Die Unterschriften stärken lediglich die Beweiskraft der Niederschrift.
4. Nur im Falle der vereinbarten Veräußerungszustimmung (§ 12 WEG) sollten die Unterschriften stringent eingefordert werden und die Beglaubigung zeitnah erfolgen.

10.34 Unterschriften im Falle einer Doppelfunktion

Der Fall
Der Vorsitzende des Verwaltungsbeirats leitet die Eigentümerversammlung. Einen Verwalter gibt es zu diesem Zeitpunkt nicht.

Das Problem

In der Praxis kann es durchaus vorkommen, dass eine Person in einer sog. Doppelfunktion auftritt. Für welche »Position« muss der Vorsitzende des Verwaltungsbeirats nun die Niederschrift unterzeichnen – als Versammlungsleiter oder als Vorsitzender des Verwaltungsbeirats? In der Regel ist der Vorsitzende des Verwaltungsbeirats auch Eigentümer, d.h. kann er zeitgleich auch noch in seiner Eigenschaft als Eigentümer unterzeichnen?

Die Lösung

Die Rechtsprechung ist zu diesem Thema nicht einheitlich. Es sollte aber allgemein anerkannt sein, dass eine in Doppelfunktion tätige Person (falls der Versammlungsleiter und der Vorsitzende des Verwaltungsbeirats identisch sind) nur einmal für diese beiden Funktionen unterschreibt.[154]

Fraglich ist, ob ein anderes Mitglied des Verwaltungsbeirats berechtigt ist, die Unterschrift als Eigentümer zu leisten. Das OLG Düsseldorf[155] verneint die Unterschriftsberechtigung, während das OLG Hamm[156] logisch argumentiert und sagt: »Auch die Beifügung des Zusatzes ›Beirat‹ zur Unterschrift ändert nichts daran, dass es sich um die Unterschrift eines Miteigentümers handelt (…).«

In jedem Fall kann der Vorsitzende des Verwaltungsbeirats nicht zugleich als Wohnungseigentümer die Niederschrift über die Eigentümerversammlung unterzeichnen.[157]

Sicherlich wird es vom jeweiligen Standort und Gerichtsbezirk abhängen, was die Grundbuchämter tolerieren. Soweit möglich, sollten die Unterschriften gemäß den Vorgaben des WEGG erfolgen. Es sollte also drei verschiedene Unterschriften geben und die jeweilige Funktion benannt werden.

> **! Wichtig**
>
> Interessant ist die Frage, welche Folgen es hat, wenn ein Verwaltungsbeirat bestellt ist, dieser aber geschlossen nicht an der Eigentümerversammlung teilnehmen kann, in welcher der Verwalter bestellt wurde: Die h. M geht davon aus, dass die Unterschrift des Vorsitzenden des Verwaltungsbeirats dann entbehrlich ist. Die Nichtteilnahme muss dem Grundbuchamt nicht in öffentlich beglaubigter Form (§29 GBO) nachgewiesen werden. Vielmehr wird das Grundbuchamt davon ausgehen, dass es entweder keinen Verwaltungsbeirat gibt oder die entsprechenden Personen nicht an der Eigentümerversammlung teilgenommen haben.[158]

---

154 OLG Düsseldorf, Beschluss vom 22.2.2010 – I-3 Wx 263/09; ZMR 2010, 548
155 OLG Düsseldorf, Urteil v. 22.2.2010 – I-3 Wx 263/09 ZMR 2010, 548
156 OLG Hamm, Beschluss v. 29.4.2011 – I-15 W 183/11; ZWE 2011, 417
157 RNotZ 2015, 214
158 RNotZ 2015, 214

10.35 Verwalternachweis (+ qualifizierte Protokollier-klausel)

Der Fall
Damit der Verwalter seine Verwalterstellung (z.B. bei der Veräußerung von Wohnungseigentum gemäß §12 WEGG) nachweisen kann, benötigt er grundsätzlich ein Protokoll mit seinem Bestellungsbeschluss, das von ihm, dem Vorsitzenden des Verwaltungsbeirats und einem Wohnungseigentümer unterschrieben wurden. Diese Unterschriften müssen dann von einem Notar beglaubigt werden. Bei der Vorbereitung dieses Protokolls fällt dem Verwalter allerdings folgende Regelung in der Gemeinschaftsordnung auf:

»In Ergänzung des §23 WEG wird bestimmt, dass zur Gültigkeit eines Beschlusses der Wohnungseigentümerversammlung außer den dort genannten Bestimmungen die Protokollierung des Beschlusses erforderlich ist. **Das Protokoll ist vom Verwalter und von zwei von der Eigentümerversammlung bestimmten Wohnungseigentümern zu unterzeichnen.**«

Was muss der Verwalter bei dieser Vereinbarung beachten?

Das Problem
In der Praxis wird oft übersehen, dass die Gemeinschaftsordnung bestimmte Vorschriften des WEGG wirksam abändert. Fraglich ist, welche Unterschriften für den Verwalternachweis in öffentlich beglaubigter Form erforderlich sind. Kann die Gemeinschaftsordnung die Regelungen des §24 Abs. 6 WEGG abändern und wie wirkt sich die Vereinbarung auf die Verkündung und die Wirksamkeit der Beschlüsse aus?

Die Lösung
Der BGH musste sich bereits im Jahre 1997 in einem streitigen Fall mit der Klausel beschäftigen. Die vorgenannte Vereinbarung ändert das WEGG in §24 Abs. 6 WEG in zweifacher Hinsicht:
- die Unterschriftsberechtigung (die WEG muss zwei »gewöhnliche« Eigentümer bestimmen, die das Protokoll unterzeichnen)
- Rechtsfolgen für verkündete Beschlüsse (hier reicht nicht nur die Verkündung, sondern die geforderten Unterschriften sind zwingend für die Wirksamkeit der Beschlüsse einzuholen)[159]

---

159 BGH, Beschluss v. 3.7.1997 – V ZB 2/97; ZMR 1997, 531

> **! Wichtig**
>
> Soweit die Unterschriften fehlen, sind die Beschlüsse nicht nichtig, sondern werden nach Ablauf der einmonatigen Anfechtungsfrist bestandskräftig.
>
> Soweit der beglaubigte Verwalternachweis bei der Zustimmung gemäß §12 WEG vorgelegt werden muss, sollte das Grundbuchamt ggf. auf die abgeänderte Unterschriftenberechtigung hingewiesen werden, damit seitens der Rechtspfleger keine unnötigen Zwischenverfügungen drohen. Es ist aber wichtig, darauf zu achten, dass in der ETV die zwei unterschriftsberechtigten Eigentümer bestimmt werden, sonst droht bei einer Anfechtung die Aufhebung der Beschlüsse und eine Auferlegung der Kosten auf den Verwalter (§49 Abs. 2 WEG).

10.36 Funktionsbezeichnung in der Niederschrift

Der Fall

Der Verwalter erstellt die Niederschrift der letzten Eigentümerversammlung. Folgende Unterschriften fordert er ein:

- Verwalter
- Beirat
- Miteigentümer

Das Grundbuchamt moniert, dass die Unterschriften fehlerhaft sind, weil sie nicht den gesetzlichen Regelungen entsprechen. Was hat der Verwalter falsch gemacht?

Das Problem

Der Niederschrift kommt als Verwalternachweis für die Verwalterzustimmung gemäß §12 WEGG eine wichtige Bedeutung zu. Damit der Rechtspfleger die gesetzlichen Anforderungen auch überprüfen kann, muss eindeutig sein, welche Personen in welcher Funktion die Niederschrift auch unterzeichnet haben.

Die Lösung

Für das Grundbuchamt muss die jeweilige Funktion der unterzeichnenden Person feststellbar sein, d.h. stellen Sie genau heraus, welche Person, in welcher Funktion unterschreibt. Bei einem mehrköpfigen Verwaltungsbeirat genügt die der Unterschrift beigefügte Bezeichnung »Verwaltungsbeirat« diesen Anforderungen nämlich nicht. Nach den gesetzlichen Vorschriften muss der Vorsitzende des Verwaltungsbeirats unterzeichnen, d.h. diese Funktion muss aus den Protokollen hervorgehen.

Der Nachweis, dass die den Bestellungsbeschluss unterzeichnenden Personen in der Versammlung anwesend waren und die angegebenen Funktionen in der Eigentümergemeinschaft haben, ist grundsätzlich nicht erforderlich.[160]

Grundsätze zum Umgang mit der Niederschrift

- Ist die Funktion einer den Bestellungsbeschluss unterzeichnenden Person für das Grundbuchamt nicht feststellbar, hat aber die richtige Person unterzeichnet, kann eine formlose Ergänzung vorgenommen werden; sonst ist die Unterschrift der richtigen Person in notariell beglaubigter Form nachzuholen.
- Bei der Protokollierung der Verwalterbestellung ist darauf zu achten, dass die Firmenbezeichnung des Verwalters klar erkennbar ist (also z.B. keine Abkürzungen usw.)
- Im Protokoll sollte erkennbar sein, wer der Versammlungsvorsitzende, wer der Vorsitzende des Verwaltungsbeirats und wer Miteigentümer ist (Funktion der unterzeichnenden Personen hinzufügen).

Soweit unklar ist, wer der Vorsitzende des Verwaltungsbeirats ist, sollte der Verwaltungsbeirat eine Sitzung abhalten und den Vorsitzenden bestimmen (Nachweis gegenüber Grundbuchamt – allerdings nicht in der Form des §29 GBO, also nicht öffentlich beglaubigt, sondern in Schriftform – erforderlich).

10.37 Ist auch ein Nachweis für den Vorsitzenden des Beirats notwendig?

Der Fall
Die Niederschrift über die Bestellung des Verwalters (Bestellungsprotokoll) wurde korrekt von allen Beteiligten (vom Verwalter, vom Vorsitzenden des Verwaltungsbeirats und von einem Eigentümer) unterzeichnet. Der Rechtspfleger fordert jetzt allerdings noch den Nachweis, dass es sich tatsächlich um den Vorsitzenden des Verwaltungsbeirats handelt.

Das Problem
Viele Rechtspfleger achten mittlerweile sehr genau darauf, ob die vom Gesetz vorgegeben Formalien eingehalten werden. Die Nachbesserung und Heilung von Fehlern kostet Zeit, die man bei der Erteilung der Verwalterzustimmung i.V.m. der Vorlage des Verwalternachweises oft nicht hat. Es stellt sich also die Frage, ob das Grundbuchamt diesen Nachweis überhaupt fordern darf bzw. wie der Vorsitzende des Verwaltungsbeirats sich entsprechend legitimieren kann.

---

160 OLG München, Beschluss v. 30.5.2016 – 34 Wx 17/16; ZMR 2016, 717

Die Lösung

In der Praxis kommt es auf den jeweiligen Gerichtsbezirk und den Rechtspfleger an – oft wird der Nachweis auch gar nicht angefordert. Nach h.M. wird allerdings kein Nachweis dafür benötigt, dass der Unterzeichnende in seiner Eigenschaft als Verwaltungsbeiratsvorsitzender unterzeichnet hat.[161]

Allerdings muss nach allgemeiner Meinung die Unterschrift erkennen lassen, in welcher Funktion diese geleistet wurde, da dem Grundbuchamt nur so eine Überprüfung möglich ist, ob auch die richtigen Personen unterschrieben haben (§ 24 Abs. 6 WEG).

> **! Wichtig**
>
> Fordert der Notar bzw. der Rechtspfleger den Nachweis für den Vorsitzenden des Verwaltungsbeirats oder seinen Stellvertreter an und liegt dem Verwalter ein solcher Nachweis nicht vor, sollte der Verwalter prüfen, ob sich die Funktion der jeweiligen Personen aus dem Bestellungsbeschluss zum Verwaltungsbeirat ergeben. Falls nicht, muss der Verwaltungsbeirat kurzfristig ein Dokument aufsetzen, aus dem die Funktionsverteilung ersichtlich wird.

10.38 Wann besteht ein Anspruch auf Berichtigung der Niederschrift?

Der Fall

Der Verwalter hat zeitnah nach der letzten Eigentümerversammlung das Protokoll an alle Eigentümer verschickt. Eigentümer Q ist allerdings zwei Monate später der Ansicht, dass das Protokoll nur aus Fehlern besteht. Insbesondere wurden die vom Verwalter außerhalb des Beschlusses ergangenen Hinweise nicht korrekt protokolliert. Darüber hinaus fehlen alle wichtigen Wortmeldungen des Eigentümers Q.

Das Problem

Die Eigentümer sind oft nicht empfänglich dafür, dass es sich bei dem Protokoll grundsätzlich nur um ein Ergebnisprotokoll handelt (siehe Fall Nr. 29) und Beschlüsse nicht mit der Protokollierung, sondern mit Verkündung in der entsprechenden Eigentümerversammlung zustande kommen. Wortmeldungen oder Hinweise, die außerhalb des Beschlusses protokolliert werden oder auch nicht, beeinflussen also nicht die Wirksamkeit des Beschlusses. Nur der Wortlaut des verkündeten Beschlusses ist wichtig.

---

161 RNotZ 2015, 214; Gutachten des Deutschen Notarinstituts, Abruf-Nr.: 130124

Selbst wenn das Protokoll Schreibfehler oder unrichtige Wortmeldungen beinhalte würde, der verkündete Beschluss aber korrekt dargestellt ist, stellen sich folgende Fragen: Hat der Eigentümer einen Anspruch auf Berichtigung und in welcher Frist muss dieser Anspruch gegenüber dem Verwalter geltend gemacht werden?

Die Lösung

Es gibt zwischenzeitlich einige obergerichtliche Entscheidungen, die folgenden Grundsatz aufgestellt haben: Ein Rechtsschutzbedürfnis für eine Protokollberichtigung besteht dann nicht, wenn sich durch die begehrte Änderung die Rechtsposition des Klägers rechtlich nicht erheblich verbessert.[162] Daraus kann abgeleitet werden, dass nur in ganz seltenen Fällen ein Rechtsschutzinteresse für eine Protokollberichtigung besteht, denn die Korrektur eines Schreibfehlers oder einer falsch wiedergegebenen Wortmeldung ändert nichts am Ergebnis des Beschlusses und den damit verbundenen Folgen für den Eigentümer.

Die h.M. geht davon aus, dass der Anspruch auf Protokollberichtigung innerhalb der Anfechtungsfrist gemäß §46 Abs. 1 WEG geltend gemacht werden muss.[163]

> **Wichtig**
>
> Der Verwalter sollte selbstverständlich darauf achten, dass sich der Inhalt des Protokolls mit dem Ablauf der Eigentümerversammlung deckt. Besonders wichtig ist aber: Der Wortlaut der Beschlüsse im Protokoll muss sich mit der Verkündung in der Eigentümerversammlung decken.

10.39 Formfehler – ist eine »Heilung« möglich?

Der Fall

Der Verwalter hat zur Eigentümerversammlung eingeladen und alles falsch gemacht, was man falsch machen kann. Der Ort ist viel zu weit vom Objekt entfernt, die Ladungsfrist wurde nicht eingehalten und versehentlich wurden 25% der Eigentümer nicht eingeladen. Der Verwalter merkt diese Fehler allerdings erst nach der Eigentümerversammlung. Ein Eigentümer teilt dem Verwalter mit, dass er alle Beschlüsse anfechten wird.

---

162 LG Frankfurt/Main, Beschluss v. 11.10.2017 – 2-13 S 107/17; IMR 2018, 62
163 AG Bensheim, Urteil v. 22.5.2015 – 6 C 107/15; ZMR 2017, 930

Das Problem

In der Praxis sind derart viele Formalien einzuhalten, dass sich relativ schnell Fehler einschleichen. In den meisten Praxisbeispielen dieses Kapitels enden die Fälle immer damit, dass ein Eigentümer die Beschlüsse beim Gericht anfechten möchte. Bedeutet aber eine Anfechtung, dass diese Beschlüsse durch das Gericht auch immer aufgehoben werden?

Die Lösung

Grundsätzlich kann jeder formale Fehler (Fehler bei Einladungsfrist, Ort und Zeit; Berater in der Eigentümerversammlung; fehlende Vollmacht; falsche Abstimmung; Verstoß gegen das Prinzip der Nichtöffentlichkeit etc.) zu einer Ungültigkeit des Beschlusses führen.

Die Rechtsprechung hat aber einen ganz wichtigen Grundsatz oder Ausnahmetatbestand entwickelt: Die Kausalität formeller Beschlussmängel. Danach kann eine Ungültigkeitserklärung des Beschlusses ausscheiden, wenn mit Sicherheit feststeht, dass der Beschluss auch ohne den vorhandenen Mangel inhaltsgleich zustande gekommen wäre. Den Beweis hierfür müssen allerdings die beklagten Eigentümer antreten. Im vorliegenden Fall liegen derart viele Fehler vor, die sich definitiv auf die Beschlussergebnisse auswirken, dass mit einer Ungültigkeitserklärung gerechnet werden muss.

Andere Beispiele:

- Der gesamte Verwaltungsbeirat wurde aufgrund eines Fehlers nicht zur Versammlung eingeladen. Die Eigentümerversammlung fasst diverse Beschlüsse.
  Es ist sehr wahrscheinlich, dass die Beschlüsse bei Anfechtung aufgehoben werden, da der Verwaltungsbeirat oft einen erheblichen Einfluss auf die Willensbildung der Eigentümergemeinschaft hat.
- Von 100 Eigentümern wurde ein Eigentümer aufgrund eines Fehlers nicht zur Versammlung eingeladen. Die Eigentümerversammlung fasst einstimmig diverse Beschlüsse.
  Es ist sehr unwahrscheinlich, dass die Beschlüsse bei Anfechtung aufgehoben werden, da der einzelne Eigentümer das Ergebnis der Beschlussfassung nicht beeinträchtigen kann.

> **! Wichtig**
>
> Oft liest man in den Entscheidungen der Gerichte folgende Formulierung: »Der Beschluss ist auch auf die Anfechtungsklage hin für ungültig zu erklären, da die Beschlussfassung an einem formellen Fehler litt und nicht auszuschließen ist, dass sich dieser Fehler kausal auf das Beschlussergebnis ausgewirkt hat.« Die Kausalität von Beschlussmängeln stellt also keinen Freibrief dar, um formelle Fehler begehen zu können, aber die Regelung kann in der einen oder anderen Situation ein Rettungsanker sein.

11 Die Finanzen der WEG

11.1 Die Kostenverteilung

Der Fall

In der WEG werden seit Jahren alle Kosten nach Wohnfläche abgerechnet, weil es dann für die Eigentümer leichter ist, ihrerseits mit den Mietern abzurechnen. Eigentümer E erwirbt eine Wohnung und wirft dabei einen Blick in die GO. Verwundert stellt er fest, dass als Verteilerschlüssel Miteigentumsanteile vereinbart wurde. Hierauf weist er den Verwalter hin, der jedoch die Jahresabrechnung wie bisher erstellt. Die Eigentümer genehmigen. E ficht an.

Das Problem

In vielen Gemeinschaften bürgert sich im Laufe der Jahre die Devise ein, dass so verfahren wird, wie es schon immer gemacht wurde. Gerade bei der Übernahme einer neuen Gemeinschaft sollte der Verwalter aber sehr genau prüfen, ob die bisherige Abrechnungspraxis mit den Vorgaben des Gesetzes oder der GO übereinstimmt. Sobald er Unstimmigkeiten feststellt, muss er tätig werden.

Die Lösung

Die Eigentümer haben nach §16 Abs. 2 WEGG die Pflicht, sich an den Lasten und Kosten des gemeinschaftlichen Eigentums zu beteiligen. Die Lasten und Kosten des gemeinschaftlichen Eigentums umfassen

- die Betriebskosten (z.B. Hausmeisterkosten, Versicherungen, Heiz- und Wasserkosten, Müllabfuhr etc.),
- die Kosten der Verwaltung (Verwalterhonorar, Kosten der Versammlung, Kosten des Geldverkehrs),
- die Kosten der Instandhaltung und Instandsetzung sowie
- die Kosten einer baulichen Veränderung.

Es handelt sich bei der Verpflichtung der Kostenbeteiligung nach §16 Abs. 2 WEGG ausschließlich um eine interne Verpflichtung, da der rechtsfähige Verband der Wohnungseigentümer im Außenverhältnis für die Verbindlichkeiten der WEG haftet. Die Haftung der einzelnen Eigentümer wird durch §10 Abs. 8 WEGG auf die Höhe des Miteigentumsanteils des Eigentümers begrenzt.

Als Verteilerschlüssel bestimmt das Gesetz das Verhältnis der Miteigentumsanteile der Eigentümer, sofern die GO nicht einen anderen Verteilerschlüssel vorsieht. Über die GO können die ET jeden anderen denkbaren Verteilerschlüssel beschließen, der für ET dann bindend ist. Eine jahrelange anderweitige

Übung der Eigentümer kann als konkludente Vereinbarung angesehen werden, die jedoch durchbrochen wird, sobald ein Eigentumswechsel stattfindet. Anders als bei einer Beschlussfassung werden Sonderrechtsnachfolger an schuldrechtliche Vereinbarungen der Eigentümer ohne Eintragung in das Grundbuch nicht gebunden (§§ 10 Abs. 3, 4 WEGG). Allerdings reicht eine langjährige abweichende Übung in beschlossenen Jahresabrechnung nicht aus, da die Eigentümer das Bewusstsein gehabt haben müssen, mit einer Beschlussfassung die Kostenverteilung auch für die Zukunft ändern zu wollen[164].

Der neue Eigentümer kann daher eine ordnungsmäßige Verwaltung nach § 21 Abs. 4 WEGG verlangen, wozu auch die Verteilung der Kosten nach § 16 Abs. 2 WEGG oder einem anderen in der Gemeinschaft vereinbarten Verteilerschlüssel gehört.

! Wichtig

Stellt der Verwalter bei der Übernahme einer WEG fest, dass mit einem falschen Verteilerschlüssel abgerechnet wurde, hat er die Eigentümer darüber zu informieren und geeignete Beschlüsse vorzubereiten, um die gelebte Verteilung der Kosten den rechtlichen Vorgaben anzupassen, sofern das möglich ist. Der Verwalter sollte die bisherigen Fehler nicht ohne Weiteres fortsetzen. Die Erstellung einer ordnungsmäßigen Jahresabrechnung ist die originäre Pflicht des Verwalters. Offensichtliche Fehler darin, die der Verwalter hätte sehen müssen, können nach § 49 Abs. 2 WEGG im Falle einer Anfechtung der Jahresabrechnung zu einer Kostenbelastung des Verwalters führen.

11.2   Änderung des Kostenverteilerschlüssels

Der Fall
Verwalter V ist nach der erfolgreichen Anfechtung der Jahresabrechnung vorsichtig geworden und schlägt den Eigentümern auf der nächsten ETV vor, einen Beschluss zur Änderung des Verteilerschlüssels zu fassen, damit die Kosten wieder nach Wohnfläche verteilt werden können.

Die WEG beschließt mehrheitlich, dass alle Kosten und Lasten bereits für das laufende Jahr weiterhin nach Wohnfläche verteilt werden sollen. Eigentümer E ist der Auffassung, der Beschluss sei nichtig. Die Eigentümer könnten einen solchen Beschluss nicht fassen

---

164 BGH, Urteil v. 9.7.2010 – V ZR 202/09; ZMR 2010, 775.

Das Problem

Immer wieder wird der Verwalter aufgefordert, Änderungswünschen der Eigentümer nachzukommen, die gerade in der Frage der Verteilung der Kosten sehr kreativ sein können. Die Möglichkeit der Verteilung der Kosten ist vielfältig, sodass in jeder WEG ein ganz eigenes Verständnis davon herrscht, wie eine angemessene und gerechte Kostenverteilung auszusehen hat. Der Verwalter muss bei den vielen unterschiedlichen Vorstellungen der Eigentümer aber im Blick behalten, was rechtlich möglich ist, da er sonst Gefahr läuft, anfechtbare oder gar nichtige Beschlüsse fassen zu lassen.

Die Lösung

Noch vor der Gesetzesnovelle im Juli 2007 bestand die einzige Möglichkeit, die Verteilung der Kosten und Lasten für das gemeinschaftliche Eigentum zu ändern, ausschließlich über eine Vereinbarung – also durch die Zustimmung aller Eigentümer.

Der BGH hat erst im Jahr 2000 entschieden, dass für eine wirksame Beschlussfassung der Eigentümer zwingende Voraussetzung das Vorliegen der Beschlusskompetenz ist, also eine gesetzliche oder sich aus der GO ergebende Ermächtigung, eine Angelegenheit über eine Beschlussfassung zu regeln, und andernfalls ein Beschluss als nichtig anzusehen ist.[165] Vor der Entscheidung des BGH haben viele WEG sog. Zitterbeschlüsse gefasst. Das heißt, es wurden Angelegenheiten der Verwaltung des gemeinschaftlichen Eigentums beschlossen und sofern diese nicht angefochten wurden (sie »zitterten« bis zum Ablauf der Monatsfrist), entfalteten sie Bindungswirkung für alle Eigentümer unabhängig von der Frage, ob die Eigentümer hierüber beschließen durften. Daher wird auch noch heute in vielen WEG ein Verteilerschlüssel verwendet, der auf einer nichtigen Beschlussfassung gründet.

Der Gesetzgeber hat den Eigentümern mit der Novelle zum 1.7.2007 die Möglichkeit eingeräumt, über die Frage des Maßstabs der Verteilung der Kosten über eine Beschlussfassung selbst zu entscheiden. In §16 Abs. 3 WEGG ist geregelt, dass die Eigentümer mit Stimmenmehrheit die Verteilung der Betriebskosten des gemeinschaftlichen und des Sondereigentums und die Kosten der Verwaltung

- nach Verbrauch oder Verursachung oder
- nach einem anderen Maßstab abweichend von Abs. 2 (Miteigentumsanteile)

beschließen können.

---

165 BGH, Beschluss v. 20.9.2000 – V ZB 58/99; ZMR 2000, 771

Mit dem Verweis auf § 556 Abs. 1 BGB wird ein mietrechtlicher Bezug und damit ein Bezug zu den in der Betriebskostenverordnung genannten Betriebskostenarten hergestellt, die unter § 16 Abs. 3 WEGG fallen. § 16 Abs. 3 WEGG geht aber weiter und gibt den Eigentümern auch die Möglichkeit, die Kosten der Verwaltung nach einem anderen Verteilungsmaßstab zu beschließen.

Zu den Kosten der Verwaltung gehören auch die in § 16 Abs. 7 WEGG genannten Verfahrenskosten im Zusammenhang mit einer Wohnungsentziehungsklage und die dem Sondereigentümer zu ersetzenden Schäden, die ihm im Zuge des § 14 Nr. 4 WEGG entstanden sind. Muss das gemeinschaftliche Eigentum instand gesetzt werden und ist dafür der Zutritt in die Wohnung und die Beschädigung des Sondereigentums unerlässlich, so hat der Sondereigentümer dies nach § 14 Nr. 4 WEGG zu dulden, erhält jedoch im Gegenzug einen Anspruch gegen die WEG auf Ersatz der ihm dadurch entstandenen Schäden und einen Wiederherstellungsanspruch.

Kosten, die in diesem Zusammenhang angefallen und von der WEG erstattet wurden, fallen unter Kosten der Verwaltung. Für die vorgenannten Kostenpositionen besteht daher die Möglichkeit der Eigentümer, einen anderweitigen Maßstab der Verteilung zu beschließen, der ordnungsmäßiger Verwaltung entsprechen muss. Der neue Verteilerschlüssel darf einzelne Wohnungseigentümer nicht willkürlich bevorteilen oder andere Eigentümer benachteiligen.[166] Den Eigentümern steht hier aber ein weiter Ermessensspielraum zu, der vom Gericht auch nur eingeschränkt auf das Vorliegen von Willkür hin überprüft werden kann. Eine solche Willkür kann angenommen werden, wenn bislang die Kosten nach Miteigentumsanteilen verteilt wurden, in der WEG einzelne Eigentümer einen hohen Miteigentumsanteil auf sich vereinen und zukünftig die Verteilung nach Einheiten erfolgen soll.[167] Es steht den Eigentümern auch frei, nur einzelne Betriebskosten abzuändern und andere nach dem bisherigen Schlüssel bestehen zu lassen.

> **!** **§ 16 Abs. 3 WEGG umfasst nur:**
> - die Betriebskosten nach § 556 Abs. 1 BGB
> - die Kosten der Verwaltung (Verwaltergebühr, Kosten der ETV, Kosten des Geldverkehrs sowie die in § 16 Abs. 7 WEGG genannten Fälle)
> - einfache Stimmenmehrheit ausreichend
> - keine willkürliche Benachteiligung oder Bevorteilung einzelner ET

---

166 BGH, Urteil v. 10.6.2011 – V ZR 2/10; ZMR 2011, 808
167 AG Nürnberg, Urteil v. 20.9.2013 – 16 C 5504/12; ZWE 2014, 35

Ganz entscheidend ist jedoch, dass § 16 Abs. 3 WEGG keine Änderung der Verteilung der Kosten für die Instandhaltung, Instandsetzung, bauliche Veränderung und die Zuführungsbeträge zur Instandhaltungsrücklage legitimiert. Wird daher ein Beschluss gefasst, dass zukünftig alle Kosten und Lasten nach einem geänderten Kostenschlüssel zu verteilen sind, ist der Beschluss nichtig. Die Nichtigkeit umfasst dann auch die Kostenarten, die eigentlich über § 16 Abs. 3 WEGG mit Stimmenmehrheit hätten beschlossen werden können.

Sofern die GO eine Öffnungsklausel enthält, kann den Eigentümern hierüber die Befugnis eingeräumt sein, die Kosten und Lasten des gemeinschaftlichen Eigentums insgesamt im Beschlusswege dauerhaft zu ändern.

Die Eigentümer können bei der Änderung des Verteilerschlüssels auch noch eine Änderung für das laufende Jahr beschließen, sofern das Vertrauen in den bislang bestehenden Verteilerschlüssel nicht verletzt wird. Für das laufende Jahr kann das Vertrauen nicht verletzt werden, da erst mit der Erstellung der Jahresabrechnung die endgültige Kostenbelastung für den einzelnen Eigentümer festgelegt wird.[168] Solange in den Vorjahren weder eine Jahresabrechnung noch ein Wirtschaftsplan aufgestellt wurden, kann auch für diesen Zeitraum noch eine Änderung des Verteilerschlüssels erfolgen.

> **Wichtig**   **!**
>
> Der Verwalter muss bei einer Beschlussfassung zur Änderung des Kostenverteilerschlüssels darauf achten, dass dem Beschluss klar und eindeutig zu entnehmen ist,
> - welche Kostenpositionen geändert werden sollen,
> - für welchen Verteilerschlüssel die Eigentümer sich entschieden haben und
> - ab wann die Änderung eintreten soll.
>
> Stellt der Verwalter eine willkürliche Beeinträchtigung oder Bevorteilung fest, hat er den Eigentümern dies mitzuteilen und sie aufzuklären. Gleichwohl gefasste Beschlüsse sind lediglich anfechtbar und werden bestandskräftig, sofern sie nicht angefochten werden.
>
> § 16 Abs. 3 WEG kann nur eine schon bestehende Kostenverteilung ändern und räumt nicht die Befugnis ein, Wohnungseigentümer, die nach einer bestehenden Vereinbarung von der Tragung bestimmter Kosten oder der Kostentragungspflicht grundsätzlich befreit sind, durch Beschluss erstmals an diesen Kosten zu beteiligen. Der Verwalter muss ferner beachten, dass eine Änderung des Verteilerschlüssels über den Verwaltervertrag nicht möglich ist. Fast überwiegend wird die Verwaltergebühr nach Einheiten vertraglich vereinbart und in der Jahresabrechnung entsprechend abgerechnet, obwohl in der WEG die Kosten z. B. nach Wohnfläche verteilt werden. Diese Unachtsamkeit wird im Falle einer Anfechtung zur Aufhebung der Einzelabrechnungen zu dieser Kostenposition führen.

---

168 BGH, Urteil v. 1.4.2011 – V ZR 162/10; ZMR 2011, 652

11.3 Änderung der Kostenverteilung bei Instandhaltung und Instandsetzung

Der Fall

In der WEG wurden in der Vergangenheit aufgrund einer unwirksamen Regelung in der GO der Austausch der Fenster stets von den jeweiligen Eigentümern gezahlt. Nachdem nach einer erfolgreichen Klage eines Eigentümers feststeht, dass die Kosten von der WEG und damit von allen Eigentümern nach dem herrschenden Verteilerschlüssel zu tragen sind, stehen nun zwei weitere Fenster an, die ausgetauscht werden sollen. Der Beirat meint, mit einer doppelt qualifizierten Mehrheit könne beschlossen werden, dass nur die beiden betroffenen Eigentümer die Kosten des Austauschs tragen müssen.

Das Problem

Die Frage, unter welchen Voraussetzungen die Möglichkeit besteht, insgesamt oder für einzelne Instandsetzungsmaßnahmen den Verteilerschlüssel zu ändern, stellt sich in der Praxis häufig, da die Eigentümer ein eigenes Gerechtigkeitsempfinden haben und das nicht immer mit den gesetzlichen Möglichkeiten in Einklang zu bringen ist, dieses Gerechtigkeitsempfinden auch umzusetzen. Der Verwalter ist derjenige, der den Eigentümern sowohl die Möglichkeiten, aber insbesondere auch die Grenzen eine Beschlussfassung aufzeigen muss.

Die Lösung

§ 16 Abs. 4 WEGG sieht vor, dass die Eigentümer mit einer doppelt qualifizierten Mehrheit eine Instandsetzungsmaßnahme im Einzelfall nach einem abweichenden Maßstab, der dem Gebrauch oder der Möglichkeit des Gebrauchs Rechnung trägt, beschließen können. Ein Beschluss kann daher gefasst werden, wenn drei Viertel der stimmberechtigten Eigentümer zustimmen und mehr als die Hälfte der Miteigentumsanteile.

Allein diese vom Gesetzgeber aufgestellte Hürde dürfte in vielen Gemeinschaften schwer zu erreichen sein, da nicht auf die in der ETV anwesenden Eigentümer abgestellt wird, sondern auf alle Grundbucheigentümer. In der Regel wird in vielen Gemeinschaften die Beschlussfähigkeit gerade so erreicht, sodass sich die Frage einer Beschlussfassung nach § 16 Abs. 4 WEGG meist nicht stellt.

Als Verteilermaßstab stellt § 16 Abs. 4 WEGG auf den Gebrauch oder die Möglichkeit des Gebrauchs ab. Einen weiten Ermessensspielraum, wie er in § 16 Abs. 3 WEGG vorgesehen ist, gibt § 16 Abs. 4 WEGG nicht. Unter »Gebrauch oder Möglichkeit des Gebrauchs« sind Fälle zu verstehen, in denen ein Eigentümer oder einzelne Eigentümergruppen eine gesteigerte Nutzungsmöglichkeit oder sogar Exklusivität der Nutzung innehaben.[169] So kann beschlossen werden, dass die Kosten einer Balkonsanierung von den jeweiligen Nutzern zu tragen sind oder die Kosten einer Instandsetzung des Aufzugs durch alle Eigentümer außer den Eigentümern im Erdgeschoss. Es ist jedoch nicht möglich, einzelne Eigentümer mit den Kosten einer Maßnahme zu belasten, die der erstmaligen Herstellung dient, auch dann nicht, wenn die Maßnahme nur einzelnen Eigentümern zugute kommt.

Gerade weil § 16 Abs. 4 WEGG auf den Gebrauch abstellt, kann darunter nur verstanden werden, dass die Kosten der Instandsetzungsmaßnahme gerade durch den intensiveren Gebrauch des Eigentümers oder der Eigentümer entstanden ist, die mit den Kosten dann auch belastet werden sollen.

Die plangerechte Herstellung des gemeinschaftlichen Eigentums obliegt allen Eigentümern und das Risiko, dass der Bauträger nicht plangerecht hergestellt hat, ist folglich auch von allen zu tragen.

> **§ 16 Abs. 4 WEGG setzt voraus:**　　　　　　　　　　　　　　　　　　**!**
>
> - Instandhaltungs- oder Instandsetzungsmaßnahme
> - gesteigerter Gebrauch oder gesteigerte Gebrauchsmöglichkeit (Fenster, Türen, Balkone)
> - Einzelfall (fehlt, wenn sich Anspruch für die Zukunft ergibt)
> - doppelt qualifizierte Mehrheit (drei Viertel der stimmberechtigten Eigentümer)
> - mehr als die Hälfte der Miteigentumsanteile

Entscheidend ist, dass § 16 Abs. 4 WEGG den Eigentümern nicht gestatten soll, die Kosten der Instandsetzung oder Instandhaltung dauerhaft für die Zukunft zu ändern. Aus diesem Grund hat der Gesetzgeber die weitere Voraussetzung aufgenommen, dass eine Änderung nur für den Einzelfall, also eine ganz konkrete Maßnahme möglich sein soll. Der BGH hat mit seiner Rechtsprechung den Anwendungsfall des § 16 Abs. 4 WEGG erheblich eingeschränkt, da er die Auffassung vertritt, dass ein Einzelfall bereits dann nicht mehr besteht, wenn durch die Änderung des Verteilerschlüssels eine Wiederholungsgefahr begründet wird, da bei der nächsten Maßnahme gleicher Art der Anspruch auf Gleichbehandlung entsteht, dass auch bei dieser Maßnahme eine Änderung des Kostenverteilerschlüssels nach § 16 Abs. 4 WEGG beschlossen werden muss.[170]

---

169 BGH, Urteil v. 18.06.2010 – V ZR 164/09, ZMR 2010, 866; LG München I, Urteil v. 30.7.2009 – 36 S 18003/08, I ZMR 2010, 150
170 BGH, Urteil v. 18.6.2010 – V ZR 164/09; ZMR 2010, 866

Konkret heißt das: Soll der Austausch der Fenster eines Eigentümers mit einem veränderten Verteilerschlüssel beschlossen werden, sodass die Kosten allein von dem betroffenen Eigentümer zu tragen sind, liegt kein Einzelfall mehr vor, weil sich hieraus ein Anspruch für die Zukunft ableitet, dass beim nächsten Fenstertausch ebenfalls die Kosten von dem betroffenen Eigentümer zu tragen wären. Der Beschluss würde daher auf die dauerhafte Änderung des Kostenverteilerschlüssels hinauslaufen, die aber mit § 16 Abs. 4 WEGG gerade nicht begründet werden kann.

Anders verhält es sich, wenn es sich um eine Instandsetzungsmaßnahme handelt, die alle Eigentümer gleichermaßen betrifft, wie der Austausch aller Fenster, und zugleich beschlossen wird, dass die Kosten dieser konkreten Maßnahme nicht nach dem in der WEG herrschenden Schlüssel, sondern nach Einheiten abgerechnet werden soll. In diesem Fall wird kein Anspruch für die Zukunft begründet, weil alle Eigentümer bereits einmalig von der Änderung des Verteilerschlüssels profitiert haben.

Das Vorliegen eines Einzelfalls ist kompetenzbegründend: Falls es sich **nicht** um einen Einzelfall handelt, fehlt den Eigentümern die Beschlusskompetenz und ein gleichwohl gefasster Beschluss ist nichtig. Liegt zwar ein Einzelfall vor, aber die notwendige Mehrheit wurde nicht erreicht, dann ist ein verkündeter Beschluss nur rechtswidrig und im Falle einer Anfechtung für ungültig zu erklären, wird jedoch andernfalls bestandskräftig.

> **!** **Achtung**
>
> - Liegt kein Einzelfall vor = keine Beschlusskompetenz = nichtiger Beschluss
> - Wird die erforderliche Mehrheit nicht erreicht = anfechtbarer Beschluss = Bestandskraft mangels Anfechtung

> **!** **Wichtig**
>
> Für den Verwalter ist gerade die Einschätzung, ob es sich um einen Einzelfall handelt, schwierig, da die Fälle, in denen § 16 Abs. 4 WEGG zum Tragen kommen kann, rar gesät sind.
> Hier eine Hilfestellung: Der Verwalter muss sich fragen, ob die Änderung des Verteilerschlüssels eine Bindungswirkung im Rahmen der Gleichbehandlung nach sich ziehen kann. Immer, wenn es nur um den Austausch oder die Reparatur einzelner Bauteile geht und nicht alle gleichartigen Bauteile (alle Fenster, alle Türen, alle Balkone) ausgetauscht oder repariert werden, kommt ein Einzelfall und damit § 16 Abs. 4 WEGG nicht mehr in Betracht und führt zur Nichtigkeit.
> Häufig kommt es schon mangels ausreichender Anwesenheit oder Vertretung der Eigentümer zu keiner Beschlussfassung nach § 16 Abs. 4 WEGG, sodass dem Verwalter eine weitere Auseinandersetzung mit den Voraussetzungen erspart bleibt.

11.4   Die Öffnungsklausel

Der Fall

In der GO der WEG ist eine Regelung enthalten, nach die Eigentümer mit einer Stimmenmehrheit von mehr als der Hälfte der stimmberechtigten Eigentümer den Verteilerschlüssel für alle Kosten und Lasten des gemeinschaftlichen Eigentums abweichend von dem in der GO vereinbarten Verteilerschlüssel beschließen können. Eigentümer E hat ein Sondernutzungsrecht am Garten, eine weitere Kostenregelung für die Sondernutzungsfläche ist nicht vereinbart worden.

Auf der ETV wird mit der erforderlichen Mehrheit beschlossen, dass E zukünftig sämtliche Instandhaltungs- und Instandsetzungskosten der Sondernutzungsfläche allein tragen soll. E ficht an.

Das Problem

Wenn in einer GO eine Öffnungsklausel vereinbart wurde, gibt sie den Eigentümern weitergehende Befugnisse, im Wege der Beschlussfassung verschiedene Angelegenheiten zu regeln. Der Verwalter ist in der Vorbereitung solcher Beschlüsse jedoch gehalten, den Umfang der Öffnungsklausel zu prüfen und die Eigentümer hierüber zu informieren.

Die Lösung

In vielen GO sind Regelungen enthalten, die den ET weitergehende Befugnisse einräumen, Angelegenheiten über einen Mehrheitsbeschluss zu regeln und damit über die durch das Gesetz eingeräumten Befugnisse hinauszugehen. Die sog. Öffnungsklauseln können entweder den Eigentümern insgesamt die Möglichkeit eröffnen, mittels Beschlussfassung die Vereinbarungen der GO abzuändern, oder sich nur auf einzelne Vereinbarungen beziehen, z.B. die Änderung der Verteilung der Kosten und Lasten. Wie jede Regelung in der GO muss die Öffnungsklausel klar und eindeutig den Inhalt erkennen lassen und damit die Reichweite und eingeräumten Befugnisse.

Eine Öffnungsklausel, die die gesetzlichen Kompetenzen in §16 Abs. 3 und 4 WEGG einschränkt oder ausschließt, ist nach §16 Abs. 5 WEG unwirksam. Erleichterungen hinsichtlich des Mehrheitserfordernisses sind über die Öffnungsklausel möglich.

Da in §16 Abs. 3 WEGG schon eine Änderung der Kostenverteilung für Betriebs- und Verwaltungskosten mit einfacher Stimmenmehrheit möglich ist, spielt die Öffnungsklausel nur noch eine Rolle bei der Verteilung der Kosten der Instandhaltung und Instandsetzung, da nicht nur geringe Anforderungen an die erforderliche Mehrheit gestellt werden können, sondern eine dauerhafte Änderung des Verteilerschlüssels über die GO möglich ist. Eine über die Öffnungsklausel beschlossene Änderung des Verteilerschlüssels kann wie jeder Beschluss angefochten werden, wobei das Gericht nur prüfen darf, ob ein Verstoß gegen das Willkürverbot gegeben ist.[171]

Ein Beschluss, der einen Eigentümer erstmalig mit Kosten belastet, die er weder aufgrund einer gesetzlichen Pflicht noch aufgrund einer Vereinbarung in der GO allein tragen muss, ist so lange schwebend unwirksam, bis der belastete Eigentümer zustimmt.[172] Ein solcher Beschluss verstößt gegen das Belastungsverbot, das jeden Wohnungseigentümer vor der Aufbürdung neuer – sich weder aus dem Gesetz noch aus der bisherigen Gemeinschaftsordnung ergebender – Leistungspflichten schützt.

Der Verwalter muss einen Beschluss, der aufgrund einer Öffnungsklausel gefasst werden soll und eine dauerhafte Änderung nach sich zieht, klar und eindeutig als einen solchen ankündigen. Der Beschluss selbst muss ebenfalls den Anforderungen der Bestimmtheit entsprechen und eindeutig erkennen lassen, welche Kosten zukünftig nach welchem Verteilerschlüssel aufzuteilen sind.

Die aufgrund einer Öffnungsklausel gefassten Beschlüsse binden auch den Sonderrechtsnachfolger nach § 10 Abs. 4 Satz 2 WEGG.

> **! Wichtig**
>
> Auch wenn Eigentümer gerne die Auffassung vertreten, dass eine Öffnungsklausel jede Beschlussfassung ermöglicht, muss der Verwalter darauf achten und vor der Beschlussfassung genau prüfen, welchen Umfang die Öffnungsklausel hat und ob die aufgrund der Öffnungsklausel vorgenommene Änderung einzelne Eigentümer willkürlich beeinträchtigt, bzw. einzelne Eigentümer erstmalig belastet. Übernimmt der Verwalter eine neue WEG und enthält die GO eine Öffnungsklausel, hat der Verwalter die Beschlüsse der vergangenen Jahre aufmerksam zu studieren, um mögliche Änderungen, die in der Vergangenheit beschlossen wurden, nicht zu übersehen.

11.5 Individuelle Pflichten über die GO

Der Fall
Die GO enthält die Regelung, dass »jeder Sondereigentümer die Instandhaltung und Instandsetzung der Innen- und Außenfenster zu übernehmen und

---

171 BGH, Urteil v. 10.10.2014 – V ZR 315/14; ZMR 2015, 239
172 BGH Urteil v. 10.10.2014 – V ZR 315/13; ZMR 2015, 239

die Kosten zu tragen hat. Soweit dabei die Außenansicht betroffen wird, ist eine einheitliche Ausführung unabdingbar; daher ist die Erneuerung des Außenanstrichs der Fenster samt Rahmen und Rollläden Sache der Gemeinschaft.«

Die Fenster des Eigentümers E sind so marode, dass nur noch ein Austausch in Betracht kommt. Er fordert daher den Verwalter auf, Angebote einzuholen, damit die WEG darüber auf der nächsten ETV beschließen kann. Verwalter V verweist auf die Regelung der GO.

Das Problem
Der Umgang mit den Vereinbarungen in der GO sind für den Verwalter unerlässlich, machen ihm das Leben jedoch oft schwer. Nicht nur, dass viele Regelungen missverständlich sind und nicht so recht erkennen lassen, was gemeint ist – auch die Rechtsprechung führt oft dazu, dass eine Vereinbarung dann einen anderen Inhalt hat als den, den die ET gerne hätten und den sie in den vergangenen Jahren in die Praxis umgesetzt haben.

Die Lösung
Grundsätzlich obliegt sowohl die Instandhaltung als auch die Instandsetzung der im gemeinschaftlichen Eigentum stehenden Bauteile der Gemeinschaft und jeder Eigentümer ist nur mit seiner Kostentragungspflicht nach § 16 Abs. 2 WEGG beteiligt.

Nur die im Sondereigentum stehenden Bauteile sind durch den Sondereigentümer selbst instand zu setzen und zu halten. Maßgebend für die Frage, was zum gemeinschaftlichen und was zum Sondereigentum gehört, ist ausschließlich § 5 WEG, der definiert, welche Bauteile oder Anlagen zum zwingenden gemeinschaftlichen Eigentum gehören. Sofern in der GO eine Aufzählung der im Sondereigentum stehenden Bauteile vorgenommen wird, sind sämtliche Vereinbarungen in diesem Zusammenhang unwirksam, da die Eigentümer die sachenrechtliche Zuordnung nicht über die GO vornehmen können.[173]

Die Wohnungseigentümer können jedoch abweichend von den gesetzlichen Vorgaben über die GO regeln, dass entweder die Kostentragung bestimmter Bauteile einem Eigentümer oder einer Eigentümergruppe auferlegt oder sogar die gesamte Instandsetzungspflicht auf den Sondereigentümer übertragen wird. Im ersten Fall muss der betroffene Eigentümer die durch die Instand-

---

173 BGH, Urteil v. 25.10.2013 – V ZR 212/12, ZMR 2014, 223; BGH, Urteil v. 26.10.2012 – V ZR 57/12, ZMR 2013, 454

setzungsmaßnahme entstehenden Kosten tragen, die Beauftragung erfolgt jedoch durch die WEG, sodass dies einer Änderung des Kostenverteilerschlüssels gleichkommt und eine unmittelbare Belastung über die Jahresabrechnung vorgenommen werden muss. Im zweiten Fall obliegt dem Eigentümer sogar die komplette Verpflichtung zur Instandsetzung der benannten Bauteile, d.h. er muss nicht nur die Kosten tragen, sondern auch selbst die Maßnahme beauftragen und die Ausführung der Arbeiten überwachen. Die Regelungen in der GO sind der Auslegung zugänglich, die objekt-normativ vorzunehmen ist. Es kommt daher nicht auf den maßgeblichen Willen des Verfassers an, sondern es ist zu ermitteln, wie ein objektiver Dritter die Regelung verstehen kann und darf. Eine Regelung muss daher klar und eindeutig sein[174] und zweifelsfrei erkennen lassen, welche Pflichten den Eigentümer an welchen Bauteilen treffen. Sofern es zu Zweifeln kommt oder mehrere Möglichkeiten aus der Vereinbarung zu ersehen sind, ist die Regelung unbestimmt und damit unwirksam, sodass es bei der gesetzlichen Zuständigkeit verbleibt.

Wird daher erst für den Eigentümer eine ausdrückliche Zuweisung der Instandsetzungspflicht an einem Bauteil (hier: Fenster) geregelt und dann wieder ein Teilbereich an die Zuständigkeit der WEG delegiert, sofern es sich z.B. um die Außenansicht handelt, so ist nicht klar, wer zuständig ist, wenn das Fenster komplett ausgetauscht werden muss. Da im Zweifel von der gesetzlichen Zuständigkeit auszugehen ist, ist der Austausch des Fensters über die WEG zu beauftragen und die Kosten nach § 16 Abs. 2 WEGG zu verteilen.[175]

Erfolgt eine klare und eindeutige Zuweisung der Pflichten unter Benennung des Bauteils ohne Differenzierung zwischen Sondereigentum und gemeinschaftlichem Eigentum, so obliegt die Pflicht zur Instandsetzung auch dann dem jeweiligen Eigentümer, wenn es sich um konstruktive Teile handelt.[176] Wird einem Eigentümer nur die Instandhaltungspflicht auferlegt und unterscheidet die GO in den weiteren Vereinbarungen jedoch klar zwischen Instandhaltung und Instandsetzung, so kann die Auslegung ergeben, dass der Eigentümer auch nur für die Instandhaltung (Pflege, Wartung, Kleinreparaturen) zuständig ist. Den Eigentümern ist es nicht möglich, über eine Beschlussfassung eine Vereinbarung in der GO auszulegen und damit selbst zu bestimmen, wie sie die Vereinbarung verstehen möchten.[177]

---

174 BGH, Urteil v. 2.3.2012 – V ZR 174/11; ZMR 2012, 641
175 BGH, Urteil v. 2.3.2012 – V ZR 174/11; ZMR 2012, 641
176 BGH, Urteil v. 16.11.2012 – V ZR 9/12; ZMR 2013, 290
177 LG München I, Urteil v. 13.2.2012 – 1 S 8790/11; ZMR 2012, 582

Wichtig   **!**

Im Rahmen der Auslegung unterliegt die WEG schlussendlich einer tatrichterlichen Entscheidung, sofern im Rahmen einer Klage die Vereinbarung einer GO eine entscheidende Rolle spielt, z.B. weil der Verwalter eine direkte Kostenbelastung über die Jahresabrechnung vorgenommen hat. Wollen die Eigentümer eine anwaltliche Überprüfung der Vereinbarung vornehmen lassen, müssen sie einen Beschluss fassen. Eine eigenmächtige Beauftragung durch den Verwalter ist nicht möglich, auch dann nicht, wenn er sich nicht sicher ist, wie er mit dieser Regelung umgehen soll. Erfolgt trotzdem eine Beauftragung zur Prüfung der Regelungen der GO, so muss der Verwalter damit rechnen, die Kosten der Beratung selbst tragen zu müssen, sofern die ET sie nicht im Nachhinein genehmigen.

11.6 Abweichungen von der Heizkostenverordnung

Der Fall

Die Eigentümer wollen im Rahmen der Beschlussfassung nach §16 Abs. 3 WEG die Heizkosten zukünftig nur noch nach Wohnfläche verteilen. Verwalter V hat Bedenken.

Das Problem

Auch wenn §16 Abs. 3 WEGG den Eigentümern die Beschlusskompetenz einräumt, die Kostenverteilung der Betriebskosten mit einfacher Stimmenmehrheit zu ändern, muss der Verwalter darauf achten, dass mit einer Beschlussfassung nicht gegen andere Vorschriften verstoßen wird.

Die Lösung

Die Heizkostenverordnung sieht in §6 Abs. 1 vor, dass die Kosten der Versorgung mit Wärme und Warmwasser auf Grundlage der Verbrauchserfassung zu erfolgen hat. §7 Abs.1 HeizkostenV regelt weiter, dass von den Kosten des Betriebs der zentralen Heizungsanlage mindestens 50% und höchstens 70% nach dem erfassten Wärmeverbrauch des Nutzers zu verteilen sind. Es wird eine zwingende Verbrauchserfassung geregelt. Von dieser können die Wohnungseigentümer weder über eine Vereinbarung noch über eine Beschlussfassung abweichen. Solche Regelungen sind unwirksam, gefasste Beschlüsse nichtig.[178] Die Vorschriften der HeizkostenV gelten ohne weiteres Zutun der Eigentümer auch diesen gegenüber (§1 Abs. 2 Nr. 3 HeizkostenV). Sie haben daher nur die Möglichkeit, im Rahmen des §7 Abs. 1 HeizkostenV den dort normierten Maßstab über eine Beschlussfassung zu bestimmen (50% bis 70%

---

178 BGH, Urteil v. 17.2.2012 – V ZR 251/10; ZMR 2012, 372

Umlage nach Verbrauchserfassung). Nur eine den Vorgaben der HeizkostenV entsprechende Abrechnung der Heizkosten in einer Jahresabrechnung entspricht ordnungsmäßiger Verwaltung.

> **! Wichtig**
>
> Dem Verwalter ist es untersagt, nichtige Beschlüsse zu verkünden. Eine dennoch vorgenommene Verkündung stellt eine Pflichtverletzung dar. Der Verwalter ist zudem verpflichtet, eine ordnungsmäßige Jahresabrechnung zu erstellen, zu der auch die Abrechnung der Heizkosten zwingend gehört. Hier hat er die Vorgaben der HeizkostenV zu beachten. Rechnet der Verwalter gleichwohl anders (z.B. nach Wohnfläche) ab und liegt hierfür kein rechtfertigender Grund vor, so ist die Abrechnung auf Anfechtung hin für ungültig zu erklären und aufzuheben. Ohne Anfechtung erwächst der Beschluss jedoch in Bestandskraft, auch wenn in dieser eine fehlerhafte Verteilung der Heizkosten vorgenommen wurde.

11.7 Wirtschaftsplan – Kostenverteilung nach § 21 Abs. 7 WEGG

Der Fall

Die WEG beschließt den Wirtschaftsplan für das folgende Jahr und bestimmt, dass der Einzelwirtschaftsplan des einzelnen Eigentümers zum 1. Januar des Folgejahres fällig werden soll, den Eigentümern jedoch eine monatliche Zahlweise in zwölf gleichen monatlichen Raten jeweils fällig zum 1. eines Monats zugestanden wird. Gerät ein Eigentümer mit zwei Hausgeldraten in Verzug, lebt die Gesamtfälligkeit wieder auf.

Eigentümer E findet seine Zahllast viel zu hoch und meint zudem, die Jahresfälligkeit und die Regelung der Ratenzahlung sei nicht möglich. Er ficht den Wirtschaftsplan erfolgreich an. Zu diesem Zeitpunkt hat er seinen Anteil aus seinem Einzelwirtschaftsplan bereits zum 1. Januar des Folgejahres für das Jahr in einer Summe gezahlt. Er fordert den Verwalter nun auf, ihm seinen Anteil wieder zu erstatten, da der Genehmigungsbeschluss für den Wirtschaftsplan aufgehoben wurde.

Das Problem

Der Beschluss über den Wirtschaftsplan kann, wie jeder Beschluss, angefochten werden. Die Folgen einer (erfolgreichen) Anfechtung muss der Verwalter beherrschen und die richtigen Schritte einleiten, weil der genehmigte Wirtschaftsplan die Anspruchsgrundlage für das durch die Eigentümer zu zahlende Wohngeld darstellt und die Liquidität der WEG sicherstellen soll.

Die Lösung

Das Wirtschaftswesen der WEG besteht aus dem System und dem Verhältnis des Wirtschaftsplans, der Sonderumlage und als Kernstück der Jahresabrechnung zueinander. In §28 Abs. 1 ist geregelt, dass der Verwalter jeweils für ein Kalenderjahr einen Wirtschaftsplan aufzustellen hat und Abs. 2 ergänzt, dass die Wohnungseigentümer verpflichtet sind, auf Abruf durch den Verwalter Vorschüsse auf den beschlossenen Wirtschaftsplan zu leisten.

Hieraus ergibt sich, dass ohne Beschlussfassung über einen Wirtschaftsplan kein Eigentümer verpflichtet ist, sich gemäß §16 Abs. 2 WEGG an den Kosten und Lasten des gemeinschaftlichen Eigentums zu beteiligen. Die Aufstellung des Wirtschaftsplans ist Aufgabe des Verwalters. Der Wirtschaftsplan stellt eine Kalkulation der zu erwartenden Kosten des kommenden Jahres auf. In der Regel dienen als Grundlage der Kostenkalkulation die im vergangenen Jahr abgerechneten Gesamtkosten unter Berücksichtigung ggf. davon abweichender besonderer Kosten, die bei Kenntnis bereits in die Kostenkalkulation aufzunehmen sind. Dem Verwalter ist es gestattet und es entspricht dem Bedürfnis der Sicherstellung der laufenden Liquidität der Gemeinschaft, eine großzügige Schätzung vorzunehmen.[179] Über die zu erstellende Jahresabrechnung wird in der Regel zeitnah die tatsächliche Zahllast eines jeden Eigentümers ermittelt und damit eventuelle Überzahlungen des Eigentümers ausgeglichen. Der Wirtschaftsplan ist aufgrund des eindeutigen Wortlauts des §28 Abs. 1 WEGG für den Zeitraum vom 1.1. bis zum 31.12. eines Jahres aufzustellen. Abweichungen hiervon sind weder durch Beschlussfassung noch durch Vereinbarung möglich. Der Verzicht auf die Aufstellung eines Wirtschaftsplans kann mangels Beschlusskompetenz nicht beschlossen werden.[180] In den Wirtschaftsplan sind die Gesamteinnahmen- und -ausgaben aufzunehmen sowie ein weiterer Zuführungsbetrag in die Instandhaltungsrücklage, dessen Höhe im Ermessen der Eigentümer liegt und von diesen durch Beschlussfassung festzusetzen ist. Neben dem Gesamtwirtschaftsplan ist der Einzelwirtschaftsplan entscheidend, aus dem sich die vom jeweiligen Eigentümer zu zahlende Einzelbelastung für das Wirtschaftsjahr ergibt. Die Beschlussfassung erfolgt mit einfacher Stimmenmehrheit und muss sich auf die Genehmigung des Gesamt- und Einzelwirtschaftsplans beziehen. Zu erwartende Hausgeldausfälle sind als Kostenposition aufzunehmen (z. B. »voraussichtl. Wohngeldausfälle«) und ebenfalls nach dem herrschenden Verteilerschlüssel als Belastung auf die Eigentümer zu verteilen.[181]

---

179 LG München I, Urteil v. 21.1.2013 – 1 S 3378/12; LSK 2014, 200219
180 BGH; Urteil v. 2.6.2005 – V ZB 32/05; ZMR 2005, 547
181 BGH, Urteil v. 7.6.2013 – V ZR 211/12; ZMR 2014, 49

> **!** **Der Wirtschaftsplan nach § 28 Abs. 1 WEGG:**
>
> - Zeitraum: immer 1.1. bis 31.12. eines Jahres
> - Gesamteinnahmen und Gesamtausgaben (Gesamtwirtschaftsplan)
> - Kostenverteilung nach dem geltenden Verteilerschlüssel (Einzelwirtschaftsplan)
> - einfache Stimmenmehrheit
> - Fälligkeit und Folgen des Verzugs nach § 21 Abs. 7 WEGG beschließen

Eine rückwirkende Beschlussfassung stellt häufig den Regelfall dar, da der Verwalter meist erst im Laufe des Jahres den Wirtschaftsplan desselben Jahres den Eigentümern zur Beschlussfassung vorlegt. Das führt dazu, dass die Eigentümer bis dahin noch auf den alten Wirtschaftsplan gezahlt haben und im Beschluss sowohl klargestellt werden muss, dass der Wirtschaftsplan rückwirkend zum 1.1. eines Jahres aufgestellt wird, und darüber hinaus, wann die entstehenden Fehlbeträge zum alten Wirtschaftsplan fällig werden. § 28 Abs. 1 WEGG gibt sich auf, dass die Eigentümer einen Wirtschaftsplan für das laufende Jahr aufzustellen haben – wie dieser zu zahlen ist, ergibt sich aus dem Gesetz aber nicht. Nach § 21 Abs. 7 WEGG haben die Eigentümer die Möglichkeit, durch einen Mehrheitsbeschluss die Zahlweise der sich aus dem Wirtschaftsplan ergebenden Zahllasten zu bestimmen. Es liegt daher in ihrem Ermessen, ob sie eine jährliche oder monatliche Zahlweise wählen. Die Eigentümer haben meist ein gesteigertes Interesse an einer monatlichen Zahlweise, um die eigene Belastung aufzuteilen und z. B. der Vermietung des Sondereigentums anzupassen. Da es im Falle der Säumnis eines Eigentümers und der gerichtlichen Beitreibung effizienter ist, einen Jahresbeitrag zu verfolgen, besteht die Möglichkeit der Eigentümer, entweder eine sogenannte Verfallklausel oder eine Vorfälligkeitsregelung zu beschließen.[182] Die Verfallklausel bestimmt, dass das Hausgeld zu einem bestimmten Zeitpunkt (in der Regel 1.1. des Jahres) fällig wird, den Eigentümern jedoch eine monatliche Zahlweise zu einem bestimmten Stichtag je Monat gestattet wird. Sofern sich ein Eigentümer mit einer von den Eigentümern zu bestimmenden Anzahl von monatlichen Raten in Verzug befindet, verfällt die Ratenzahlung. Es bleibt dann bei der Ursprungsfälligkeit des Jahresbetrages (z. B. 1.1.). Im Gegensatz dazu sieht die Vorfälligkeitsklausel vor, dass die Eigentümer jeweils in gleichen monatlichen Raten zu einem bestimmten Stichtag auf den Gesamtbetrag des Einzelwirtschaftsplans zahlen. Gerät ein Eigentümer mit zwei Monatsraten in Verzug, wird der dann noch offenstehende Restbetrag zur sofortigen Zahlung fällig.

> **!** **Verfallklausel**
>
> Das Jahreswohngeld wird sofort fällig gestellt, den Eigentümern eine monatliche Zahlweise gestattet; bei Verzug verfällt die Ratenzahlungsmöglichkeit.

---

182 LG Köln, Urteil v. 20.2.2014 – 29 S 181/13; ZWE 2014, 414

Vorfälligkeitsklausel !

Eigentümer zahlen in monatlichen Raten. Bei Zahlungsverzug wird der noch offene Restbetrag des Jahreswohngelds sofort fällig.

Mit der Beschlussfassung über die Genehmigung des Wirtschaftsplans wird die Zahllast der Eigentümer je nach den Bestimmungen der Eigentümer begründet. Im Falle der Anfechtung ändert sich die Pflicht der Eigentümer erst einmal nicht, da §23 Abs. 4 Satz 2 WEGG bestimmt, dass ein Beschluss bis zur rechtskräftigen Erklärung der Ungültigkeit wirksam bleibt. Wird der Wirtschaftsplan für ungültig erklärt, entfällt mangels wirksamer Beschlussfassung der Zahlungsanspruch der WEG gegen die einzelnen Eigentümer, die daraufhin ihre Zahlungen einstellen können. Ein Rückforderungsanspruch der Eigentümer für die bereits gezahlten Wohngelder aufgrund des nun für ungültig erklärten Wirtschaftsplans besteht nicht.[183] Der Verwalter ist im Falle einer wirksamen Anfechtung eines Wirtschaftsplans gehalten, die vom Gericht festgestellten Mängel zu beheben und den Eigentümern einen korrigierten Wirtschaftsplan zur Beschlussfassung vorzulegen, um die Liquidität der WEG sicherzustellen.

Jeder Eigentümer hat einen Anspruch auf Aufstellung eines Wirtschaftsplans, den er auch nach §21 Abs. 8 WEGG gerichtlich durchsetzen kann, wenn die Eigentümer eine positive Beschlussfassung verweigern. Die Aufstellung ist in das Ermessen des Gerichts zu stellen, das dann die voraussichtlichen Gesamtkosten aufstellt und über die Kostenverteilung die Zahllast der einzelnen Eigentümer festlegt.

Nach der herrschenden Fälligkeitstheorie ist Schuldner der Wohngeldforderungen jeweils der Eigentümer, der zum Zeitpunkt der Fälligkeit Grundbucheigentümer ist.[184]

Wichtig !

Der Verwalter sollte bei der Aufstellung des Wirtschaftsplans von seinem Recht einer großzügigen Schätzung der voraussichtlichen Kosten Gebrauch machen, um zu verhindern, dass ggf. bereits abzusehende Kostensteigerungen im Laufe des Jahres zu einem Liquiditätsengpass führen. Auch die Fälligkeit der Zahllast der einzelnen Eigentümer sollte der Verwalter beschließen lassen sowie die Folgen des Verzugs. Sofern der Verwalter nicht über die GO oder den Verwaltervertrag bereits ermächtigt ist, Wohngeldrückstände beizutreiben, so sollte er sich hierzu über einen Beschluss ermächtigen lassen – sowie zur Beauftragung eines Rechtsanwalts.

183 LG Düsseldorf, Urteil v. 7.11.2013 – 19 S 77/12; ZMR 2014, 237
184 BGH, Beschluss v. 23.9.1999 – V ZB 17/99; ZWE 2000, 29

11.8 Fortgeltung des Wirtschaftsplans

Der Fall

Die Eigentümer möchten nicht jedes Jahr über den Wirtschaftsplan beschließen. Auch sind die Kosten und Lasten der WEG seit Jahren nahezu identisch. Der Verwalter lässt daher den Wirtschaftsplan des aktuellen Jahres mit dem Zusatz beschließen, dass der Wirtschaftsplan gelten soll, bis ein neuer beschlossen wird.

Auf der Versammlung im nächsten Jahr legt er den Eigentümern keinen neuen Wirtschaftsplan zur Beschlussfassung vor. Eigentümer E hat bereits seit drei Monaten nicht mehr gezahlt und kündigt dem Verwalter an, auch weiter nicht zu zahlen. Das Hausgeld der drei vergangenen Monate habe er mit einer Forderung verrechnet, die er gegen die WEG hat, weil er für die WEG Pflanzen und Blumen gekauft hat. Da die WEG auf der Versammlung keinen Wirtschaftsplan beschlossen hat, ist er der Auffassung, die WEG habe nun keinen gültigen Wirtschaftsplan mehr.

Das Problem

Der Verwalter muss bei den Fortgeltungsklauseln eines Wirtschaftsplans im Auge behalten, was die Gemeinschaft mit welcher Dauer beschließen kann, wenn es um die fortlaufende Genehmigung eines Wirtschaftsplans geht. Fehler in diesem Zusammenhang lassen einen Wirtschaftsplan durch Zeitablauf unwirksam werden und führen zu einem Verlust der Anspruchsgrundlage der WEG den Eigentümern gegenüber und damit zu einem Liquiditätsengpass der WEG, den dann der Verwalter zu vertreten hat. Die von Eigentümern gerne erklärte Verrechnung eigener vermeintlicher Forderungen mit den laufenden Wohngeldzahlungen stellen ein weiteres Problem für den Hausverwalter dar, der entscheiden muss, ob er eine Aufrechnung akzeptiert oder die rückständigen Wohngelder weiter verfolgt.

Die Lösung

Da der Wirtschaftsplan jeweils nur für ein Kalenderjahr aufgestellt wird, besteht ein Bedürfnis der Eigentümer sicherzustellen, dass auch über das Kalenderjahr hinaus ein gültiger Wirtschaftsplan als Anspruchsgrundlage gegen die Eigentümer besteht. Dem kann dadurch begegnet werden, dass die Eigentümer eine Fortgeltungsklausel beschließen. Zu beachten sind hierbei die Grenzen einer solchen Klausel.

Ein Beschluss, dass der Wirtschaftsplan »stets fortgelten soll«, kann mangels Beschlusskompetenz nicht beschlossen werden. Eine solche Regelung in der GO ist dagegen wirksam und begründet auch nach Jahren zusammen mit dem zuletzt beschlossenen Wirtschaftsplan die Zahllast der einzelnen Eigentümer. Unabhängig davon besteht daneben der Anspruch des einzelnen Eigentümers, dass ein neuer Wirtschaftsplan beschlossen wird, sofern der geltende Wirtschaftsplan der tatsächlichen Kostenlast der WEG nicht mehr entspricht und daher nicht mehr geeignet ist, die laufende Liquidität der WEG sicherzustellen.

Auch im Wege der Beschlussfassung kann eine Fortgeltung beschlossen werden, sofern sich die Begrenzung aus dem Beschluss selbst ergibt. Wird in den Beschluss aufgenommen, dass der Wirtschaftsplan für das laufende und das folgende Jahr gelten soll, so entspricht er ordnungsmäßiger Verwaltung. Mit Ablauf des folgenden Jahres verliert der Wirtschaftsplan dann jedoch seine Gültigkeit.

Der wohl häufigste Beschluss lautet, dass »der Wirtschaftsplan bis zur Beschlussfassung über einen neuen gültig sein soll«. Der Beschluss ist grundsätzlich erst einmal ordnungsmäßig[185], entfaltet aber für den Wirtschaftsplan keine unendliche Wirkungsdauer, nur weil die Eigentümer in den folgenden Jahren eine weitere Beschlussfassung über einen neuen Wirtschaftsplan unterlassen. In die Fortgeltung ist hineinzulesen, dass der Wirtschaftsplan Gültigkeit entfaltet, bis zur nächsten »möglichen« Beschlussfassung über einen neuen Wirtschaftsplan, d.h. auf der nächsten ordentlichen Versammlung. Wird dort kein neuer Wirtschaftsplan beschlossen, verliert auch der bisherige seine Wirkung. Möglich ist es den Eigentümern aber auch, den »alten« Wirtschaftsplan nur noch einmal zu bestätigen und diesen für ein weiteres Jahr unverändert zu beschließen.

Fortgeltungsbeschluss des Wirtschaftsplans　　　　　　　　　　　　**!**

- Eine dauerhafte Fortgeltung kann nicht beschlossen werden, da sie mangels Beschlusskompetenz nichtig ist.
- Eine solche Regelung in der GO ist wirksam.
- Eine Fortgeltung bis zur Beschlussfassung eines neuen Wirtschaftsplans kann nur Wirkung entfalten bis zur nächsten ordentlichen ETV.
- Es muss kein neuer Wirtschaftsplan beschlossen werden; der bisherige kann auch nur bestätigt werden, sofern sich die Kostenlast der Eigentümer nicht verändert hat.

Ein Eigentümer kann nur in sehr engen Grenzen gegen das laufende Wohngeld Forderungen aus einer beschlossenen Sonderumlage oder Abrechnungsergebnisse mit eigenen Forderungen gegen die WEG aufrechnen. Hintergrund

---

185 OLG Düsseldorf, Urteil v. 2.6.2003 – 3 Wx 75/03; ZMR 2003, 767

ist, dass die laufenden Wohngelder der Sicherung der Liquidität dienen und das Fehlen der Wohngelder dazu führt, dass die laufende Kostenlast der WEG nicht mehr bedient werden kann. Daher kann der einzelne Eigentümer nur mit rechtskräftig titulierten Forderungen gegen die WEG aufrechnen sowie mit von dieser anerkannten Beträgen.[186]

> **!** **Aufrechnung gegen das Wohngeld**
>
> Nur möglich bei rechtskräftig festgestellten oder von der WEG durch Beschlussfassung anerkannten Forderungen.

Der Eigentümer kann im obigen Fall daher bis zu einer gerichtlichen Feststellung der Zahlungspflicht der WEG nicht mit den laufenden Wohngeldern aufrechnen, er kann jedoch die Zahlung einstellen, weil die Eigentümer es versäumt haben, auf der nächsten ordentlichen Versammlung einen neuen Beschluss über einen Wirtschaftsplan zu fassen.

> **!** **Wichtig**
>
> Für den Verwalter bedeutet die Fortgeltung in der Regel, dass der Wirtschaftsplan jedes Jahr auf der ordentlichen Versammlung mit den Eigentümern erörtert und auf die ein oder andere Weise beschlossen werden muss – wenn auch nicht für das laufende Jahr, so doch für das folgende Jahr und bis zur nächsten ETV.
> Auch wenn eine Fortgeltungsklausel in der GO vereinbart wurde, entbindet diese den Verwalter nicht von der Pflicht, eine regelmäßige Überprüfung des zuletzt beschlossenen Wirtschaftsplans auf Deckung der laufenden Liquidität der WEG vorzunehmen. Bei Unterdeckung entspricht es nur ordnungsmäßiger Verwaltung, den Eigentümern einen nachgebesserten Wirtschaftsplan zur Beschlussfassung vorzulegen.
> Sofern der Eigentümer nicht über einen Vollstreckungstitel gegen die WEG verfügt oder die WEG beschlossen hat, die Forderungen des Eigentümers zu befriedigen, besteht weder die Möglichkeit des Eigentümers, mit laufenden Wohngeldforderungen noch mit solchen aus einer beschlossenen Sonderumlage oder mit dem Abrechnungsergebnis aufzurechnen.

11.9 Die Sonderumlage

Der Fall

Die Eigentümer beschließen die Instandsetzung des Daches. Die vorhandene Instandhaltungsrücklage könnte zwar ausreichen, die Eigentümer haben jedoch Sorge, dass ggf. weitere Instandsetzungsmaßnahmen auf die WEG zukommen.

---

186 BGH, Urteil v. 29.1.2016 – V ZR 97/15, ZMR 2016, 472; OLG Düsseldorf, Beschluss v. 18.4.2007, I-3 Wx 53/07, IMR 2007, 192

Die entstehenden Kosten von 200.000 EUR sollen daher hälftig aus der Instandhaltungsrücklage und hälftig über eine Sonderumlage finanziert werden. Der Beschluss weist nur die Gesamtsumme der Sonderumlage in Höhe von 100.000 EUR aus und die Erhebung nach Miteigentumsanteilen, was dem geltenden Verteilerschlüssel in der WEG entspricht. Eigentümer E weiß nicht, was genau er denn jetzt zahlen muss, und hält den Beschluss für ungültig.

Das Problem

Der Umgang mit der Sonderumlage kann problematisch sein, da auch hier in der Beschlussfassung darauf geachtet werden muss, welchen Inhalt der Beschluss hat. Es stellt sich auch die Frage, ob eine Sonderumlage für die Finanzierung einer Instandsetzungsmaßnahme so ohne Weiteres beschlossen werden darf, wenn ausreichende Mittel in der Instandhaltungsrücklage enthalten sind. Hierauf muss der Verwalter achten und die Eigentümer ausreichend vor der Beschlussfassung informieren.

Die Lösung

Nicht nur für die Finanzierung einer Instandsetzungsmaßnahme kann die Beschlussfassung der Erhebung einer Sonderumlage erforderlich sein. Stellt sich im Laufe des Jahres heraus, dass die mit dem Wirtschaftsplan erhobenen Zahllasten der Eigentümer nicht ausreichend sind, um die laufenden Kosten der WEG auch tatsächlich zu decken, weil der Wirtschaftsplan entweder zu knapp kalkuliert wurde oder hohe Wohngeldrückstände zu beklagen sind, muss der Verwalter über eine Liquiditätssonderumlage sicherstellen, dass der in Schieflage geratene Haushaltsplan der WEG wieder ausgeglichen wird. Die Sonderumlage wird als Ergänzung des Wirtschaftsplans verstanden.[187] Sofern die Erhebung der Sonderumlage der Deckung einer Liquiditätslücke aufgrund Zahlungsausfalls dient, muss der Verwalter bei der Erhebung darauf achten, dass der auf den säumigen Eigentümer entfallende Anteil bereits im Betrag der Sonderumlage berücksichtigt wurde, da andernfalls wiederum eine Lücke entsteht.

Der Beschluss über die Sonderumlage muss neben der Höhe den Verteilerschlüssel benennen, aus dem sich der jeweilige Anteil des Eigentümers ergibt. Auch wenn es grundsätzlich ausreichend sein dürfte, dass der Eigentümer erkennen und damit auch selbst ausrechnen kann, welche Zahllast ihn konkret trifft[188], geht die Tendenz in der Rechtsprechung dahin, dass dem Eigentümer sein Anteil zu errechnen ist.[189] Daher sollte der umsichtige Verwalter zur Ver-

---

187 LG München I, Urteil v. 25.11.2013 – 1 S 1911/13; ZMR 2014, 399
188 BayObLG, Urteil v. 18.8.2004 – 2Z BR 114, 04; DWE 2004, 138
189 LG München I, Urteil v. 29.1.2007 – 1 T 11666/06; ZMR 2007, 495

meidung eines Anfechtungsrisikos dem Protokoll eine Anlage beifügen, aus der sich die jeweilige Zahllast der einzelnen Eigentümer ergibt. Es ist dann unabdingbar, dass der Beschluss auf diese Anlage eindeutig Bezug nimmt (»Der jeweilige Anteil der Eigentümer ergibt sich aus der als Anlage 1 bezeichneten und diesem Protokoll beigefügten Aufstellung der Zahllasten.«). Sofern der Verteilerschlüssel nicht ausdrücklich benannt ist und sich auch nicht ohne Weiteres ergibt, entfaltet der Beschluss mangels Fälligkeitsvoraussetzungen keine Wirksamkeit.

Neben dem Betrag der Sonderumlage und dem Verteilerschlüssel sollte der Beschluss eine Regelung zur Fälligkeit der Forderungen treffen. Auch im Rahmen der Beschlussfassung für eine Sonderumlage können die Eigentümer nach § 21 Abs. 7 WEGG die Fälligkeitsvoraussetzungen selbst bestimmen. Bei der Fälligkeit besteht die Möglichkeit, den Eigentümern eine Ratenzahlung einzuräumen, die sich jedoch an der Dringlichkeit und Erforderlichkeit des Geldeingangs (entweder für die Instandsetzungsmaßnahme oder die Deckung der Liquidität) richten muss. Sofern den Eigentümern eine Ratenzahlung eingeräumt wird, muss der Verwalter dringend darauf achten, dass er eine Instandsetzungsmaßnahme erst beauftragen darf, wenn die Finanzierung sichergestellt ist. Wird die Sonderumlage in einer Summe fällig, muss den Eigentümern zumindest ein gewisser Zeitraum eingeräumt werden, damit sie ihren Anteil aufbringen können. Je höher der jeweilige Einzelanteil, desto eher muss damit gerechnet werden, dass die Eigentümer ihrerseits eine Fremdfinanzierung in Anspruch nehmen müssen. Es ist daher ratsam, mit den Eigentümern frühzeitig die Finanzierung einer Instandsetzungsmaßnahme und deren Finanzierung zu planen. Wird keine Regelung über die Fälligkeit getroffen, so wurde bislang überwiegend vertreten, dass die Fälligkeit mit der Verkündung des Beschlusses eintritt. Der BGH[190] hat nunmehr in Anlehnung an den Wortlaut des § 28 Abs. 2 WEGG entschieden, dass bei fehlender Bestimmung der Fälligkeit im Beschluss die Sonderumlage erst mit Abruf durch den Verwalter fällig wird. Fehlt ein solcher Abruf des Verwalters (fehlende Aufforderung an die Eigentümer, den Anteil der Sonderumlage zu zahlen), tritt keine Fälligkeit ein und der Eigentümer muss nicht zahlen.

! **Inhalt des Beschlusses über die Erhebung einer Sonderumlage**

- Betrag der Sonderumlage
- Verteilerschlüssel
- vorsorglich: Anteil für den jeweiligen Eigentümer
- Fälligkeit der Forderungen (in einer Summe oder Ratenzahlung) unter Benennung des Stichtags

---

190 BGH, Urteil v. 15.12.2017 – V ZR 257/16

Die Eigentümer haben bei der Frage, wie eine Instandsetzungsmaßnahme finanziert wird, einen großen Ermessensspielraum, der von den Gerichten nur eingeschränkt auf Ermessensfehlgebrauch hin überprüft werden kann.[191] Die Eigentümer sollten beachten, dass bei einer Finanzierung über die Instandhaltungsrücklage stets eine »eiserne Reserve«[192] erhalten bleiben muss. Deren Höhe ist in jeder WEG individuell zu bestimmen und richtet sich sowohl danach, welche Beträge jährlich zugeführt werden, als auch danach, welcher Instandsetzungsbedarf in der WEG besteht, somit wie wahrscheinlich es ist, dass in absehbarer Zeit wieder auf die Instandhaltungsrücklage zugegriffen werden muss.

Wichtig !

Dient die Erhebung der Sonderumlage nicht der Deckung eines Liquiditätsengpasses der WEG, sollte eine solche zur Finanzierung einer Instandsetzungsmaßnahme frühzeitig geplant und mit den Eigentümern erörtert werden. Wie jeder Beschluss muss auch der Beschluss über eine Sonderumlage dem Gebot der Bestimmtheit entsprechen. Für einen Eigentümer muss daher neben der Gesamtsumme erkennbar sein, was er wann zu zahlen hat. In Anbetracht der unklaren Rechtslage sollte dem Protokoll immer eine Auflistung der einzelnen Zahllasten unter Bezugnahme in der Beschlussfassung beigefügt werden. Die Abrechnung der Sonderumlage erfolgt über die Jahresabrechnung. Da die Sonderumlage als ergänzender Teil des Wirtschaftsplans gesehen wird, sind die Zahlungen wie Wohngeldzahlungen zu behandeln und gegen die Kosten der durch sie finanzierten Maßnahme zu buchen und darzustellen.

11.10 Die Kontenführung

Der Fall
Der Verwalter führt offene Treuhandkonten für die von ihm verwaltete WEG. Die Eigentümer sind der Auffassung, dass die Kontenführung für die WEG nicht sicher sei und weisen den Verwalter an, Konten im Namen der WEG zu eröffnen. Außerdem sei der Verwalter verpflichtet, für die angesparte Instandhaltungsrücklage ein gesondertes Konto zu führen. Der Verwalter meint, er entscheide, wie die Konten geführt werden und er habe lieber das ganze Geld auf einem Konto. Dann gibt es auch keine Engpässe im laufenden Jahr.

Das Problem
Der Verwalter muss ein verstärktes Augenmerk auf die Art der Kontenführung für die WEG richten und darf sich hier keine Fehler erlauben. Der Verwalter

---

191 LG Berlin, Urteil v. 25.9.2001 – 85 T 81/01; ZMR 2003, 63
192 LG Düsseldorf, Urteil v. 23.9.2015 – 25 S 18/15; ZMR 2016, 126

verwaltet das Geld treuhänderisch für die WEG. Pflichtwidrige Weigerungen in diesem Zusammenhang stellen einen Abberufungsgrund dar.

Die Lösung

Zu den Pflichten des Verwalters gehört nach § 27 Abs. 1 Nr. 6 WEGG die Verwaltung der Gelder der WEG, wozu insbesondere das Führen der Konten für die WEG zählt. Der Verwalter hat die eingenommenen Gelder stets getrennt von seinem Vermögen zu halten (§ 27 Abs. 5 WEGG). Das gilt sowohl für bare als auch für unbare Mittel (Konten der WEG). Dabei entspricht es mittlerweile einhelliger Rechtsprechung, dass das Führen sog. offener Treuhandkonten unzulässig ist und gegen den Grundsatz verstößt, dass der Verwalter sein Vermögen von dem der WEG getrennt halten muss.[193] Bei offenen Treuhandkonten ist der Verwalter Kontoinhaber, die WEG ist lediglich als Berechtigte eingetragen. Allein verfügungsberechtigt ist aber der Verwalter. Der Grundsatz der strikten Vermögenstrennung dient dem Schutz der WEG vor Gläubigern des Verwalters, die bei offenen Treuhandkonten in diese vollstrecken können, gerade weil der Verwalter Kontoinhaber ist.

Es besteht aufgrund der Rechtsfähigkeit der WEG auch kein rechtliches Bedürfnis mehr, dass der Verwalter Konten für die WEG führt. Nach § 10 Abs. 6 Satz 1 WEGG kann die WEG im Rahmen der Verwaltung des gemeinschaftlichen Eigentums Rechte und Pflichten eingehen und ist nach Satz 2 Inhaberin von Rechten und Pflichten. Die WEG kann daher selbst Kontoinhaberin sein, sodass der Verwalter Fremdgeldkonten für die WEG einzurichten hat.

Davon losgelöst ist die Frage der Verfügungsmacht des Verwalters zu beantworten, der selbstverständlich durch die WEG bevollmächtigt werden muss, über die eingehenden Gelder im Rahmen der Verwaltung des gemeinschaftlichen Eigentums verfügen zu können. Die Verfügungsmacht kann von den Eigentümern auch beschränkt werden. So können die Eigentümer beschließen, dass der Verwalter bei Verfügungen über ein bestimmtes Volumen stets die weitere Unterschrift des Beirats benötigt. Diese Verfügungsbeschränkung wird bei der Bank hinterlegt. Aufgrund der gesetzlichen Vertretungsmacht in § 27 Abs. 3 Satz 1 Nr. 5 WEGG ist der Verwalter zur Eröffnung eines Kontos für die Gemeinschaft ermächtigt. Seine Verwalterstellung weist er mittels Vorlage des Bestellungsprotokolls nach § 26 Abs. 3 WEGG nach.

---

193 LG Hamburg, Urteil v. 28.1.2015 – 318 S 118/14; ZWE 2014, 38

> **Achtung** !
>
> - Der Verwalter ist verpflichtet, Fremdgeldkonten zu führen.
> - Fremdgeldkonten sind solche, bei denen die WEG Kontoinhaberin ist.
> - Konten des Verwalters zugunsten einer WEG (offene Treuhandkonten) sind unzulässig.

Der Verwalter muss aber nicht nur die Konten der WEG von den seinen getrennt führen, sondern auch die Konten der anderen, von ihm verwalteten Gemeinschaften, voneinander separieren. Eine Vermögensvermischung der verschiedenen Gemeinschaften darf es nicht geben.

Führt der Verwalter keine Fremdgeldkonten, sondern Konten, in denen er Kontoinhaber ist, oder separiert er auf andere Art und Weise die Gelder der Gemeinschaft nicht von seinen, so rechtfertigt dieser Umstand die fristlose Kündigung des Verwaltervertrags und die sofortige Abberufung aus wichtigem Grund nach § 26 Abs. 1 Satz 3 WEGG.[194]

Die Gelder der Instandhaltungsrücklage sind verzinslich anzulegen, sodass der Verwalter neben dem laufenden Girokonto noch ein Sparkonto oder Festgeldkonto anzulegen hat.[195] Die Zuführung der Instandhaltungsrücklage ist zweckgebunden, sodass eine Separierung der Instandhaltungsrücklage auch dem Zweck dient, dass der Verwalter unterjährig nicht auf die Gelder der Instandhaltungsrücklage zur Deckung kurzfristiger Liquiditätslücken zugreift.

Die Art und Weise der Geldanlage kann von den Eigentümern mit einfacher Mehrheit beschlossen werden und stellt eine Weisung für den Verwalter dar, nach der er sich zu richten hat. Beschließen die Eigentümer eine spekulative Anlage und verletzt der Verwalter seine Hinweis- und Warnpflichten im Rahmen der Beschlussfassung und späteren Umsetzung des Beschlusses, so trifft ihn zumindest eine Mitschuld und er verletzt seine ihm gesetzlich und vertraglich obliegenden Verpflichtungen.[196]

> **Wichtig** !
>
> Die Eröffnung eines offenen Treuhandkontos stellt einen Kardinalfehler des Verwalters dar, den er tunlichst vermeiden sollte. Für die WEG hat er ausschließlich Fremdgeldkonten zu führen. Die Frage der unbeschränkten oder beschränkten Verfügungsbefugnis ist mit den Eigentümern auf deren Wunsch zu erörtern. Es darf

---

194 OLG München, Urteil v. 4.6.1997 – 3 Wx 569/96, ZMR 1997, 485; AG Essen, Urteil v. 26.8.2015 – 196 C 37/15, ZMR 2016, 148
195 LG Berlin, Urteil v. 26.11.2013 – 55 S 69/11; ZMR 2014, 383
196 OLG Celle, Urteil v. 14.4.2004 – 4 W 7/07; ZMR 2004, 845

nicht außer acht gelassen werden, dass eine Verfügungsbeschränkung zwar dem Sicherheitsbedürfnis der Eigentümer entsprechen kann, aber die alltägliche Arbeit für den Verwalter nicht unbedingt erleichtert, da er bei größeren Verfügungen für die Anweisung bei der Bank stets eine weitere Unterschrift, z.B. eines Verwaltungsbeiratsmitglieds, einzuholen hat.

Die Instandhaltungsrücklage muss verzinslich angelegt werden und ist daher vom Girokonto (laufendes Konto) der WEG zu separieren. Die Instandhaltungsrücklage muss aber nicht zwingend auf einem Festgeldkonto liegen.

In der Praxis war es lange Zeit verbreitet, dass die Instandhaltungsrücklage immer auf einem gesonderten Konto gelagert wurde. In einer wichtigen Entscheidung zur Darstellung der Instandhaltungsrücklage hat der BGH[197] bereits klargestellt, dass die Zahlung der Beiträge zur Instandhaltungsrücklage bereits mit Eingang auf das Konto der WEG zweckgebundene Zuführungsbeträge zur Instandhaltungsrücklage werden.

11.11 Die Jahresabrechnung

Der Fall

Der Verwalter erstellt die Jahresabrechnung und legt sie den Eigentümern zur Genehmigung vor. Da er mit den Eigentümern auf deren Wunsch zugleich auch die Änderung eines Verteilerschlüssels erörtern möchte, legt er zwei Versionen der Jahresabrechnung vor, die jeweils einen Verteilerschlüssel berücksichtigen.

Die Eigentümer diskutieren hitzig und entscheiden sich dann für die Variante 1. Nachdem der Beschluss über den geänderten Verteilerschlüssel für die Betriebskosten mehrheitlich gefasst wurde, lässt der Verwalter über die Jahresabrechnung beschließen: »Die Eigentümer genehmigen die Jahresabrechnung. Das Ergebnis der Jahresabrechnung ist fällig zum 1. des folgenden Monats.« Eigentümer E meint, der Beschluss sei nicht in Ordnung, und will sein Abrechnungsergebnis nicht anweisen.

Das Problem

Die Erstellung der Jahresabrechnung ist das Kernstück des Verwalters und entfaltet auch für die Eigentümer eine große Bedeutung. Die Anforderungen, die an den Verwalter gestellt werden, sind hoch. Die Rechtsprechung ist unübersichtlich und stets geprägt vom Gebot der »Transparenz der Jahresabrechnung«, das

---

197 BGH, Urteil v. 4.12.2009 – V ZR 44/09; ZMR 2010, 300

gerade aufgrund der Anforderungen an die Jahresabrechnung kaum einzuhalten ist. Gleichwohl muss der Verwalter die Grundzüge sicher beherrschen und sich intensiv mit den Voraussetzungen und Vorgaben einer Jahresabrechnung und deren Beschlussfassung befassen, um Fehler und damit erfolgreiche Anfechtungsklagen zu vermeiden.

Die Lösung

Die Jahresabrechnung ist in § 28 Abs. 3 WEGG knapp erwähnt: »Der Verwalter hat nach Ablauf des Kalenderjahres eine Abrechnung aufzustellen.« Mehr wird vom Gesetzgeber nicht geregelt. Es bleibt also der Rechtsprechung überlassen, die so wichtige Aufgabe des Verwalters mit Leben zu füllen und die Anforderungen und zwingenden Voraussetzungen einer Jahresabrechnung aufzustellen.

Im Verhältnis zum Wirtschaftsplan hat der BGH mehrfach klargestellt, dass die Jahresabrechnung nur eine neue Anspruchsgrundlage für die Abrechnungsspitze schafft, d.h. den Betrag, der die Wirtschaftsplan-Sollzahlungen abzüglich der tatsächlichen Kosten übersteigt.[198] Ist ein gesonderter Ausweis der Abrechnungsspitze der Jahresabrechnung nicht zu entnehmen und umfasst die Beschlussfassung auch die Vorjahressalden, so ist der Beschluss zumindest teilnichtig.[199] Mit der Beschlussfassung über die Jahresabrechnung werden weder die Forderungen aus dem Wirtschaftsplan des abzurechnenden Jahres erneut bekräftigt, noch weitere Vorjahressalden (Rückstände des Eigentümers aus den Vorjahresabrechnungen, Forderungen älterer Wirtschaftspläne oder offene Zahlungen aus einer beschlossenen Sonderumlage), da andernfalls eine Verjährung der Forderungen ausgeschlossen wäre und im Falle eines Eigentumswechsels der neue Eigentümer für Verbindlichkeiten des ausgeschiedenen Eigentümers haften müsste.[200] Aufgrund der Fälligkeitstheorie, die für die Zahllast der Eigentümer entscheidend ist, ist der Eigentümer zur Zahlung verpflichtet, der zum Zeitpunkt der Fälligkeit einer Forderung Grundbucheigentümer ist.[201]

Die Jahresabrechnung dient der Kontrolle des Verwalters und stellt den Rechenschaftsbericht seiner wirtschaftlichen Tätigkeit für die Eigentümer im abgelaufenen Kalenderjahr dar. Zugleich werden mit der Jahresabrechnung die tatsächlichen Einnahmen und Ausgaben der Gemeinschaft festgestellt und der daraus resultierende Lasten- und Kostenbeitrag eines jeden Eigentümers.

---

198 BGH, Urteil v. 1.6.2012 – V ZR 171/11; ZMR 2012, 976
199 BGH, Urteil v. 9.3.2012 – V ZR 147/11; ZMR 2012, 642
200 BGH, Urteil v. 9.3.2012 – V ZR 147/11; ZMR 2012, 642
201 BGH, Urteil v. 23.9.1999 – V ZR 17/99

Zuletzt dient die Jahresabrechnung der Darstellung der Vermögenssituation der Gemeinschaft, sodass aus der Jahresabrechnung für die Eigentümer erkennbar sein muss, in welcher finanziellen Situation sie sich befinden. Dies ist nicht nur wichtig, um die Zahllasten der Eigentümer ggf. anzupassen, sondern entscheidend für die Planung erforderlicher Instandsetzungsmaßnahmen und die Frage der Finanzierung dieser. Wie eine Jahresabrechnung auszusehen hat und welche Bestandteile unabdingbar zu einer Jahresabrechnung gehören, ist allein von der Rechtsprechung geprägt. Die Abrechnung muss eine geordnete und übersichtliche sowie inhaltlich zutreffende Aufstellung aller Einnahmen und Ausgaben für das betreffende Wirtschaftsjahr enthalten.[202] Es handelt sich daher um eine reine Einnahmen- und Ausgabenrechnung, sodass grundsätzlich gefordert wird, dass sich alle Einnahmen und Ausgaben eines Jahres in der Abrechnung wiederfinden müssen.

> **Einnahmen und Ausgaben in der Jahresabrechnung**
>
> **Einnahmen:**
> - Wohngeldeinnahmen
> - Einnahmen aus Vermietung (Mietzins einer im Eigentum der WEG stehenden Wohnung, Einnahmen aus vermieteter Flächen etc.)
> - Zinserträge aus den Geldanlagen der WEG
> - weitere Einnahmen (Versicherungsleistungen, Schadensersatz)
>
> **Ausgaben:**
> - laufende Betriebskosten
> - Kosten der Instandhaltung und Instandsetzung
> - Zuführungsbeträge zur Instandhaltungsrücklage
> - Kosten des Verwalters (Vergütung)
> - sonstige Verwaltungskosten (§16 Abs. 7 WEGG)

Der BGH geht davon aus, dass in der Jahresabrechnung Abgrenzungen nicht gestattet sind.[203] Da dies nicht immer möglich ist oder zu Ergebnissen führt, die für die Eigentümer die erforderliche Transparenz gerade nicht mehr erfüllen, werden von diesem Prinzip Ausnahmen zugelassen. Weiter ist erforderlich, dass die Jahresabrechnung die Heizkostenabrechnung enthält sowie eine Kostenverteilung der ermittelten Einnahmen und Ausgaben auf den jeweiligen Eigentümer (die Einzelabrechnung). Für jede Einheit ist eine gesonderte Jahresabrechnung zu erstellen, auch wenn ein Eigentümer mehrere Einheiten besitzt. Auch die Zusammenfassung von Wohnung und Stellplatz/Garage ist nicht möglich. Um dem Eigentümer den erforderlichen Überblick über die

---

202 BGH, Urteil v. 11.10.2013 – V ZR 271/12; MDR 2014, 143
203 BGH, Urteil v. 17.1.2012 – V ZR 251/10; ZMR 2012, 372

Vermögenssituation der WEG zu ermöglichen, muss die Jahresabrechnung die Entwicklung der Instandhaltungsrücklage und eine Bankkontenentwicklung ausweisen.

Bislang ungeklärt war die Frage, ob auch die Abrechnungsergebnisse und die Beitragsrückstände der einzelnen Eigentümer als Bestandteil der Jahresabrechnung zwingend sind. Hierfür spricht, dass erst bei vollständiger Darstellung der Vermögenslage die Möglichkeit für die Eigentümer besteht, die erforderliche Plausibilität der Jahresabrechnung zu überprüfen. Der BGH hat nun entschieden, dass weder die Übersicht aller Abrechnungsergebnisse noch die Beitragsrückstände der Eigentümer zwingender Bestandteil der Jahresabrechnung sind, sodass deren Fehlen nicht zur Ungültigkeit des Beschlusses zur Genehmigung der Jahresabrechnung führen kann[204]. Auch dann nicht, wenn der Verwalter die angekündigte Saldenliste nicht versendet.

Notwendige Bestandteile der Jahresabrechnung   !

Geordnete Übersicht der Ein- und Ausgaben
- Heizkostenabrechnung
- Einzelabrechnung für jedes Wohn- oder Teileigentum (Kostenverteilung)
- Darstellung der Entwicklung der Soll- und Ist-Instandhaltungsrücklage
- Bankkontenentwicklung

Zusätzliche freiwillige Leistungen des Verwalters
- Übersicht der Abrechnungsergebnisse aller Einheiten
- Ausweis der Beitragsrückstände
- Vermögensstatus
- Nachweis der haushaltsnahen Dienstleistungen (wenn nicht vertraglich vereinbart)

Die Jahresabrechnung muss aus sich heraus transparent, klar und ohne Hinzuziehung eines Sachverständigen für den durchschnittlichen Eigentümer verständlich sein (sog. erforderliche Schlüssigkeitsprüfung). Dies stellt den Verwalter vor die Schwierigkeit, einerseits die Anforderungen an die Jahresabrechnung zu erfüllen, die die Rechtsprechung aufgestellt hat, und andererseits eine Form der Darstellung zu wählen, die es dem Eigentümer noch möglich macht, die verschiedenen Bestandteile in Zusammenhang zu bringen und die wirtschaftliche Schlüssigkeit zu überprüfen. Der Verwalter darf eine Saldierung von Einnahmen und Ausgaben nicht vornehmen, weil sonst die Schlüssigkeit nicht mehr gewahrt ist.[205]

---

204 BGH, Urteil v. 27.10.2017 – V ZR 189/16; IMR 2018, 2439
205 LG Berlin, Urteil v. 28.2.2012 – 55 S 150/12; ZMR 2014, 658

Aus der Jahresabrechnung muss für den Eigentümer über die zwingend notwendige Bankkontenentwicklung ersichtlich sein, welchen Vermögensstand die WEG zum 1.1. eines Jahres hatte, welche Einnahmen und Ausgaben im Laufe des Jahres vorgenommen wurden und welchen Vermögensstand dies zum 31.12. des Jahres ergibt.

> **!** **Faustformel der Schlüssigkeitsprüfung/Bankkontenentwicklung**
>
> Anfangsbestand Konto (1.1.)
> + Einnahmen
> – Ausgaben
> Endbestand Konto (31.12.)

Den Eigentümern muss daher gesondert ein Überblick über den Anfangsbestand aller Konten zum 1.1. des Jahres, den Einnahmen und Ausgaben über die jeweiligen Konten und den sich daraus ergebenden Endbestand der Konten zum 31.12. verschafft werden. Die Bankkontenentwicklung stellt daher nur dar, was tatsächlich über die jeweiligen Konten geflossen ist, nicht jedoch, welche Forderungen und Verbindlichkeiten darüber hinaus noch ausstehen. Forderungen der Eigentümer können aus nicht gezahlten Wohngeldern bestehen, den Abrechnungsergebnissen der Jahresabrechnung, noch zu erwartende Versicherungsleistungen, Schadensersatzforderungen gegen Dritte o.Ä. Diese weiteren Informationen erhält der Eigentümer nur über den sogenannten Vermögensstatus, der jedoch nach Auffassung des BGH nicht notwendiger Bestandteil der Jahresabrechnung ist.[206]

Schwierigkeiten ergeben sich in der Darstellung der Bankkontenentwicklung durch das Problem der sogenannten Abgrenzungen, die zwar einerseits nicht aufgenommen werden dürfen, jedoch andererseits zwingend erforderlich sind, um die Schlüssigkeit der Bankkontenentwicklung zu erreichen. Hintergrund ist, dass in keiner Jahresabrechnung die auf die Eigentümer verteilten Kosten mit denen übereinstimmen, die vom Konto der Gemeinschaft abgegangen sind. Dies wird im Falle der Abrechnung der Heizkosten besonders deutlich (siehe den folgenden Praxisfall). Es ist Aufgabe des Verwalters, diese Diskrepanz in der Darstellung der Bankkontenentwicklung aufzulösen und dem Eigentümer verständlich zu machen.[207] Auch auf der Einnahmenseite muss der Verwalter nicht nur die Einnahmen aus den Wohngeldzahlungen darstellen, sondern auch die Einnahmen aus den Abrechnungsergebnissen des Vorjahres sowie weiterer beigetriebener Forderungen der WEG.

---

206 BGH, Urteil v. 11.10.2013 – V ZR 271/12; NZM 2014, 79
207 BGH, Urteil v. 17.2.2012 – V ZR 251/10; ZMR 2012, 372

Wichtig !

Der Verwalter muss bei der Erstellung die notwendigen Bestandteile der Jahresabrechnung aufnehmen und den Eigentümern zur Beschlussfassung übermitteln.
Trotz aller Schwierigkeiten in der Darstellung muss die Schlüssigkeit gewahrt
bleiben. Fehlt diese, ist die Gesamtabrechnung auf Anfechtung hin für ungültig
zu erklären. Wichtig für den Verwalter ist, dass er bei der Beschlussfassung darauf
achtet, die tatsächlich beschlossene Jahresabrechnung zu benennen (»Die Jahresabrechnung mit dem Druckdatum vom …«), sonst droht sogar die Nichtigkeit des
Beschlusses.

Wird nur die Gesamtabrechnung beschlossen, so kann der Beschluss mangels
Genehmigung der Einzelabrechnung keine Fälligkeit begründen und die Eigentümer
müssen die Nachzahlungsbeträge nicht begleichen. Handwerkliche Fehler in der
Beschlussfassung über die Jahresabrechnung werden von den Gerichten im Rahmen
einer Anfechtungsklage schnell als Pflichtverletzung des professionellen Verwalters
gesehen und können zu einer Kostenauferlegung nach §49 Abs. 2 WEGG führen.

Der Verwalter schuldet nicht die Vorlage einer ordnungsgemäßen Jahresabrechnung, die im Falle einer Anfechtung der Beschlussfassung in jedem Fall
Bestand hat. Außerdem ist zu berücksichtigen ist, dass Form und Inhalt einer
ordnungsgemäßen Jahresabrechnung in Rechtsprechung und Literatur umstritten sind und somit der Begriff der fehlerhaften Jahresabrechnung nicht
ohne Zweifel ist.[208] Wiederholt der Verwalter jedoch Fehler, die bereits zu einer Aufhebung des Beschlusses durch das Gericht geführt haben, ist der Anwendungsbereich des §49 Abs. 2 WEGG wieder eröffnet.

11.12 Der Umgang mit Abgrenzungen

Der Fall

Der Verwalter verteilt nach den Vorgaben der Heizkostenverordnung in den
Einzelabrechnungen die auf den einzelnen Eigentümer entfallenden anteiligen Kosten – die Gesamtsumme beträgt 12.000 EUR. Über das Konto der WEG
sind jedoch Abschläge in Höhe von 13.000 EUR abgeflossen. Die Differenz von
1.000 EUR ist dem Konto der WEG jedoch erst im Folgejahr gutgeschrieben
worden. Zu allem Übel ist es im November des abzurechnenden Jahres zu einem Rohrbruch gekommen, der von der WEG repariert wurde und 3.000 EUR
kostete. Der Verwalter hat die Rechnung bereits beglichen. Pflichtgemäß
wurde der Schaden unverzüglich der Versicherung gemeldet, die den Schaden
jedoch erst im Januar des Folgejahres reguliert und den Betrag in Höhe von
3.000 EUR erstattet hat.

---

208 LG Köln, Urteil v. 18.12.2014 – 29 S 75/14; ZMR 2015, 335

Das Problem

Die obigen Beispiele zeigen, dass das Prinzip der reinen Einnahmen- und Ausgabenrechnung oftmals nicht aufgeht oder zu Ergebnissen führt, die den Eigentümern schwer zu vermitteln sind. So müssen die Eigentümer – nach dem von der h.M. vertretenen Prinzip – im Jahr des Wasserschadens mit den Kosten belastet werden, obwohl die Versicherung zum Zeitpunkt der Erstellung und Beschlussfassung über die Jahresabrechnung den Betrag der WEG bereits wieder als Einnahme hat zukommen lassen – damit sind die Kosten eigentlich ausgeglichen. Eine Erstattung darf den Eigentümern jedoch erst über die Abrechnung des Folgejahres zufließen. Deutlich wird die Problematik der unzulässigen Abgrenzungen auch bei den gesetzlichen Vorgaben der Abrechnung der Heizkosten in der Einzelabrechnung (tatsächlicher Verbrauch), obwohl andere Beträge (Abschlagszahlungen) vom Konto der WEG abgeflossen sind.

Die Lösung

Es gilt der Grundsatz, dass die Jahresabrechnung keine Abgrenzungen enthalten darf, weil sie sich als reine Einnahmen- und Ausgabenrechnung versteht. Mit Abgrenzungen wird von dem herrschenden Prinzip abgewichen und eine Verteilung von Kosten vorgenommen, die nicht (im Falle der Versicherungserstattung) oder in anderer Höhe (im Falle der Abrechnung der Heizkosten) im abzurechnenden Zeitraum vom Konto der WEG geflossen sind. Der BGH hat zwar erkannt, dass die Verteilung der tatsächlich angefallenen Heiz- und Warmwasserkosten auf Grundlage des gemessenen Verbrauchs nach der HeizkostenV zu erfolgen hat und daher in der Einzelabrechnung zu berücksichtigen ist, dies jedoch nicht übereinstimmt mit den Ausgaben der Gemeinschaft, also den in der Gesamtabrechnung aufgenommenen Kosten. Die Einzelabrechnung würde sich daher nicht unmittelbar aus der Gesamtabrechnung herleiten lassen. Die sich daraus ergebenden Abweichungen hat der Verwalter an einer für ihn geeignet erscheinenden Stelle der Jahresabrechnung verständlich zu erläutern.[209] In der Regel wird die sich ergebende Differenz in der Kontenentwicklung erläutert:

- Vorauszahlung Heizkosten: 13.000 EUR
- Guthaben Heizkostenabrechnung: −1.000 EUR (im Folgejahr erstattet)
- zu verteilende Heizkosten: 12.000 EUR

Welche Darstellung der Verwalter wählt, obliegt ihm und seinem Ermessen, sofern er den Grundsatz beachtet, dass eine Jahresabrechnung für den Eigentümer transparent und verständlich sein muss. Auch wenn der BGH selbst nicht von einer Abgrenzung spricht, wird doch faktisch eine solche vorge-

---

209 BGH, Urteil v. 17.2.2012 – V ZR 251/10; ZMR 2012, 372

nommen. Auch in anderen Bereichen macht eine Abgrenzung die Abrechnung verständlicher, sofern in der Abrechnung eines Jahres Einnahmen oder Ausgaben enthalten sind, die erst im Folgejahr tatsächlich geflossen sind. Das Beispiel der Erstattung der Versicherungsleistung zeigt dies ebenfalls deutlich.

Da es sich bei einer WEG-Verwaltung um eine laufende wirtschaftliche Verwaltung handelt, ist die stichtagsbezogene Abrechnung unter Außerachtlassen unmittelbar nach dem Stichtag eingegangener Gelder eher theoretischer Natur. Dem Verwalter muss es daher möglich sein, in engen Grenzen Geldflüsse des Folgejahres in der Jahresabrechnung des Vorjahres zu berücksichtigen, um gerade dem Bedürfnis der Eigentümer nach Transparenz nachzukommen – denn den Eigentümern dürfte es schwer zu vermitteln sein, dass sie über die Jahresabrechnung mit einem Schaden belastet werden, dessen Erstattung zum Zeitpunkt der Beschlussfassung über die Jahresabrechnung schon auf dem Konto der WEG gutgeschrieben wurde und daher als Geldmittel bereits zur Verfügung steht.

Ähnliches dürfte in den Fällen gelten, in denen der Eigentümer noch am 3.1. des Folgejahres sein Hausgeld für den Dezember des Vorjahres bezahlt. Streng genommen ist der Zahlungseingang für das Vorjahr nicht mehr zu berücksichtigen.

Richtiger dürfte sein, Abgrenzungen in den hier geschilderten oder in weiteren denkbaren Fällen zuzulassen, sofern diese in der Kontenentwicklung durch den Verwalter nachvollziehbar erläutert werden und der Transparenz und Verständlichkeit förderlich sind.[210]

Wichtig   **!**

Nach der Rechtsprechung des BGH handelt es sich bei der Erläuterung der Differenz in der Verteilung der Heizkosten zu den Ausgaben in der Gesamtabrechnung nicht um eine Abgrenzung. Der Verwalter hat hier lediglich eine transparente und nachvollziehbare Erläuterung der sich ergebenden Abweichungen vorzunehmen.
Bei weiteren Abgrenzungen muss der Verwalter vorsichtig sein und beachten, dass diese grundsätzlich nicht zulässig sind. In engen Grenzen wird eine Abgrenzung jedoch zulässig sein, sofern der Verwalter wiederum nachvollziehbar den Unterschied von Gesamt- und Einzelabrechnung erläutert. Dem Interesse der Eigentümer dient dies allemal.
Solange es aber keine weitere unterstützende Rechtsprechung gibt, kann dem Verwalter nicht versichert werden, dass eine Abgrenzung im Falle einer Anfechtung dem erkennenden Richter nicht zum Opfer fällt.

---

210 LG Nürnberg-Fürth, Urteil v. 26.9.2008 – 14 S 4692/08; ZMR 2009, 74

11.13   Die Instandhaltungsrücklage

Der Fall

Die WEG beschließt die Finanzierung einer Instandsetzungsmaßnahme über die Instandhaltungsrücklage. Der Verwalter erteilt den Auftrag und begleicht nach Abschluss der Arbeiten die Rechnung des Handwerkers, wobei er weisungsgemäß die Kosten der Instandhaltungsrücklage entnimmt. In der darauffolgenden Jahresabrechnung stellt er die Entnahme in der Rücklage dar, unterlässt allerdings eine Aufnahme der Ausgaben in den Gesamtkosten und in der Verteilung an die Eigentümer. E moniert dies, weil er jetzt die Kosten gar nicht als Belastung in seiner Steuererklärung berücksichtigen könne. Er ficht an.

Das Problem

Die Darstellung der Instandhaltungsrücklage ist ein weiteres Kernstück der Jahresabrechnung und Fehler in diesem Zusammenhang führen häufig zur Aufhebung einer beschlossenen Jahresabrechnung. Auch hier hat der Verwalter bestimmte Anforderungen zu beachten.

Die Lösung

Die Instandhaltungsrücklage ist quasi der Sparstrumpf der WEG. Es gehört nach §21 Abs. 5 Nr. 4 WEGG zur ordnungsmäßigen Verwaltung des gemeinschaftlichen Eigentums, eine angemessene Instandhaltungsrücklage anzusammeln, wobei die Vorschrift abdingbar ist und die Eigentümer daher vereinbaren können, generell auf die Ansammlung einer Instandhaltungsrücklage zu verzichten. Ein gleichlautender Beschluss kann nicht gefasst werden.

Die Höhe der Beiträge kann von den Eigentümern im Rahmen einer Beschlussfassung bestimmt werden. Welcher Betrag angesammelt werden muss und damit ordnungsmäßiger Verwaltung entspricht, kann nicht allgemeingültig bestimmt werden. Die Eigentümer haben bei der Bemessung der Zuführung die bereits vorhandene Höhe der Instandhaltungsrücklage zu beachten sowie den in Zukunft zu erwartenden Instandsetzungsbedarf des gemeinschaftlichen Eigentums. Es kann daher auch ordnungsmäßiger Verwaltung entsprechen, in einem Wirtschaftsplan ganz von der Zuführung zur Instandhaltungsrücklage abzusehen, weil in den vergangenen Jahren bereits ein ausreichender Betrag zugeführt wurde und größere Instandsetzungsmaßnahmen nicht zu erwarten sind. Zu beachten haben die Eigentümer in jedem Fall, dass eine »eiserne Reserve« in der Instandhaltungsrücklage verbleiben muss.[211]

---

211 LG Köln, Urteil v. 24.11.2011 – 29 S 111/11; ZWE 2012, 279

Sofern die GO dies regelt, haben die Eigentümer in einer Mehrhausanlage getrennte Instandhaltungsrücklagen je Untergemeinschaft zu führen. Die Zuführung in die jeweilige Rücklage erfolgt dann durch die jeweiligen Eigentümer der Untergemeinschaften.

Die Instandhaltungsrücklage ist zweckgebunden für Instandhaltungs- und Instandsetzungsmaßnahmen. Die Zweckgebundenheit tritt mit Zahlung der Wohnungseigentümer unmittelbar ein und ist unabhängig davon, ob der Verwalter die Zuführungsbeträge separiert. Der Verwalter ist zwar verpflichtet, die Instandhaltungsrücklage verzinslich anzulegen, jedoch nicht verpflichtet, eine monatliche Umbuchung vorzunehmen. Gleichwohl darf der Verwalter die Zuführungsbeträge nicht anderweitig verwenden und mit diesen die Kosten der laufenden Verwaltung begleichen. Eine solche Vorgehensweise stellt eine zweckwidrige Entnahme aus der Instandhaltungsrücklage dar.[212] Es entspricht jedoch ordnungsmäßiger Verwaltung, Zuführungsbeträge zur Instandhaltungsrücklage temporär und der Höhe nach limitiert vorerst für die Deckung der laufenden Kosten zu verwenden und erst dann die Zuführung vorzunehmen.[213] Ein Ausgleich der Instandhaltungsrücklage (also tatsächlich Zuführung) hat dann spätestens über die Ergebnisse der Jahresabrechnung zu erfolgen. Für ein solches Vorgehen darf sich der Verwalter allerdings ohne ausdrückliche Genehmigung der Eigentümer im Rahmen einer Beschlussfassung nicht eigenmächtig entscheiden.

Dem einzelnen Eigentümer steht kein Anteil an der Instandhaltungsrücklage in Höhe seines Miteigentumsanteils zu, da diese zum Verwaltungsvermögen der WEG gehört.

Die Darstellung der Instandhaltungsrücklage ist notwendiger Bestandteil der Jahresabrechnung. Da der BGH entschieden hat, dass die Zuführungsbeträge nicht als Kosten zu verteilen sind[214], muss der Verwalter darauf achten, diese nicht in den Kosten aufzunehmen. Allein durch diesen rein formalen Darstellungsfehler, der keinerlei Auswirkungen auf die Zahllast der Eigentümer oder die Verteilung der Kosten hat, kann eine Anfechtung erfolgreich sein.

Die Darstellung der Instandhaltungsrücklage erfordert den Nachweis der Soll- und Ist-Rücklage, die in der Regel voneinander abweicht. In der Soll-Rücklage sind die Beträge aufzuführen, die bei ordnungsmäßiger Zahlung der Zuführungsbeträge in die Rücklage geflossen wären, während die Ist-Rücklage

---

212 BGH, Urteil v. 4.12.2009 – V ZR 44/09; ZMR 2010, 300
213 LG Köln, Urteil v. 24.11.2011 – 29 S 111/11; ZWE 2012, 279
214 BGH, Urteil v. 4.12.2009 – V ZR 44/09; ZMR 2010, 300

die tatsächlich gezahlten Beträge ausweisen muss. Auch die Darstellung der Entwicklung der Instandhaltungsrücklage kann nicht losgelöst für das abzurechnende Jahr vorgenommen werden. Es handelt sich um eine fortlaufende Darstellung der Entwicklung, die daher mit dem Endbestand der Soll- und Ist-Rücklage des Vorjahres beginnt und zum 31.12. des abzurechnenden Jahres weiterzuentwickeln ist. Die Beträge, die in der Ist-Rücklage ausgewiesen werden, müssen sich zudem auf den Konten der WEG wiederfinden, sodass auch hier deutlich zu machen ist, ob die tatsächlich gezahlten Zuführungsbeträge bereits separiert wurden oder sich noch auf dem Girokonto der WEG befinden. Neben den Zuführungsbeträgen sind auch die Zinserträge sowie die Kapitalertragsteuer und der Solidaritätszuschlag auszuweisen.

! **Instandhaltungsrücklage**

- Die Instandhaltungsrücklage darf nicht unter der Überschrift »Kosten« ausgewiesen werden.
- Die Darstellung muss die Entwicklung der Soll- und Ist-Rücklage berücksichtigen.
  - Soll-Rücklage: Betrag, wenn alle Eigentümer die Zuführungsbeträge gezahlt hätten
  - Ist-Rücklage: Betrag, der tatsächlich von den Eigentümern gezahlt wurde
- Die Ist-Rücklage muss sich auf den Bankkonten wiederfinden.

Sofern die Eigentümer eine Instandsetzungsmaßnahme beschlossen haben, die aus der Instandhaltungsrücklage finanziert werden soll, muss der Verwalter weitere Besonderheiten in der Jahresabrechnung berücksichtigen. Instandsetzungskosten, die aus der Rücklage gezahlt werden, müssen auch in den Kosten ausgewiesen werden. Es reicht nicht aus, diese als bloße Entnahme aus der Rücklage darzustellen, ohne die Entnahme zu erläutern.[215] Die Kosten der Instandsetzungsmaßnahme müssen in der Gesamtabrechnung aufgenommen und auf die Eigentümer verteilt werden, damit der Eigentümer erkennen kann, welchen Anteil an den entstandenen Kosten er zu tragen hat. Neben der Darstellung seiner Wohngeldzahlungen ist dann die Entnahme aus der Instandhaltungsrücklage zur Finanzierung der Instandsetzungsmaßnahme darzustellen.

Beispielhafte Darstellung der Entnahme			
Jahresabrechnung			
Hausmeister	10.000,– EUR	25/1000	250,– EUR
Versicherung	12.000,– EUR	25/1000	300,– EUR

---

215 LG München I, Beschluss v. 9.11.2006 – 1 T 6490/06; ZMR 2007, 567

Beispielhafte Darstellung der Entnahme			
Jahresabrechnung			
Dachreparatur	20.000,– EUR	25/1000	500,– EUR
Gesamt	**42.000,– EUR**		**1.050,– EUR**
Ihre Wohngeldzahlungen:			600,– EUR
Entnahme Rücklage:	20.000,– EUR	25/1000	500,– EUR
Ihr Guthaben:			**50,– EUR**

Wichtig !

Die obigen Ausführungen zeigen deutlich, dass auch an die Darstellung der Instandhaltungsrücklage hohe Anforderungen zu stellen sind. Buchhalterisch ist dies sicherlich nachvollziehbar und notwendig. Es darf jedoch bezweifelt werden, dass der verständige Durchschnittseigentümer diesen ganzen Ausführungen so ohne Weiteres folgen kann und damit die Grundsätze der Transparenz gewahrt sind. Entscheidend ist an diesem Punkt, auf den Nachweis der Schlüssigkeit abzustellen. Die Jahresabrechnung muss »aufgehen«. Hierfür ist die Darstellung der Vermögenslage der Gemeinschaft ein unerlässlicher Bestandteil. Der Verwalter muss aus diesem Grund große Sorgfalt walten lassen, um Fehler zu vermeiden.

11.14 Der Umgang mit den Rechtsanwalts- und Verfahrenskosten

Der Fall

Eigentümer E ficht zwei Beschlüsse an, unter anderem den Wirtschaftsplan der ETV vom März. Der Verwalter bestellt einen Rechtsanwalt mit der Verteidigung der Klage, der seine Vergütung im Laufe des Jahres in Rechnung stellt. Weil E seine Anfechtungsklage gewinnt, stellt er die Wohngeldzahlungen ein, wird aber dennoch von der WEG gerichtlich in Anspruch genommen. Auch hierfür werden Kosten für einen Rechtsanwalt aufgewandt. Die Klage gegen E wird im November abgewiesen, weil er berechtigt die Zahlung eingestellt hat.

Der Verwalter erstellt im Folgejahr die Jahresabrechnung. Die Kosten der Anfechtungsklage hat der Verwalter nach Köpfen auf die Eigentümer ohne E verteilt, obwohl in der WEG nach Miteigentumsanteilen abgerechnet wird. Die Kosten der Wohngeldklage hat der Verwalter nach Miteigentumsanteilen auf alle Eigentümer, auch auf E verteilt, der die Jahresabrechnung anficht. Die Kosten der Anfechtungsklage sei nach Miteigentumsanteilen zu verteilen und er nicht an den Kosten der Wohngeldklage zu beteiligen, schließlich habe er gewonnen, argumentiert E.

Das Problem

Die Abrechnung entstandener Prozesskosten ist ebenfalls Bestandteil einer Jahresabrechnung. Ist ein Eigentümer Kläger oder Beklagter, stellt sich die Frage, wie er an den Kosten zu beteiligen ist, wenn er ein Verfahren gewinnt. Auch die Kosten eines Anfechtungsverfahrens müssen über das Konto der Gemeinschaft abgerechnet werden, obwohl der Verband der Wohnungseigentümer an dem Anfechtungsverfahren streng genommen nicht beteiligt ist.

Die Lösung

Der Verwalter ist im Rahmen einer Passivklage gesetzlich umfassend bevollmächtigt, die Wohnungseigentümer oder die WEG selbst vor Gericht zu vertreten, sofern es sich um Verfahren vor dem Amtsgericht handelt, oder einen Rechtsanwalt mit der Interessenvertretung zu beauftragen.[216] Bei der Beauftragung eines Rechtsanwalts entstehen unweigerlich Kosten. Auch wenn sich die Anfechtungsklage gegen die übrigen Wohnungseigentümer richtet und damit keine Verbandsklage darstellt, darf der Verwalter bei der Beauftragung eines Rechtsanwalts dem WEG-Konto die dadurch entstehenden Kosten entnehmen.[217]

Klagt die WEG selbst, so ist der Verwalter nach §27 Abs. 3 Satz 1 Nr. 7 nur zur Vertretung der WEG berechtigt, soweit er hierzu durch Vereinbarung (GO) oder Beschluss ermächtigt wurde.[218] Liegt eine wirksame Ermächtigung vor, so müssen die entstehenden Kosten Eingang in die Jahresabrechnung finden: sowohl wenn die WEG oder die übrigen Eigentümer unterliegen als auch wenn das Verfahren über den Jahreswechsel andauert und bereits Kosten entstanden sind. Nach §91 ZPO hat die im Klageverfahren unterliegende Partei die Kosten des Verfahrens zu tragen. Diese Regelung betrifft jedoch nur das Prozessverhältnis, also das Verhältnis der Parteien im Verfahren selbst. Da die Kosten des Verfahrens durch den Verband aufgewandt wurden, müssen diese auch verteilt werden. Dabei ist zu unterscheiden, wer Partei des Verfahrens ist. Die Anfechtungsklage richtet sich nach §46 Abs. 1 WEGG gegen die übrigen Wohnungseigentümer, während es sich bei der Wohngeldklage um eine Verbandsklage handelt, daher der Verband der Wohnungseigentümer klagt und damit Partei des Verfahrens ist.

Die Kosten eines Rechtsstreits des Verbandes sind Kosten der Verwaltung des gemeinschaftlichen Eigentums nach §16 Abs. 2 WEGG und daher von allen Eigentümern nach ihrem Anteil zu tragen, und zwar auch dann, wenn der verklagte Eigentümer obsiegt. Die Kostenbefreiung von den Verfahrenskosten

---

216 BGH, Urteil v. 5.7.2013 – V ZR 241/12; ZMR 2013, 975
217 BGH, Urteil v. 17.10.2014 – V ZR 26/14; ZMR 2015, 244
218 BGH, Beschluss v. 9.6.2016 – V ZB 17/15; ZMR 2016, 789

nach §91 ZPO betrifft nur das Prozessverhältnis, jedoch gerade nicht das Innenverhältnis des Verbandes. Der obsiegende Eigentümer muss aufgrund seiner Zugehörigkeit zur Gemeinschaft seinen Kostenbeitrag leisten, wenn es sich um Klagen des Verbandes handelt.[219]

Die Kosten einer Anfechtungsklage wiederum sind keine umlagefähigen Kosten der Verwaltung des gemeinschaftlichen Eigentums nach §16 Abs. 2 WEGG, weil Partei des Verfahrens nicht der Verband, sondern die übrigen Eigentümer sind. Daher sind im Rahmen der Abrechnung der Verfahrenskosten einer Anfechtungsklage alle Eigentümer mit Ausnahme des oder der Kläger zu belasten.[220]

Achtung

- Bei Verbandsklagen (Wohngeldklagen/Schadenersatzklagen) gegen einen Eigentümer oder Klagen gegen den Verband durch einen Eigentümer ist dieser an den Kosten des Verfahrens nach §16 Abs. 2 WEGG zu beteiligen, auch wenn er im Verfahren obsiegt.
- Der anfechtende Eigentümer ist von den Kosten der Anfechtungsklage nach §46 Abs. 1 WEGG in der Jahresabrechnung freizuhalten. Die Verteilung erfolgt nicht nach Köpfen, sondern nach dem in der Gemeinschaft vereinbarten (sonst dem gesetzlichen) Verteilerschlüssel.

Wichtig

Der Verwalter muss daher bei der Kostenverteilung beachten, ob es sich um eine Verbandsklage oder um eine Anfechtungsklage nach §46 Abs. 1 WEGG handelt. Im ersten Fall ist auch der Eigentümer zu beteiligen, gegen den sich die Klage richtet bzw. der die WEG verklagt, unabhängig vom Ausgang des Verfahrens. Im Falle der Anfechtungsklage ist der Kläger in der Jahresabrechnung nicht mit den Kosten des Verfahrens zu belasten. Auch wenn es naheliegend ist, die übrigen Wohnungseigentümer jeweils anteilig im gleichen Verhältnis zu belasten, muss eine Verteilung nach dem in der WEG geltenden Verteilerschlüssel erfolgen.

11.15 Sonderkosten und Einzelbelastung

Der Fall

Im Verwaltervertrag hat der Verwalter mit der Gemeinschaft vereinbart, dass er für jede von ihm geschriebene Mahnung an einen mit dem Wohngeld säumigen

---

219 BGH, Urteil v. 4.4.2014 – V ZR 168/13; ZMR 2014, 808
220 BGH, Urteil v. 17.10.2014 – V ZR 26/14; ZMR 2015, 244

Eigentümer eine Mahngebühr erhält. Die Kosten soll der jeweilige Verursacher tragen. Eigentümer E ist im Laufe des Jahres mehrfach mit seinem Wohngeld im Rückstand, sodass der Verwalter mehrere Mahnungen schreiben muss.

In der Jahresabrechnung belastet der Verwalter nur den Eigentümer E mit den so entstandenen Mahngebühren. E ficht an und wendet ein, er müsse diese Kosten nicht tragen, sondern die Kosten hätten auf alle Eigentümer verteilt werden können.

Das Problem
Ob ein einzelner Eigentümer angefallene Kosten ausschließlich zu tragen hat und daher in der Jahresabrechnung belastet werden darf, ist für den Verwalter eine entscheidende Frage. Geht der Verwalter irrtümlich von einer Einzelbelastung aus, können die Einzelabrechnungen mit dem Argument angefochten werden, der Verwalter habe einen fehlerhaften Verteilerschlüssel angewandt.

Die Lösung
Nach § 16 Abs. 2 WEGG haben die Wohnungseigentümer die Kosten und Lasten der Verwaltung des gemeinschaftlichen Eigentums nach dem Verhältnis der Miteigentumsanteile zu tragen oder nach einem in der GO anders vereinbarten Verteilerschlüssel. Für die Betriebskosten und Kosten der Verwaltung sieht § 16 Abs. 3 WEGG vor, dass über einen Mehrheitsbeschluss abweichend von Abs. 2 WEGG ein anderer Verteilerschlüssel beschlossen werden kann (siehe Praxisfall »Änderung des Kostenverteilerschlüssels«). Zuletzt eröffnet § 21 Abs. 7 WEGG den Eigentümern die Möglichkeit, die Kosten für eine besondere Nutzung des gemeinschaftlichen Eigentums oder für einen besonderen Verwaltungsaufwand mit Stimmenmehrheit zu beschließen. In diesem Rahmen bewegt sich der Verwalter und hat für die Jahresabrechnung die von der Gemeinschaft vereinbarten oder beschlossenen Verteilerschlüssel für jede Kostenposition zu beachten.

Ist der Verwalter der Auffassung, eine Kostenposition (z. B. Mahnkosten, die Kosten der Verwalterzustimmung oder auch Kosten, die durch eine vom Eigentümer verursachte Beschädigung des gemeinschaftlichen Eigentums herrühren) sei ausschließlich von einem bestimmten Eigentümer zu übernehmen, so weicht der Verwalter stets vom Grundsatz ab, dass die Kosten und Lasten von allen Eigentümern zu tragen sind. Eine Abweichung hiervon stellt eine Änderung des Verteilerschlüssels dar, die einer vereinbarten oder beschlossenen Ermächtigung durch die Eigentümer bedarf. Eine solche Ermächtigung für eine Einzelbelastung kann sich niemals aus dem Verwaltervertrag[221] ergeben. Der

---

221 LG Lüneburg, Urteil v. 19.3.2009 – 9 S 67/08; ZMR 2009, 554

Verwaltervertrag wurde zum einen mit der Gemeinschaft geschlossen, zum anderen haben die Eigentümer mit der Beschlussfassung über den Verwaltervertrag nicht das Erklärungsbewusstsein, die geltende Verteilung der Kosten abändern zu wollen. Die Änderung eines geltenden Verteilerschlüssels muss immer ausdrücklich und separat beschlossen werden, damit den Eigentümern die Tragweite deutlich ist.[222]

Sofern der Verwaltervertrag dem Verwalter für eine bestimmte Tätigkeit weitere Vergütungsansprüche zusichert, trägt die Gemeinschaft diese Vergütung ohne weitere Beschlussfassung und diese Kosten werden auf alle Eigentümer verteilt.

Die Eigentümer können jedoch nach § 21 Abs. 7 WEGG einen Beschluss fassen, durch den alle Kosten, die verursachungsbedingt entstehen, auch vom Verursacher getragen werden. Mit diesem Beschluss wird der Kostenverteilerschlüssel geändert – auf dieser Grundlage kann dann eine Einzelbelastung in der Jahresabrechnung erfolgen.

Weitere Änderungen des Kostenverteilerschlüssels können sich aus der GO ergeben, sofern die Instandhaltungs- und Instandsetzungskosten für einzelne Bauteile einem Eigentümer oder einer Eigentümergruppe auferlegt werden. Die Wirksamkeit der Vereinbarung vorausgesetzt, erfolgt eine Einzelbelastung in der Jahresabrechnung.

Auch wenn der Verwalter die Auffassung vertritt, dass der Eigentümer einen Schaden am gemeinschaftlichen Eigentum verursacht hat, kann er den Eigentümer in der Jahresabrechnung nicht mit den Kosten der Schadensbeseitigung belasten. Die Kosten sind von der Gemeinschaft nach § 16 Abs. 2 WEGG zu tragen. Es obliegt sodann der Gemeinschaft, im Wege der Beschlussfassung den Verwalter zu ermächtigen, den Eigentümer für die entstandenen Kosten in Regress zu nehmen. Eine Ausnahme besteht dann, wenn der Eigentümer dem Verwalter gegenüber die Begleichung der Kosten bereits anerkannt hat.[223]

Einzelbelastungen ... !

- sind Änderungen des geltenden Kostenverteilerschlüssels,
- müssen sich aus der GO oder der Beschlusslage ergeben,
- können durch ein Anerkenntnis der Zahlungspflicht des Eigentümers entstehen,
- ergeben sich niemals aus dem Verwaltervertrag.

---

222 BGH, Urteil v. 9.7.2010 – V ZR 202/09, NJW 2010, 2 654; LG München I, Urteil v. 8.8.2011 – 1 S 809/11, ZMR 2012, 133
223 BGH, Urteil v. 4.3.2011 – V ZR 156/10; ZMR 2011, 573

> **! Wichtig**
>
> Der Verwalter muss sich stets vor Augen halten, dass es sich bei einer Einzelbelastung um die Änderung des Grundsatzes handelt, dass die Kosten der Verwaltung des gemeinschaftlichen Eigentums von allen Eigentümern zu tragen sind. Abweichungen hiervon müssen für alle Eigentümer bindend vereinbart oder beschlossen worden sein.
>
> Sofern der Verwalter daher mit Zustimmung der Gemeinschaft im Verwaltervertrag Kosten aufgenommen hat, die durch den Verursacher (Mahngebühren, Verwalterzustimmung etc.) zu tragen sind, bedarf es immer zusätzlich eines gesonderten Beschlusses für die Veränderung des Verteilerschlüssels. Der Verwalter sollte daher bei Beginn seiner Amtszeit für sämtliche Kosten, die verursachungsbedingt entstehen, einen gesonderten Beschluss fassen lassen, damit eine Auferlegung der Kosten über die Jahresabrechnung möglich ist. Andernfalls bleiben es Kosten der Gemeinschaft, die nach § 16 Abs. 2 WEGG auf alle Eigentümer zu verteilen sind.

11.16 Die bedingte Genehmigung der Jahresabrechnung

Der Fall

Die WEG diskutiert die vom Verwalter vorgelegte Jahresabrechnung auf der Versammlung. Die Eigentümer beschließen nach einigen Anmerkungen, dass sie genehmigt wird. Der Verwalter wird jedoch angewiesen, die Kostenpositionen »Hausmeister« und »Gartenpflege« nach Wohnfläche und nicht nach Miteigentumsanteilen zu verteilen. Richtigerweise hätte eine Verteilung nach Wohnfläche vorgenommen werden müssen, da auch alle anderen Kosten nach diesem Verteilerschlüssel abgerechnet wurden. Das Verhältnis Wohnfläche und Miteigentumsanteil ist identisch.

Eigentümer E ficht an und meint, es sei unklar, was beschlossen wurde. Auch könne er seine Zahllast nicht ermitteln, sodass die Jahresabrechnung nicht hätte genehmigt werden dürfen.

Das Problem

Wie jede Beschlussfassung muss auch oder gerade diejenige über die Genehmigung der Jahresabrechnung klar und eindeutig sein. Die Eigentümer müssen aus der Beschlussfassung erkennen können, welche Abrechnung mit welchen Ergebnissen beschlossen wurde. Der Verwalter muss daher mit der Beschlussfassung unter einer Bedingung sorgfältig umgehen, da andernfalls ein Anfechtungsrisiko droht.

Die Lösung

Mit der Beschlussfassung über die Genehmigung einer Jahresabrechnung ist die Zahlungspflicht des Eigentümers verbunden. Es ist daher unerlässlich, dass der Eigentümer aus der Beschlussfassung selbst erkennen kann, wann seine Zahlungsverpflichtung besteht und was er zahlen muss. Daher wird vertreten, dass der Beschluss über die Jahresabrechnung bedingungsfeindlich ist. Das ist einschränkend zu sehen. Sofern sich aus der Beschlussfassung ohne Weiteres ersehen lässt, welche Zahllast den einzelnen Eigentümer trifft, z.B. weil lediglich formale Aspekte geändert werden sollen, steht der Ordnungsmäßigkeit der Beschlussfassung nichts entgegen.

Nichtig sind jedoch Beschlüsse, die unter dem Vorbehalt der Richtigkeit der Jahresabrechnung gefasst werden, weil für den Eigentümer nicht erkennbar ist, wann die Fälligkeit seiner Zahllast eintritt. Nichtig ist auch ein Beschluss, wenn dort aufgenommen wird, dass »noch Positionen der Jahresabrechnung geprüft und ggf. geändert werden müssen«[224]. Sofern die Jahresabrechnung von der späteren Zustimmung eines Eigentümers abhängen soll, die auch erteilt wird, soll der Beschluss wirksam sein.[225]

Genehmigungen der Jahresabrechnung unter einer Bedingung   **!**

- Lässt sich die Bedingung und deren Eintritt dem Beschluss nicht entnehmen, ist der Beschluss nichtig.
- Betrifft die Bedingung die Änderung ausdrücklich benannter Kostenpositionen und lässt sich die Änderung ohne Weiteres errechnen, kann der Beschluss rechtswidrig sein, wird jedoch ohne Anfechtung bestandskräftig.

Da im obigen Beispielsfall die Korrektur nur zwei konkret benannte Positionen betrifft und die Änderung sich auch rechnerisch nicht auswirkt, da die Wohnfläche den Miteigentumsanteilen entspricht, handelt es sich um eine Änderung der formalen Darstellung. Der Beschluss ist wirksam.

Wichtig   **!**

Der Verwalter sollte aufgrund der strengen Rechtsprechung dringend auf die Aufnahme von Bedingungen verzichten, sofern diese auch nur ansatzweise zu Unklarheiten führen und nicht feststeht, wann die Bedingung eintritt und welche Änderung sie nach sich zieht. Da die Beschlussfassung über die Jahresabrechnung die Zahllasten der Eigentümer begründet und Unklarheiten sich daher fatal auswirken, wird schnell nicht nur eine Rechtswidrigkeit, sondern bereits eine Nichtigkeit angenommen. In diesen Fällen neigen die Gerichte auch zu einer Auferlegung der Verfahrenskosten zulasten des Verwalters (§49 Abs. 2 WEGG).

---

224 LG München I, Urteil v. 22.9.2016 – 36 S 22442/15; ZMR 2017, 89
225 OLG Köln, Urteil v. 22.9.2004, 16 Wx 142/04; NZM 1/2005, 23

11.17 Unberechtigte Ausgaben – eine Frage der Entlastung?

Der Fall

Der Verwalter erstellt die Jahresabrechnung. Bei der Belegprüfung fällt dem Beirat auf, dass Kosten für eine Instandhaltungsmaßnahme in Höhe von 3.000 EUR enthalten sind, die die WEG nicht beschlossen hat. Auf der Versammlung teilt er dies den Eigentümern mit, die die Jahresabrechnung und die Entlastung des Verwalters trotzdem beschließen.

Beirat E ficht nur den Beschluss der Jahresabrechnung an und meint, einer Genehmigung steht entgegen, dass der Verwalter Kosten aufgenommen hat, die er nicht hätte verauslagen dürfen.

Das Problem

Der Einwand unberechtigter Ausgaben in der Jahresabrechnung wird dem Verwalter nicht fremd sein. Wichtig für den Verwalter ist der Umgang mit den Forderungen der Eigentümer auf Korrektur der Jahresabrechnung.

Die Lösung

Die Jahresabrechnung ist eine reine Einnahmen- und Ausgabenrechnung, d. h. alle Zu- und Abflüsse von den Konten der WEG sind darzustellen und auf die Eigentümer nach den in § 16 Abs. 2 WEGG genannten oder dem in der Gemeinschaft herrschenden Verteilerschlüssel zu verteilen. Auch wenn der Verwalter Kosten über das Konto der Gemeinschaft beglichen hat, ohne hierzu berechtigt gewesen zu sein, bleiben es Kosten der Gemeinschaft, die Eingang in die Gesamtabrechnung finden und daher auf die Eigentümer zu verteilen sind. Alle Ausgaben, die der Verwalter zu Unrecht aus Mitteln der WEG getätigt hat, sind also in die Jahresabrechnung einzustellen und auf die Eigentümer zu verteilen.[226]

Die Jahresabrechnung stellt den Rechenschaftsbericht des Verwalters dar. Die Eigentümer müssen erkennen können, welche Entnahmen von den Konten getätigt wurden, andernfalls können die Eigentümern nicht ersehen, ob unberechtigte Ausgaben erfolgt sind, und ihnen wäre die Möglichkeit genommen zu entscheiden, wie sie im Einzelfall mit der unberechtigten Ausgabe umgehen möchten. Die Inanspruchnahme des Verwalters wegen einer Überschreitung seiner Befugnisse muss durch die Eigentümer gesondert beschlossen werden. Ob sie gegen den Verwalter vorgehen wollen, steht allein im

---

226 BGH, Urteil v. 4.3.2011 – V ZR 156/10; ZMR 2011, 573

Ermessen der Eigentümer. Im Rahmen der Genehmigung der Jahresabrechnung spielen daher unberechtigte Ausgaben des Verwalters keine Rolle; eine Anfechtung nur mit diesem Argument geht ins Leere.

Neben der Genehmigung der Jahresabrechnung erfolgt in der Regel die Entlastung des Verwalters für das zurückliegende Kalenderjahr. Die Entlastung hat die Wirkung eines negativen Schuldanerkenntnisses (§ 397 Abs. 2 BGB).[227] Mit der Entlastung erklären die Eigentümer dem Verwalter, ihn für sein Verwalterhandeln im vergangenen Jahr nicht in Anspruch nehmen zu wollen. Die Entlastung kann sich nur auf solche Sachverhalte beziehen, die den Eigentümern bekannt waren oder hätten bekannt sein müssen, und ist kein »Freifahrtschein« für die gesamte Tätigkeit des Verwalters. Einen Anspruch auf Entlastung kann der Verwalter nicht durchsetzen.

Im Rahmen einer Anfechtung der Entlastung muss der anfechtende Eigentümer darlegen, dass Ansprüche gegen den Verwalter im Raum stehen. Diese müssen nicht tatsächlich bestehen, es wird daher keine Anspruchsprüfung durch das Gericht vorgenommen, sondern lediglich summarisch geprüft, ob ein Anspruch des Verwalters grundsätzlich in Betracht kommt. Sofern die Jahresabrechnung daher noch nicht oder fehlerhaft erstellt wurde, besteht kein Raum für die Entlastung des Verwalters, da er seine Hauptverpflichtung noch nicht erfüllt hat.[228]

Die Entlastung kann auch verweigert werden bzw. ist im Rahmen einer Anfechtung aufzuheben, wenn die Eigentümer eine unberechtigte Ausgabe in der Jahresabrechnung feststellen, weil hier Regressansprüche des Verwalters begründet sein können. Hat der Verwalter über die ihm eingeräumten Befugnisse hinaus zulasten der WEG einen Dritten (z. B. mit einer Instandsetzungsmaßnahme ohne Beschlussfassung) beauftragt und Kosten vom Konto der Gemeinschaft beglichen, kann den Eigentümern ein Schadensersatz zustehen.[229]

> **Unberechtigte Ausgaben ...** !
> - sind für die Ordnungsmäßigkeit einer Jahresabrechnung unbeachtlich,
> - begründen jedoch Schadensersatzansprüche der Eigentümer, sodass die Entlastung des Verwalters durch die Eigentümer versagt werden kann bzw. auf Anfechtung hin aufzuheben ist.

---

227 BGH, Urteil v. 17.7.2003 – V ZB 11/03; ZMR 2003, 750
228 OLG München, Urteil v. 19.9.2005 – 43 Wx 76/05; ZMR 2006, 68
229 LG München I, Urteil v. 31.3.2016 – 1 S 19002/11; ZWE 2016, 282

> **!** **Wichtig**
>
> Die unberechtigte Ausgabe des Verwalters ist kein Problem der Jahresabrechnung, sondern ein Problem der Entlastung bzw. der weiteren Beschlussfassung der Eigentümer, die den Verwalter aufgrund der Überschreitung seiner Befugnisse in Regress nehmen wollen. Der Verwalter kann die Überschreitung seiner Befugnisse nachträglich durch die Gemeinschaft genehmigen lassen und erhält so die Möglichkeit, sich vor weiteren Ansprüchen der Gemeinschaft frei zu halten.

11.18 Die Belegprüfung und ihre Folgen

Der Fall
Der Beirat der WEG prüft die Belege im Vorfeld der Versammlung umfangreich und ausgiebig. Obwohl bereits zwei Termine stattgefunden haben, ist nach Auffassung des Beirats noch nicht alles geprüft. Zur Versammlung wurde jedoch bereits eingeladen und sie steht direkt bevor.

Auf der Versammlung erläutert der Beirat ausführlich, dass er bislang keine Beanstandungen hatte, aber noch nicht alles geprüft habe. Den Eigentümern reicht diese Auskunft und sie genehmigen die Jahresabrechnung.

Der Beiratsvorsitzende ficht mit dem Argument an, ohne die abschließende Prüfung dürfe die Jahresabrechnung nicht beschlossen werden.

Das Problem
Der Beirat ist für den Verwalter ein wichtiges Bindeglied zu den Eigentümern und kann ihm in einer gut organisierten Zusammenarbeit die Arbeit erleichtern. Gleichwohl muss der Verwalter die Grenzen der Befugnisse und Einflussmöglichkeiten des Verwaltungsbeirats kennen, um seinerseits seinen Pflichten gerecht zu werden.

Die Lösung
§ 29 Abs. 1 WEGG sieht vor, dass die Wohnungseigentümer mit einfacher Stimmenmehrheit einen aus drei Mitgliedern bestehenden Verwaltungsbeirat wählen können. Dem Verwaltungsbeirat kommt eine unterstützende und kontrollierende Funktion zu, da er nach § 29 Abs. 3 WEGG insbesondere

- den Wirtschaftsplan,
- die Abrechnung,
- die Rechnungslegung und
- die Kostenvoranschläge

vorab prüfen und mit einer Stellungnahme versehen soll. Die Kernaufgabe des Verwaltungsbeirats als Gremium ist daher die Prüfung der Jahresabrechnung durch die Einsicht in die und die Prüfung der Belege.

Auf der Versammlung soll der Verwaltungsbeirat zu seiner Prüfung eine Stellungnahme abgeben, auf festgestellte Unregelmäßigkeiten oder Unklarheiten hinweisen und den Eigentümern eine Empfehlung aussprechen. Die Belegprüfung findet regelmäßig in den Räumlichkeiten des Verwalters statt. Einen Anspruch auf Überlassung der Originalunterlagen hat der Beirat nicht. Sofern der Verwalter die Unterlagen dem Beirat oder einem anderen Eigentümer überlässt, kommt ein eigenständiger Leihvertrag zwischen Verwalter und Eigentümer zustande, sodass der Verwalter im eigenen Namen auf Herausgabe der Unterlagen klagen kann, wenn die Rückgabe verweigert wird.[230]

Der Beirat hat die Jahresabrechnung auf ihre rechnerische Schlüssigkeit und Richtigkeit hin zu überprüfen. Die Prüfung umfasst
- die Kontrolle der Ausgaben und die Sichtung der Belege auf Schlüssigkeit und Berechtigung[231],
- die ordnungsmäßige Führung der Konten der WEG (Fremdgeldkonto) und
- das Vorhandensein der notwendigen Bestandteile der WEG (Gesamt- und Einzelabrechnung, Kontenentwicklung, Darstellung der Instandhaltungsrücklage).

Dabei schuldet der Beirat die Sorgfalt eines ordentlichen Mitglieds ohne Spezialwissen. Es besteht keine Verpflichtung zu erkennen, wenn Beschlüsse über Kostenregelungen nichtig sind.[232]

Fallen dem Beirat Unregelmäßigkeiten oder unberechtigte Ausgaben auf, sind die Eigentümer zu informieren, um das weitere Vorgehen abstimmen zu können. Der Beirat selbst kann nicht den Anspruch gegen den Verwalter durchsetzen, dass dieser die Jahresabrechnung neu zu erstellen hat. Ein solcher Anspruch setzt eine Beschlussfassung der Eigentümer voraus, die die vorgelegte Abrechnung ablehnen und den Verwalter dann auffordern, eine korrigierte Jahresabrechnung zu erstellen, die wiederum vom Beirat geprüft werden soll.

Die Belegprüfung und die Stellungnahme des Verwaltungsbeirats sind keine zwingenden Voraussetzungen für die Beschlussfassung der Eigentümer über die Genehmigung der Jahresabrechnung, da §29 Abs. 3 WEGG nur eine Soll-

---

230 BGH, Urteil v. 15.7.2011 – V ZR 21/11; ZMR 2011, 976
231 OLG München, Urteil v. 7.2.2007 – 34 Wx 147/06; NZM 2007, 488
232 LG Düsseldorf, Urteil v. 2.10.2013 – 25 S 53/13; ZMR 2014, 389

Vorschrift beinhaltet.[233] Es steht den Eigentümern daher frei, mit oder ohne abschließende Prüfung des Beirates die Jahresabrechnung zu genehmigen. Eine Anfechtung kann auf das Fehlen der Prüfung nicht gestützt werden.

> **! Die Prüfrechte des Beirats**
>
> ■ Der Beirat prüft den Wirtschaftsplan, die Jahresabrechnung, die Rechnungslegung und Kostenvoranschläge.
> ■ Der Beirat soll vor der Beschlussfassung der Jahresabrechnung diese auf Vollständigkeit, rechnerische Schlüssigkeit und unberechtigte Ausgaben prüfen und die Eigentümer informieren.
> ■ Die Belegprüfung ist nicht zwingende Voraussetzung für die Genehmigung der Jahresabrechnung.

Neben dem Verwaltungsbeirat hat selbstverständlich jeder Wohnungseigentümer Anspruch auf Einsicht in sämtliche Verwaltungsunterlagen, wobei der Verwalter nur im Rahmen der Versammlung verpflichtet ist, den Eigentümern umfangreiche Auskunft über die Jahresabrechnung zu geben.[234] Ein Individualanspruch auf Auskunftserteilung außerhalb der Versammlung kann ein Eigentümer nicht ohne Weiteres geltend machen.

Das Einsichtsrecht besteht auch für bereits bestandskräftig beschlossene Jahre. Auch kann der Eigentümer mehrfach die Unterlagen einsehen – der Verwalter die Einsicht nicht verweigern mit dem Hinweis, der Eigentümer habe bereits mehrfach eingesehen, da das Informationsinteresse des Eigentümers überwiegt.[235] Die Grenzen des Einsichtsrechts sind nur unter dem Gesichtspunkt der Schikane des Eigentümers erreicht.

> **! Wichtig**
>
> Der Verwalter ist gut beraten, wenn er dem Beirat ausreichend Zeit zur Prüfung und Auskunft gewährt. Ein gut informierter Beirat wird auf der Versammlung die Eigentümer schnell überzeugen, dass die Jahresabrechnung beanstandungsfrei genehmigt werden kann, falls diese beanstandungsfrei ist. Ein zu wissbegieriger Beirat kann aber mit dem fundierten Wissen des Verwalters, dass die Prüfung durch ihn nicht zwingende Voraussetzung für die Genehmigung ist, in seine Schranken verwiesen werden. Der Verwalter sollte von einer Einschränkung der allen Eigentümern zustehenden Einsichtsrechte sehr vorsichtig Gebrauch machen. In der heutigen digitalen Zeit dürfte sich der Aufwand einer Übermittlung erbetener Daten/Informationen in Grenzen halten und oft nicht im Verhältnis zu einem unzufriedenen Eigentümer stehen, der dann all seine Fragen auf der Versammlung stellen und Diskussionen provozieren wird.

---

233 BayObLG, Urteil v. 27.11.2003 – 2Z BR 186/03; ZMR 2004, 358
234 BGH, Urteil v. 11.2.2011 – V ZR 66/10; ZMR 2011, 568
235 LG Frankfurt/Main, Urteil v. 20.6.2016 – 2-13 S 13/14; ZMR 2016, 982

11.19 Die Fälligkeit der Jahresabrechnung

Der Fall

Verwalter V bewirbt sich in einer neuen WEG. Er wird zum 1.6. bestellt und erhält noch am selben Tag alle Verwaltungsunterlagen und den Hinweis des ehemaligen Verwalters, dass die WEG die Jahresabrechnung erwartet. V wiederum fordert den ehemaligen Verwalter auf, für die anstehende ordentliche Versammlung die Jahresabrechnung zu erstellen und zu übersenden.

Das Problem

Bei einem Verwalterwechsel stellt sich der neue Verwalter nicht nur der Herausforderung, die ihm übergebenen Unterlagen zu sichten und die in der Gemeinschaft geltende Vereinbarungs- und Beschlusslage zu verinnerlichen. Es stellt sich auch die Frage, wer eigentlich die Jahresabrechnung des Vorjahres zu erstellen hat. In der Regel übernimmt der Verwalter eine WEG zum Ende eines Jahres, sodass sämtliche Buchungen des Jahres bereits vom Vorverwalter getätigt wurden.

Die Lösung

Der Gesetzgeber hat keine Regelung aufgenommen, aus der sich ergibt, wann der Verwalter die Jahresabrechnung zu erstellen hat. Es kann sich aber aus der GO eine Verpflichtung ergeben, dass die Jahresabrechnung stets zu einem bestimmten Zeitpunkt zu erstellen ist. Der Verwalter ist an diese Vereinbarung jedoch nur gebunden, wenn er sich über den Verwaltervertrag verpflichtet, die in der GO aufgenommenen Verpflichtungen des Verwalters zu erfüllen.

Eine Verpflichtung unmittelbar im Verwaltervertrag, wonach der Verwalter die Erstellung der Jahresabrechnung in einer bestimmten Frist zusagt, bindet ihn ebenfalls und setzt ihn mit Ablauf dieser Frist in Verzug, ohne dass es einer gesonderten Fristsetzung bedarf (§286 Abs. 2 Nr. 1 BGB).

Ist jedoch zwischen Verwalter und Eigentümer keine Vereinbarung getroffen, so stellt sich die Frage, wer die Jahresabrechnung im Verhältnis zu den Eigentümern erstellen muss. Infrage kommt der Zeitpunkt, in dem die Pflicht zu Erstellung der Jahresabrechnung entsteht (mit Ablauf des Wirtschaftsjahres) oder der Zeitpunkt, an dem die Jahresabrechnung fällig wird. Wann die Fälligkeit der Jahresabrechnung eintritt, ist vom Gesetzgeber nicht vorgegeben. §28 Abs. 3 WEGG normiert lediglich, dass der Verwalter nach Ablauf des Kalenderjahres die Jahresabrechnung zu erstellen hat. Es wird angenommen, dass der Verwalter in den ersten drei Monaten des Folgejahres über alle Informationen (z.B. Heizkostenabrechnung) verfügt, die für die Erstellung der Jahresabrechnung erforderlich sind. Dabei ist der Verwalter gehalten, die ihm möglichen Arbeiten bereits vorzubereiten, damit eine zügige Erstellung nach dem Erhalt der letzten erforderlichen Abrechnungsunterlagen vorgenommen werden kann. Der Verwalter hat den Erhalt der Abrechnungsunterlagen jedoch zu fördern, da er die Beschaffung der notwendigen Abrechnungsunterlagen zu besorgen hat. Meldet der Verwalter daher dem Versorgungsträger pflichtwidrig nicht rechtzeitig die Verbrauchsstände, sodass dies die Erstellung der Heizkostenabrechnung verzögert, muss sich der Verwalter die Verzögerung zurechnen lassen. Dem Verwalter wird höchstens eine Frist von sechs Monaten zugestanden, sofern er nicht nachweisen kann, dass ihm bis zu diesem Zeitpunkt unverschuldet die notwendigen Abrechnungsunterlagen noch nicht vorlagen.

Bislang wurde überwiegend vertreten, dass derjenige Verwalter die Jahresabrechnung des Vorjahres zu erstellen hat, der zum Zeitpunkt der Fälligkeit amtierender Verwalter ist.[236] In einer neuen Entscheidung hat der BGH klargestellt, dass es nicht auf die Fälligkeit der Jahresabrechnung ankommen könne, sondern auf die Frage, wann der Anspruch auf Erstellung der Jahresabrechnung entstanden sei.[237] Da die Pflicht zur Erstellung der Jahresabrechnung mit dem Schluss des Kalenderjahres entsteht, ist auch der ehemalige Verwalter zur Erstellung verpflichtet, wenn der Verwalterwechsel im Lauf des Jahres erfolgt. Problematisch ist nach der Entscheidung des BGH, wer die Jahresabrechnung zu erstellen hat, wenn der Verwalterwechsel zum 1.1 des neuen Jahres erfolgt, der alte Verwalter daher mit Ablauf des 31.12. aus dem Amt ausscheidet. Da nach der Auffassung des BGH die Pflicht zur Erstellung der Jahresabrechnung mit Schluss des Kalenderjahres entsteht, könnte viel dafür sprechen, dass der Anspruch bereits am 31.12. entsteht und daher der ausscheidende Verwalter die Jahresabrechnung erstellen muss. Der Wortlaut des Gesetzes geht jedoch davon aus, dass der Verwalter **nach** Ablauf des Kalenderjahres zur Erstellung der Jahresabrechnung verpflichtet ist. Der BGH hat diese Frage in seiner Entscheidung offengelassen.[238] Muss der ausscheidende Verwalter die Jahresabrechnung jedoch nicht mehr erstellen, so bleibt er jedoch zur Rechnungslegung auf den Zeitpunkt des Ausscheidens verpflichtet (siehe hierzu den Praxisfall »Die Fälligkeit der Jahresabrechnung«).

! **Pflicht zur Erstellung der Jahresabrechnung**

- Fälligkeit der Jahresabrechnung
- Vereinbarung im Verwaltervertrag
- ohne Vereinbarung: innerhalb von drei bis sechs Monaten des Folgejahres

---

236 OLG Zweibrücken, Urteil v. 11.5.2007 – 3 W 153/06, ZMR 2007, 887; LG Dortmund, Urteil v. 5.10.2016 – 1 S 205/16, ZMR 2017, 423
237 BGH, Urteil v. 16.2.2018 – V ZR 89/17
238 BGH, Urteil v. 16.2.2018 – V ZR 89/17

- abhängig davon, dass alle notwendigen Abrechnungsunterlagen vorliegen
- bei Verwalterwechsel: amtierender Verwalter zum Zeitpunkt der Fälligkeit zuständig

Erfolgt der Wechsel des Verwaltung jedoch unterjährig und innerhalb des Zeitraums von drei bis sechs Monaten nach dem Jahr, über das eine Abrechnung erstellt werden soll, ist es oft schwierig, den Fälligkeitszeitpunkt festzustellen. Je später im Jahr der Verwalterwechsel erfolgt, desto eher besteht die Verpflichtung des Vorverwalters, die Jahresabrechnung zu erstellen. Trifft die Pflicht den Vorverwalter, benötigt er die für die Erstellung der Abrechnung erforderlichen Belege. Ihm steht also ein Einsichtsrecht zu, sofern die Verwaltungsunterlagen bereits dem neuen Verwalter übergeben wurden. Dem Vorverwalter steht für die Erstellung der Jahresabrechnung auch keine zusätzliche Vergütung zu, da er bereits für die in seiner Amtszeit geschuldeten Pflichten honoriert wurde, während das an den neuen Verwalter gezahlte Entgelt nicht als Gegenleistung für die Nachholung der bereits vom früheren Verwalter geschuldeten Abrechnung anzusehen ist.[239]

Kommt der Vorverwalter seiner Pflicht auch nach – erforderlicher – Fristsetzung nicht nach, kann die WEG die Ersatzvornahme androhen, sodass in der Regel der amtierenden Verwalter die Verpflichtung des Vorverwalters zur Erstellung der Jahresabrechnung übernimmt und die dafür entstandenen Kosten beim Vorverwalter regressiert werden können. Diese Vorgehensweise muss jedoch von den Eigentümern beschlossen werden, da es im Ermessen der Eigentümer steht, wie sie ihre Ansprüche durchsetzen wollen.

Wichtig !

Der neue Verwalter muss bei der Übernahme einer WEG wissen, welche zusätzlichen Pflichten ihn treffen können. Findet der Verwalterwechsel zum Ende des Jahres statt, ist nach der neuen Rechtsprechung des BGH nicht geklärt, wer die Jahresabrechnung erstellen muss. Es kann daher hilfreich sein, den Verwalterwechsel so vorzunehmen, dass Klarheit herrscht.
Wünschen die Eigentümer, dass der ausscheidende Verwalter die Jahresabrechnung erstellen muss, sollte die Abberufung zum 1.1. des Jahres erfolgen. Ist den Eigentümer wichtig, dass der neue Verwalter diese Aufgabe übernimmt, sollte bei der Abberufung darauf geachtet werden, dass das Verwalteramt des neuen bereits am 31.12. beginnt. Ein späterer Verwalterwechsel hat zur Folge, dass stets der neue Verwalter die Jahresabrechnung zu erstellen hat.
Übernimmt der Vorverwalter die Erstellung der Jahresabrechnung, hat der amtierende Verwalter die übermittelte Jahresabrechnung für eine genehmigende oder

---

239 OLG Celle, Urteil v. 8.6.2005 – 4 W 107/05; ZMR 2005, 718

ablehnende Beschlussfassung den Eigentümern vorzulegen. Für Fehler in der Erstellung haftet der amtierende Verwalter selbstverständlich nicht.

11.20 Die Rechnungslegung

Der Fall
Der Verwalter wurde zu Ende Januar abgewählt. Die Eigentümer verlangen von ihm die Rechnungslegung zum 31.12. des Vorjahres. Der ausgeschiedene Verwalter vertritt die Auffassung, er müsse die Forderung nicht erfüllen, weil der neue Verwalter die Jahresabrechnung zu erstellen hat und die Eigentümer darauf warten müssen.

Das Problem
Neben der Aufstellung des Wirtschaftsplans und der Erstellung der Jahresabrechnung kann der Verwalter von den Eigentümern auf Rechnungslegung in Anspruch genommen werden. Für den Verwalter ist in diesem Zusammenhang entscheidend,

- was er leisten muss,
- wie umfangreich die Rechnungslegung auszusehen hat und
- wann er ggf. davon befreit sein kann.

Die Lösung
In §28 Abs. 4 WEGG hat der Gesetzgeber aufgenommen, dass die Eigentümer jederzeit durch entsprechenden Mehrheitsbeschluss vom Verwalter die Rechnungslegung verlangen können. Mit der Rechnungslegung soll der Verwalter auch unterjährig oder im Zuge eines Verwalterwechsels auf Rechenschaft über seine wirtschaftliche Verwaltung in Anspruch genommen werden können. Der Anspruch kann jedoch aufgrund des eindeutigen Wortlauts nicht von einem einzelnen Eigentümer gefordert werden, sondern nur von der Gemeinschaft durch Mehrheitsbeschluss.

Wird der Antrag eines Eigentümers abgelehnt, muss dieser den Beschluss anfechten und mit einem Verpflichtungsantrag verbinden. Ein solches Vorgehen ist nur dann erfolgreich, wenn die Eigentümer ihr Ermessen fehlerhaft ausgeübt haben. Die Eigentümer müssen also darlegen, dass Anhaltspunkte in der Arbeit des Verwalters zu sehen sind, die eine Rechnungslegung und damit Offenlegung der wirtschaftlichen Verwaltung erfordern.

Der Umfang der Rechnungslegung ergibt sich aus §259 Abs. 1 BGB. Danach hat der Verwalter eine geordnete Zusammenstellung der Einnahmen und Ausgaben vorzunehmen sowie die zugehörigen Belege vorzulegen. Anders als in der Jahresabrechnung bedarf es zwar einer Darstellung der Zuführungs- und Abflussbeträge aus der Instandhaltungsrücklage, jedoch keiner Fortentwicklung der Soll- und Ist-Rücklage anhand der Bestände des vergangenen Jahres. Die Rechnungslegung muss auch keine Heizkostenabrechnung enthalten und keine Verteilung der Kosten auf die Eigentümer (Einzelabrechnung).[240] Allerdings muss der Rechnungslegung jede einzelne Kontobewegung zu entnehmen sein, sowie die Forderungen und Verbindlichkeiten, die in dem Zeitraum entstanden sind, über den der Verwalter Rechnung legen muss.[241] Die Rechnungslegung muss so vorgenommen werden, dass der neue Verwalter bei einem Verwalterwechsel an die Buchungen des Vorverwalters nahtlos anknüpfen kann.

Inhalt der Rechnungslegung   **!**

- chronologische Darstellung der Zu- und Abgänge auf allen Konten (Kontoauszug)
- chronologische Vorlage der Belege
- Darstellung der Forderungen und Verbindlichkeiten

Hat der Verwalter die Jahresabrechnung bereits erstellt und wurde diese von den Eigentümern genehmigt, entfällt die Verpflichtung des Verwalters zur Rechnungslegung auch dann, wenn die Jahresabrechnung fehlerhaft war.

Wichtig   **!**

Wird der Verwalter von der Gemeinschaft auf Rechnungslegung in Anspruch genommen, sollte er dem Verlangen nachkommen. Es droht sonst eine gerichtliche Inanspruchnahme im Rahmen der Erstellung der Rechnungslegung durch einen Dritten (Sachverständigen). Die Kosten hierfür werden nicht unerheblich sein. Der professionellen Verwalter, der sich meistens eines Buchungsprogramms bedient, wird den Hauptteil der Rechnungslegung überwiegend aus dem Programm selbst generieren können, was der Verpflichtung zu einer Rechnungslegung den Schrecken nehmen wird.

---

240 OLG Düsseldorf, Urteil v. 4.11.2002 – 3 Wx 194/02; ZMR 2003, 230
241 OLG München, Urteil v. 20.7.2008 – 32 Wx 93/07; NJW-RR 2008, 322

12 Sonder- und Gemeinschaftseigentum

12.1 Die Leitungsentscheidung

Der Fall

In der Gemeinschaftsordnung gibt es folgende Vereinbarung: »Gegenstand des Sondereigentums sind die Wasserleitungen vom Anschluss an die gemeinsame Steigleitung.«

Das Problem

Seit Bestehen des WEGG verlassen sich die Verwalter auf den Inhalt der Gemeinschaftsordnung, insbesondere werden die Abgrenzungen zwischen dem Sonder- und Gemeinschaftseigentum als verbindlich angesehen. Mittlerweile muss die Frage gestellt werden, ob (zwingendes) Gemeinschaftseigentum überhaupt wirksam zum Sondereigentum erklärt werden kann und welche Auswirkungen das auf die Praxis hat.

Die Lösung

Gemäß §5 Abs. 3 WEGG können die Wohnungseigentümer zwar vereinbaren, dass Bestandteile des Gebäudes, die Gegenstand des Sondereigentums sind, zum gemeinschaftlichen Eigentum gehören. Der umgekehrte Weg ist allerdings **nicht möglich**.

Die Vereinbarungen bzw. Zuordnungen in der Gemeinschaftsordnung haben nur deklaratorische Bedeutung. Das bedeutet: Nicht die Gemeinschaftsordnung gibt vor, welche Bestandteile Sonder- oder Gemeinschaftseigentum sind, sondern das Gesetz (§5 WEGG).

Somit sind Vereinbarungen, wonach Leitungen ab dem Abzweig in das Sondereigentum diesem zugeordnet werden, **nichtig**.

Der BGH führt hierzu aus:

> **BGH, Urteil v. 26.10.2012 – V ZR 57/12**   !
>
> Zu dem im Gemeinschaftseigentum stehenden Versorgungsnetz gehören die Leitungen nicht nur bis zu ihrem Eintritt in den räumlichen Bereich des Sondereigentums (...), sondern jedenfalls bis zu der ersten für die Handhabung durch den Sondereigentümer vorgesehenen Absperrmöglichkeit (...).
>
> In erster Linie ist hingegen maßgeblich, dass Wasser- und Heizungsleitungen erst von dem Punkt an ihre Zugehörigkeit zu dem Gesamtnetz verlieren, an dem sie sich

durch eine im räumlichen Bereich des Sondereigentums befindliche Absperrvorrichtung hiervon trennen lassen.

> **! Wichtig**
>
> Der BGH[242] hat mit seiner Entscheidung vom 26.10.2012 noch einmal klargestellt: Durch die Teilungserklärung kann Sondereigentum an wesentlichen Bestandteilen des Gebäudes nicht begründet werden. Die Teilungserklärung kann die Grenze zwischen dem gemeinschaftlichen Eigentum und dem Sondereigentum nur zugunsten, nicht aber zuungunsten des gemeinschaftlichen Eigentums verschieben.
> In der Praxis wird das den Eigentümern schwer zu vermitteln sein, verwenden Sie daher auch Literatur oder Rechtsprechung, um die Rechtslage klar und verständlich zu erläutern.

12.2 Wohnungseingangstür – Sonder- oder Gemeinschaftseigentum?

Der Fall

Die Wohnungseingangstür eines Eigentümers ist defekt und muss ausgetauscht werden. Der Eigentümer hat zufällig im Internet gelesen, dass die WEG für den Austausch und die damit verbundenen Kosten zuständig ist. Stimmt das?

Das Problem

Lange Zeit war es nur h. M, dass die Wohnungseingangstüren zwingend zum gemeinschaftlichen Eigentum gehören, eine höchstrichterliche Rechtsprechung gab es nicht. Ähnlich wie bei der Leitungsentscheidung, kann auch hier keine Vereinbarung getroffen werden, wonach die Wohnungseingangstüren im Sondereigentum stehen.

Die Lösung

Im Jahr 2012 hat der BGH[243] endlich klargestellt: Die Wohnungsabschlusstür (nebst Rahmen, Beschlägen, Klinken und Schloss) gehört als gestaltendes Element des Baukörpers und wegen der Unmöglichkeit der Veränderung oder Beseitigung ohne störenden Eingriff in das Gemeinschaftseigentum bzw. Aufhebung der Abgeschlossenheit zum **zwingenden Gemeinschaftseigentum**.

---

242 BGH, Urteil v. 26.10.2012 – V ZR 57/12; ZMR 2013, 454
243 BGH, Urteil v. 25.10.2013 – V ZR 212/12; ZMR 2014, 223

Wichtig   !

Der BGH hat nicht entschieden, dass die Außenseite Gemeinschaftseigentum und die Innenseite Sondereigentum sind. Dies ergibt sich zweifelsfrei aus der Entscheidung:

- Rn.8: »Andere ordnen nur die Innenseite der Tür (…) oder nur den Innenanstrich (…) dem Sondereigentum zu. Überwiegender Auffassung zufolge stehen Wohnungseingangstüren dagegen stets insgesamt im gemeinschaftlichen Eigentum.«
- Rn.9: »Die letzte Auffassung trifft zu.«

Für jede Zuordnung gilt, dass immer **das ganze Bauteil** Gemeinschaftseigentum ist, wenn es sich aus dem Gesetz gemäß §5 WEGG ergibt. Nicht nur bei der Wohnungseingangstüre, sondern auch bei Fenstern ist auf das Bauteil als Einheit abzustellen.

12.3   Die Heizkörperentscheidung

Der Fall

Ein Eigentümer meldet sich beim Verwalter und teilt diesem mit, dass sein Heizkörper inkl. Thermostatventil defekt ist und ausgetauscht werden muss. Der Verwalter schaut in die Gemeinschaftsordnung und liest dort folgende Regelung: »Zum Sondereigentum gehören (…) die Vor- und Rücklaufleitungen und die Heizkörper der Zentralheizung und Warmwasserversorgung von der Anschlussstelle an die jeweilige Steige- bzw. Fallleitung an.«

Darauf wird dem betroffenen Eigentümer mitgeteilt, dass er sich selbst um die Instandsetzung kümmern muss, da dies in der Gemeinschaftsordnung so geregelt ist. Der Eigentümer kann das nicht nachvollziehen und sucht Rechtsberatung bei einem Rechtsanwalt. Welche Empfehlung wird der Rechtsanwalt dem Eigentümer geben?

Das Problem

Mit der Heizkörperentscheidung[244] vom 8.7.2011 (die vor der Leitungsentscheidung veröffentlich wurde) hat der BGH mit seinen Leitsätzen große Verwirrung ausgelöst:

BGH, Urteil v. 8.7.2011 – V ZR 176/10   !

Heizkörper und dazugehörige Leitungen zum Anschluss an eine Zentralheizung können durch Teilungserklärung oder nachträgliche Vereinbarung dem Sondereigentum zugeordnet werden.

---

244 BGH, Urteil v. 8.7.2011 – V ZR 176/10; ZMR 2011, 971

> Sondereigentum sind dann vorbehaltlich ausdrücklicher anderweitiger Regelung in der Teilungserklärung auch Heizungs- und Thermostatventile und ähnliche Aggregate.

Vergleicht man die Leitungsentscheidung mit der Heizkörperentscheidung, wird deutlich, dass eine der vorgenannten Entscheidungen falsch ist. Denn gerade der BGH hat mehrfach deutlich gemacht, dass zwingende Bestandteile des Gemeinschaftseigentum weder durch eine Vereinbarung in der Gemeinschaftsordnung noch durch eine nachträgliche Vereinbarung zum Sondereigentum erklärt werden können. Wäre die vorgenannte Entscheidung korrekt, müsste man annehmen, dass Heizkörper und Thermostatventile automatisch Sondereigentum sind. Bestandteile des Gemeinschaftseigentums können sie nicht sein, denn dann würde der Leitsatz nicht zum Grundsatz aus § 5 Abs. 3 WEGG passen.

Die Lösung

Eine verbindliche Lösung zu präsentieren, die auch im Streiffall bei den Gerichten hält, ist durch die unterschiedliche Rechtsprechung schwierig. Es erscheint aber derzeit sicherer zu sein, sich stärker an der Leitungsentscheidung zu orientieren als an der Heizkörperentscheidung. Demnach sollte Folgendes gelten:

Nach der Grundsatzentscheidung des BGH[245] bilden die der Bewirtschaftung und Versorgung des Gebäudes dienenden Versorgungsleitungen, zu denen die durchströmten Heizkörper ebenfalls zu rechnen sind, ein einheitliches Leitungsnetz, an dem grundsätzlich Gemeinschaftseigentum besteht. Auf die Frage, ob ein Bestandteil dieses Versorgungsnetzes nur einer einzelnen Einheit dient oder ob Versorgungsleitungen innerhalb oder außerhalb des räumlichen Bereichs des Sondereigentums verlaufen, kommt es somit nicht an; auch in diesem Fall besteht Gemeinschaftseigentum. Bestimmt die Gemeinschaftsordnung, dass Leitungen vom Anschluss an die gemeinsame Steigleitung an oder ab dem Eintritt in den räumlichen Bereich des Sondereigentums zum Sondereigentum zu rechnen seien, ist diese Regelung mit Blick auf die §§ 93, 94 BGB sowie auf § 5 Abs. 3 WEG nichtig.[246]

Thermostatventile und sonstige Einrichtungen zur Regelung der Heizungswärme (z.B. Regelung der Fußbodenheizung) dienen, insbesondere wegen der öffentlich-rechtlichen Verpflichtung zu deren Installation (auch) dem ge-

---

245 BGH, Urteil v. 26.10.2012 – V ZR 57/12; ZMR 2013, 454
246 vgl. Fritsch/Füllbeck, Sonder- oder Gemeinschaftseigentum? Entscheidungshilfen zu Problemfällen und Zweifelsfragen, BVI, 2. Aufl. 2017, S. 44

meinschaftlichen Gebrauch der Wohnungseigentümer und sind deshalb Gemeinschaftseigentum.[247]

Die entgegenstehende Heizkörperentscheidung des BGH[248] ist missverständlich und durch die Leitungsentscheidung[249] überholt.[250]

Wichtig   !

Die nachfolgende unterschiedliche Kommentierung verdeutlicht das Problem in der Praxis:

- WEG, Riecke/Schmid, 4. Aufl., §5, RN 52:
  »Thermostatventile/Heizkörper sind **entgegen dem BGH** ebenfalls zwingend Gemeinschaftseigentum!«
- WEG, Bärmann, 13. Aufl., §5 Rn. 49–134:
  »Thermostatventile und Heizkörper. Sie wurden bislang verbreitet als zwingendes Gemeinschaftseigentum angesehen. (…) Thermostatventile zählen daher ebenso wie die einzelnen Heizkörper, an denen sie sich befinden nach Abs. 1 zum Sondereigentum. Anders ist es nur, wenn das Vorhandensein der Heizkorper Voraussetzung dafür ist, dass die Heizungsanlage insgesamt funktioniert.«

Nach hier vertretener Auffassung ist eine endgültige Klärung der Frage, ob Heizköper und Thermostatventile nun zwingend Gemeinschaftseigentum oder doch Sondereigentum sind, noch offen. Es bleibt abzuwarten, ob der BGH bald die Möglichkeit bekommt, die offenen Probleme zu lösen.

12.4 Fenster sind doch Sondereigentum, oder?

Der Fall

In der Gemeinschaftsordnung wurde vereinbart: »Gegenstand des Sondereigentums sind die Fenster im Bereich der Wohnungen.« Ein Eigentümer hat von seinen Bekannten erfahren, der ebenfalls Eigentümer in einer WEG ist, dass die Instandhaltung und Instandsetzung der Fenster dort stets über die WEG verabschiedet und auch bezahlt wird.

Das Problem

Ähnlich wie bei der Leitungsentscheidung, ist die entscheidende Frage: Können Fenster durch eine Vereinbarung in der Gemeinschaftsordnung zum

---

247 vgl. OLG Stuttgart, Beschluss v. 13.11.2007 – 8 W 404/07, WuM 2008, 243; OLG Hamm, Beschluss v. 6.3.2001 – 15 W 320/00, ZMR 2001, 839
248 BGH, Urteil v. 8.7.2011 – V ZR 176/10; ZMR 2011, 971
249 BGH, Urteil v. 26.10.2012 – V ZR 57/12; ZMR 2013, 454
250 vgl. Fritsch/Füllbeck, Sonder- oder Gemeinschaftseigentum? Entscheidungshilfen zu Problemfällen und Zweifelsfragen, BVI, 2. Aufl. 2017, S. 44

Sondereigentum erklärt werden? Wenn es um die Instandhaltung und Instandsetzung von Fenstern geht, reagieren die Eigentümer oft sehr emotional, insbesondere weil nicht nachvollzogen werden kann, wieso ein Bauteil, das sich im Bereich des Sondereigentum befindet, von der WEG instand gehalten und instand gesetzt werden muss.

Wichtig ist, dass zwischen der eigentumsrechtlichen Zuordnung und einer veränderten Zuständigkeit bzw. Kostentragungspflichten unterschieden wird.

Die Lösung

Fenster sind zwingende Bestandteile des gemeinschaftlichen Eigentums. Abweichende Vereinbarungen zur eigentumsrechtlichen Zuordnung in der Gemeinschaftsordnung sind unwirksam. Daraus folgt auch, dass die WEG durch Beschluss entscheidet, ob ein Fenster repariert oder ausgetauscht wird.

Durch eine Vereinbarung können die Eigentümer – abweichend von der gesetzlichen Regelung – die Pflicht zur Instandsetzung und Instandhaltung von Teilen des Fensters und zur Tragung der damit verbundenen Kosten durch eine klare und eindeutige Regelung einzelnen Wohnungseigentümern auferlegen.

Soweit eine Vereinbarung nicht eindeutig ist, bleibt eine vollständige Erneuerung der Fenster im Zweifel Sache der Eigentümergemeinschaft.[251]

Im Übrigen sind Vereinbarungen, die das Gesetz ändern, im Wortlaut genau zu analysieren. Die Rechtsprechung hilft den Verwaltern mit folgenden Entscheidungen:

- **Fall 1:** Weist die Gemeinschaftsordnung die Pflicht zur Instandhaltung und Instandsetzung der Fenster nebst Rahmen dem räumlichen Bereich des Sondereigentums der einzelnen Wohnungseigentümern zu und nimmt dabei den Außenanstrich aus, ist eine vollständige Erneuerung der Fenster im Zweifel Sache der Gemeinschaft.[252]
- **Fall 2:** Unterscheidet die Gemeinschaftsordnung begrifflich zwischen Instandhaltung und Instandsetzung von Bauteilen, die zum Gemeinschaftseigentum gehören, und weist sie nur die Pflicht zu deren Instandhaltung dem Sondereigentümer zu, ist die Instandsetzung im Zweifel Sache der Gemeinschaft.[253]

---

251 BGH, Urteil v. 22.11.2013 – V ZR 46/13, ZWE 2014, 125; BGH, Urteil v. 2.3.2012 – V ZR 174/11, ZMR 2012, 641
252 BGH, Urteil v. 2.3.2012 – V ZR 174/11; ZMR 2012, 641
253 BGH, Urteil v. 9.12.2016 – V ZR 124/16

Wichtig !

Auch wenn der Verwalter die Eigentümer über die Rechtslage ausführlich belehrt, wird dies oft mangels Verständnis ignoriert. Der Verwalter sollte sich daher die Mühe machen, seine Belehrungen mit entsprechender Literatur zu untermauern und dies im Protokoll zu dokumentieren.

In der Rechtsprechung ist anerkannt, dass eine unwirksame Zuordnung zum Sondereigentum im Einzelfall dahin gehend umgedeutet werden kann, dass der jeweilige Eigentümer doch für die Instandhaltung und Instandsetzung der Fenster im Bereich des Sondereigentums zuständig ist. Vorsicht: Dafür reicht eine unwirksame Vereinbarung in der Gemeinschaftsordnung, dass Fenster Sondereigentum sind, allein nicht aus. Es müssen noch weitere Anhaltspunkte in der Gemeinschaftsordnung enthalten sein, aus denen abgeleitet werden kann, dass der Verfasser der Gemeinschaftsordnung die Zuständigkeit auf den Sondereigentümer verlagern wollte. Im Übrigen sollte der Verwalter derartige Auslegungen nicht selbstständig betreiben, sondern einen fachkundigen Fachanwalt für WEG- und Mietrecht heranziehen. Es ist nicht Aufgabe des Verwalters, in die Kernkompetenzen der Rechtsanwälte bzw. Gericht einzugreifen.

12.5 Balkone – Sonder- oder Gemeinschaftseigentum?

Der Fall

Der von der WEG beauftragte Sachverständige stellt fest, dass zwei Balkone vollständig instand gesetzt werden müssen. Anlässlich der Eigentümerversammlung legt der Verwalter der WEG drei vergleichbare Angebote von Fachunternehmen für die Instandsetzung der Balkone vor. Im Zuge der Beratungen stellt sich die Frage, ob die auf dem Balkon verlegten Fliesen dem Eigentümer oder der Gemeinschaft gehören und wie im Rahmen der anstehenden Instandsetzung damit zu verfahren ist.

Das Problem

Der vorliegende Fall ist für die Praxis typisch, hat aber auch viele Fallstricke. Unstreitig anerkannt ist, dass die **konstruktiven Gebäudeteile** (Brüstungen und Geländer, Bodenplatte einschließlich der Isolierschicht, Decken, Abdichtungsanschlüsse zwischen Gebäude und Balkon, Außenwände, Stützen und Türen) eines Balkons zwingend Gemeinschaftseigentum sind. Fraglich ist allerdings, ob der Oberbelag (in der Regel: Fliesen) zum Sonder- oder Gemeinschaftseigentum gehören.

Die Lösung

Zunächst einmal ist streitig, ob der Balkon (also nicht die Gebäudebestandteile, sondern der Balkonraum ohne gesonderte Erklärung/Vereinbarung dem Sonder- oder Gemeinschaftseigentum zugeordnet wurde.[254]

Nach aktuell h.M. sollte folgende Auffassung stimmen: Der Balkon muss in der Teilungserklärung durch eine ausdrückliche textliche oder zeichnerische Einbeziehung zum Sondereigentum erklärt werden. Daraus folgt, dass der Fliesenbelag dann auch dem Sondereigentum zugeordnet wird. Fehlt es allerdings an einer ausdrücklichen Zuordnung zum Sondereigentum, steht der Oberbodenbelag im Gemeinschaftseigentum.

Bei einer Instandsetzung des Balkons ist die Frage, ob der Fliesenbelag dem Sonder- oder Gemeinschaftseigentum zugeordnet wird, meist unerheblich. Denn selbst wenn man unterstellt, dass die Fliesen Sondereigentum wären, müsste die WEG den Fliesenbelag aus § 14 Nr. 4 Halbsatz 2 WEG an den betroffenen Sondereigentümer erstatten.

Auch hier kann durch eine klare und eindeutige Regelung in der Gemeinschaftsordnung die Zuständigkeit für Instandhaltungen und Instandsetzung und die Kostentragung auf den Sondereigentümer verlagert werden.

> **!** **Beispiel für eine Formulierung in der Gemeinschaftsordnung**
>
> »Einrichtungen, Anlagen und Gebäudeteile, die nach der Beschaffenheit oder dem Zweck des Bauwerks oder gemäß dieser Teilungserklärung zum ausschließlichen Gebrauch durch einen Wohnungseigentümer bestimmt sind (z.B. Balkone, Terrassen, Veranden, Einstellplätze), sind von ihm auf seine Kosten instand zu setzen und instand zu halten.«

Der BGH[255] hat dazu Folgendes entschieden:

> **!** **BGH, Urteil vom 16. 11. 2012 – V ZR 9/12**
>
> Eine in der Teilungserklärung getroffene Regelung, wonach Balkone, die zum ausschließlichen Gebrauch durch einen Wohnungseigentümer bestimmt sind, auf dessen Kosten instandzusetzen und instandzuhalten sind, ist nicht einschränkend dahin auszulegen, dass hiervon Kosten ausgenommen sind, die die im Gemeinschaftseigentum stehenden Balkonteile betreffen.

---

254 OLG München, Beschluss v. 23.9.2011 – 34 Wx 247/11; ZMR 2012, 118
255 BGH, Urteil v. 16.11.2012 – V ZR 9/12; ZMR 2013, 290

Ähnlich wie der Austausch von Fenstern führt auch die Instandhaltung und Instandsetzung von Balkonen zu emotionalen Diskussionen. Die Rechtslage ist in der Literatur auch nicht eindeutig. So hat der BGH in einer anderen Entscheidung im Rahmen seiner Urteilsbegründung auf Folgendes hingewiesen:[256]

> **BGH, Urteil v. 15.1.2010 – V ZR 114/09**   !
>
> Die Revision verkennt, dass sich das Sondereigentum an einem Balkon nur auf den Luftraum, den Innenanstrich und den Bodenbelag erstreckt, während die übrigen konstruktiven und solche Teile, die ohne Veränderung der äußeren Gestalt des Gebäudes nicht verändert werden können, wie Brüstungen und Geländer, Bodenplatte einschließlich der Isolierschicht, Decken, Abdichtungsanschlüsse zwischen Gebäude und Balkon, Außenwände, Stützen und Türen, Gemeinschaftseigentum sind (…).

Inwieweit diese Hinweise als verbindlich anzusehen sind, bleibt unklar, zumal diese weder in den Kommentierungen noch in anderen Urteilen zu finden sind.

> **Wichtig**   !
>
> Soweit der Oberbelag (z.B. Beschichtungssysteme für Balkone) gleichzeitig begehbare und abdichtende Funktionen hat, handelt es sich um Gemeinschaftseigentum.

12.6 Stehen Rollläden im Sonder- oder Gemeinschaftseigentum?

Der Fall

In der Teilungserklärung ist vereinbart: »Zum Sondereigentum gehören die Rollläden.« Der Verwalter ist sich unsicher, ob Rollläden tatsächlich im Sondereigentum stehen können oder als wesentlicher Gebäudebestandteil zwingend zum gemeinschaftlichen Eigentümer gehören. Auch ist fraglich, was konkret mit »Rollläden« gemeint ist – bezieht sich das nur auf den Rolladenkasten oder auch auf den Rollladenpanzer? Und was ist mit dem innen liegenden Gurt?

Das Problem

Das größte Problem in der Praxis ist die uneinheitliche Rechtsprechung in Kombination mit einem Versuch der Änderung der eigentumsrechtlichen Zuordnungen in der Teilungserklärung. Nimmt man an, dass Rollläden insgesamt

---

256 BGH, Urteil v. 15.1.2010 – V ZR 114/09; ZMR 2010, 542

als wesentlicher Gebäudebestandteil zwingend zum gemeinschaftlichen Eigentum gehören, wäre eine Regelung in der Teilungserklärung, die Rollläden zu Sondereigentum erklärt, unwirksam. Darüber hinaus besteht auch ein Rollladen aus verschiedenen Bauteilen. Am problematischsten sind die innen liegenden Gurte (oder auch elektrisch betriebenr Rollläden) oder der Panzer.

Die Lösung

Zum besseren Verständnis einige lesenswerten Begründungen aus verschiedenen Entscheidungen:

- KG, Beschluss vom 15.12.1993 – 24 W 2014/93; NJW-RR 1994, 401
  »(…) §1 III der Gemeinschaftsordnung, wonach die das Sondereigentum nach außen abschließenden Türen, Fenster, Rollläden und Gitter zum Sondereigentum gehören, gegen §5 II WEG verstößt und damit nicht wirksam Sondereigentum begründen kann.«
- OLG Frankfurt, Beschluss v. 12.6.2003 – 20 W 558/00; IBRRS 2004, 2414
  »Zwar weisen die Ast. zu Recht darauf hin, dass Außenrollläden und – rollädenkästen in der Regel aus der Überlegung heraus Gemeinschaftseigentum darstellen, da sie die äußere Gestaltung des Gebäudes mitprägen (…). Da Letzteres jedoch nicht für Zugvorrichtungen und Gurte von Außenrollläden gilt – darum geht es hier –, werden sie als im Sondereigentum des jeweiligen Miteigentümers stehend angesehen (vgl. Sauren, WEG, 4. Aufl., §1 Rz.9, S.20).«
- OLG Köln, Beschluss vom 30.8.2000 – 16 Wx 115/00; NZM 2001, 53
  »Demgegenüber wird von der wohl überwiegenden Meinung mit guten Gründen, insbesondere im Hinblick darauf, dass die **Fassade** eines Gebäudes von der Art der Rollläden mitgeprägt wird, die Auffassung vertreten, Rollläden seien nach §5 II WEG zwingend gemeinschaftliches Eigentum und entgegenstehende Regelungen in einer Teilungserklärung deshalb unwirksam (…).«
- AG Syke, Urteil v. 18.1.2013 – 10 C 748/12; ZMR 2013, 491
  »Wegen Einfluss auf die äußere Gestaltung des Gebäudes sind Rollläden zwingend Gemeinschaftseigentum. An den Kosten zur Erhaltung des Gemeinschaftseigentums sind grundsätzlich alle Eigentümer zu beteiligen.«
- AG Würzburg, Endurteil vom 22.1.2015 – 30 C 1212/14, ZMR 2015, 420
  »Rollläden stehen nur dann im Sondereigentum, wenn sie nicht in die Außenwand integriert sind und ohne Beeinträchtigung der äußeren Gestalt montiert oder demontiert werden können. Andernfalls handelt es sich um **gemeinschaftliches Eigentum.**
  Auch hinsichtlich des Rollladengurtes ist es nicht zu beanstanden, dass die hierfür angefallenen Kosten aus dem gemeinschaftlichen Vermögen bestritten worden sind und so der Abrechnung zu Grunde gelegt worden sind. Sofern keine entgegenstehende Vereinbarung besteht, was nicht

vorgetragen ist, richtet sich Frage, ob Rollladengurte zum Gemeinschaftseigentum gehören, nach §5 WEG. Die Rollladengurte sind dabei nach Auffassung des Gerichtes ebenso zu behandeln, wie die Rollläden selbst (a.A. AG Würzburg, Beschluss vom 12.04.2016 – 30 C 820/15 WEG, ZMR 2016, 818).«

- AG Würzburg, Beschluss vom 12.04.2016 – 30 C 820/15 WEG; ZMR 2016, 818 »Der Rollladengurt ist kein wesentlicher Bestandteil des Rollladens. Während Rollladenkasten und -panzer gemeinschaftliches Eigentum darstellen, sind Gurtscheibe und Gurtband sondereigentumsfähig.«

Zusammenfassend kann man sagen, dass der Rollladenkasten und der Rollladenpanzer als wesentliche Gebäudebestandteile zwingend zum gemeinschaftlichen Eigentum gehören. Soweit die Teilungserklärung die eigentumsrechtliche Zuordnung möchte, wäre eine solche Vereinbarung gemäß §5 Abs. 3 WEG unwirksam.

Nach hier vertretener Auffassung ist auch der Rollladengurt als wesentlicher Gebäudebestandteil anzusehen, er gehört zwingend zum Rollladen dazu und ist damit Gemeinschaftseigentum. Alle Bestandteile des Rollladens stellen eine Einheit dar. Ohne Rollladengurt funktioniert der Rollladen nicht.

Wichtig   !

In der Praxis ist es nicht einfach, den Eigentümern zu vermitteln, dass die Rollläden und der innen liegende Gurt zum gemeinschaftlichen Eigentum gehören – insbesondere wenn die Teilungserklärung zusätzlich regelt, dass Rollläden im Sondereigentum stehen. Der Verwalter muss die WEG auf jeden Fall auf die nicht ganz gesicherte Rechtslage hinweisen und der WEG empfehlen, immer der h.M. zu folgen. Lehnt die WEG das ab, was in der Praxis durchaus passiert, sollte sich der Verwalter am besten von der WEG anweisen lassen, wie er weiter verfahren soll.
Es wäre auch zu überlegen, einen Negativbeschluss dahin gehend einzuholen, dass der Verwalter nicht beauftragt wird, die Rollläden im Namen und im Auftrag und auf Kosten der WEG auszutauschen. Natürlich besteht bei solchen Beschlüssen immer ein Anfechtungsrisiko, wenn nicht sogar ein Nichtigkeitsproblem.
Es ist aber davon auszugehen, dass, wenn der Verwalter ausführlich auf die Rechtslage hinweist und die WEG trotz Belehrung an der falschen Variante festhält, dem Verwalter nicht nach §49 Abs. 2 WEG die Verfahrenskosten auferlegt werden.

---

13 Gebrauch des Sonder- und Gemeinschaftseigentums

13.1 Ist die Vermietung der Wohnung an Feriengäste zulässig?

Der Fall

Eigentümer M vermietet seine Wohnung regelmäßig an wechselnde Feriengäste. Alle selbst nutzenden Eigentümer sind damit nicht einverstanden. Ist die Vermietung an Feriengäste in einer WEG grundsätzlich zulässig?

Das Problem

Gemäß §13 WFG kann jeder Eigentümer, soweit nicht das Gesetz oder Rechte Dritter entgegenstehen, mit den im Sondereigentum stehenden Gebäudeteilen nach Belieben verfahren, insbesondere diese

- bewohnen,
- vermieten,
- verpachten oder
- in sonstiger Weise nutzen,

und andere von Einwirkungen ausschließen. Fraglich ist ob sich aus dem §13 WEG auch ableiten lässt, ob der Eigentümer regelmäßig an Feriengäste vermieten kann (z.B. in Großstädten wie Berlin).

Die Lösung

Grundsätzlich kann ein Eigentümer seine Wohnung als Ferienwohnung vermieten, wenn die Teilungserklärung diese Nutzung nicht ausdrücklich verbietet.[257] Allerdings wies der BGH auch darauf hin, dass in bestimmten Einzelfällen jeder Eigentümer einen eigenen Anspruch auf Unterlassung der Vermietung an Feriengäste hat. Insbesondere

- wenn die Vermietung entweder keine Wohnnutzung ist und sich auch nicht in dem durch den Wohnzweck vorgegebenen Rahmen hält oder
- wenn sie zwar Wohnnutzung ist, dem anderen Eigentümer aber durch diese Nutzung als solche über das bei einem geordneten Zusammenleben unvermeidliche Maß hinaus ein Nachteil erwächst.

---

257 BGH, Urteil v. 15.1.2010 – V ZR 72/09, ZMR 2019, 378; BGH, Urteil v. 12.11.2010 – V ZR 78/10, ZMR 2011, 396

> **!** **Wichtig**
>
> Der BGH bestätigt zwar den Grundsatz, dass eine Vermietung an Feriengäste mög-
> lich ist, weist aber zugleich darauf hin, dass der zu beurteilende Einzelfall immer
> entscheidend ist. Auch in dieser Entscheidung hat der BGH klargestellt, dass jeder
> Eigentümer, der sich durch Vermietungsaktivitäten an Feriengäste gestört fühlt,
> einen eigenen Unterlassungsanspruch aus § 15 Abs. 3 WEG i. V. m. § 1004 BGB hat.
> Es besteht keine geborene Ausübungsbefugnis der WEG.[258] Allerdings bezieht sich
> diese Störung dann nicht auf die konkrete Nutzung »Wohnen«, sondern auf die
> Lärmbelästigung o. Ä.

13.2 Umzugskostenpauschale – was ist denn das?

Der Fall

Die WEG hat durch Beschluss festgelegt, dass bei jedem Umzug eine Pauschale
in Höhe von 50 EUR von den betroffenen Eigentümern an die WEG zu zahlen
ist.

Einige der Kapitalanleger halten den Beschluss für nicht ordnungsgemäß, da
vermietende Wohnungseigentümer dadurch einen erheblichen Nachteil haben, und gehen gerichtlich gegen den Beschluss vor.

Das Problem

Die Umzugskostenpauschale soll zur Beseitigung kleinerer Beschädigungen
des Treppenhauses oder der Kellergänge, die durch Umzüge entstehen können, verwendet werden. In der Regel wird die Umzugskostenpauschale der
Rücklage zugeführt und dann bei Bedarf eingesetzt. Fraglich ist, aus welcher Vorschrift (§ 15 Abs. 3 WEGG?) die WEG für eine Umzugskostenpauschale
ihre Beschlusskompetenz ableitet. In der Tat werden vermietende Eigentümer
deutlich stärker zur Kasse gebeten als selbst nutzende Eigentümer. Eine Umlage der Pauschale auf die Mieter ist mietrechtlich nicht zulässig.

Die Lösung

Seit der WEGG-Novelle (1.7.2007) steht der WEG aus § 21 Abs. 7 WEGG die Beschlusskompetenz zu, eine maßvoll bemessene Umzugskostenpauschale
durch Beschluss festzusetzen.

---

258 siehe auch: BGH, Urteil v. 7.2.2014 – V ZR 25/13, ZMR 2014, 554: Terrassenentscheidung; BGH, Urteil
v. 5.12.2014 – V ZR 5/14, ZMR 2015, 248: störendes Bordell

§ 21 Abs. 7 WEGG !

Die Wohnungseigentümer können die Regelung der Art und Weise von Zahlungen, der Fälligkeit und der Folgen des Verzugs sowie der Kosten für eine besondere Nutzung des gemeinschaftlichen Eigentums oder für einen besonderen Verwaltungsaufwand mit Stimmenmehrheit beschließen.

Die pauschalierende Regelung verstößt nicht gegen den Gleichbehandlungsgrundsatz, wenn alle Mitglieder der WEG von den Folgen des Beschlusses betroffen sind. Was die Höhe der Umzugskostenpauschale anbelangt, ist die Grenze der Angemessenheit nach den derzeitigen Verhältnissen zwar bei einem Betrag von 50 EUR erreicht, aber noch nicht überschritten.[259]

Wichtig !

Die Beschlusskompetenz für Umzugskostenpauschalen besteht erst seit dem 1.7.2007, d.h. Beschlüsse, welche vor dem 1.7.2007 gefasst wurden, sind mangels Beschlusskompetenz nichtig und sollten sicherheitshalber wiederholt bzw. bestätigt werden. Der BGH hat klargestellt, dass eine Umzugskostenpauschale von 50 EUR angemessen ist. Wird ein höherer Betrag festgelegt, kann dies gegen ordnungsmäßige Verwaltung (§ 21 Abs. 4 WEGG) verstoßen. Das LG München I entschied, dass 100 EUR auch angemessen wären.[260]

13.3   Ist das Abschließen der Haustür erlaubt?

Der Fall
Die WEG verfügt nur über einen Zugang ins Treppenhaus. Dem Verwalter liegt zur nächsten Eigentümerversammlung folgender Antrag zur Tagesordnung vor:

»Diskussion und Beschlussfassung über die Ergänzung der Hausordnung mit folgender Regelung: ›Im allgemeinen Interesse ist die Haustür in der Zeit von 22 Uhr abends bis 6 Uhr morgens abzuschließen.‹«

Auf der Eigentümerversammlung wird der vorgenannte Tagesordnungspunkt mehrheitlich beschlossen. Ein Eigentümer kündigt an, den Beschluss fristwahrend beim zuständigen Gericht anzufechten.

---

259 BGH, Urteil v. 1.10.2010 – V ZR 220/09; ZMR, 2011, 141
260 LG München I, Urteil v. 4.9.2008 – 36 S 3314/08, BeckRS 2008, 24559

Das Problem

Im WEGG gibt es zwar keine konkrete Regelung, die das Abschließen der Haustür verbietet, allerdings weisen Experten (z.B. die jeweils örtliche Feuerwehr) stets darauf hin, dass die Haustüren aus brandschutzrechtlichen Gründen (Fluchtmöglichkeit) nicht abgeschlossen werden dürfen. Der Brandschutz ist grundsätzlich Bestandteil der jeweiligen Landesbauordnung. Hier können sich ggf. konkrete Vorschriften zum Brandschutz befinden, die dann auch für WEG verbindlich sind.

> **!**
>
> **Beispiel aus NRW**
>
> - §3 Abs.1 der Bauordnung NRW BauO NW:
>   »Bauliche Anlagen sind so anzuordnen, zu errichten, zu ändern und instand zu halten, dass insbesondere Leben, Gesundheit oder die natürliche Lebensgrundlage, nicht gefährdet wird.«
> - §17 der Bauordnung NRW BauO NW:
>   »Bauliche Anlagen müssen unter Berücksichtigung der Anordnung der Rettungswege so beschaffen sein, dass die Rettung von Menschen jederzeit möglich ist.«

In einer Entscheidung des LG Frankfurt a. M wird deutlich gemacht, dass ein Beschluss – auch wenn es um die Hausordnung geht – nicht ordnungsgemäß ist, soweit dieser regelt, dass die Haustür abgeschlossen werden soll.[261] Zur besseren Übersicht hier der Wortlaut aus der Entscheidung des LG Frankfurt a. M:

> **!**
>
> **LG Frankfurt a.M., Urteil v. 12.5.15 – 2-13 S 127/12**
>
> Denn das Abschließen der Hauseingangstür führt zu einer erheblichen Gefährdung der Wohnungseigentümer und ihrer Besucher. Durch das Abschließen der Haustür ist ein Verlassen des Gebäudes im Brandfalle oder in einer anderen Notsituation nur möglich, wenn ein Schlüssel mitgeführt wird. Dieses schränkt die Fluchtmöglichkeit erheblich ein, da es auf der Hand liegt, dass gerade in Paniksituationen nicht sichergestellt ist, dass jeder Wohnungseigentümer und jeder Besucher der Wohnungseigentumsanlage bei der Flucht einen Haustürschlüssel griffbereit mit sich führt, sodass sich eine abgeschlossene Haustür im Brand- oder in einem sonstigen Notfall als tödliches Hindernis erweisen kann.
> Demzufolge wird auch überwiegend in Rechtsprechung und Literatur – zu der vergleichbaren mietrechtlichen Thematik – eine Regelung dahingehend, dass die Haustür verschlossen ist, in Mietverträgen als unzulässig angesehen.

Die Lösung

Sicherlich kann es in Einzelfällen auf die baulichen Anlagen oder die jeweilige Landesbauordnung angekommen. Grundsätzlich ist ein Beschluss, der das Ab-

---

261 LG Frankfurt a.M., Urteil v. 12.5.2015 – 2-13 S 127/12, NZM 2015, 597

schließen der Haustüren zum Gegenstand hat, unabhängig davon, ob es eine Regelung in der Hausordnung oder ein gewöhnlicher Gebrauchsregelungsbeschluss gemäß § 15 Abs. 3 WEG ist, nicht ordnungsgemäß und bei einer Anfechtung für ungültig zu erklären.

Der Verwalter sollte immer seine Bedenken äußern und dies auch im Protokoll schriftlich dokumentieren. In der Literatur und Rechtsprechung wird auch die Meinung vertreten, dass ein solcher Beschluss sogar nichtig sein kann, da er gegen ein gesetzliches Verbot verstößt.

> **Wichtig**   **!**
>
> Es gibt mittlerweile Haustürschließsysteme (sog. Panikschlösser), die gewährleisten, dass die Haustüren verschlossen sind, aber von innen und über die Gegensprechanlage jederzeit geöffnet werden können. Durch die Installation eines solchen Systems werden die Interessen aller Eigentümer vereinigt (Sicherheitsbedürfnis und Aufrechterhaltung der Fluchtwege).

13.4   Kann das Grillen in der WEG verboten werden?

Der Fall
Eigentümer M beschwert sich beim Verwalter, dass der Eigentümer Q (unter ihm) permanent auf dem Balkon mit Holzkohle grillt und er dadurch erheblich in seiner Lebensqualität beeinträchtigt wird. Der Eigentümer verlangt vom Verwalter, geeignete Maßnahmen zu ergreifen. Was kann der Verwalter tun?

Das Problem
Es gibt in Deutschland keine allgemeinen Regelungen oder gar konkrete gesetzliche Vorschriften zum Grillen. Es besteht aber der allgemeine Grundsatz, dass jeder Eigentümer (analog auch der Mieter aus § 14 Nr. 2 WEG) die Pflicht hat, dass Sonder- und Gemeinschaftseigentum schonend zu nutzen, sodass keinem anderen Eigentümer ein Nachteil entsteht.

Die Lösung
Aus den obigen Ausführungen lässt sich ableiten, dass das Grillen mit Holzkohle nicht erlaubt ist, weil die Wahl dieses Grillgeräts in einem Mehrfamilienhaus zu einer deutlichen Beeinträchtigung führt und u. a. sogar das gemeinschaftliche Eigentum beschädigen kann. Grundsätzlich kann man also davon ausgehen, dass ein Elektrogrill deutlich weniger Belästigungen hervorruft, sodass dieses Grillgerät als nicht störend anerkannt ist. Mangels gesetzlicher Vorschriften kommt es also immer auf den jeweiligen Einzelfall an.

In der Literatur gibt es zu diesem Thema nur wenige Gerichtsurteile. In diesem Zusammenhang ist wichtig zu überprüfen, ob die WEG bereits in der Hausordnung oder durch einen Beschluss (§ 15 Abs. 2 WEG) entsprechende Regeln zum Grillen aufgestellt hat, denn dies ist möglich. Eine Regelung muss allerdings ordnungsgemäßer Verwaltung entsprechen.

Im vorgenannten Fall wäre zunächst zu klären, ob in der Hausordnung bestimmte Regeln (z.B. verschiedene Verbote zum Grillen) aufgestellt wurden, denn der Verwalter ist für die Durchführung der Hausordnung zuständig. Allerdings wird an dieser Stelle noch einmal darauf hingewiesen, dass der Verwalter ohne Ermächtigung nur zu außergerichtlichen Schritten befugt ist.

Sollten sich in der Hausordnung keine besonderen Regeln zum Grillen finden, kann der Verwalter selbstverständlich die betroffenen Eigentümer schriftlich bitten, das Grillen mit Holzkohle einzustellen, da durch die Verwendung dieses Grillgeräts mit Beschädigungen des Gemeinschaftseigentums zu rechnen ist und die Brandgefahr deutlich erhöht wird. Soweit es allerdings um die Beeinträchtigung eines Eigentümers geht, hört die Verwalterzuständigkeit auf. Jeder Eigentümer hat ein eigenes Recht aus § 15 Abs. 3 WEG i.V.m. § 1004 BGB, notfalls auch gerichtlich, seine Ansprüche gegen andere Miteigentümer geltend zu machen bzw. durchzusetzen.

> **! Wichtig**
>
> Ob und womit gegrillt werden darf, ist ein Thema aus der täglichen Praxis, bei dem der Verwalter letztlich neutral zwischen den Beteiligten vermitteln sollte. Soweit sich kein Erfolg einstellt, kann die WEG die Vorgehensweise nur durch Beschluss entscheiden. Den Verwalter zur Streitschlichtung zu missbrauchen, hilft nur in den wenigsten Fällen.
> Nach einer relativ aktuellen Entscheidung des LG München I kann die WEG die Hausordnung durch einen Mehrheitsbeschluss dahin gehend ergänzen, dass das Grillen in der Eigentümergemeinschaft vollständig verboten wird.[262]

> **! LG München I, Urteil vom 10.1.2013 – 36 S 8058/12 WEG**
>
> 1. Der Tagesordnungspunkt »Grillen in der Wohnanlage« in der Einladung zur WEG-Versammlung im Zusammenhang mit der Überschrift »Beschluss über die Änderung bzw. Erweiterung der Hausordnung« stellt eine ausreichende Bezeichnung des Beschlussgegenstandes dar und genügt den formellen Rechtmäßigkeitsanforderungen.
> 2. Ein Beschluss, wonach das Grillen mittels offener Flamme in die Hausordnung aufgenommen wird, ist zum Zwecke des Feuerschutzes und zur Vermeidung von Rauch materiell rechtmäßig.

---

262 LG München I, Urteil v. 10.1.2013 – 36 S 8058/12; ZWE 2013, 415

3. Ein Mehrheitsbeschluss, der eine bestehende Hausordnung abändert, muss grundsätzlich schutzwürdige Belange der Wohnungseigentümer berücksichtigen. Hat ein Eigentümer eine bauliche Einrichtung zum Grillen mit offener Flamme geschaffen und stellt er diese im Rahmen von Mietverträgen seinen Mietern zur Verfügung, entstehen keine schutzwürdigen Belange, die ein Grillverbot hindern würden.

13.5 Ist eine Hausordnung in einer WEG sinnvoll?

Der Fall

Die WEG hat ab dem 1.1.2018 eine neue Hausordnung beschlossen. Für die WEG war wichtig, dass in der Hausordnung konkret festgelegt wird, dass in der Zeit von 13.00 bis 15.00 Uhr Betätigungen verboten sind, welche die Mittagsruhe stören.

Ein Eigentümer meldet sich mehrfach beim Verwalter und teilt diesem mit, dass sich der Mieter S (Einzug im März 2018) nicht an die beschlossene Hausordnung hält. Seit mehreren Tagen renoviert der Mieter – auch in der Mittagszeit – ohne Pause seine Wohnung und stört dadurch die anderen Bewohner. Der Eigentümer verlangt vom Verwalter, geeignete Maßnahmen zu ergreifen.

Das Problem

Grundsätzlich steht es jeder WEG frei, eine eigene Hausordnung zu beschließen. Gemäß § 27 Abs. 1 Ziffer 1 WEG ist der Verwalter verpflichtet, für die Durchführung der Hausordnung zu sorgen. Durch die Rechtsprechung wird das Aufstellen einer vernünftigen Hausordnung allerdings deutlich erschwert, insbesondere wenn der Themenkreis der tätigen Mithilfe durch Eigentümer oder Mieter (wie z. B. Durchführung des Winterdienstes gemäß Schneeplan[263]) berücksichtigt werden soll.

Eine vereinbarte oder beschlossene Hausordnung bindet nur die Eigentümer, nicht den Mieter oder Besucher. Allerdings ist der Eigentümer gemäß § 14 Nr. 2 WEG verpflichtet, dafür zu sorgen, dass auch der Mieter sich an die Regelungen der Hausordnung hält. Dies kann der Vermieter dadurch erreichen, dass er bei Abschluss des Mietvertrags darauf achtet, dass auch die gültige Hausordnung der Eigentümergemeinschaft vom Mieter als Vertragsbestandteil unterzeichnet und damit auch genehmigt wird.

---

263 BGH, Urteil v. 18.6.2010 – V ZR 193/09; ZMR 2010, 777

Die Lösung

Im vorgenannten Fall kann der Verwalter dem Vermieter eine schriftliche Information über die Beschwerde zukommen lassen und – außerhalb der gesetzlichen Vorschriften – versuchen, zur Schlichtung der Situation beizutragen. Wichtig ist, den Beteiligten klar zu machen, dass es sich dabei um eine freiwillige Serviceleistung des Verwalters handelt. Ob der Mieter an die beschlossene Hausordnung überhaupt gebunden ist und wie der Vermieter den Anspruch auf Unterlassung der Ruhestörung durchsetzen kann, bleibt zunächst Sache des Vermieters.

Im weiteren Verlauf einer solchen Angelegenheit können natürlich weitere Fragen entstehen, insbesondere ob die Ergreifung von Maßnahmen zur Unterlassung einer Ruhestörung eine Angelegenheit der Eigentümergemeinschaft ist, denn die Ruhestörung kommt aus dem Sondereigentum, sodass auch hier jeder Eigentümer selbstständig – notfalls auch gerichtliche – Schritte einleiten kann.

> **!** **Wichtig**
>
> Zwar steht im § 27 Abs. 1 Ziffer 1 WEGG: »Der Verwalter ist für die Durchführung der Hausordnung zuständig.« Diese gesetzliche Ermächtigung umfasst allerdings nicht die Beauftragung eines Rechtsanwalts. Sollte eine außergerichtliche Klärung nicht möglich sein, muss die Eigentümergemeinschaft den Verwalter durch Mehrheitsbeschluss zur gerichtlich Sanktionierung des Verstoßes beauftragen.

13.6 Kann die Tierhaltung in der WEG verboten werden?

Der Fall

Dem Verwalter liegt zur nächsten Eigentümerversammlung folgender Antrag zur Tagesordnung vor:

»Diskussion und Beschlussfassung über die Ergänzung der Hausordnung mit folgender Regelung: ›Die Tierhaltung in der Eigentümergemeinschaft ist verboten!‹«

Auf der Eigentümerversammlung wird der vorgenannte Tagesordnungspunkt mit 20 Ja-Stimmen und 5 Nein-Stimmen mehrheitlich beschlossen. Eigentümer M (Mitarbeiter im Tierschutzbund) kündigt an, den Beschluss gerichtlich überprüfen zu lassen. Wird Herr M Erfolg haben?

Das Problem

Eine WEG kann entweder durch gewöhnlichen Mehrheitsbeschluss (Gebrauchsregelung, §15 Abs. 2 WEG) oder durch das Aufstellen einer Hausordnung – mit typischen Verhaltensregeln – einen ordnungsmäßigen Gebrauch des gemeinschaftlichen Eigentums beschließen. Allerdings findet die Beschlusskompetenz der WEG dort ihre Grenzen, wo gegen elementare Rechte der Eigentümer (§13 Abs. 1 WEG) verstoßen wird.

Die Lösung

Verstößt der Beschluss also gegen zwingendes Recht (hier §13 Abs. 1 WEG: »Jeder Wohnungseigentümer kann, soweit nicht das Gesetz oder Rechte Dritter entgegenstehen, mit den im Sondereigentum stehenden Gebäudeteilen nach Belieben verfahren, insbesondere diese bewohnen, vermieten, verpachten oder in sonstiger Weise nutzen, und andere von Einwirkungen ausschließen.«), ist ein dennoch gefasster Beschluss nichtig. Die Frage ist also immer, ob der Beschluss in den Kernbereich des Wohnungseigentums eingreift.[264]

Interessanterweise greift ein Beschluss, der ein generelles Verbot der Hundehaltung vorsieht, nicht in den dinglichen Kernbereich des Wohnungseigentums ein, mit der Folge, dass ein entsprechender Mehrheitsbeschluss nicht von vornherein nichtig ist und nach Ablauf der einmonatigen Anfechtungsfrist bestandskräftig werden kann.[265]

Wichtig !

Zulässig sind beispielsweise folgende Regelungen durch Mehrheitsbeschluss:

- Katzen und Hunde sind so zu halten, dass sie in den Außenanlagen und im Haus nicht frei herumlaufen und die Wohnungen sowie Gartenteile anderer Eigentümer nicht betreten können.
- Die zulässige Anzahl von Haustieren, etwa Beschränkung auf einen Hund oder eine Katze oder zwei Tiere pro Wohneinheit.
- Es ist verboten, Tiere im Aufzug zu befördern.
- Es ist verboten, Kampfhunde zu halten.

Nur eine Vereinbarung in der Gemeinschaftsordnung kann ein wirksames, generelles Tierverbot vorsehen!

Aus der Rechtsprechung[266] zum Thema »Anleinen von Hunden«:

---

264 vgl. u.a. BGH, Urteil v. 10.12.2010 – V ZR 60/10; ZWE 2011, 122: zum Ausschluss eines Eigentümers bei Hausgeldrückständen
265 vgl. BGH, Beschluss v. 4.5.1995 – V ZB 5/95; ZMR 1995, 416
266 BGH, Urteil v. 8.5.2015 – V ZR 163/14; ZMR 2015, 729

> **!** **BGH, Urteil v. 8.5.2015 – V ZR 163/14**
>
> Ob die in einem Mehrheitsbeschluss enthaltene, nicht gegen ein gesetzliches Verbot verstoßende Erlaubnis, Hunde auch unangeleint auf einer Rasenfläche des Gemeinschaftseigentums spielen zu lassen, ordnungsmäßigem Gebrauch entspricht, kann nicht generell bejaht oder verneint werden, sondern beurteilt sich anhand der konkreten Umstände des Einzelfalles.

13.7 Parkplatzmangel in der WEG – was nun?

Der Fall

Die WEG bestehend aus 70 Wohnungen, hat aber nur 25 Außenstellplätze, an denen keine Sondernutzungsrechte begründet sind. In der WEG besteht nun Streit darüber, wer die Außenstellplätze in welcher Weise nutzen darf.

Das Problem

Es führt immer zu Schwierigkeiten, wenn es weniger Parkmöglichkeiten als Wohnungen gibt. Ähnlich wie bei der Kostenverteilung gibt es keine Lösung, die alle Eigentümer zufriedenstellen wird. Welche Möglichkeiten gibt es für die WEG?

Die Lösung

Mangels Begründung von Sondernutzungsrechten gehören die Außenstellplätze allen Eigentümern und stellen damit Gemeinschaftseigentum dar. Regelt die Gemeinschaftsordnung nichts und gibt es keinen Beschluss zum Gebrauch, liegt die Nutzung der Außenstellplätze im Ermessen der Eigentümer.

Über die Vermietung von Flächen im Gemeinschaftseigentum kann im Wege der Gebrauchsregelung (§ 15 Abs. 2 WEG) durch Mehrheitsbeschluss entschieden werden.[267] Eine vorrangige Berücksichtigung von Eigentümern und Mietern bietet sich an. Wobei sich dann natürlich die Frage stellt, wie die Außenstellplätze an die 70 Wohnungen zu verteilen sind. In der Literatur gibt es hierzu wenig Rechtsprechung, aber das KG hatte zu einem ähnlichen Fall ausgeführt:[268]

> **!** **KG, Beschluss v. 28.2.96 – 24 W 8306/94**
>
> Die Zuteilung von Stellplätzen an Wohnungseigentümer nach einem von der Gemeinschaft beschlossenen und vom Verwalter anzuwendenden und zu kontrollierenden Punktesystem kann zu einer gerechteren Platzvergabe führen als die Vergabe nach einem jährlichen Losverfahren.

---

267 BGH, Beschluss v. 29.6.2000 – V ZB 46/99; ZMR, 2000, 845
268 KG, Beschluss v. 28.2.1996 – 24 W 8306/94; ZMR 1996, 392

> **Wichtig** !
>
> Auch wenn grds. eine Beschlusskompetenz zur Gebrauchsregelung über die Außenstellplätze (oder auch andere gemeinschaftliche Räume, z.B. Keller) in der WEG besteht, muss sich jeder Beschluss an der ordnungsmäßigen Verwaltung messen. Der Verwalter sollte also bei derartigen Beschlüssen darauf hinweisen, dass sie möglicherweise – das hängt stets vom Einzelfall ab – nicht ordnungsgemäß sind und bei einer Anfechtung auch aufgehoben werden können. Der Verwalter sollte auch darauf hinarbeiten, sich für die »Mietverwaltung« der Außenstellplätze den Mehraufwand durch Beschluss vergüten zu lassen. Eine generelle Regelung im Verwaltervertrag könnte mangels AGB-Inhaltskontrolle unwirksam sein.

Zum besseren Verständnis noch die Regelung der WEG aus der oben bereits zitierten Entscheidung[269]:

> **KG, Beschluss v. 28.2.1996 – 24 W 8306/94** !
>
> Jeder Eigentümer soll sich auf eine Nutzungsmöglichkeit von ununterbrochen fünf Jahren verlassen können. Daher sind die Garagen an Eigentümer mit fünfjähriger Laufzeit zu vermieten. Während dieser Zeit ist Kündigung nur durch den Mieter mit dreimonatiger Frist möglich. (...) Zur Vermietung der Garagen bei größerer Nachfrage als Angebot wird ein Punktesystem eingeführt, bei dem anspruchsberechtigte Wartende zeitabhängig Punkte sammeln. (...) Anspruchsberechtigt sind die Eigentümer, die in der Wohnanlage Wohnsitz haben und einen Pkw, ein Motorrad, Kleinkraftrad oder Anhänger besitzen. Am Punktesystem nehmen sie teil, wenn sie keine Garage haben und ihren Anspruch beim Verwalter angemeldet haben. Mit Stichtag 1.1., 1.4., 1.7. und 1.9. erhalten die Interessenten nach vollen drei Monaten Wartezeit einen Punkt. Durch Wegzug aus der Wohnanlage verfallen angesammelte Punkte; eine Übertragung auf den Nachfolger ist nicht möglich (...) Die Übertragung aller angesammelten Punkte auf einen anderen Eigentümer ist zulässig.

Anmerkung: Das KG entschied, dass die Laufzeit von fünf Jahren zu lang ist und das durch die Ansammlung von Punkten verbriefte Anwartschaftsrecht eines Wohnungseigentümers auf Zuteilung eines Stellplatzes auf den Erwerber von Wohnungseigentum und wie ein Sondernutzungsrecht auch auf einen anderen Wohnungseigentümer übertragen werden kann.

13.8   Kinderwagen im Treppenhaus

Der Fall

In einer WEG werden regelmäßig Kinderwagen im Treppenhaus abgestellt, da es für die Beteiligten keine andere Möglichkeit gibt, die Kinderwagen an einer

---

269 KG, Beschluss v. 28.2.1996 – 24 W 8306/94; ZMR 1996, 392

anderen geeigneten Stelle abzustellen. Eine Hausordnung, eine Vereinbarung in der Gemeinschaftsordnung oder einen Beschluss zum Thema »Abstellen von Gegenständen« gibt es nicht.

Eigentümer M meldet sich beim Verwalter, beschwert sich und bittet darum, dass der Verwalter geeignete Maßnahmen ergreift.

Das Problem

Es handelt sich hier um ein typisches Problem aus der Praxis. Bei einer Beschwerde geht es oft gar nicht um den eigentlichen Beschwerdetatbestand, sondern einfach nur darum, dem anderen den Platz an der Gemeinschaftsfläche nicht zu gönnen (IMR 2018, 66: Hier ging es darum, dass eine Eigentümerin eine Mieterin verklagt hat, den Kinderwagen aus einem Treppenhaus zu entfernen, an dem die Klägerin aber nie vorbeigekommen ist). Selbstverständlich darf der Kinderwagen (oder auch Rollator) den Fluchtweg nicht versperren oder die Bewegungsfreiheit einschränken.

Die Lösung

Eine höchstrichterliche Entscheidung zum WEG-Recht gibt es nicht. Im WEG gilt vorrangig der Grundsatz, dass die Zweckbestimmung der gemeinschaftlichen Räume ausschlaggebend ist, d.h. ist ein gemeinschaftlicher Kellerraum als Trockenraum definiert, dürfen dort auch keine Fahrräder abgestellt werden. Das gleiche Prinzip ist auch auf das Treppenhaus anzuwenden. Grundsätzlich dürfen keine Gegenstände, unabhängig davon, welcher Art, im Treppenhaus oder Keller gelagert werden.

Im Einzelfall kann sich aber für den Eigentümer ein Anspruch auf das Abstellen eines Kinderwagens ergeben. Der BGH hat im Mietrecht entschieden: »Ein Mieter ist berechtigt, einen Kinderwagen oder einen Rollstuhl im Hausflur abzustellen, wenn er hierauf angewiesen ist und die Größe des Hausflurs das Abstellen zulässt (…).[270] Diesen Grundsatz kann man auch auf das WEG-Recht übertragen.

> **! Wichtig**
>
> Der Verwalter ist in solchen Fällen ein neutraler Moderator. Gibt es ständig Probleme mit Kinderwagen im Treppenhaus, sollte der Verwalter das Thema auf die Tagesordnung setzen, und die WEG sollte gemäß § 15 Abs. 2 WEGG eine entsprechende Gebrauchsregelung festlegen. Der Beschluss muss selbstverständlich ordnungsgemäßer Verwaltung entsprechen, wobei ein rechtswidriger Beschluss

---

270 BGH, Urteil v. 10.11.2006 – V ZR 46/06; ZMR 2007, 180

mangels Anfechtung nach einem Monat bestandskräftig wird. Auch hier gilt: Jeder Eigentümer, der sich durch den Kinderwagen gestört fühlt, hat ein eigenes Recht, auf Unterlassung und Beseitigung zu klagen.

13.9   Alte Fahrräder im Keller – was tun?

Der Fall
Auf der Eigentümerversammlung gibt es massive Beschwerden über die seit Jahren im Fahrradkeller stehenden alten, klapprigen Fahrräder. Die WEG fordert den Verwalter auf, alle nicht mehr benutzten Fahrräder – selbstverständlich auf Kosten der jeweiligen Eigentümer – zu entfernen. Der Verwalter sichert der WEG zu, dass die Angelegenheit in spätestens einem Monat erledigt ist.

Das Problem
Exemplarisch wurde hier das Thema »ungenutzte Fahrräder« gewählt, allerdings kann der Fall auch auf andere Gegenstände übertragen werden. Auf der einen Seite ist den Eigentümern oft nicht bewusst, dass es verboten ist, fremdes Eigentum zu entfernen. Auf der anderen Seite ist es natürlich ärgerlich, wenn Kellerräume »zugemüllt« werden und die WEG nichts Sinnvolles dagegen unternehmen kann. Neben der Frage, welche Maßnahme hier überhaupt zulässig ist, muss bei der WEG auch noch darauf geachtet werden, dass die Gegenstände nicht immer den Eigentümern gehören, sondern auch Mietern, die vielleicht seit längerer Zeit gar nicht mehr dort wohnen.

Die Lösung
Soweit der WEG bekannt ist, wem die Gegenstände gehören, ist es einfach: Der Verwalter fordert den Eigentümer im Namen der WEG auf, die Gegenstände innerhalb einer bestimmten Frist zu entfernen, soweit das Abstellen unzulässig ist. Läuft die Frist fruchtlos ab, muss das Thema auf die Tagesordnung gesetzt werden, und die WEG muss durch Beschluss das weitere Vorgehen regeln und im schlimmsten Fall (ähnlich wie bei einer Räumungsklage) auf Beseitigung klagen.

In der Regel ist der Eigentümer der Gegenstände aber gar nicht bekannt. Eine Entfernung ohne Anhörung des Eigentümers wäre nur dann zulässig, wenn davon auszugehen ist, dass der Eigentümer den Besitz an der Sache aufgegeben hat und der Gegenstand damit herrenlos geworden ist. Diesen Zustand zu erreichen oder irgendwann abzuleiten, dass der Gegenstand praktisch keinem gehört oder sich niemand dafür interessiert, ist juristisch schwierig. Diese Differenzierung kann und sollte der Verwalter selbst nicht vornehmen.

> **! Wichtig**
>
> Folgende Vorgehensweise hat sich in der Praxis bewährt – wobei jetzt schon darauf hingewiesen wird, dass immer ein Restrisiko bleibt und die WEG oder der Verwalter sich einer Schadenersatzklage aussetzen, wenn der Eigentümer des Gegenstandes sich plötzlich doch meldet und sein Eigentum zurückhaben möchte, sei der Gegenstand (oder hier das Fahrrad) noch so wertlos:
>
> - Der Verwalter schreibt alle Eigentümer der WEG an (ein Aushang reicht dafür nicht aus, weil man sich nicht sicher sein kann, dass die Information alle erreicht).
> - In dem Schreiben wird darauf hingewiesen, dass alle Eigentümer ihre Fahrräder mittels Namensschild o. Ä. kenntlich machen. Bei den Fahrrädern, die innerhalb einer Frist von zwei Monaten nicht markiert sind, wird unterstellt, dass der Eigentümer den Besitz daran aufgegeben hat und mit der Entsorgung einverstanden ist.
> - Es muss ausdrücklich darauf hingewiesen werden, dass vermietende Eigentümer gemäß § 14 WEG verpflichtet sind, die Mieter über die »Fahrradaktion« zu informieren.
> - Nach Ablauf der Frist werden die Fahrräder, die nicht markiert sind und die Bezeichnung »klapprig, alt und nicht mehr fahrtüchtig« verdienen, nicht sofort entsorgt, sondern in einem separaten Kellerraum oder in einer Garage (notfalls organisiert) zwischengelagert werden.
> - Eine Frist, wie lange die Fahrräder dort stehen müssen, gibt es nicht. Gefühlt sollte man die Zwischenlagerung mindestens sechs Monate aufrechterhalten. Danach kann man sicher sein und davon ausgehen, dass der Eigentümer den Besitz aufgegeben hat.
> - Selbstverständlich findet die Entsorgung dann auf Kosten der WEG statt.

13.10 Kann eine Wohnung auch gewerblich genutzt werden?

Der Fall

Eigentümerin M gehört die Wohnung im Erdgeschoss. Sie überlegt sich, die Wohnung nicht mehr zu Wohnzwecken zu nutzen, sondern eine »kleine« Zahnarztpraxis zu eröffnen.

Das Problem

Durch die Zuweisung der Räume zum Wohnungseigentum (§ 1 WEGG) darf die Wohnung grundsätzlich nur zu Wohnzwecken genutzt werden. Jede gewerbliche Nutzung ist verboten, soweit die Gemeinschaftsordnung keine anderslautenden Vereinbarungen enthält. Fraglich ist allerdings, was unter den Begriff »gewerbliche Nutzung« fällt.

Die Lösung

In der Praxis ist die Differenzierung, ob eine Wohnung gewerblich genutzt werden darf, nicht immer einfach. Auch wenn der Grundsatz gilt, dass Wohnungen nur zu Wohnzwecken genutzt werden dürfen, lässt die Rechtsprechung Ausnahmen zu. So soll eine gewerbliche Nutzung zulässig sein, wenn von dieser keine stärkere Störung ausgeht als von der Wohnungsnutzung selbst.

Der BGH hatte im Jahre 2012 einen Fall zu entscheiden, wonach eine Mieterin in der von ihr gemieteten Eigentumswohnung Betreuungsdienstleistungen von Kleinkindern erbrachte, aber auch dort wohnte.[271] Folgender Grundsatz wurde zu diesem Fall formuliert:

> **BGH, Urteil v. 13.7.2012 – V ZR 204/11**   **!**
>
> Hiervon zu unterscheiden ist jedoch die Nutzung der Wohnung zur (werk-)täglichen Erbringung von Betreuungsdienstleistungen gegenüber Dritten in Form einer Pflegestelle für bis zu fünf Kleinkinder, bei der der Erwerbscharakter im Vordergrund steht. Eine solche teilgewerbliche Nutzung der Wohnung wird vom Wohnzweck nicht mehr getragen und ist als ›Ausübung eines Gewerbes oder Berufes‹ im Sinne der TE zu qualifizieren.[272]

Somit müssen folgende Fallgruppen unterschieden werden:

1. **Nur gewerbliche Nutzung**

   Eine reine gewerbliche Nutzung ist grundsätzlich verboten. (z.B. Arztpraxis, hotelähnliche Nutzungen, Friseur, Blumenladen, private Pflege- und Kinderheime). Freie Berufe (Rechtsanwalt, Steuerberater etc.) ohne großen Kundenverkehr, Außenwerbung etc. sind in der Regel zulässig.

2. **Mischnutzung**

   Eine Mischnutzung (gewerbliche und Wohnnutzung) muss nicht von vornherein verboten sein. Soweit von der gewerblichen Tätigkeit keine Störung ausgeht und diese nach außen hin nicht in Erscheinung tritt, dürfte die Nutzung in dieser Form zulässig sein (z.B. Homeoffice oder Nutzung als Büro). Kriterien wie Publikumsverkehr oder auftretende Geräuschbelästigungen sind eigentlich Indizien dafür, dass die Nutzung unzulässig ist.

In vielen Gemeinschaftsordnungen wird eine gewerbliche bzw. berufliche Nutzung der Wohnung grundsätzlich ausgeschlossen. Aber es gibt auch eine verbreitete Klausel, wie folgt:

---

271 BGH, Urteil v. 13.7.2012 – V ZR 204/11; ZMR 2012, 970
272 vgl. LG Berlin, Urteil v. 6.7.1992 – 61 S 56/92; NJW-RR 1993, 907; LG Hamburg, Urteil v. 22.4.1982 – 7 S 63/82; NJW 1982, 2387

! **Beispiel für eine Klausel in der GO zur gewerblichen/beruflichen Nutzung**

»Zur Ausübung eines Gewerbes oder Berufes in der Wohnung ist der Wohnungseigentümer nur mit schriftlicher Einwilligung des Verwalters berechtigt. Der Verwalter kann nur aus einem wichtigen Grunde die Einwilligung verweigern oder von der Erfüllung von Auflagen abhängig machen. Als wichtiger Grund gilt insbesondere, wenn die Ausübung des Gewerbes oder Berufes eine unzumutbare Beeinträchtigung der Wohnungseigentümer oder der Hausbewohner mit sich bringt oder befürchten lässt.«

! **Wichtig**

Auch wenn die Klausel dem Verwalter das Recht einräumt, die Zustimmung zu erteilen, sollte nach hier vertretener Auffassung davon Abstand genommen und die Zustimmung immer an die WEG im Wege des Beschlusses delegiert werden. Die Eigentümer werden immer gute Gründe finden, warum der Verwalter die Zustimmung hätte versagen müssen. Das kann zu unangenehmen Diskussionen und vielleicht sogar zum Verlust des Objekts führen.

In der Praxis stellt sich bei einer zweckwidrigen Nutzung die Frage, wem der Anspruch auf Beseitigung und Unterlassung überhaupt zusteht. Oft ist den Eigentümern gar nicht bewusst, dass der Verwalter bzw. die WEG gar keine Kompetenz haben, die Beseitigung und Unterlassung zu fordern. Unabhängig davon, ob sich die Störung aus dem Sonder- oder Gemeinschaftseigentum ergibt, kann der Eigentümer aus den §§ 14 Nr. 1, 15 Abs. 3 WEGG und 1004 BGB selbstständig entsprechende Maßnahmen gegen den Störer in die Wege leiten.

Allerding ist durch die Rechtsprechung zwischenzeitlich auch anerkannt, dass die WEG den Anspruch auf Unterlassung und Beseitigung im Gemeinschaftseigentum durch Beschluss an sich ziehen kann. Das bedeutet aber auch, dass der Eigentümer, der ggf. parallel juristisch dagegen vorgehen will, dies nicht mehr kann[273], weil dann nur noch die WEG dafür zuständig ist. Bisher hat der BGH noch nicht entschieden, ob die WEG auch Ansprüche an sich ziehen kann, wenn es um eine Störung einzelner Sondereigentumseinheiten geht.

Ein gutes Beispiel ist die Wohnungsnutzung zur Prostitution (bzw. auch bei Teileigentum, also Gewerbe fraglich). Man sollte sich merken, dass diese Nutzung nicht per se verboten ist. Es gibt viele Gerichtsentscheidungen zu dem Thema, aber im Ergebnis kommt es vermutlich immer auf die Umstände des jeweiligen Einzelfalls an, insbesondere in welchem Umfang ein oder alle Eigentümer sich gestört fühlen.

---

273 BGH, Urteil v. 5.12.2014 – V ZR 5/14; ZMR 2015, 248

Nachstehend einige lehrreiche Entscheidungen:

- OLG Düsseldorf, Beschluss vom 12.3.2003 – 3 Wx 369/02; ZMR 2004, 447

1. Gehen von einem in einer Eigentumswohnung betriebenen Bordell Störungen aus, die die gemeinschaftliche Nutzung der Wohnungseigentumsanlage oder den Verkehrswert oder Mietpreis der Wohnungen nicht unerheblich beeinträchtigen, so können die übrigen Eigentümer Unterlassung dieser Nutzung verlangen.

2. Der Senat schließt sich der Rechtsauffassung des BerlVerfGH an (NJW-RR 2003, 229 = NZM 2003, 112 = WuM 2003, 39), wonach das Grundrecht auf Eigentum es nicht gebietet, den Nachteilsbegriff des §14 Nr. 1 WEG auf physikalische Einwirkungen wie Immissionen zu beschränken. Die Beeinträchtigung kann auch darin bestehen, dass ein zwar gesetzlich erlaubter, aber mit einem sozialen Unwerturteil breiter Bevölkerungskreise behafteter Betrieb sich negativ auf den Verkehrswert oder Mietpreis der Eigentumswohnungen auswirkt.

- LG Bamberg, Urteil v. 12.4.2016 – 11 S 21/15, BeckRS 2016, 126221, beck-online)

1. Auch nach Erlass des ProstG ist Prostitution bei einem signifikanten Anteil der Bevölkerung – nicht notwendig der Mehrheit – mit einem sozialen Unwerturteil behaftet. Die Zweckbestimmung »Gewerbe« umfasst nicht ohne Weiteres das Führen eines bordellartigen Betriebs, auch wenn ein solcher gesetzlich erlaubt und öffentlich-rechtlich zulässig ist.

2. Durch die bordellähnliche Nutzung mindert sich regelmäßig der Miet- und Verkaufswert des Teileigentums der übrigen Miteigentümer, wodurch diese im Sinne des §14 Nr. 1 WEG unzumutbar beeinträchtigt werden, ohne dass es auf tatsächliche Konflikte, Beeinträchtigungen oder Belästigungen zwischen Bewohnern, Prostituierten und Kunden ankommt.

3. Der Vorrang einer Unterlassungsklage als mildere Maßnahme gegenüber einer Entziehung greift dann nicht, wenn die Gemeinschaft dadurch nicht auf Dauer befriedet werden kann.

13.11 Kann ein Teileigentum als Wohnung genutzt werden?

Der Fall

Der Eigentümer der Teileigentumseinheit im EG sieht für seine Gewerbeeinheit keine Perspektive mehr – ständiger Leerstand und nur Ärger mit den Gewerbemietern. Wohnraum ist ein knappes Gut und er überlegt sich, die Teileigentumseinheit ab sofort als Wohnung zu vermieten.

Das Problem

Die Zweckbestimmung »Teileigentum« erlaubt grds. keine Wohnungsnutzung. Gibt es für den Eigentümer eine Möglichkeit, dass er das Teileigentum letztlich doch als Wohnung vermieten kann?

Die Zweckbestimmung »Teileigentum« ist andererseits nicht mit der Vereinbarung einer gewerblichen bzw. freiberuflichen Nutzung gleichzusetzen. So kann Teileigentum auch sonstige, nicht zu Wohnzwecken dienende Raumeinheiten bezeichnen wie Garagen oder Abstellräume.[274]

Die Lösung

Die vorgeschriebene Nutzung der Teileigentumseinheit ist eine Vereinbarung und kann nur in Form einer neuen Vereinbarung durch sämtliche Eigentümer geändert werden. Damit eine neue Vereinbarung auch gegen Sondernachfolger gilt, muss sie in das Grundbuch eingetragen werden.

> **!** **Achtung**
>
> Gegebenenfalls gibt es in der Gemeinschaftsordnung eine Öffnungsklausel, die eine Änderung der Zweckbestimmung durch Beschluss zulässt.

Die Rechtsprechung lässt aber auch im Bereich des Teileigentums wieder eine Ausnahme zu: So soll eine »heimartige Nutzung« in einer Teileigentumseinheit erlaubt sein, weil die Überlassung von Räumen an eine Vielzahl von Personen, die miteinander nicht familiär verbunden sind, und die gemeinschaftliche Benutzung von Küchen- und Sanitäreinrichtungen nicht für eine Wohnnutzung prägend sind.[275]

> **!** **Wichtig**
>
> In der Praxis stellt sich bei einer zweckwidrigen Nutzung die Frage, wem der Anspruch auf Beseitigung und Unterlassung überhaupt zusteht. Oft ist den Eigentümern gar nicht bewusst, dass der Verwalter bzw. die WEG gar keine Kompetenz haben, die Beseitigung und Unterlassung zu fordern. Unabhängig davon, ob sich die Störung aus dem Teil- oder Gemeinschaftseigentum ergibt, kann der Eigentümer aus §§ 14 Nr. 1, 15 Abs. 3 WEGG und 1004 BGB selbstständig entsprechende Maßnahmen gegen den Störer in die Wege leiten.
>
> Allerding ist durch die Rechtsprechung zwischenzeitlich auch anerkannt, dass die WEG den Anspruch auf Unterlassung und Beseitigung im Gemeinschaftseigentum durch Beschluss an sich ziehen kann.[276] Das bedeutet aber auch, dass der Eigen-

---

274 Bärmann, WEG, 13. Aufl. 2015, § 13 Rn. 37.
275 BGH, Urteil v. 27.10.2017 – V ZR 193/16; ZWE 2018, 28
276 u.a. BGH, Urteil v. 5.12.2014 – V ZR 5/14; ZMR 2015, 248

tümer, der ggf. parallel juristisch dagegen vorgehen will, dies nicht mehr kann, weil dann nur noch die WEG dafür zuständig ist.[277] Bisher hat der BGH noch nicht entschieden, ob die WEG auch Ansprüche an sich ziehen kann, wenn es um eine Störung einzelner Sondereigentumseinheiten geht.

13.12 Besondere Nutzungsvorgaben in der Gemeinschaftsordnung

Der Fall

In der Gemeinschaftsordnung ist für die Teileigentumseinheiten eine konkrete Zweckbestimmung vereinbart. Demnach dürfen Teileigentumseinheiten nur als »Gaststätte« genutzt werden. Der Eigentümer der Teileigentumseinheiten findet seit Monaten keinen geeigneten Mieter und überlegt sich daher, ein Abendlokal, ähnlich einer Diskothek, in seiner Teileigentumseinheit zu betreiben. Die anderen Eigentümer bekommen dieses Vorhaben mit und bitten den Verwalter, sofort geeignete Gegenmaßnahmen zu ergreifen.

Das Problem

Soweit die Gemeinschaftsordnung eine konkrete Nutzungsvorgabe für die Teileigentumseinheit macht, sollte man eigentlich meinen, dass es keine Probleme geben sollte. Oft liegt das Problem an den Formulierungen der Nutzungsvorgabe. Wenn die Gemeinschaftsordnung z.B. vorgibt, dass nur eine Nutzung als Café zulässig ist, der Eigentümer aber versehentlich an einen Bistrobetreiber vermietet, wäre die Nutzungsvorgabe damit erfüllt? Kann eine Gaststätte oder ein Lokal eine Diskothek sein?

Die Lösung

In der Praxis kann die Differenzierung der jeweiligen Nutzungsvorgabe schwierig sein, es sei denn, die Rechtsprechung hat den gleichen oder einen ähnlichen Fall bereits entschieden und man kann daraus wichtige Grundsätze für den eigenen Sachverhalt ableiten. Hauptsächlich können solche Fragen nur durch Auslegung der Gericht ermittelt werden oder die Beteiligten einigen sich in irgendeiner Form außergerichtlich.

Für den vorliegenden Fall gibt es einige Entscheidungen, die sich mit dem Thema »Lokal« und »Diskothek« beschäftig haben, hierzu ein Beispiel:

---

277 BGH, Urteil v. 5.12.2014 – V ZR 5/14; ZMR 2015, 248

! **BayObLG, Beschluss vom 28.2.2005 – 2Z BR 237/04 NJOZ 2005, 3199**

Der Betrieb eines Abendlokals mit dem Angebot von Live-Musik, Tanzfläche und täglich wechselnden Aktionen-Cocktails stört bei der gebotenen typisierenden Betrachtungsweise mehr als eine Gaststätte mit Speiseangebot, Hintergrundmusik und Tanzmöglichkeit.

Die Nutzungsvorgabe ergibt sich nach h.M. nicht aus dem Aufteilungsplan, sondern nur aus den Vereinbarungen der Teilungserklärung bzw. Gemeinschaftsordnung.

! **Wichtig**

Oftmals steht in den Gemeinschaftsordnungen, dass die Teileigentumseinheit zur Ausübung eines beliebigen Gewerbes oder Berufs genutzt werden darf. Diese doch relativ abstrakte Formulierung der Nutzungsvorgabe sollte die sicherste sein, denn damit wird die Nutzung nicht eingeschränkt.

Auch interessant eine Entscheidung des BGH zur Nutzung einer Teileigentums-einheit als Hobbyraum:[278]

! **BGH, Beschluss v. 16.6.11 – V ZA 1/11**

Die Nutzung eines in der Teilungserklärung als Teileigentum und Hobbyraum ausge-wiesenen Raums zu (nicht nur vorübergehenden) Wohnzwecken ist unzulässig.

---

278 BGH, Beschluss v. 16.6.2011 – V ZA 1/11; ZMR 2011, 967

14 Instandhaltung, Instandsetzung und Modernisierung

14.1 Instandhaltung und Instandsetzung – Begriff und erforderliche Mehrheit

Der Fall

Auf der Eigentümerversammlung ergeht folgender Beschluss: »TOP 2: Der Verwalter wird beauftragt, die Firma Müller mit der notwendigen Sanierung des Balkons der Wohnung 4 zu beauftragen. Die Finanzierung der Maßnahme erfolgt aus der Instandhaltungsrückstellung.«

Der Beschluss wird mehrheitlich angenommen (10 Ja-Stimmen, 5 Nein-Stimmen, 0 Enthaltungen). Eigentümer Q ist mit dem Beschluss nicht einverstanden und erhebt fristwahrend Anfechtungsklage.

Das Problem

In einer lesenswerten Entscheidung des AG Hamburg-Blankenese weist das Gericht zu Recht darauf hin, dass es den Begriff der »Sanierung« im WEGG gar nicht gibt, auch wenn dieser im täglichen Sprachgebrauch oder in Beschlüssen gerne verwendet wird.[279] Aus dem vorgenannten Beschluss ist darüber hinaus nicht ersichtlich, was die WEG konkret in Bezug auf den Balkon beschlossen hat. Eine Instandsetzung oder eine Modernisierung? Und was ist eine »notwendige Sanierung«?

Die Lösung

Gemäß §21 Abs. 5 Ziffer 2 WEGG gehört zur ordnungsgemäßen Verwaltung auch die ordnungsgemäße Instandhaltung und Instandsetzung des gemeinschaftlichen Eigentums. Die Beschlusskompetenz zur Festlegung der erforderlichen Instandhaltungs- und Instandsetzungsmaßnahmen ergibt sich aus §21 Abs. 3 WEGG. Zur Umsetzung reicht ein einfacher Mehrheitsbeschluss in der Eigentümerversammlung. Die Kostenverteilung erfolgt grds. gemäß §16 Abs. 2 WEGG nach MEA auf alle Wohnungseigentümer.

---

279 AG Hamburg-Blankenese, Urteil v. 11.1.2017 – 539 C 41/15; ZMR 2017, 194

Folgende Definitionen gelten für die Instandhaltung und Instandsetzung:

! Definitionen

- **Instandhaltung:** Laufende Pflege und Wartung von bereits bestehenden Bauteilen. Dazu gehören auch kleinere Reparaturarbeiten (z.B. Wartungsvertrag für Fenster, Anstrich der Fassade usw.)
- **Instandsetzung:** Erstinstallation oder Erneuerung von Bauteilen (z.B. Austausch der Fenster, der Heizung usw.)

Das Ziel von Instandhaltung und Instandsetzung ist die Erhaltung bzw. Wiederherstellung des ursprünglichen ordnungsgemäßen Zustandes der Immobilie.

Seit der Jahrhundertentscheidung des BGH sind die Ansprüche an eine ordnungsgemäße Beschlussfassung massiv gestiegen.[280] Beschlüsse müssen in formaler und auch materieller Hinsicht einer Beschlussanfechtung standhalten. Der kleinste Fehler kann zur Aufhebung des Beschlusses führen, selbst wenn die WEG den Beschluss tatsächlich so verabschieden wollte. Beschlüsse sind mittlerweile nicht nur nichtig, wenn keine Beschlusskompetenz besteht, sondern auch, wenn ein Beschluss nicht hinreichend bestimmt ist und keine durchführbare Regelung erkennbar ist. Gerade bei Instandhaltungs- und Instandsetzungsmaßnahmen sollten die Beschlüsse präzise formuliert werden, um die eigene Haftung zu begrenzen.

! Wichtig

Nach der neusten Rechtsprechung des BGH[281] kann in einem Beschluss auf ein Dokument (z.B. Angebot) Bezug genommen werden, wenn das Dokument zweifelsfrei bestimmt werden kann, d.h. die Maßnahme(n) müssen dann im Beschluss nicht mehr gesondert ausformuliert werden.

Allerdings ist dann zu berücksichtigen, dass die Dokumente, auf die verwiesen wird, als Anlage zur Beschluss-Sammlung genommen werden. Die einfachste Variante wäre, einen separaten Ordner anzulegen mit der Beschriftung »Anlagen Beschluss-Sammlung«. Die Anlagen sollten dort in chronologischer Reihenfolge abgelegt und mit der gleichen Nummer wie in der Beschluss-Sammlung kenntlich gemacht werden.

---

280 Beschluss v. 20.9.2000 – V ZB 58/99; ZMR 2000, 771
281 BGH, Urteil v. 8.4.16 – V ZR 104/15

14.2 Instandhaltung und Instandsetzung – Angebote und Delegation

Der Fall

Auf der Eigentümerversammlung ergeht folgender Beschluss: »TOP 3: Der defekte Zaun soll zu Kosten von ca. 5.000 EUR erneuert werden. Der Verwalter hat hierzu mindestens noch zwei weitere Vergleichsangebote einzuholen.«

Nach Verhandeln der Angebote soll der Auftrag im Einvernehmen mit dem Verwaltungsbeirat an den am besten geeigneten Anbieter vergeben werden. Die Finanzierung erfolgt aus der Instandhaltungsrückstellung. Der Beschluss wird mehrheitlich angenommen (10 Ja-Stimmen, 5 Nein-Stimmen, 0 Enthaltungen).

Eigentümer Q ist mit dem Beschluss nicht einverstanden und erhebt fristwahrend Anfechtungsklage.

Das Problem

Der Beschluss spricht zwar von »Erneuerung«, lässt aber offen, welche Erneuerung tatsächlich beauftragt werden soll. Darüber hinaus ist fraglich, wie viele Angebot der Verwalter eigentlich vorlegen muss und ob bestimmte Entscheidungsbefugnisse auf den Verwaltungsbeirat übertragen werden dürfen.

Die Lösung

Ähnlich wie beim letzten Fall muss sich aus dem Beschluss konkret ergeben, welche Erneuerung der Verwalter beauftragen soll. Also: Wie soll der Zaun nach Beendigung der Maßnahme aussehen? Eine Erneuerung könnte über die ordnungsgemäße Instandhaltung und Instandsetzung hinausgehen und eine modernisierende Instandsetzung, eine Modernisierung oder eine bauliche Veränderung darstellen, sodass andere Mehrheiten berücksichtigt werden müssen. Für den Verwalter ist es einfacher, auf Dokumente (z.B. konkrete Angebote mit einem ausführlichen Leistungsverzeichnis) zu verweisen, aber im Beschlusstext auch wieder den Begriff der Instandsetzung zu benutzen, damit jedem klar ist, dass hierfür ein einfacher Mehrheitsbeschluss ausreichend ist.

Dem Beschluss kann weiterhin entnommen werden, dass zur Eigentümerversammlung offensichtlich nur ein Angebot für die Erneuerung des Zaunes vorgelegen hat. Zur Anzahl der Angebote gibt es zwischenzeitlich genügend Rechtsprechung.[282] Ein Beschluss über die Vergabe (größerer) Instandset-

---

282 LG Dortmund, Urteil v. 21.10.2014 – 1 S 371/13; LG Hamburg, Urteil v. 18.1.2012 – 318 S 164/11; LG München I, Urteil v. 6.10.2014 – 1 S 21342/13; LG Karlsruhe, Urteil v. 27.9.2011– 11 S 219/09; ZWE 2012, 103

zungsmaßnahmen entspricht in der Regel nur dann ordnungsgemäßer Verwaltung, wenn der Verwalter vorher mehrere schriftliche Alternativ- und Konkurrenzangebote eingeholt hat. In der Regel kann den Entscheidungen entnommen werden, dass grds. drei vergleichbare Angebote am Tage der Beschlussfassung vorliegen müssen.

Der BGH hat hierzu in einer interessanten Entscheidung Folgendes ausgeführt:[283]

> **!** **BGH, Urteil v. 20.11.2015 – V ZR 284/14**
>
> Der Verwalter ist gemäß §27 Abs. 1 Nr. 1 WEG verpflichtet, den Beschluss umzusetzen, indem er Vergleichsangebote einholt, diese prüft und den Auftrag erteilt.
> Er ist zwar in aller Regel gehalten, den günstigsten Anbieter zu wählen; auch können ihm die Wohnungseigentümer eine dahingehende Weisung erteilen. Zwingend ist dies jedoch nicht. Es kann im Einzelfall triftige Gründe dafür geben, einen teureren Anbieter zu beauftragen.

Interessant ist die Frage, ob es eine betragsmäßige Grenze gibt, ab welcher erst drei Angebote eingeholt und vorgelegt werden müssen. Nach einer Entscheidung des LG Karlsruhe ist bei Gesamtkosten von 3.000 EUR die Bagatellgrenze überschritten, auch wenn es sich um diverse Einzelaufträge handelt, für die für sich betrachtet nicht zwingend Alternativangebote einzuholen sind.[284] Bei Geringfügigkeit besteht also die Möglichkeit, nicht unbedingt drei Vergleichsangebote vorlegen zu müssen. Dies wird im Einzelfall von der Größe der WEG abhängen.

Es ist auch problematisch, innerhalb des Beschlusses bestimmte Entscheidungen zur Beauftragung einer Maßnahme an den Verwaltungsbeirat zu delegieren. Zwar werden derartige Formulierungen in der Praxis gerne verwendet, dennoch schaden sie der WEG, denn die Kompetenz, über Maßnahmen der Instandhaltung und Instandsetzung zu entscheiden, liegt bei der WEG und nicht beim Verwalter oder dem Verwaltungsbeirat. Die Delegation dieser Entscheidungsbefugnis ist somit rechtswidrig, mangels inhaltlicher Bestimmtheit kann sie sogar nichtig sein.

Da es sich um ein wichtiges Thema handelt, nachstehend einige Entscheidungen mit Leitsätzen:

- LG München I, Beschluss vom 28.6 2007 – 1 T 2063/07
1. Vor einer Beschlussfassung über eine aufwändigere Sanierungs- oder Renovierungsmaßnahme bedarf es regelmäßig der Einholung verschiedener Alternativ- oder Konkurrenzangebote.

---

283 BGH, Urteil v. 20.11.2015 – V ZR 284/14
284 LG Karlsruhe, Beschluss v. 8.8.2013 – 11 T 355/12, ZWE 2013, 417

2. Bei größeren Sanierungs- bzw. Renovierungsmaßnahmen hat die Gemeinschaft selbst auf der Grundlage verschiedener Alternativ- oder Konkurrenzangebote den geeignetsten Unternehmer zu bestimmen.

- LG Koblenz, Urteil v. 21.7.2014 – 2 S 72/13

1. Der Abschluss eines Hausmeistervertrags kann durch Beschluss der Wohnungseigentümer auf den Verwalter bzw. sonstige Dritte wie z.B. den Beirat übertragen werden.

2. Die Delegierung der Vertragsunterzeichnung durch Beschluss der Wohnungseigentümer auf den Verwalter entspricht nur dann ordnungsgemäßer Verwaltung, wenn die wesentlichen Vertragsinhalte den Wohnungseigentümern bekannt waren und vom Ermächtigungsbeschluss mit umfasst sind. Hierzu zählen mindestens die Laufzeit des Vertrags, die Aufgaben des Hausmeisters und seine Vergütung.

- AG Hamburg-Blankenese, Urteil v. 24.2.2010 – 539 C 43/09, ZMR 2008, 152)
  (…) Die Eigentümergemeinschaft kann nicht ohne Vorgabe von Eckpunkten einen Verwaltungsbeirat generell ermächtigen, für den Verband im Rahmen der Auftragsvergabe selbst mitzuwirken (vgl. für einen extremeren Fall OLG Hamburg, ZMR 2008, 152).

Checkliste für einen korrekten Beschluss !

1. Der Beschluss muss klar, deutlich und vollständig erkennen lassen, was der Verwalter in welchem Umfang konkret beauftragen soll.
2. Es sollten Begriffe verwendet werden, die auch das WEGG kennt, wie z.B. Instandhaltung, Instandsetzung, modernisierende Instandsetzung, Modernisierung und bauliche Veränderung. Daran denken, dass jede der vorgenannten Arten andere Grundsätze hat, insbesondere was die Stimmenmehrheit bei der Abstimmung, aber auch was die Kostenverteilung angeht.
3. Generelle Entscheidungsbefugnissen dürfen nicht an den Verwalter oder den Verwaltungsbeirat delegiert werden. Soweit die WEG konkrete Eckpunkte im Rahmen der Beratungen festgelegt hat, kann eine Delegation mit Bezugnahme auf diese Willensbildung erfolgen.
4. Immer prüfen, ob drei Vergleichsangebote eingeholt werden müssen bzw. am Tag der Beschlussfassung vorliegen.
5. Die Maßnahme sollte so konkret wie möglich beschrieben und eine Vorgabe von Kosten oder sicherheitshalber sogar eine Kostenobergrenze sollte festgelegt werden.
6. Wie wird die Maßnahme finanziert (z.B. Entnahme aus der Instandhaltungsrücklage, Sonderumlage etc.)?

Hier noch ein Beispiel:

> **! Beispiel**
>
> Nach Erörterung über die vorliegenden (drei) Angebote/die vorliegenden Preisspiegel stimmt die Eigentümergemeinschaft über folgenden Beschlussantrag ab:
>
> »Der Verwalter wird beauftragt und bevollmächtigt, die/den … (z.B. Instandsetzung des Balkons der Wohnung Nr. 4) gemäß dem Angebot vom …, Angebots-Nr. … der Firma …zu beauftragen.
>
> Es wird ein Kostenrahmen von … EUR für die Ausführung genehmigt.
>
> Eine Kopie der Angebote/Preisspiegel war der Tagesordnung als Anlage beigefügt. *Alternativ:* Eine Kopie der Angebote/Preisspiegel werden dem Protokoll als Anlage beigefügt. Die Finanzierung erfolgt durch Entnahme aus der Instandhaltungsrückstellung.
>
> *Alternativ:* Der Verwalter wird beauftragt und bevollmächtigt, den Baufachmann/ das Ingenieurbüro … gemäß Angebot vom …, Angebots-Nr. … mit der Überwachung der Instandhaltungs- oder Instandsetzungsarbeiten zu beauftragen. Das Honorar beträgt … EUR. Die Finanzierung des Baufachmanns erfolgt aus der Instandhaltungsrückstellung. Eine Kopie der Angebote der Baufachleute war der Tagesordnung als Anlage beigefügt. *Alternativ:* Eine Kopie der Angebote der Baufachleute werden dem Protokoll als Anlage beigefügt.

> **! Wichtig**
>
> Der Verwalter ist kein Baufachmann, in der Regel fehlt ihm die nötige Sachkunde! Sollte die WEG auch nach Belehrung darauf bestehen, aus Kostengründen keinen Baufachmann einschalten zu wollen, ist es sinnvoll, über die Beauftragung des Baufachmanns einen Negativbeschluss herbeizuführen, alternativ in das Protokoll aufzunehmen, dass die WEG trotz Belehrung des Verwalters auf die Einschaltung eines Baufachmanns verzichtet. Der Verwalter hat zwar aus §27 Abs. 1 Nr. 2 WEG die Pflicht, Baumaßnahmen wie der Bauherr (also die WEG bzw. die Eigentümer) zu überwachen, dies bedeutet aber nicht, dass er vom Gesetzgeber als Sonderfachmann oder Baufachmann angesehen wird. In der Regel geht es dann nur um die offensichtlichen Tätigkeiten, die ein gewöhnlicher Eigentümer auch tun würde.

Hier noch einmal der Hinweis (siehe letzter Fall oben): Nach der neusten Rechtsprechung des BGH[285] kann in einem Beschluss auf ein Dokument (z.B. Angebot) Bezug genommen werden, wenn das Dokument zweifelsfrei bestimmt werden kann, d.h. die Maßnahme(n) müssen dann im Beschluss nicht mehr gesondert ausformuliert werden. Diese Dokumente sind dann als Anlage zur Beschluss-Sammlung zu nehmen. Wie das in der Praxis am besten geschieht, siehe oben.

---

285 BGH, Urteil v. 8.4.2016 – V ZR 104/15

Aus eigener Erfahrung: Für die Praxis ist es in vielen Fällen kaum möglich, für jeden Beschlussgegenstand drei vergleichbare Angebote einzuholen. Warum die Rechtsprechung immer von drei Angeboten spricht, ist ein Rätsel. Wie läuft das in der Praxis?

Die Verwalter haben in ihrer unmittelbaren Umgebung bestimmte »Stammhandwerker«, also Handwerker, bei denen es nicht nur auf den Preis, sondern auch auf die Zuverlässigkeit und Leistung, ankommt. Das bedeutet aber auch, dass diese »Stammhandwerker« sukzessive verbrannt werden, wenn im Jahr unzählige – kostenlose – Angebote abgegeben werden müssen und auf den Eigentümerversammlungen keine Beschlüsse zur Durchführung gefasst werden. Den betroffenen Handwerkern kann nur empfohlen werden, sich den Aufwand zur Erstellung der Angebote vergüten zu lassen und später mit einer etwaigen Auftragsvergabe zu verrechnen. Bitte beachten Sie, dass sich das eben Gesagte nicht auf umfangreiche Baumaßnahmen bezieht. Für derartige Maßnahmen sollte ohnehin immer ein Baufachmann eingeschaltet werden, der eine professionelle Ausschreibung vornimmt.

14.3 Instandhaltung und Instandsetzung – dringender Fall

Der Fall
Während einer Objektbegehung fällt dem Verwalter auf, dass alle Kinderspielgeräte auf dem gemeinschaftlichen Kinderspielplatz defekt sind und bereits erhebliche Unfallgefahr besteht. Er protokolliert die Mängel und beauftragt am nächsten Tag eine Fachfirma, vollständig neue Kinderspielgeräte einzubauen. Kosten: rund 8.000 EUR. Auf der danach anstehenden Eigentümerversammlung stellen die Eigentümer den Verwalter zu Rede. Antwort des Verwalters: »Das muss ja sowieso gemacht werden!«

Das Problem
Gemäß § 27 Abs. 1 Ziffer 3 WEG darf der Verwalter in dringenden Fällen zur Erhaltung des gemeinschaftlichen Eigentums erforderliche Maßnahmen treffen. Zwar ist die Abgrenzung, ob es sich um einen dringenden Fall handelt, nicht immer einfach, in der Praxis sind aber Tendenzen erkennbar, dass Verwalter die Notgeschäftsführungskompetenz oft missverstehen.

Die Lösung
Es gibt kaum einen dringenden Fall! Dringend ist ein Fall, wenn aufgrund der Eilbedürftigkeit, die vorherige Einberufung einer Eigentümerversammlung nicht mehr möglich ist.

Unter »Notfallkompetenz« fällt lediglich, dass der Verwalter nur die Gefahrenlage beseitigen oder Folgeschäden verhindern muss, d.h. es dürfen keine Maßnahmen zur dauerhaften Schadensbeseitigung eingeleitet werden. Die WEG ist stets Entscheidungsträger und bestimmt, ob, wann, wie und was gemacht wird.

Folgende Lösung wäre hier in Betracht gekommen:

1. Absperren des Spielplatzes (ggf. Dokumentation der defekten Geräte und Abbau von Geräten)
2. Information an Verwaltungsbeirat und Eigentümer.
3. Angebote zur Wiederherstellung des ursprünglichen Zustands einholen
4. Beschluss auf einer Eigentümerversammlung, welche Maßnahme der Verwalter beauftragen soll, und Finanzierung klären

! **Wichtig**

Auch der Verwaltungsbeirat kann dem Verwalter nicht die Legitimation geben, über die Notfallkompetenz hinaus bestimmte Maßnahmen auf Kosten der WEG zu beauftragen. Der Verwalter macht sich bei einer Geschäftsführung ohne Auftrag unter Umständen schadenersatzpflichtig.

14.4 Modernisierende Instandsetzung oder Modernisierung?

Der Fall

In der Eigentümerversammlung wird mehrheitlich beschlossen, dass die 30 Jahre alten, teilweise defekten Holzfenster im Sondereigentum gegen neue Kunststofffenster ausgetauscht werden sollen.

Das Problem

Dem Verwalter sollte bei jedem Beschlussgegenstand stets bewusst sein, um welche Art von Maßnahme es sich handelt. Überwiegend werden in der Praxis gewöhnliche Instandhaltungs- oder Instandsetzungsmaßnahmen umgesetzt, die mit einfacher Mehrheit beschlossen werden können. Aber wie sieht es im vorliegenden Fall aus? Um was für eine Maßnahme handelt es sich hier und welche Mehrheit wird in der Eigentümerversammlung hierfür benötigt?

Die Lösung

Die Abgrenzung der verschiedenen »Baumaßnahmen« ist in der Praxis nicht immer einfach. Das WEG differenziert zwischen folgenden Maßnahmen:

- Instandhaltung und Instandsetzung: §21 Abs. 3 WEGG
- modernisierende Instandsetzung: §22 Abs. 3 WEGG

- Modernisierung: § 22 Abs. 2 WEGG
- bauliche Veränderung: § 22 Abs. 1 WEGG

Definition der modernisierenden Instandsetzung gem. § 22 Abs. 3 WEGG **!**

Eine modernisierende Instandsetzung (einfacher Mehrheitsbeschluss) liegt dann vor, wenn vorhandene defekte, veraltete oder unzureichende Einrichtungen oder Anlagen des gemeinschaftlichen Eigentums nicht durch gleichartige, sondern durch technisch neuere, bessere und möglicherweise kostspieligere ersetzt werden. Voraussetzung könnte weiterhin eine Kosten-Nutzen-Analyse sein. Die Maßnahme sollte sich dann innerhalb von 10 Jahren amortisieren.[286]

Folgende Maßnahmen sind in der Rechtsprechung als modernisierende Instandsetzung eingestuft worden, wobei hier vorsorglich darauf hingewiesen wird, dass stets die Umstände des jeweiligen Einzelfalls zu beachten sind:

- Instandsetzung der Putzfassade mit gleichzeitiger Aufbringung einer Dämmung
- Austausch von alten Holz- gegen Kunststofffenster

Wesentliches Abgrenzungskriterium zur reinen Modernisierung gemäß § 22 Abs. 2 WEG ist also der **Reparaturbedarf**.

Definition der Modernisierung gemäß § 22 Abs. 2 WEGG **!**

Der § 22 Abs. 2 WEG verweist auf die Vorschriften des Mietrechts (§ 555b BGB). Daraus ergibt sich: Alle baulichen Maßnahmen, die das Ziel haben,
- den Gebrauchswert der Mietsache nachhaltig zu erhöhen,
- die allgemeinen Wohnverhältnisse auf Dauer zu verbessern oder nachhaltige Einsparungen von Energie oder Wasser zu bewirken,
gelten als Modernisierung.

Folgende Maßnahmen sind in der Rechtsprechung als Modernisierung eingestuft worden, wobei hier vorsorglich darauf hingewiesen wird, dass stets die Umstände des jeweiligen Einzelfalls zu beachten sind:

- Einbau eines Aufzugs
- Aufbringung einer Wärmedämmung

Wesentliches Abgrenzungskriterium zur modernisierenden Instandsetzung ist also, dass **kein Reparaturbedarf** besteht.

Der vorbezeichnete Fall ist aber etwas komplizierter. Dem Sachverhalt ist zu entnehmen, dass ein Teil der Holzfenster defekt und ein anderer Teil noch

---

286 BGH, Urteil v. 14.12.2012 – V ZR 224/11; ZMR 2013, 292

voll funktionsfähig (also nur veraltet) sind. In Betracht kommen also nur zwei Varianten:

- modernisierende Instandsetzung = alle defekten Holzfenster
- Modernisierung = alle funktionsfähigen Holzfenster

Das sagen einige Gerichte:[287]

- Eine modernisierende Instandsetzung liegt nicht vor, wenn ein ordnungsgemäßes Fenster gegen ein anderes ausgetauscht wird.
- Insoweit handelt es sich um eine Modernisierungsmaßnahme im Sinne des §559 Abs. 1 BGB.
- Etwas anderes kann sich ergeben, wenn eine so hohe Zahl von Fenstern austauschbedürftig ist, dass die verbleibenden Fenster nicht ins Gewicht fallen und zum Zeitpunkt der Notwendigkeit ihres Austausches erheblich höhere Kosten anfallen würden, als dies bei einer Miterledigung im Rahmen eines Großauftrags der Fall sein würde.

Der Verwalter muss also bei solchen Fällen präzise ermitteln lassen, wie viele Fenster defekt und wie viele Fenster nicht defekt sind, um danach die entsprechenden Beschlussvorschläge vorzubereiten. Unter Umständen müssen dann zwei Tagesordnungspunkte daraus gemacht werden. Die modernisierende Instandsetzung kann mit einfacher Mehrheit beschlossen werden und ist grds. einfacher zu erlangen als die für die Modernisierung vorgeschriebene doppelt qualifizierte Mehrheit.

Zusammenfassend hier eine Gesamtübersicht, welche die Begriffe der Instandhaltung, Instandsetzung, modernisierenden Instandsetzung, Modernisierung und baulichen Veränderung erläutert:

---

[287] LG Itzehoe, Urteil v. 19.1.2016 – 11 S 61/14; ZWE 2016, 462; OLG München, Urteil v. 2.7.2008 – 32 Wx 91/08, BeckRS 2009, 25708

Instandhaltung + Instandsetzung	§ 21 Abs. 3 / § 21 Abs. 5 Nr. 2 WEG	Reparatur	Einfache Mehrheit (mehr als 50% der anwesenden u. vertretenen Stimmrechte)
Modernisierende Instandsetzung	§ 22 Abs. 3 WEG	Verbesserung bei Reparaturbedarf + Amortisation	Einfache Mehrheit (mehr als 50% der anwesenden u. vertretenen Stimmrechte)
Modernisierung	§ 22 Abs. 2 WEG	Verbesserung ohne Reparaturbedarf	Doppelt qualifizierte Mehrheit
Bauliche Veränderung	§ 22 Abs. 1 WEG	Alle sonstigen baulichen Veränderungen/ Maßnahmen	Grundsätzlich Zustimmung aller Eigentümer, ggf. GO prüfen, ob besondere Vereinbarung existiert
Maßnahmen zur Barrierefreiheit	§ 22 Abs. 1 WEG	Rampen, Treppenlifte, Zugangsverbreiterung en etc.	Bei Duldungspflicht: einfache Mehrheit

Abb.3: Gesamtübersicht

Beispiele:

Instandhaltung + Instandsetzung	**Fenster, Türschliesser, Dachrinne etc.**
Modernisierende Instandsetzung	**Austausch defekte Heizung von Öl auf Gas (Brennwerttechnik)**
Modernisierung	**Auftragung einer Wärmedämmung auf Fassade (Fassade voll funktionsfähig)**
Bauliche Veränderung	**Anbringung von Markisen, Wintergarten**
Maßnahmen zur Barrierefreiheit	**Treppenlift, Rollstuhlrampe**

Abb. 4: Beispiele

15 Bauliche Veränderung

15.1 Beeinträchtigungen durch eine bauliche Veränderung

Der Fall

Eigentümer E will eine Markise an der Fassade anbringen lassen. In der GO ist vereinbart, dass vor einer baulichen Veränderung die Zustimmung des Verwalters einzuholen ist. E begehrt diese Zustimmung und ist der Auffassung, dass die Zustimmung des Verwalters allein ausreichend sei.

Das Problem

Der Umgang mit der baulichen Veränderung stellt den Verwalter vor große Schwierigkeiten. Das liegt weniger an der Tatsache, dass der Verwalter nicht ausreichend geschult ist, als vielmehr daran, dass nicht einmal die Rechtsprechung sich darüber einig ist,

- wann eine Maßnahme überhaupt eine bauliche Veränderung darstellt,
- wann diese zu einer Beeinträchtigung führt und
- welche Eigentümer dann zustimmen müssen.

Die Rechtsprechung unterliegt hier zudem einem ständigen Wandel und der Weiterentwicklung der vielfältigen Fragen und Problemstellungen im Rahmen der baulichen Veränderung, was die Behandlung des Themas für den Verwalter nicht einfacher macht. Trotzdem gehört es zur täglichen Arbeit des Verwalters,

- mit den Eigentümern Maßnahmen zu beschließen, die ggf. eine bauliche Veränderung sind,
- Anträge von Eigentümern zu behandeln, die auf die Genehmigung einer baulichen Veränderung hinauslaufen oder
- Eigentümer und/oder die WEG aufzuklären, wie sie sich gegen eine nicht genehmigte bauliche Veränderung zu Wehr setzen können.

Die Lösung

§ 22 Abs. 1 WEG regelt den Fall der baulichen Veränderung. Bauliche Veränderungen sind Maßnahmen, die

- auf Dauer angelegt sind,
- einen Eingriff in die Substanz des gemeinschaftlichen Eigentums nach sich ziehen,
- auf die Schaffung eines neuen Zustandes abstellen,

- eine nachhaltige Veränderung der äußeren Gestaltung mit sich bringen[288] oder
- über die ordnungsgemäße Instandhaltung oder Instandsetzung des gemeinschaftlichen Eigentums hinausgehen.

Entgegen der Gesetzeslage vor der WEG-Novelle vom 1.7.2007 hat der Gesetzgeber nunmehr eine Beschlusskompetenz für Maßnahmen der baulichen Veränderung aufgenommen: »Bauliche Veränderung (…), können beschlossen oder verlangt werden (…)« (§22 Abs. 1 Satz 1 WEGG). Die Eigentümer können daher eine bauliche Veränderung im Rahmen einer Beschlussfassung mit Bindungswirkung für alle derzeitigen und zukünftigen Eigentümer genehmigen (§10 Abs. 4, 5 WEGG).

Die weitverbreitete Auffassung, die bauliche Veränderung bedürfe immer der Zustimmung aller Wohnungseigentümer, ist weder mit dem Wortlaut des Gesetzes in Einklang zu bringen, noch trifft sie in allen denkbaren Fällen zu. Der Gesetzgeber hat die Genehmigung einer baulichen Veränderung von der Zustimmung derjenigen Eigentümer abhängig gemacht, deren Rechte durch die Maßnahme über das in §14 Nr. 1 WEGG bestimmte Maß hinaus beeinträchtigt sind. Bei einer Vielzahl der Maßnahmen wird dies der Fall sein. Da jedoch das Maß der Beeinträchtigung aufgrund der jeweils im Einzelfall zu berücksichtigenden Umstände unterschiedlich sein kann, gibt es durchaus Konstellationen, in denen nur einzelne Eigentümer beeinträchtigt sind. So kann die Entfernung von Bäumen eine Beeinträchtigung Einzelner darstellen, da sie dann keinen Blick mehr ins Grüne hätten. Diese einzelnen Eigentümer müssten der Maßnahme zustimmen.[289]

Liegt aber keine Beeinträchtigung vor oder fällt der durch die Maßnahme entstehende Nachteil nicht ins Gewicht, dann sieht §22 Abs. 1 WEGG vor, dass es der Zustimmung der betroffenen Eigentümer nicht bedarf. Ist also gar kein Eigentümer beeinträchtigt, bedürfte es auch keiner Genehmigung der Maßnahme. Die Bewertung eines Nachteils bzw. der Beeinträchtigung und die damit verbundene Frage, ob die Beeinträchtigung über das in §14 Nr. 1 WEGG genannte Maß hinausgeht, dürfte eine der schwierigsten Aufgaben sein, die der Verwalter zu bewältigen hat. Diese Frage muss aber zwingend vom Verwalter geklärt werden, da er die Eigentümer auf der ETV darüber aufzuklären hat, mit welchen Stimmenmehrheiten ein Beschluss zu fassen ist.

---

288 BGH, Urteil v. 14.12.2012 – V ZR 224/11; ZMR 2013, 292; BGH, Urteil v. 14.10.2011 – V ZR 56/11; ZMR 2012, 209
289 LG Hamburg, Urteil v. 29.5.2013 – 318 S 5/13; ZMR 2013, 742

Solange der Beschluss gefasst, verkündet und nicht angefochten wird, spielen diese Erwägungen keine Rolle, denn aufgrund der in § 22 Abs. 1 WEGG verankerten Beschlusskompetenz wird ein nicht angefochtener Beschluss nach §§ 23 Abs. 4 Satz 2, 46 WEGG binnen eines Monats nach Verkündung bestandskräftig und bindet wiederum die Eigentümer. Ficht ein Wohnungseigentümer den Beschluss mit dem zutreffenden Argument an, seine erforderliche Zustimmung habe im Zeitpunkt der Beschlussfassung nicht vorgelegen, wird der Beschluss für ungültig erklärt.

Da der Verwalter für die ordnungsmäßige Beschlussfassung und die Einhaltung der erforderlichen Mehrheiten Sorge zu tragen hat, könnte das Gericht von der Möglichkeit der Kostenauferlegung nach § 49 Abs. 2 WEGG Gebrauch machen. Unabhängig von der Frage, ob die Anwendung des § 49 Abs. 2 WEGG in diesen Fällen geboten ist, sollte der Verwalter vor Beschlussfassung weitestgehend sicher sein, welche Maßnahme beschlossen wird und welche Stimmenerfordernisse zu berücksichtigen sind.

In § 14 Nr. 1 WEGG ist das zumutbare Maß definiert, wonach jeder Wohnungseigentümer den Gebrauch des Sonder- oder gemeinschaftlichen Eigentums durch die anderen Eigentümer hinzunehmen hat, sofern ihm dadurch kein über das bei einem geordneten Zusammenleben unvermeidliche Maß hinausgehender Nachteil erwächst. Die Vorschrift will einen Interessenausgleich aller Eigentümer untereinander schaffen. Der Gebrauch und die Nutzung des Sonder- und gemeinschaftlichen Eigentums führen zwangsläufig zu gewissen Beeinträchtigungen der übrigen Eigentümer, da allein das subjektive Empfinden, wie ein gemeinsames Leben in einer WEG auszusehen hat, weit auseinandergehen wird. Was den einen stört, gehört für den anderen zu einer gewöhnlichen Nutzung seiner Wohnung oder der gemeinschaftlichen Flächen. Damit nicht jede Beeinträchtigung zu einem Anspruch des einen gegen den anderen führt, müssen gewisse unvermeidbare Störungen im Rahmen des einvernehmlichen Zusammenlebens von allen Eigentümern hingenommen werden.

Im Rahmen der baulichen Veränderung gilt es zu berücksichtigen, dass jeder Eigentümer nicht nur Eigentümer seines Sondereigentums (Wohnungs-/Teileigentums) ist, sondern auch Miteigentümer des gemeinschaftlichen Eigentums. Jeder Eigentümer hat ein durch das in Art. 14 GG geschützte Recht auf Unveränderlichkeit seines Eigentums. Die Schwelle der Beeinträchtigung wird in Anbetracht der vorgenannten Erwägungen auch vom BVerfG als niedrig angesehen.[290] Ein Nachteil i.S.d. § 22 Abs. 1 WEGG ist jede nicht ganz un-

---

290 BVerfG, Urteil v. 22.12.2004; NZM 2005, 182

erhebliche Beeinträchtigung, die nicht bloß völlig belanglosen oder bagatell-artigen Charakter hat.[291] Die Schwierigkeit besteht in dem Umstand, dass auf den jeweiligen Einzelfall unter Berücksichtigung der Belange einer jeden WEG abzustellen ist. Daher ist kein Fall wie der andere, d.h. was in einer WEG einen Nachteil begründet, kann in einer anderen WEG ganz anders aussehen.

Schlussendlich unterliegt die Bewertung, ob ein Nachteil gegeben und daher die Zustimmung erforderlich ist, in letzter Konsequenz der tatrichterlichen Einzelentscheidung im Nachgang – in der Regel bei der Überprüfung der Maß-nahme im Rahmen einer Anfechtungsklage. Eine Beeinträchtigung wird z.B. angenommen, bei:

- einer Beeinträchtigung des optischen Gesamteindrucks, wie das Anbrin-gen von Markisen, außen liegenden Rollläden, Aufstellen eines Garten-hauses, unter Umständen sogar eine Veränderung der Farbgebung der Fassade[292]
- einer Beeinträchtigung der konstruktiven Stabilität und Sicherheit der ge-meinschaftlichen Gebäudeteile oder bei einem erheblichen Eingriff wie das Aufstocken des Gebäudes, der Abriss von Gebäudeteilen, das Asphaltieren von Rasenflächen
- einer Erhöhung des Instandsetzungsaufwandes und damit bei einer hö-heren Kostenlast[293].

Eine abschließende Aufzählung der Sachverhalte, in denen die Rechtspre-chung eine Beeinträchtigung sieht, ist aufgrund der Einzelfallrechtsprechung in diesem Bereich nicht möglich. Es ist stets zu fragen, ob sich ein Wohnungs-eigentümer in entsprechender Lage verständlicherweise beeinträchtigt füh-len kann.[294]

Eine in der GO enthaltene Regelung, wonach es der Zustimmung des Verwalters zu einer Maßnahme der baulichen Veränderung bedarf, muss restriktiv ausge-legt werden. Überwiegend ist bei diesen Regelungen davon auszugehen, dass damit ein zusätzliches formales Erfordernis gemeint ist, nicht jedoch der kom-plette Verzicht auf die Zustimmung benachteiligter Eigentümer.[295] Allerdings ist es möglich – und davon wird in der GO häufig Gebrauch gemacht –, durch Ver-einbarung vom Grundsatz der Zustimmung aller benachteiligten ET abzusehen und Erleichterungen für das Mehrheitserfordernis zu schaffen. Da §22 Abs. 1

---

291 BGH, Urteil v. 24.01.2014 – V ZR 48/13, ZMR 2014, 464; BGH, Urteil v. 14.12.2012 – V ZR 224/11; ZMR 2013, 292
292 LG München I, Urteil v. 20.9.2012 – 36 S 1982/12; ZMR 2013, 137
293 BGH, Urteil v. 7.2.2014 – V ZR 25/13; ZMR 2014, 554
294 BGH, Beschluss v. 19.12.1991 – V ZB 27/90; ZMR 1992, 167
295 LG Hamburg, Urteil v. 5.8.2015 – 318 S 145/14; ZWE 2016, 229

WEGG abdingbar ist, sind vom Gesetz abweichende Vereinbarungen zulässig. Bauliche Veränderungen können dann vorgenommen werden, wenn die in der GO vereinbarte Stimmenmehrheit erreicht wird. Auf eine Beeinträchtigung einzelner Eigentümer, die der Maßnahme nicht zugestimmt haben, kommt es dann nicht mehr an.

Wichtig !

Egal, ob ein Eigentümer eine Maßnahme wünscht oder die Eigentümer eine Maßnahme beschließen, die eine bauliche Veränderung darstellt, der Verwalter muss vor der ETV prüfen oder prüfen lassen,

- ob es sich tatsächlich um eine bauliche Veränderung handelt,
- wer beeinträchtigt ist und
- wer daher der Maßnahme zustimmen muss.

Hierüber muss er die ET in der ETV aufklären und sich klar positionieren. Eine gute Vorbereitung dieser Tagesordnungspunkte ist – auch zur Absicherung für den Verwalter – wichtig und schützt den Verwalter und die ET vor unangenehmen Überraschungen.

15.2 Instandsetzung, Modernisierung oder doch bauliche Veränderung?

Der Fall

Die WEG hat sich dazu entschieden, nachträglich Balkone anzubauen. Der Verwalter hat bereits die erforderlichen Vergleichsangebote eingeholt und stellt sich bei der Vorbereitung der ETV die Frage, mit welchen Mehrheiten die Maßnahme zu beschließen ist. Er ist der Auffassung, das Anbringen der Balkone stelle eine bauliche Veränderung dar, und da die Außenfassade betroffen ist, müssen alle ET zustimmen.

Der Beirat sieht das ganz anders. Das sei doch ein klassischer Fall einer Modernisierungsmaßnahme, die mit anderen Mehrheiten beschlossen werden kann. Diese Mehrheiten könnten nach entsprechendem Stimmenfang des Beirats auch erreichen werden.

Das Problem

Gerade im Bereich der baulichen Veränderung, also einer Maßnahme, die über die ordnungsmäßige Instandhaltung und Instandsetzung hinausgeht, muss die Abgrenzung zur Modernisierung vorgenommen werden. Und auch hier gibt es wieder die Schwierigkeit für den Verwalter, dass es je nach Fallkonstellation eine uneinheitliche Rechtsprechung gibt: Während einige Gerichte eine Maßnahme (noch) als Modernisierung verstehen, legen andere einen strengeren Maßstab an und fordern die Zustimmung der benachteiligten ET.

Und wieder ist es der Verwalter, der sich vor der Abstimmung klar für die eine oder andere Richtung entscheiden und die ET darüber aufklären muss. Denn schlussendlich ist es der Verwalter, der einen Beschluss verkündet.

Die Lösung

Das WEGG kennt bei den baulichen Maßnahmen solche, die eine ordnungsmäßige Instandhaltung und Instandsetzung des gemeinschaftlichen Eigentums nach § 21 Abs. 5 Nr. 1 WEGG darstellen und mit einfacher Stimmenmehrheit gemäß § 21 Abs. 3 WEGG beschlossen werden können und bauliche Maßnahmen, die über die ordnungsmäßige Instandhaltung und Instandsetzung hinausgehen und unter § 22 WEGG fallen. Noch einmal zur Erinnerung:

!

Definition: Instandhaltung und Instandsetzung

Maßnahmen der Instandhaltung und Instandsetzung dienen der Erhaltung des bestehenden oder der Wiederherstellung des ursprünglichen Zustandes.

Besteht daher ein Instandsetzungsbedarf, wird die bauliche Maßnahme also benötigt, um das gemeinschaftliche Eigentum zu pflegen, zu warten, zu reparieren oder zu erneuern, handelt es sich immer um eine Instandsetzungsmaßnahme und die Möglichkeit der Beschlussfassung mit einfacher Stimmenmehrheit ist eröffnet.

Unter eine Instandhaltungsmaßnahme fällt auch die erstmalige Herstellung des plangerechten Zustandes. Hat der Bauträger bei der Fertigstellung nicht so gebaut, wie sich dies aus den Teilungs- und Bauplänen ergibt, die zur Grundlage der Teilungserklärung gemacht wurden, stellt die Herstellung dieses Zustandes keine bauliche Veränderung dar[296], auch wenn mit der Herstellung des plangerechten Zustandes eine Veränderung des äußeren Erscheinungsbildes (z.B. Fertigstellung »vergessener« Stellplätze) einhergeht. Jeder ET kann in diesen Fällen von den übrigen ET gemäß § 21 Abs. 4, Abs. 5 Nr. 2 WEGG die Mitwirkung verlangen und, sofern die ET eine Beschlussfassung verweigern, diese gerichtlich nach § 21 Abs. 8 WEGG durchsetzen.[297]

Sind für die Erfüllung öffentlich-rechtlicher Vorschriften bauliche Maßnahmen vonnöten (Einbau von Entnahmestellen für die Legionellenprüfung), so können auch diese mit einfacher Stimmenmehrheit beschlossen werden. Die Erfüllung öffentlich-rechtlicher Vorgaben, die das gemeinschaftliche Eigentum betreffen, entspricht immer ordnungsmäßiger Verwaltung.[298]

---

296 BGH, Urteil v. 20.11.2015 – V ZR 284/14; ZMR 2016, 215
297 BGH, Urteil v. 20.11.2015 – V ZR 284/14; BGH, Urteil v. 14.11.2014 – V ZR 118/13; ZMR 2015, 356
298 BGH, Beschluss v. 8.2.2013 – V ZB 238/11; ZMR 2013, 642

Wenn ein Instandsetzungsbedarf gegeben ist, kann eine Maßnahme über die bloße Instandsetzung hinausgehen, sofern ein technisch besserer oder wirtschaftlich sinnvollerer Zustand geschaffen wird. Die sog. modernisierende Instandsetzung nach §22 Abs. 3 WEG ist ein weiterer Unterfall der Instandsetzung und, obwohl über den Instandsetzungsbedarf hinausgegangen wird, mit einfacher Stimmenmehrheit zu beschließen. Ein Beispiel hierfür ist die Instandsetzung der durchfeuchteten Fassade durch Anbringung einer Wärmedämmung.[299] Voraussetzung ist jedoch, dass ein schwerwiegender Mangel des gemeinschaftlichen Eigentums gegeben ist und das betroffene Bauteil daher insgesamt oder weit überwiegend ausgetauscht werden muss.[300]

Kann der Verwalter keinen Instandsetzungsbedarf feststellen, dann kann nur noch eine Modernisierung nach §22 Abs. 2 WEGG oder – bei Fehlen der dort normierten Voraussetzungen – eine bauliche Veränderung nach §22 Abs. 1 WEGG infrage kommen. §22 Abs. 2 WEGG verweist auf die mietrechtlichen Vorschriften des §555 b Nr. 1 bis 5 BGB. Eine Modernisierungsmaßnahme ist u. a. gegeben, wenn

- der Gebrauchswert des Objekts nachhaltig erhöht wird (z.B. nachträgliches Anbringen von Balkonen, sofern ein einheitlicher Anbau vorgesehen ist[301]),
- die allgemeinen Wohnverhältnisse auf Dauer verbessert werden oder
- nachhaltig Energie oder Wasser eingespart wird (z.B. Erneuerung der Heizanlage).

Da die Modernisierung jedoch gleichwohl eine bauliche Veränderung darstellt und lediglich als Sonderfall zu betrachten ist, ist das Vorliegen der obigen Voraussetzungen allein nicht ausreichend, um von einer Modernisierung ausgehen zu können. Die Modernisierungsmaßnahme darf als begrenzender und regulierender Faktor die Eigenart der Wohnanlage und einen Wohneigentümer nicht unbillig gegenüber anderen beeinträchtigen. Eine beeinträchtigende Veränderung der Eigenart der Wohnanlage ist beispielsweise gegeben, wenn nur einzelne Balkone neu angebracht werden und daher ein uneinheitliches Bild entsteht.[302]

Eine unbillige Beeinträchtigung eines oder mehrerer ET richtet sich, anders als bei der objektivierten Betrachtungsweise im Rahmen des §22 Abs. 1 WEGG,

---

299 OLG Frankfurt, Beschluss v. 15.11.2010; ZMR 2011, 737
300 OLG Düsseldorf, Beschluss v. 22.10.2007 – I-3 Wx 54/07; NZM 2007, 931
301 BGH, Urteil v. 18.2.2011 – V ZR 82/10; ZMR 2011, 490
302 BGH, Urteil v. 18.2.2011 – V ZR 82/10, ZMR 2011, 490; AG Konstanz, Urteil v. 13.3.2008 – 12 C 17/07, ZMR 2008, 494

nach den subjektiven Vorstellungen der ET. Mit der Maßnahme verbundene Kosten sind nur dann zu berücksichtigen, wenn sie vollkommen außer Verhältnis stehen, da auch die WEG dem Bedürfnis an die Anpassung an den Stand der Technik und der Zeit nachkommen können muss. Zu berücksichtigen sind auch Fälle, in denen einzelne ET willkürlich ungleich behandelt werden.

Ist eine Modernisierungsmaßnahme gegeben, so ist das entsprechende Stimmenerfordernis zu berücksichtigen. §22 Abs. 2 WEGG gibt vor, dass eine doppelt qualifizierte Mehrheit erforderlich ist, d.h. die Zustimmung von drei Vierteln aller stimmberechtigten ET und von mehr als der Hälfte der Miteigentumsanteile. Zu beachten ist auch hier, dass Fehler im Abstimmungsergebnis nur zu einer Anfechtung berechtigen, sodass der Beschluss für ungültig zu erklären wäre. Verstreicht die Monatsfrist ohne Anfechtung, wird der Beschluss bestandskräftig, auch wenn das erforderliche Stimmenverhältnis nicht erreicht wurde.

! Prüfungsreihenfolge

1. Instandsetzungsbedarf gegeben
   - §21 Abs. 5 Nr. 2 WEG = einfache Stimmenmehrheit
   - Anpassung an den Stand der Technik = §22 Abs. 3, §21 Abs. 5 Nr. 2 WEGG = einfache Stimmenmehrheit
2. ohne Instandsetzungsbedarf
   - Modernisierung nach §22 Abs. 2 WEG = doppelt-qualifizierte Mehrheit
   - Fehlen der Voraussetzung der Modernisierung = bauliche Veränderung, §22 Abs. 1 WEGG = Zustimmung beeinträchtigter Eigentümer

! Wichtig

Gerade die Prüfung einer baulichen Maßnahme und die Einordnung dieser als Instandsetzungs-, modernisierende Instandsetzungs- bzw. Modernisierungsmaßnahme oder bauliche Veränderung ist eine der schwierigsten Aufgaben für den Verwalter. Hält er sich jedoch stur an das obige Prüfungsschema, ist er zumindest schon einmal auf dem richtigen Weg. Es bleibt jedoch im Einzelfall und bei Schwierigkeiten der Einordnung der Maßnahme manchmal nur die Möglichkeit, sich in der Vorbereitung der ETV beraten zu lassen.

Wichtig ist auch, dass das Mehrheitserfordernis der doppelt qualifizierten Mehrheit in §22 Abs. 2 WEGG nicht auf die in der ETV anwesenden ET abstellt, sondern auf alle Grundbucheigentümer, sodass sich oft bereits bei der Feststellung der Beschlussfähigkeit aufgrund der Anzahl der an der Versammlung teilnehmenden Eigentümer herausstellt, ob eine Modernisierungsmaßnahme überhaupt beschlossen werden kann. Sind nicht ausreichend Eigentümer anwesend, kann die erforderliche Mehrheit einer Modernisierungsmaßnahme nicht erreicht werden.

15.3 Bauliche Veränderung – Barrierefreiheit

Der Fall

Eigentümer E ist gehbehindert. Sein Zustand verschlechtert sich, sodass er nun überwiegend auf einen Rollstuhl angewiesen ist. Seine Wohnung befindet sich im 3. OG. Ein Aufzug ist nicht vorhanden. Er begehrt daher den Einbau eines Treppenlifts, den er sich bereits baubehördlich hat genehmigen lassen. Er ist bereit, sämtliche Kosten zu tragen. Für die Versammlung hat er alle Unterlagen vorbereitet und fordert die Eigentümer auf zuzustimmen.

Die Eigentümer lehnen ab, weil ein solcher Treppenlift nur im Weg steht und vor allem das äußere Erscheinungsbild des Treppenhauses erheblich beeinträchtigen würde.

Das Problem

Die Verwalter sehen sich bereits jetzt – und in Zukunft sicher noch häufiger – mit Ansprüchen der Eigentümer konfrontiert, die aufgrund körperlicher Gebrechen im Zuge des Alters das Sonder- und gemeinschaftliche Eigentum nicht mehr oder nur mit erheblichen Beeinträchtigungen nutzen können. Der alte Baubestand bringt es mit sich, dass auf körperliche Einschränkungen oder Behinderungen wenig oder gar keine Rücksicht genommen wird. Wendet sich ein ET an den Verwalter und begehrt den Einbau eines zusätzlichen Handlaufs, einer Treppenrampe oder eines Treppenliftes, muss der Verwalter diese Maßnahme rechtlich einordnen, um die ET in der ETV aufklären und auf die erforderlichen Stimmenmehrheiten hinweisen zu können. Auch die WEG kann mit dem Anliegen an den Verwalter herantreten, Barrierefreiheit umzusetzen.

Die Lösung

Jeder Eigentümer kann sich auf seinen verfassungsrechtlichen Schutz aus Art. 3 Abs. 3 Satz 2 GG berufen, wonach niemand wegen seiner Behinderung benachteiligt werden darf.[303] Eine Ausprägung hiervon ist der Grundsatz, dass jedem Eigentümer der Zutritt zu/die Nutzung von seinem Sondereigentum und dem gemeinschaftlichen Eigentum ermöglicht werden muss. Dem gegenüber steht jedoch der ebenfalls im Grundgesetz verankerte Eigentumsschutz in Art. 14 GG der übrigen Eigentümer, die einen Anspruch auf Unveränderlichkeit ihres Eigentums haben.

Die Schaffung der Barrierefreiheit in einer WEG wird mit einer baulichen Maßnahme einhergehen, sodass der Verwalter sich mit der Abgrenzung der

---

303 BVerfG, Urteil v. 28.3.2000 – 1 BvR 1460/99; NJW 2000, 2658

Modernisierung nach §22 Abs. 2 WEGG von der baulichen Veränderung nach §22 Abs. 1 WEGG auseinandersetzen muss. Eine Instandsetzungsmaßnahme kommt nicht in Betracht, da das Anbringen eines neuen Bauteils im gemeinschaftlichen Eigentum über die Instandhaltung und Instandsetzung hinausgeht und einen neuen Zustand schafft.

Geplant ist von der Gesetzgebung eine weitere Novellierung des §22 WEGG, um im Rahmen der Förderung der Barrierefreiheit und Elektromobilität zukünftig Erleichterungen für das Erreichen der erforderlichen Mehrheiten zu schaffen. Die vorgenannten Maßnahmen können dann mit der doppelt qualifizierten Mehrheit beschlossen werden.[304] Bis zur Verkündung der Gesetzesänderung muss der Verwalter noch selbst entscheiden.

Eine Modernisierungsmaßnahme nach §22 Abs. 2 WEG kann im Einzelfall in Betracht kommen, wenn es sich um eine WEG handelt, deren Eigentümer/Bewohner weit überwiegend alt, in der Bewegungsfreiheit bereits eingeschränkt sind und das Anbringen eines Handlaufs begehren. Aufgrund der besonderen Fallkonstellation kann eine Gebrauchswerterhöhung und allgemeine Verbesserung der Wohnverhältnisse angenommen werden. Die Eigenart der Liegenschaft wird durch das Anbringen eines zusätzlichen Handlaufs nicht verändert und die Kosten der Maßnahme werden sich im Rahmen halten.

Die gleiche Maßnahme in einer WEG, in der nur junge Eigentümer wohnen, wird dazu führen, dass die Voraussetzungen der Modernisierung nach §22 Abs. 2 WEGG hier verneint werden müssen. Generell besteht ein Anspruch auf Modernisierungsmaßnahmen nicht[305], d.h. ein einzelner Eigentümer kann eine Modernisierungsmaßnahme nicht verlangen. Es besteht jedoch ein Anspruch des Einzelnen auf Maßnahmen der baulichen Veränderung, da §22 Abs. 1 WEGG nicht nur regelt, dass bauliche Veränderungen beschlossen, sondern auch verlangt werden können. Handelt es sich daher um eine Maßnahme, die die übrigen Eigentümer nicht über das in §14 Nr. 1 WEGG genannte Maß hinaus beeinträchtigt, bedarf es deren Zustimmung nicht. Ein Eigentümer kann seinen Anspruch auf bauliche Veränderung auch gerichtlich nach §21 Abs. 8 WEGG im Wege der Beschlussersetzungsklage durchsetzen.[306]

Bei Maßnahmen zur Erfüllung der Barrierefreiheit muss bei der Frage, ob eine Beeinträchtigung der übrigen Eigentümer vorliegt, eine Abwägung der wech-

---

304 Gesetzesentwurf, Drucksache 18/10256
305 BGH, Urteil v. 13.1.2017 – V ZR 96/16, ZMR 2017, 319; LG München I, Urteil v. 23.6.2014 – 1 S 13821/13, ZMR 2014, 920
306 BGH, Urteil v. 13.1.2017 – V ZR 96/16; ZMR 2017, 319

selseitigen Interessen unter Berücksichtigung der schutzwürdigen Rechte aus Art. 3 Abs. 3 Satz 2 GG und Art. 14 Abs. 1 GG vorgenommen werden.[307] Wie immer ist der Ausgleich der Interessen eine einzelfallbezogene Abwägung, sodass in einer WEG die Interessen des Eigentums überwiegen können und kein Anspruch besteht, eine Maßnahme zur Barrierefreiheit verlangen zu können, und die gleiche Maßnahme in einer anderen WEG zu einem Anspruch führen kann. Bei der Abwägung hat der Verwalter folgende Erwägungen zu berücksichtigen und gegenüberzustellen:

- Liegen gewichtige Gründe (körperliche Einschränkung/Behinderung) in der Person des Antragstellers?
- Wie schwerwiegend sind die Eingriffe in das Gemeinschaftseigentum?
- Lässt sich die Maßnahme ohne großen Aufwand zurückbauen?
- Ist die Maßnahme bauordnungsrechtlich zulässig?
- Wie gravierend ist die optische Beeinträchtigung?

Beispiele aus der Rechtsprechung (Anspruch bejaht)   **!**

- Anlegen eines behindertengerechten Zuweges, AG Dortmund, MDR 1996, 468
- Anbringen eines Handlaufs im Treppenhaus, LG Köln, ZMR 2013, 65
- Einbau eines Treppenliftes, BayObLG, ZMR 2004, 209; LG Erfurt NZM 2003, 402
- Errichtung einer Rollstuhlrampe, AG Pinneberg, WuM 2004, 227

Überwiegen bei der Abwägung der Interessen die des begehrenden Eigentümers, stehen also die Interessen der anderen ET hinter denen des antragenden Eigentümers zurück, liegt keine Beeinträchtigung der übrigen ET vor. Es bedarf deren Zustimmung nicht für die Entscheidung, dass eine Maßnahme der Barrierefreiheit umgesetzt wird (sog. Ob-Beschluss). Die übrigen ET haben nur noch ein Mitbestimmungs- und Entscheidungsermessen über die Art und Weise der Ausgestaltung der Maßnahme, soweit mehrere Gestaltungsmöglichkeiten bestehen (sog. Wie-Beschluss).[308]

§ 22 Abs. 1 WEGG enthält zwar einen Anspruch auf bauliche Veränderung, der sich gegen die übrigen ET richtet, jedoch nur einen Anspruch begründet, die Maßnahme selbst und auf eigene Kosten durchzuführen. Die Kostenübernahme des Antragstellers muss daher in der Vorbereitung sichergestellt werden. Die Kostenübernahme muss auch einen späteren Rückbau umfassen (z.B. durch Stellen einer Bürgschaft). Im Einzelfall kann geprüft werden, ob sich alle Eigentümer an den Kosten zu beteiligen haben, sofern es sich um eine geringe Kostenlast für die einzelnen ET handelt, der Antragsteller bei

---

307 BGH, Urteil v. 13.1.2017 – V ZR 96/16, ZMR 2017, 319; LG Köln, Urteil v. 30.6.2011 – 29 S 246/10, ZMR 2013, 65
308 LG München I, Beschluss v. 14.3.2008 – 1 T 11576/07; ZMR 2008, 573

vollständiger Kostenübernahme jedoch erheblich belastet werden würde.[309] Ein Rückbauanspruch der übrigen ET besteht dann, wenn der ursprünglich beantragende Eigentümer aus der WEG austritt, da der Anspruch auf Erfüllung der Barrierefreiheit personenbezogen ist.

> **! Wichtig**
>
> Der Verwalter muss beachten, dass der Anspruch auf bauliche Veränderung nur dem einzelnen Eigentümer zusteht, sodass die Interessenabwägung nur vorzunehmen ist, wenn ein oder mehrere Eigentümer eine Maßnahme der Barrierefreiheit begehren. Beabsichtigt die WEG in Gänze (oder doch überwiegend), eine solche Maßnahme durchzuführen, wird es sich in der Regel um eine bauliche Veränderung handeln, sodass die Zustimmung der übrigen ET einzuholen ist. Nur in Einzelfällen – aufgrund der besonderen Ausgestaltung einer WEG – kann von einer Modernisierung nach §22 Abs. 2 WEGG ausgegangen werden. Zu berücksichtigen ist, dass in allen Fällen die Möglichkeit der Bestandskraft des Beschlusses besteht, sofern eine Anfechtung binnen Monatsfrist nicht erfolgt.

15.4 Bauliche Veränderung – Verkündung eines Beschlusses

Der Fall

Die WEG möchte es allen Eigentümern ermöglichen, Markisen anzubringen. Auf der ETV wird der Beschluss erörtert. Es sind jedoch nicht alle ET anwesend, fünf Eigentümer fehlen und sind auch nicht durch Vollmachten vertreten. Der Verwalter weist daraufhin, dass es sich bei der Maßnahme um eine bauliche Veränderung handelt und alle ET zustimmen müssen. Die anwesenden ET drängen den Verwalter, den Beschluss zu verkünden, auch wenn fünf ET fehlen. Der Beirat verspricht, die Zustimmung noch einzuholen.

Das Problem

Die Krux der baulichen Veränderung für den Verwalter ist immer wieder die Frage, ob er einen positiven Beschluss über eine Maßnahme der baulichen Veränderung verkünden soll, wenn nicht alle Eigentümer zugestimmt haben oder nicht alle Eigentümer auf der ETV anwesend waren. Da für die bauliche Veränderung eine Beschlusskompetenz besteht, könnte ein Beschluss verkündet werden, der ohne Anfechtung bestandskräftig wird. Aber verkündet der Verwalter den Beschluss und stellt sich im Rahmen einer Anfechtungsklage

---

309 LG Köln, Urteil v. 30.6.2011 – 29 S 246/10; ZMR 2013, 65 (nicht entschieden, aber in Erwägung gezogen)

heraus, dass tatsächlich erforderliche Zustimmungen einzelner ET fehlten, wird der Beschluss für ungültig erklärt, und dem Verwalter kann die Kostenlast des Verfahrens nach §49 Abs. 2 WEG drohen. Verkündet er jedoch im Hinblick auf dieses Risiko nicht, zieht er den Unmut der ET auf sich, die die Verkündung eines positiven Beschlussergebnisses wünschen.

Die Lösung

Um das Problem nachvollziehen zu können, muss sich auch der Verwalter immer wieder vor Augen führen, wem die Verwaltung des gemeinschaftlichen Eigentums obliegt und welche Rolle er selbst hierbei hat. Nach §20 WEGG obliegt den ET die Verwaltung des gemeinschaftlichen Eigentums nach Maßgabe der §§21 bis 25 und dem Verwalter nach Maßgabe der §§26 bis 28 WEGG. Es ist gesetzlich klar definiert, dass die ET über die Beschlussfassungen (und die Vereinbarungen in der GO) die Verwaltung des gemeinschaftlichen Eigentums vornehmen. Der Verwalter ist nicht befugt, in die Entscheidungskompetenz der ET einzugreifen, sofern ihm über das Gesetz in §27 WEGG, über Vereinbarungen in der GO oder – in Grenzen – über den Verwaltervertrag weitergehende Befugnisse eingeräumt wurden.

Sofern daher den Eigentümern über das Gesetz eine Beschlusskompetenz eingeräumt wird, können sie die Angelegenheiten der Verwaltung des gemeinschaftlichen Eigentums grundsätzlich über einen Mehrheitsbeschluss regeln. Der Gesetzgeber hat weiter festgelegt, dass verkündete Beschlüsse nach §23 Abs. 4 Satz 2 WEGG, solange sie nicht durch ein rechtskräftiges Urteil für ungültig erklärt werden, gültig bleiben. Da §46 Abs. 1 WEGG eine Anfechtung eines Beschlusses nur binnen eines Monats ab Beschlussfassung vorsieht, bleibt ein Beschluss nach Ablauf der Monatsfrist »für immer« gültig, wird somit bestandskräftig, sofern er keine Nichtigkeitsgründe aufweist. Dieses System ist vom Gesetzgeber ausdrücklich gewollt, da die Rechtssicherheit und Rechtsklarheit über die herrschende Beschlusslage in einer WEG im Vordergrund stehen sollen.[310] Es wird daher durch den Gesetzgeber und die Rechtsprechung in Kauf genommen, dass Beschlüsse bestandskräftig werden und Gültigkeit für alle ET entfalten, die nicht ordnungsmäßiger Verwaltung entsprechen.

Die Möglichkeit der Bestandskraft eines Beschlusses besteht aber nur, wenn der Verwalter in der ETV einen Mehrheitsbeschluss auch verkündet. Der Feststellung und Bekanntgabe des Beschlussergebnisses durch den Vorsitzenden der ETV kommt grundsätzlich konstitutive Bedeutung zu: Es handelt sich um

---

310 BGH, Urteil v. 2.10.2009 – V ZR 235/08; ZMR 2010, 126

eine Voraussetzung für das rechtswirksame Zustandekommen eines Eigentümerbeschlusses.[311]

Die Rolle des Verwalters dagegen ist begrenzt auf die Vorbereitung der Beschlüsse. Es ist seine Aufgabe, die Eigentümer über den Sachverhalt und auch die rechtlichen Voraussetzungen in Vorbereitung der Beschlussfassung aufzuklären und nach der Beschlussfassung die Beschlüsse umzusetzen (§ 27 Abs. 1 Nr. 1 WEGG). Es ist jedoch nicht Aufgabe des Verwalters, eine Inhaltskontrolle des Beschlusses vorzunehmen. Die Prüfung und Feststellung der Ordnungsmäßigkeit eines Beschlusses obliegt allein den Gerichten (§§ 23 Abs. 4, 46 Abs. 1 WEGG). Der Verwalter ist nicht Aufsichtsorgan der Wohnungseigentümer, sondern vielmehr ausführendes Organ.[312]

Verkündet der Verwalter einen Beschluss nicht, nimmt er dem Beschluss die Möglichkeit, bestandskräftig zu werden, wenn kein Eigentümer anficht. Es darf aber nicht unberücksichtigt bleiben, dass der Verwalter nicht vollkommen gefahrlos Mehrheitsbeschlüsse verkünden kann, sofern die im Gesetz vorgesehene Mehrheit nicht erreicht wurde. Der Gesetzgeber hat nämlich in § 49 Abs. 2 WEG die Möglichkeit der Gerichte aufgenommen, im eigenen Ermessen dem Verwalter die Prozesskosten aufzuerlegen, soweit die Tätigkeit des Gerichts durch ihn veranlasst wurde und ihn ein grobes Verschulden trifft.

Hiervon machen die Gerichte u.a. dann Gebrauch, wenn der Verwalter sehenden Auges einen positiven Beschluss verkündet, der die erforderlichen Mehrheiten nicht erreicht. Dies solle sogar in Fällen gelten, in denen der Verwalter explizit auf die fehlenden Mehrheiten und die Möglichkeit der Anfechtung hinweist und auf ausdrückliche Anweisung der ET den Beschluss positiv verkündet.[313] Dem kann jedoch nicht gefolgt werden. Für den Verwalter ist es oft unmöglich festzustellen, wer beeinträchtigt ist und wessen Zustimmungen erforderlich sind. Da bereits die Rechtsprechung in diesem Punkt und bei der Frage, ob der Verwalter verkünden darf, wenn nicht alle Stimmen vorliegen, vollkommen uneins ist, kann dies nicht zulasten des Verwalters dazu führen, dass ihm die Prozesskosten nach § 49 Abs. 2 WEGG auferlegt werden.[314] Denn auch von einem professionellen Verwalter können nicht die Kenntnisse eines Volljuristen erwartet werden.[315]

---

311 BGH, Beschluss v. 23.8.2001 – V ZB 10/01; ZMR 2001, 809
312 AG Oberhausen, Urteil v. 22.12.2009 – 34 C 55/09; ZMR 2011, 76
313 LG Bamberg, Urteil v. 16.4.2015 – 11 T 8/15; ZMR 2015, 395
314 LG Karlsruhe, Urteil v. 15.9.2011 – 11 T 302/11, NZM 2012, 279; AG Oberhausen, Urteil v. 22.12.2009 –
      34 C 55/09, ZMR 2011, 76
315 LG Karlsruhe, Urteil v. 15.9.2011 – 11 T 302/11; NZM 2012, 279

Verkündung von Beschlüssen durch den Verwalter – Konsequenzen !

- Die Eigentümer haben die Beschlusskompetenz, bauliche Veränderungen zu beschließen.
- Ohne Anfechtung wird der Beschluss daher bestandskräftig.
- Voraussetzung für einen wirksamen Beschluss ist die Verkündung.
- Fehlen Zustimmungen der Eigentümer, muss der Verwalter darauf hinweisen und auf die Anfechtbarkeit des Beschlusses hinweisen.
- Es bleibt ein Restrisiko, dass für den Fall der Anfechtung der Verwalter mit den Kosten des Verfahrens nach § 49 Abs. 2 WEGG belastet wird.

Ein nachträgliches Einholen der Zustimmung der betroffenen Eigentümer ist für die bereits erfolgte Beschlussfassung unerheblich und kann das Abstimmungsergebnis nicht mehr ändern. Es ist ausschließlich auf die Stimmen bei der Beschlussfassung abzustellen. Die spätere, formlos eingeholt Zustimmung kann kein Recht zur baulichen Veränderung begründen.[316]

Wichtig !

Der Verwalter sollte bei der Beschlussfassung über eine bauliche Veränderung und bei der Frage der erforderlichen Zustimmung die Eigentümer aufklären und auf das Anfechtungsrisiko hinweisen. Diese Hinweise müssen zwingend ins Protokoll aufgenommen werden. Bei der Frage der Verkündung wird es im Ermessen des Verwalters liegen, ob er das Risiko der Verkündung eingeht, weil er davon ausgeht, dass nicht angefochten wird, oder ob er aufgrund der speziellen Struktur innerhalb der Gemeinschaft von einer Verkündung Abstand nimmt.

Drängen die ET auf eine Verkündung, besteht die Möglichkeit, die Versammlungsleitung für diesen Tagesordnungspunkt an ein Mitglied des Beirats oder an einen Eigentümer abzugeben und diesen verkünden zu lassen. Die Verkündung ist nicht zwingend vom Verwalter, sondern vielmehr vom Versammlungsleiter vorzunehmen. Das wird das Anfechtungsrisiko nicht minimieren, schützt den Verwalter aber vor den für ihn nachteiligen Folgen der Auferlegung der Prozesskosten nach § 49 Abs. 2 WEGG.

15.5 Bauliche Veränderung als Störung

Der Fall

Eigentümer E hat ohne Genehmigung eine Markise angebracht. Miteigentümer B ruft unverzüglich beim Verwalter an und fordert diesen zu zügigem Handeln mit der vollen Härte des Gesetzes auf.

---

316 LG München I, Urteil v. 6.7.2015 – 1 S 22070/14; ZMR 2016, 61

Das Problem

Das Thema »Störung durch einen Eigentümer und Verfolgung der Ansprüche gegen den Störer« kennt jeder Verwalter. Der Umgang mit dieser Problematik fällt nicht immer leicht, da dem Verwalter und insbesondere den Eigentümern oft nicht klar ist, wer welche Ansprüche geltend machen kann. Denn gerade bei der Beseitigung und Unterlassung von Störungen muss der Verwalter darauf achten, wer Inhaber des Anspruchs ist und wie weit die Befugnisse des Verwalters gehen.

Selbst wenn dem Verwalter die rechtliche Ausgangslage klar ist, bleibt immer noch die Schwierigkeit, den sich gestört fühlenden Eigentümer zu überzeugen.

Die Lösung

Jeder Wohnungseigentümer darf nach § 14 Nr. 1 WEG das Sonder- und das gemeinschaftliche Eigentum nur so nutzen, dass dadurch keinem der anderen Wohnungseigentümer über das bei einem geordneten Zusammenleben unvermeidliche Maß hinaus ein Nachteil erwächst. Werden diese Grenzen von einem Eigentümer überspannt, steht jedem betroffenen Miteigentümer ein Anspruch auf Unterlassung und/oder Beseitigung der Beeinträchtigung und Störung nach § 1004 BGB und aus § 15 Abs. 3 WEGG zu.[317] Störungen können sein:

- ungenehmigte bauliche Veränderungen
- zweckwidrige Nutzungen des Sondereigentums (z.B. Gewerbe statt Wohnen) oder des gemeinschaftlichen Eigentums (z.B. eigenmächtiges Einzäunen eines Gartenteils der Gemeinschaft, Abstellen von Fahrzeugen auf der Hoffläche der Gemeinschaft)
- sämtliche sonstige Störungen wie Lärmbelästigung, Ruhestörung, Geruchsbelästigung, Verstöße gegen die Hausordnung

Die Beseitigungs- und Unterlassungsansprüche können individuell von jedem einzelnen Eigentümer durchgesetzt werden, ohne dass er hierfür die Mithilfe der WEG braucht.

Mit der WEG-Novelle hat der Gesetzgeber in § 10 Abs. 6 Satz 1 WEGG die Rechtsfähigkeit der Gemeinschaft der Wohnungseigentümer aufgenommen, die im Rahmen der gesamten Verwaltung des gemeinschaftlichen Eigentums gegenüber Dritten und gegenüber den Wohnungseigentümern selbst Rechte

---

317 BGH, Beschluss v. 19.12.1991 – V ZB 27/90; ZMR 1992, 167

erwerben und Pflichten eingehen kann. Bei der Wahrnehmung der Rechte der Gemeinschaft wird unterschieden zwischen

- gemeinschaftsbezogenen Rechten, die im Interesse der Wohnungseigentümer eine einheitliche Rechtsverfolgung erfordern (sog. **geborene Ausübungsbefugnis** nach § 10 Abs. 3, 1. Halbsatz WEGG) und
- Ansprüchen, deren gemeinschaftliche Verfolgung zwar sinnvoll, aber nicht zwingend durch die WEG erforderlich ist (sog. **gekorene Ausübungsbefugnis** nach § 10 Abs. 3, 2. Halbsatz WEGG).

Ein Fall der geborenen Ausübungsbefugnis ist die Erfüllung der Verkehrssicherungspflicht oder öffentlich-rechtlicher Pflichten, die die Gesamtheit der ET trifft. Zu den gekorenen Ansprüchen zählen z.B. Unterlassungs- und Beseitigungsansprüche nach § 1004 BGB und § 15 Abs. 3 WEGG, aber auch die Erfüllungs- und Nacherfüllungsansprüche aus den Erwerberverträgen im Rahmen der Gewährleistung gegen den Bauträger.[318] Die WEG kann daher im Rahmen einer Mehrheitsbeschlussfassung nach § 21 Abs. 3 WEGG die Individualansprüche der einzelnen Eigentümer zur prozessualen Ausübung vergemeinschaften. Die Vergemeinschaftung hat nicht zur Folge, dass die Eigentümer ihre Individualansprüche verlieren, sondern führt lediglich zum Verlust der Prozessführungsbefugnis des einzelnen Eigentümers, d.h. er kann nach einer Vergemeinschaftung durch die WEG nicht mehr eigenständig klagen, sondern muss dies der WEG überlassen.[319]

> **Geborene und gekorene Ausübungsbefugnis**   **!**
>
> **Geborene Ausübungsbefugnis, § 10 Abs. 6 Satz 3, 1. Halbsatz WEGG**
> - gemeinschaftsbezogene Rechte, die im Interesse der Wohnungseigentümer eine einheitliche Rechtsverfolgung erfordern
> - Rechtsverfolgung nur durch die WEG
> - Ermächtigungsbeschluss für den Verwalter erforderlich, § 27 Abs. 3 Nr. 7 WEGG
>
> **Gekorene Ausübungsbefugnis, § 10 Abs. 6 Satz 3, 2. Halbsatz WEGG:**
> - gemeinschaftliche Verfolgung zwar sinnvoll, aber nicht zwingend erforderlich – Individualanspruch der Eigentümer
> - Beschluss der Vergemeinschaftung erforderlich
> - Ermächtigungsbeschluss für den Verwalter erforderlich, § 27 Abs. 3 Nr. 7 WEGG
> - Verlust der Prozessführungsbefugnis des einzelnen Eigentümers

Wird ein Beseitigungs- oder Unterlassungsanspruch auf der ETV erörtert und zeichnet sich ab, dass die Eigentümer die Ansprüche vergemeinschaften

---

318 BGH, Urteil v. 5.12.2014 – V ZR 5/14, ZWE 2015, 122
319 BGH, Urteil v. 5.12.2015 – V ZR 85/14; ZWE 2015, 122

wollen, so hat der Verwalter die Grundsätze der Bestimmtheit zu beachten. Zwar geht der BGH davon aus, dass eine Vergemeinschaftung konkludent erfolgen könne und sich aus einer Beschlussfassung ergebe, wonach der Verwalter ermächtigt wird, gemeinschaftsbezogene Individualansprüche im Klageweg durchzusetzen.[320] Der Verwalter sollte sich auf diese Rechtsprechung jedoch lieber nicht verlassen. Dem Beschluss der Vergemeinschaftung muss zu entnehmen sein, welches Recht die WEG zur Ausübung an sich zieht und gegen wen welches Recht geltend gemacht werden soll. Dem Beschluss muss weiter die Ermächtigung des Verwalters zu entnehmen sein, für die außergerichtliche und gerichtliche Verfolgung der Ansprüche einen Rechtsanwalt zu beauftragen.

Sobald die WEG die Vergemeinschaftung beschlossen hat, muss der Verwalter den Beschluss umsetzen, zumeist durch schriftliche Aufforderung an den Störer. Dabei hat der Verwalter zu beachten, welche Ansprüche er gegen die Person richtet, die als Störer betrachtet wird. Es wird der Handlungsstörer vom Zustandsstörer unterschieden und damit einhergehend kann die WEG nicht die gleiche Art und Weise der Beseitigung der Störung verlangen. Der Handlungsstörer ist derjenige, der die Störung veranlasst hat, also selbst oder durch Dritte die bauliche Veränderung vorgenommen hat mit der Folge, dass die WEG sowohl Beseitigungs- als auch Rückbauansprüche geltend machen kann. Der Eigentümer verliert seine Störereigenschaft auch nicht mit dem Ausscheiden aus der WEG; er kann weiterhin auf Beseitigung in Anspruch genommen werden.[321] Zustandsstörer dagegen ist derjenige, der die Störung nicht selbst veranlasst hat, aber den rechtswidrigen Zustand aufrechterhält, also von dessen Willen die Beseitigung abhängt. Scheidet der Handlungsstörer aus der WEG aus, so ist der neue Eigentümer nur Zustandsstörer mit der Konsequenz für die WEG, dass er nicht auf Beseitigung und Rückbau in Anspruch genommen werden kann, sondern Beseitigung und Rückbau lediglich zu dulden hat.[322] Die Beseitigung selbst muss dann durch die WEG auf ihre Kosten vorgenommen werden. Der Handlungsstörer ist dann lediglich zur üblichen Kostenbeteiligung nach § 16 Abs. 2 WEGG verpflichtet.

! **Handlungs- und Zustandsstörer**

Handlungsstörer

- derjenige, der bauliche Veränderungen veranlasst hat
- zu Beseitigung und Rückbau der baulichen Veränderung verpflichtet

---

320 BGH, Urteil v. 10.7.2015 – V ZR 169/14; ZMR 2015, 947
321 LG München I, Urteil v. 19.1.09 – 1 S 14383/09
322 OLG Düsseldorf, Urteil v. 9.4.2008 – 3 Wx 3/08; IMR 2008, 248

Zustandsstörer

- derjenige, der den rechtswidrigen Zustand aufrechterhält, von dessen Willen die Beseitigung abhängt (neuer Eigentümer)
- nur zur Duldung und Kostenbeteiligung nach § 16 Abs. 2 WEGG an der Beseitigung verpflichtet

Häufig wird die bauliche Veränderung zwar von den Eigentümern wahrgenommen und diese fühlen sich gestört, aber bis zum Entschluss, gegen den Störer vorzugehen, geht oft viel Zeit ins Land. Schnell kann sich der klagende Eigentümer oder – nach Vergemeinschaftung – die WEG der Einrede der Verjährung gegenübersehen. Grundsätzlich ist festzuhalten, dass Beseitigungs- und Rückbauansprüche der regelmäßigen Verjährung nach §§ 195, 199 BGB unterliegen und damit der dreijährigen Jahresendverjährung ab Kenntnis.[323] Die Verjährung hat aber nicht zur Folge, dass die WEG nun keine Möglichkeit mehr hat, die bauliche Veränderung zu beseitigen. Sie kann nur nicht mehr den Eigentümer auf Beseitigung in Anspruch nehmen, mithin von ihm die Vornahme der Beseitigung verlangen. Mit der baulichen Veränderung geht stets eine unzulässige Nutzung des gemeinschaftlichen Eigentums einher, durch deren Aufrechterhaltung der unzulässige Zustand jeden Tag neu entsteht und die Verjährung neu in Gang gesetzt wird. Der Anspruch gegen den Störer, die bauliche Veränderung selbst und auf eigene Kosten zu beseitigen, wandelt sich in einen Duldungsanspruch gegen den Störer. Die WEG kann daher die bauliche Veränderung auf eigene Kosten beseitigen. Der Störer hat diese Maßnahme zu dulden und sich nach § 16 Abs. 2 WEGG an den entstehenden Kosten zu beteiligen.

Wichtig   **!**

Die tägliche Arbeit des Verwalters wird deutlich erleichtert, wenn er die Individualansprüche der Eigentümer beherzigt und bei der Meldung von Störungen gleich welcher Art den sich gestört fühlenden Eigentümer über seine Individualansprüche aufklärt.

Der Verwalter kann den störenden Eigentümer allenfalls auffordern, sein Verhalten zu unterlassen oder die bauliche Veränderung zu beseitigen. Rechtliche Wirkung hat dieses Schreiben jedoch nicht, sofern sich der Verwalter nicht von einem Eigentümer gesondert beauftragen lässt, dessen Individualansprüche durchzusetzen. Dann handelt er jedoch nicht mehr im Namen der WEG. Um jedoch dem sich gestört fühlenden Eigentümer Unterstützung zu signalisieren, schadet ein Aufforderungsschreiben an den störenden Eigentümer nicht.

Bleibt dies fruchtlos, kann der Eigentümer nur noch auf seine Individualrechte verwiesen werden und/oder auf die Möglichkeit, die Thematik auf der nächsten ETV

---

323 BGH, Urteil v. 4.7.2014 – V ZR 183/13;; ZMR 2014, 996

mit den übrigen ET zu erörtern und die Ansprüche zu vergemeinschaften. Erst ab Vergemeinschaftung der Ansprüche muss der Verwalter tätig werden, da er dann zur Umsetzung der Beschlüsse gemäß §27 Abs. 1 Nr. 1 WEGG verpflichtet ist.

15.6   Kosten der baulichen Veränderung

Der Fall

Eigentümer A hat sich den Anbau einer Markise durch Mehrheitsbeschluss genehmigen lassen. Eigentümer E war auf dieser Versammlung nicht anwesend und hat folglich nicht mitgestimmt. Der Beschluss wurde nicht angefochten. Nach fünf Jahren löst sich die Markise von der Fassade und muss instand gesetzt werden. E ist der Auffassung, das müsse A zahlen und wenn nicht, er auf jeden Fall nicht, weil er der Maßnahme nicht zugestimmt habe.

Das Problem

Oft ist weniger die bauliche Maßnahme das Problem für die anderen Eigentümer, sondern die Furcht vor weiteren Kosten. Und gerade die Kostenregelung einer baulichen Maßnahme nicht nur für die Einbaukosten, sondern auch die Kosten der zukünftigen Instandhaltungs- und Instandsetzungsmaßnahmen stellt den Verwalter vor eine Herausforderung. Dies liegt nicht zuletzt daran, dass umstritten ist, wie die sogenannten Folgekosten dem Bauwilligen wirksam auferlegt werden können.

Die Lösung

Jede bauliche Veränderung am gemeinschaftlichen Eigentum geht genau in dieses, also das gemeinschaftliche Eigentum, über. Auch wenn es sich um die Errichtung eines Gartenhauses auf der Sondernutzungsfläche handelt oder eine Markise, die fest mit der Fassade verbunden wird, gehen diese »neuen« Bestandteile in das gemeinschaftliche Eigentum über mit der Konsequenz, dass die Instandhaltung und Instandsetzung durch den Verband der Wohnungseigentümer sicherzustellen ist und die Kosten nach §16 Abs. 2 WEGG von allen Eigentümern zu tragen sind. Eine Ausnahme der Kostentragung macht §16 Abs. 6 WEGG, wonach diejenigen Wohnungseigentümer, die einer Maßnahme der baulichen Veränderung nicht zugestimmt haben, keine Nutzungen aus der baulichen Veränderung ziehen und auch nicht an deren Kosten beteiligt werden dürfen.

Dies mag als Änderung des Verteilerschlüssels noch ohne Probleme für den Verwalter umzusetzen sein, wenn die Nutzung tatsächlich nur einem Eigentümer obliegt (z.B. Gartenhaus, Markise). Wenn jedoch eine Maßnahme beschlossen wurde, die über eine Instandsetzung hinausgeht und daher als bauliche

Maßnahme qualifiziert und von allen genutzt wird, oder wenn doch zumindest die Möglichkeit der Nutzung besteht (z.B. aufwendige Umgestaltung des gemeinschaftlichen Gartens als »Wohlfühloase«), ist die Frage schon schwieriger zu beantworten, ob § 16 Abs. 6 WEGG angewendet werden kann. Im Falle einer Schwimmbadvergrößerung ist der BGH davon ausgegangen, dass der Eigentümer, der der Maßnahme nicht zugestimmt hat, nach § 16 Abs. 6 WEGG von den Kosten freizuhalten ist.[324] Das ist wenig einleuchtend und noch weniger praktikabel. Sobald das Gemeinschaftsinteresse betroffen ist und die Möglichkeit der Mitbenutzung besteht, ist eine Kostenbelastung auch der Eigentümer vorzunehmen, die nicht zugestimmt haben, da eine Nutzungsmöglichkeit besteht.

Für § 16 Abs. 6 WEGG ist generell kein Raum mehr, wenn die Eigentümer nicht nur die bauliche Veränderung, sondern zugleich auch nach § 16 Abs. 4 WEGG die Kosten der Errichtung der Maßnahme beschlossen haben. Der Anwendungsbereich ist insoweit eröffnet, da es sich um eine Einzelmaßnahme handelt und es dem Gebrauchsmaßstab entspricht, den Eigentümer mit den Kosten zu belasten, der die bauliche Veränderung begehrt. Die Eigentümer haben daher die Beschlusskompetenz, die Kostenverteilung für die Errichtungskosten nach § 16 Abs. 4 WEGG anderweitig zu beschließen.

Noch nicht entschieden ist allerdings die Frage, ob die Eigentümer über § 16 Abs. 4 WEGG auch die Folgekosten beschließen können, daher die zukünftigen Kosten der Instandhaltung und Instandsetzung der baulichen Veränderung. Das LG Hamburg hat einen solchen Beschluss mangels Beschlusskompetenz als nichtig angesehen, da § 16 Abs. 4 WEGG nur auf die Kosten des konkreten Einzelfalls abstelle, also nur auf die Kosten, die unmittelbar mit der Umsetzung der Maßnahme anfallen, und nicht auf die späteren Folgekosten. Da die Voraussetzung des Einzelfalls kompetenzbegründend ist, ist eine Beschlussfassung über Folgekosten nicht nur anfechtbar, sondern nichtig.[325] Eine Entscheidung des BGH steht derzeit noch aus, sodass momentan ungeklärt ist, ob die Eigentümer über die Verteilung der Folgekosten beschließen können.

Auch hier könnte § 16 Abs. 6 WEGG weiterhelfen: Liegen die Voraussetzungen einer Kostenbefreiung nach § 16 Abs. 6 WEGG vor, so gilt die Befreiung auch für die Folgekosten, also die späteren Instandhaltungs- und Instandsetzungskosten der baulichen Veränderung.[326] Wird daher beabsichtigt, die anderen Eigentümer von sämtlichen Kosten der Maßnahme der baulichen Veränderung

---

324 BGH, Urteil v. 11.11.2011 – V ZR 65/11; ZMR 2012, 213
325 LG Hamburg, Urteil v. 4.3.2016 – 318 S 109/15; ZMR 2016, 484
326 BGH, Beschluss v. 19.12.1991 – V ZB 27/90, NJW 1992, 978; LG Itzehoe, Urteil v. 12.7.2011 – 11 S 51/10, ZMR 2012, 219

freizuhalten, wird vertreten, dass nur der Bauwillige der Maßnahme im Beschlusswege zustimmt, während sich die anderen Eigentümer ihrer Stimme
enthalten. Nach §16 Abs. 6 WEGG hat dann nur der Bauwillige zu zahlen und
die übrigen Eigentümer sind weder mit den Kosten der Errichtung noch mit
zukünftigen Instandsetzungskosten zu belasten. Gerichtlich entschieden ist
diese Vorgehensweise derzeit noch nicht.

> **!** **Wichtig**
>
> Die Anwendung des §16 Abs. 6 WEGG ist für den Verwalter problematisch. Oft wird
> die Vorschrift von den Eigentümern nicht gesehen. Um hier aber auf eventuelle
> Einwände vorbereitet zu sein, bedarf es einer namentlichen Abstimmung, da an-
> dernfalls zu einem späteren Zeitpunkt nicht mehr nachvollzogen werden kann, wer
> einer baulichen Maßnahme zugestimmt hat bzw. gerade nicht zugestimmt hat.
> Unklar ist derzeit, wie der Verwalter die Folgekosten rechtssicher beschließen
> lassen kann. Sofern er sich für den Weg des §16 Abs. 4 WEGG entscheidet, läuft er
> Gefahr, dass dieser Beschluss von der Rechtsprechung als nichtig betrachtet wird.
> Es sollte daher darauf geachtet werden, dass erst die bauliche Veränderung be-
> schlossen wird und in einem weiteren Beschluss die Frage der Kostenregelung, um
> das Risiko der Nichtigkeit des gesamten Beschlusses zu umgehen.
> Der Weg des §16 Abs. 6 WEGG, in dem sich alle auf der ETV anwesenden Eigentümer
> der Stimme enthalten, wird wohl nur in kleineren Gemeinschaften praktizierbar sein
> und stößt oft auf Unverständnis bei den Eigentümern. Schlussendlich ist der einzig
> sichere, jedoch nicht zufriedenstellende Weg die schuldrechtliche Vereinbarung aller
> Eigentümer über die Kosten der baulichen Veränderung, die dann aber zur Bindung
> der Sonderrechtsnachfolger in das Grundbuch eingetragen werden müsste.

15.7 Ausbaurechte in der Gemeinschaftsordnung

Der Fall
Dem Eigentümer E ist ein weitreichendes Recht eingeräumt worden, den über
seiner Einheit liegenden Dachboden zu Wohnzwecken auszubauen. E will
nach ein paar Jahren tatsächlich ausbauen, die übrigen Eigentümer sind aber
der Auffassung, sie müssten in die Planung einbezogen werden und E müsse
sämtliche bauordnungsrechtlichen Genehmigungen einholen.

Das Problem
Für den Verwalter können die Ausbaurechte in der GO zu Schwierigkeiten führen, wenn nicht ausreichend klar geregelt ist,

- wie die Ausbaurechte ausgestaltet sind,
- was der jeweilige Sondereigentümer zu leisten hat und
- welche Ansprüche er im Rahmen des Ausbaus an die Gemeinschaft stellen
  kann, die dann wiederum vom Verwalter veranlasst werden müssen.

> **Beispiel eines Ausbaurechts in der Gemeinschaftsordnung** !
>
> »Dem jeweiligen Eigentümer der im Dachgeschoss belegenen Wohnungseigentums-
> einheit Nr. 5 wird das Recht eingeräumt, die zum Sondereigentum gehörenden, bis-
> her nicht zu Wohnzwecken ausgebauten Räume, wie Trockenboden, Abstellräume,
> Bodenraum, die im beigefügten Lageplan rot eingezeichnet sind, zu Wohnzwecken
> auszubauen, sofern dies baurechtlich genehmigt wird.«

Die Lösung

Ausbaurechte berechtigen den jeweiligen Sondereigentümer zu einer fach-
gerechten Umgestaltung des gemeinschaftlichen Eigentums. Es handelt sich
bei den erforderlichen Maßnahmen für die Umgestaltung zweifelsohne um
Maßnahmen der baulichen Veränderung, da in der Regel in das gemeinschaftliche Eigentum eingegriffen wird. Allerdings haben die Eigentümer über die
GO bereits ihre Zustimmung gegeben, dass die Maßnahme umgesetzt werden
darf, sodass das Ob bereits geklärt ist.

Je nach Ausgestaltung des Ausbaurechts haben die Eigentümer allenfalls noch
ein Mitspracherecht, wie die konkrete Ausgestaltung vorzunehmen ist. Der
ausbauende Sondereigentümer haftet den anderen Eigentümern gegenüber
auf eine mangelfreie Herstellung der Umbauarbeiten.[327] In der Regel erwirbt
der Ausbauberechtigte über die Vereinbarung in der GO das Recht, alle Maßnahmen im gemeinschaftlichen Eigentum umzusetzen, die für den Erfolg
(Ausbau zu Wohnzwecken) erforderlich sind. So ist es ihm gestattet, das
Dach anzuheben, um die bauordnungsrechtliche Raumhöhe zu erreichen, und
Fenster einzubauen, wobei der Einbau von Dachgauben zur Erweiterung der
Raumgröße und die Errichtung einer Dachterrasse ohne explizite Erwähnung
in der GO oder nachträgliche Genehmigung zu weit gehen wird. Berechtigt die
Teilungserklärung zu einem Dachgeschossausbau, »sobald hierfür die behörd-
lichen Genehmigungen vorliegen«, muss die Genehmigung den Eigentümern
auch vorliegen. Es reicht nicht aus, dass die Behörde genehmigen kann.[328] Es
ist bei einer solchen Formulierung Aufgabe des Ausbauberechtigten, die erforderlichen Genehmigungen auf seine Kosten einzuholen. Auch die Kosten
des Ausbaus sind von ihm zu tragen.

Sofern allerdings die Ausbaurechte in der GO keine weiteren Regelungen zu
einer Kostentragung für die Instandhaltung und Instandsetzung enthalten,
so haftet der Eigentümer für einen mangelfreien Ausbau, nicht aber für die
späteren Instandhaltungs- und Instandsetzungskosten. Diese sind mangels

---

327 KG Berlin, Urteil v. 28.2.2000 – 24 W 8820/98; ZMR 2000, 635
328 BGH, Urteil v. 18.1.2013 – V ZR 88/12

anderweitiger Regelung in der GO von der Gemeinschaft zu tragen. §16 Abs. 6 WEGG kann nicht angewendet werden, da alle Eigentümer mit der Vereinbarung in der GO bereits ihre Zustimmung gegeben haben und §16 Abs. 6 WEGG voraussetzt, dass derjenige von den Kosten einer Baumaßnahme zu befreien ist, der dieser nicht zugestimmt hat.

Jedes eingeräumte Recht in einer GO für einen späteren Aus- oder Umbau zugunsten eines Eigentümers ist stets danach auszulegen, ob dem Eigentümer nur das Recht zum Ausbau eingeräumt wurde, die Eigentümer also grundsätzlich zugestimmt haben (Ob-Beschluss) oder ob die Vereinbarung auch regelt, dass die Eigentümer bereits jeglicher Ausgestaltung zustimmen (»Es wird jede Baumaßnahme am gemeinschaftlichen Eigentum gestattet, die baubehördlich zulässig ist und genehmigt wird«). Im letzteren Fall haben die Eigentümer auch über das Wie des Beschlusses kein Mitspracherecht und müssen jede Maßnahme dulden, die für das Erreichen des Ausbaus erforderlich ist, sofern bauordnungsrechtlich keine Bedenken bestehen.

Entstehen durch den Ausbau Schäden am gemeinschaftlichen Eigentum oder am Sondereigentum eines anderen Eigentümers, haftet der ausbauende Eigentümer.

Im obigen Fall kommt es daher ausschließlich darauf an, wie die Vereinbarung ausgestaltet ist, um beantworten zu können, welche Mitwirkungsrechte oder -pflichten die übrigen Eigentümer haben und wer die bauordnungsrechtlichen Genehmigungen einzuholen hat.

! **Wichtig**

Sofern der Verwalter mit einem Ausbaurecht konfrontiert wird, muss er klären oder klären lassen, ob es überhaupt einer Mitwirkung der übrigen Eigentümer bedarf und ob ein Mitspracherecht der Eigentümer besteht. Enthält die Vereinbarung keinerlei Regelung zur Einholung bauordnungsrechtlicher Genehmigungen und entsteht durch den Ausbau z. B. das Erfordernis der Errichtung eines zweiten Rettungswegs, so kann es sich sogar um eine Verpflichtung aller Eigentümer handeln, da alle Eigentümer für die plangerechte Herstellung des gemeinschaftlichen Eigentums haften und der Ausbau von Beginn an in der GO angelegt war. Auch die Kostenfrage für zukünftige Instandhaltungs- und Instandsetzungsmaßnahmen muss geklärt werden und nicht zuletzt die laufende Kostenbeteiligung für die zusätzliche Wohn- und Heizfläche, die durch den Ausbau entsteht.

16 Nachbarrecht

16.1 Anspruch des Nachbarn

Der Fall

Nachbar N der WEG ärgert sich schon lange über die überhängenden Äste der an der Grenze auf dem Grundstück der WEG stehenden Bäume. Diese führen zu einer erheblichen Ansammlung von Laub auf seinem Grundstück und verschatten große Teile seiner Terrasse. Mehrfach hat er die WEG bereits aufgefordert, einen Rückschnitt vorzunehmen, jedoch erfolglos.

Der Verwalter hatte das Ansinnen des Nachbarn auf der ETV erörtert und Angebote für einen Rückschnitt vorbereitet. Die Eigentümer haben sich aber geweigert, den Rückschnitt zu beschließen mit der Auffassung, die Bäume stehen bereits seit Jahrzehnten dort und haben daher ein Recht, ungestört zu wachsen.

N reicht es. Er setzt eine letzte Frist, beauftragt ein Fachunternehmen, das einen sachgerechten Rückschnitt und die Entsorgung des Schnitts vornimmt. N will die Kosten der Beauftragung von der WEG ersetzt haben. Diese lehnt ab.

Das Problem

Neben vieler anderer Themen, die der Verwalter im Rahmen der Verwaltung des gemeinschaftlichen Eigentums im Innenverhältnis zu den Eigentümern zu beachten hat, gilt es zudem, die nachbarrechtlicher Vorschriften als Teil der Verwaltung des gemeinschaftlichen Eigentums zu kennen. Der Verwalter sieht sich auch in diesem Bereich der Herausforderung ausgesetzt, die Eigentümer über die bestehenden Rechte, aber auch Pflichten zu informieren und dabei die ihm eingeräumten Befugnisse über das Gesetz, den Verwaltervertrag oder die GO einzuhalten und nicht zu überschreiten.

Die Lösung

Wie jeder Grundstückseigentümer sind auch die Eigentümer an nachbarrechtliche Vorschriften gebunden. Diese ergeben sich aus den Vorschriften des Bürgerlichen Gesetzbuches (BGB) und denen des Landesnachbarrechtes. Die zentralen Normen sind die §§ 903 bis 924 BGB, die Vorschriften über die Grunddienstbarkeiten in den §§ 1018 bis 1029 BGB und über die Reallasten in den §§ 1105 bis 1112 BGB.

Grundsätzlich kann jeder Grundstückseigentümer mit seinem Grundstück nach Belieben verfahren und andere von einer Einwirkung ausschließen (§ 903

Abs. 1 BGB). Er darf aber durch die Nutzung seines Grundstücks nicht in die Rechte anderer Grundstückseigentümer und somit auf diese beeinträchtigend einwirken, sofern diese die Beeinträchtigung nicht zu dulden haben (§ 906 BGB). In diesem Rahmen spielt sich das Nachbarrecht ab. Was zu dulden ist und welche Ansprüche auf Beseitigung bestehen, wird weiter konkretisiert über die Landesnachbarrechte, die die Rechte und Pflichten benachbarter Grundstückseigentümer weiter ausgestalten.

Einen großen Streitpunkt stellen Grenzeinrichtungen dar (Grenzzäune, Mauern, Hecken) sowie die einzuhaltenden Grenzabstände der auf den jeweiligen Grundstücken gepflanzten Hecken, Büsche und Sträucher. Befindet sich genau auf der Grenze zwischen zwei benachbarten Grundstücken eine Mauer und ist diese schadhaft, stellt sich stets die Frage, wer diese instand setzen muss und – in der Regel viel entscheidender – wer die Kosten zu tragen hat. Einen Anspruch auf Errichtung einer Grenzmauer hat kein Grundstückseigentümer, dies setzt die Zustimmung des Nachbarn voraus. Wird diese eingeholt, heißt das jedoch nicht, dass sich der Nachbar auch grundsätzlich an den Errichtungskosten zu beteiligen hat. Diese trägt derjenige, der errichtet. Anders sieht es jedoch bei den Unterhaltungskosten aus, die im Folgenden dann von beiden Nachbarn hälftig zu tragen sind. Selbstverständlich können die Grundstückseigentümer andere vertragliche Regelungen treffen.

Die Abstandsflächen zur Grundstücksgrenze von Hecken, Büschen, Sträuchern und Bäumen sind in den Landesnachbarrechten verbindlich getroffen und begründen einen Anspruch auf Versetzung oder Entfernung, wenn sie nicht eingehalten werden. Zu beachten ist, dass die Ansprüche des Nachbarn der Verjährung unterliegen, die ebenfalls in den Landesnachbarrechten geregelt ist und die zwischen zwei und sechs Jahren stark variieren, sodass jeder Verwalter im Streitfall gehalten ist, die Fristen im Landesnachbarrecht in Erfahrung zu bringen. Auch der Beginn der Frist ist nicht einheitlich geregelt. Es wird in einigen Bundesländern auf den Zeitpunkt der Pflanzung abgestellt und in anderen auf den Zeitpunkt, zu dem die Maximalhöhe überschritten wurde.

Auch wenn ein oder mehrere Bäume im vorgeschriebenen Abstand gepflanzt wurden, wird es sich nicht vermeiden lassen, dass Wurzeln oder Äste auf das Nachbargrundstück ragen oder wachsen. In § 910 BGB besteht eine Pflicht, dafür Sorge zu tragen, dass Zweige nicht in einer Weise in das Nachbargrundstück ragen, dass es zu Beeinträchtigungen des Nachbarn kommt. An die Intensität der Beeinträchtigung müssen keine hohen Anforderungen gestellt werden, sodass bereits geringfügige Beeinträchtigungen ausreichend sein können.[329] Es besteht daher nicht nur ein Anspruch nach § 1004 Abs. 1 BGB des durch Überhang von Ästen betroffenen Nachbarn, dass diese entfernt werden. § 910 Abs. 1 BGB gibt dem Nachbarn zudem das Recht, Zweige und Wurzeln, die auf sein Grundstück eindringen bzw. herüberragen, abzuschneiden. Erfüllt der von dem Überhang betroffene Eigentümer die Pflicht des störenden Eigentümers, kann er von ihm die hierfür aufgewandten Kosten ersetzt verlangen.[330]

Da die WEG-Eigentümer Bruchteilseigentümer des Grundstücks sind, stellt sich für einen Dritten, hier den Nachbarn, bei einer Inanspruchnahme hinsichtlich des Nachbarrechts die Frage, gegen wen er seine Ansprüche zu richten hat. Infrage kommen alle Miteigentümer als Bruchteilseigentümer oder der Verband der Wohnungseigentümer, somit die WEG. Zu einem Rückschnitt verpflichtet und damit auch zur Übernahme der Kosten für den Fall der Selbstvornahme des sich gestört fühlenden Nachbars ist die WEG als teilrechtsfähiger Verband.[331] Bei der Erfüllung der gegenüber dem Nachbarn bestehenden Beseitigungspflicht handelt es sich um eine Maßnahme der laufenden Verwaltung des gemeinschaftlichen Eigentums.[332]

Achtung !

Die Erfüllung der Ansprüche des Nachbarn richtet sich gegen die WEG als Teil der laufenden Verwaltung des gemeinschaftlichen Eigentums. Dem Verwalter obliegt es nach § 27 Abs. 1 Nr. 2 WEGG, die erforderlichen Maßnahmen zu treffen (Kontrolle und Vorbereitung der Beschlussfassung).

Wichtig !

Zur ordnungsmäßigen Instandhaltung und Instandsetzung gehört auch die regelmäßige Pflege des sich auf dem Grundstück der Eigentümer befindlichen Baum- und Strauchbestandes. Um sich nicht den Beseitigungs- oder sogar Ersatzansprüchen des Nachbarn ausgesetzt zu sehen, sollte der Bestand regelmäßig auf Überhang kontrolliert werden und die Eigentümer sollten den Rückschnitt beschließen.
Problematisch wird es, wenn der vom Nachbarn geforderte Rückschnitt Ausmaße annimmt, die den Erhalt des Baumes gefährden. Da in vielen Städten Baumschutzsatzungen eine Fällung oder den Rückschnitt eines Baumes in einem Umfang, der den Erhalt des Baumes in Gefahr bringt, untersagen, bedarf es einer Ausnahmegenehmigung. Es bleibt hier zwar bei einer Störerhaftung der WEG, aber diese steht unter dem Vorbehalt der Beantragung einer Ausnahmegenehmigung bei der Stadt. Wird diese versagt, kann ein Beseitigungsanspruch nur in einem Umfang durchgesetzt werden, der den Bestand des Baumes nicht berührt.

329 BGH, Urteil v. 14.11.2003 – V ZR 102/03; NJW 2004, 1037
330 BGH, Urteil v. 14.11.2003, NJW, 2004, 1037; OLG München, Urteil v. 11.6.2008 – 5 U 2059/08
331 BGH, Beschluss v. 2.6.2005 – V ZB 32/05; NJW 2005, 2061
332 OLG München, Urteil v. 11.6.2008 – 5 U 2059/08

16.2 Ansprüche der WEG gegen den Nachbarn

Der Fall

Die WEG beschließt die Instandsetzung der Fassade und das Anbringen eines Wärmedämmverbundsystems. Die Westfassade stellt bereits die Grundstücksgrenze zum Nachbarn N dar. Dieser verweigert den Zutritt auf sein Grundstück, um die Maßnahme durchführen zu lassen. Im Aufbringen der Wärmedämmung, die dann 0,10 m auf eine Länge von 5 m in sein Grundstück hineinragt, sieht er einen unzulässigen Überbau und droht mit Klage.

Das Problem

Grenzen Bauteile der WEG unmittelbar an das Nachbargrundstück oder stellen diese bereits die Grundstücksgrenze dar, steht die WEG und damit der Verwalter vor dem Problem, dass für die Instandsetzung das Nachbargrundstück betreten werden muss. Werden Veränderungen an dem Bauteil vorgenommen, die dann in das Grundstück des Nachbarn ragen oder die erforderlichen Abstandsflächen unterschreiten, muss der Verwalter vor der Beschlussfassung diese Besonderheiten berücksichtigen, die Eigentümer informieren und über die Maßnahme als solche weitere Beschlüsse fassen lassen, um die Ansprüche der Eigentümer durchsetzen zu können.

Die Lösung

Der Überbau ist in § 912 BGB geregelt und betrifft die in der Praxis häufigen Fälle, dass bei der Errichtung eines Gebäudes oder bei späteren Umbauarbeiten über die Grundstücksgrenze gebaut wird, z. B. Balkone, Erker, Dachüberstände, aber auch unter der Erdoberfläche Keller, Tiefgarage o. Ä. Manchmal tritt ein Überbau da ein, wo man ihn bei der Planung der Maßnahme nicht im Blick hat, wie bei der Fassadensanierung und der Anbringung eines Wärmedämmverbundsystems.

§ 912 BGB sieht vor, dass der Nachbar einen Überbau zu dulden hat, wenn ohne Vorsatz oder grobe Fahrlässigkeit überbaut wurde und der Nachbar nicht vor oder sofort nach dem Überbau widerspricht. Nach § 912 Abs. 2 BGB muss er dies aber nicht entschädigungslos hinnehmen, sondern erwirbt einen Anspruch auf Zahlung einer Geldrente. Die Geldrente richtet sich nach dem Quadratmeterpreis des Nachbargrundstücks, multipliziert mit der Fläche, die überbaut worden ist (im obigen Fall 0,10 m × 5 m = 0,5 qm × Quadratmeterpreis des Nachbargrundstücks).

Das Bedürfnis des Überbaus im Rahmen einer energetischen Instandsetzung (Wärmedämmung) haben mittlerweile auch die Städte und Gemeinden erkannt und in der Regel Verordnungen erlassen, die eine Duldung des

Grundstücksnachbarn vorschreiben und zugleich die Zahlung einer Geldrente vorsehen (z.B. §23a NachbG NRW). War jedoch bereits bei Gebäudeerrichtung die erforderliche Dicke der Wärmedämmung vorgeschrieben, wurde jedoch nicht aufgebracht, kann sich der Eigentümer später nicht auf einen zu duldenden Überbau berufen, sondern er hätte den erforderlichen Abstand bereits bei Errichtung einhalten müssen.[333]

Stehen Gebäudeteile unmittelbar auf der Grundstücksgrenze und können diese sonst nicht oder nur mit unverhältnismäßig hohem Aufwand instand gehalten oder gesetzt werden und beeinträchtigt eine Instandsetzung der Bauteile andererseits den Nachbarn nur vorübergehend und geringfügig, so hat der Nachbar die Durchführung der Arbeiten im Rahmen des Hammerschlags- und Leiterrecht zu dulden. Das Hammerschlagsrecht gibt die Befugnis, das Grundstück des Nachbarn zu betreten. Das Leiterrecht berechtigt, dort auch Leitern und Gerüste aufzustellen sowie Geräte und Materialien über das Grundstück zu transportieren und sie dort zu lagern. Das Hammerschlags- und Leiterrecht berechtigt jedoch nicht, ohne Ankündigung das Grundstück zu betreten und mit den Arbeiten zu beginnen, sondern setzt eine rechtzeitige Ankündigung voraus, die Mitteilung über den Umfang der Arbeiten und die Einholung der Zustimmung des Nachbarn. Erteilt er sie nicht, muss der Nachbar gerichtlich in Anspruch genommen werden. Dem Nachbarn steht nach Ausführung der Arbeiten ein Wiederherstellungsanspruch zu, sofern im Zuge der Arbeiten, was der Regelfall sein dürfte, sein Eigentum beschädigt wurde (z.B. Rasen, Bepflanzung etc.).

Wichtig !

Bei jeder Maßnahme, die die WEG plant, sollte der Verwalter im Blick haben, ob hierdurch Abstandsflächen unterschritten werden oder ein Überbau erfolgt. Sollte dies der Fall sein, muss Kontakt mit dem Nachbarn aufgenommen werden, um mit diesem im Falle des Überbaus eine einvernehmliche Regelung zu erzielen. Darin muss festgehalten werden, dass der Nachbar die Zustimmung für die konkrete Maßnahme erhält, die Durchführung der Instandhaltung und Instandsetzung des in das Grundstück des Nachbarn ragenden Bauteils sowie die Höhe der Geldrente. Der Verwalter muss vor Beschlussfassung den betroffenen Nachbarn auf das bestehende Hammerschlags- und Leiterrecht hinweisen und die Zustimmung für das Betreten des Grundstücks einholen. Verweigert der Nachbar dies, muss sich der Verwalter auf der ETV ermächtigen lassen, die Ansprüche gegen den Nachbarn gerichtlich durchzusetzen, da andernfalls die beschlossene Instandsetzungsmaßnahme nicht ausgeführt werden kann.

---

333 BGH, Urteil v. 2.6.2017 – V ZR 196/16; ZMR 2017, 943

16.3 Nachbarrecht der Eigentümer untereinander

Der Fall

Eigentümer A und B haben jeweils einen unmittelbar aneinandergrenzenden Garten, an denen ihnen ein Sondernutzungsrecht eingeräumt wurde. Seit Jahren streiten beide über die Bepflanzung der Gärten. A wendet ein, dass B die Abstandsflächen des Nachbarrechts zu beachten habe, und B ist der Auffassung, sie seien keine Nachbarn im Sinne des Nachbarrechts.

Das Problem

Die Bepflanzung der Gärten, an denen Sondernutzungsrechte bestehen, kann in einer WEG ein großes Streitpotenzial entfalten. Das sind einmal die übrigen Eigentümer, die sich auf vielfältige Weise gestört fühlen können, aber auch die Sondernutzungsberechtigten untereinander. Und mittendrin ist der Verwalter.

Die Lösung

Die Nutzung des Sonder- oder gemeinschaftlichen Eigentums obliegt den Eigentümern nach Maßgabe der §§ 13 bis 15 WEGG. Die zentrale Norm ist § 14 Nr. 1 WEGG, wonach jeder von seinem Sonder- oder gemeinschaftlichem Eigentum nur so Gebrauch machen darf, dass keinem der übrigen Eigentümer ein über das bei einem geordneten Zusammenleben unvermeidliche Maß hinaus ein Nachteil erwachsen darf. Die Regelungen des allgemeinen privaten Nachbarrechts sind zwischen den Miteigentümern nicht unmittelbar anwendbar, sondern finden Einfluss über die Bewertung des Nachteils nach § 14 Nr. 1 WEGG. Gerade im Bereich des Sondernutzungsrechts fließen die Vorschriften der jeweiligen Landesrechte ein, wenn es um die Frage des Abstandes der Bepflanzung[334] bzw. des Überhangs oder Überbaus geht.

Bei der Bepflanzung der Sondernutzungsflächen sind daher die landesrechtlichen Vorschriften zu Grenzabständen zu beachten und nehmen Einfluss auf die Ausgestaltung des Rücksichtnahmegebots des § 14 Nr. 1 WEGG. Werden Grenzabstände nicht eingehalten oder führt ein starker Pflanzenwuchs zu weiteren Störungen, steht jedem Sondereigentümer ein Beseitigungs- und Unterlassungsanspruch nach § 1004 Abs. 1 BGB und § 15 Abs. 3 WEGG zu.

> **! Wichtig**
>
> Wichtig für den Verwalter ist die Frage, ob er für den Streit der Eigentümer über Pflanzabstände o. Ä. zuständig ist. Solange kein Beschluss der WEG gefasst wurde, etwaige Ansprüche gegen den oder die Eigentümer im Namen der WEG durchzuset-

---

334 BGH, Urteil v. 22.6.2012 – V ZR 73/11; ZMR 2012, 883

zen, sind die in diesem Fall vorliegenden Beseitigungs- oder Unterlassungsansprüche nach den §§ 1004 Abs. 1, 15 Abs. 3 WEGG Individualansprüche der Eigentümer, die
sie selbst ohne Unterrichtung der WEG durchsetzen können. Daher ist der Verwalter
bis zur Beschlussfassung nicht zuständig, sofern er sich nicht gesondert von einem
Eigentümer bevollmächtigen lässt.

17 Bauträgerrecht

17.1 Die Abnahme – Regelungen in den Erwerber-verträgen und die Folgen

Der Fall

Bauträger T hat alle Wohnungen bereits an die erfreuten Eigentümer übergeben, er hat die Außenanlagen fertiggestellt und fordert nun den Verwalter V auf, die Abnahme zu organisieren. In den Erwerberverträgen ist vereinbart, dass der Verwalter die Abnahme bindend für die Wohnungseigentümer zu erklären hat. V kommt dem nach und nimmt das gemeinschaftliche Eigentum am 2.5.2011 ab.

In der Folgezeit kommt es zu Feuchtigkeitseintritten in den Dachgeschoss-wohnungen, die auf Herstellungsmängel in der Dachabdichtung zurückzuführen sind. Die WEG kann sich lange nicht entschließen, tätig zu werden, erhebt aber schlussendlich Klage im September 2016. T wendet Verjährung ein.

Das Problem

Übernimmt der Verwalter eine WEG unmittelbar vom Bauträger und ist er damit Erstverwalter, kommen neben der »normalen« Verwaltertätigkeit weitere Aufgaben auf ihn zu. Die Eigentümer fordern vom Verwalter die Abnahme des gemeinschaftlichen Eigentums, die Meldung und Überwachung auftretender Mängel, die Unterrichtung der Eigentümer, wie diese gegen den Bauträger geltend zu machen sind, und vieles mehr. Allein die Frage, wer die Abnahme nach Fertigstellung durch den Bauträger zu erklären hat, beschäftigt die Rechtsprechung seit Jahren. Wichtig ist diese Frage für den Verwalter, weil er die Gewährleistungsfristen und deren Ablauf im Blick haben muss.

Die Lösung

Die Entstehung der WEG, mit Auflassungsvormerkung und Besitzeinräumung des ersten Erwerbers und die Abnahme des gemeinschaftlichen Eigentums fallen zeitlich oft auseinander, da das gemeinschaftliche Eigentum (z.B. Außenanlagen) häufig erst zu einem späteren Zeitpunkt fertiggestellt wird. Der Verwalter ist mit der Entstehung der werdenden WEG durch Bestellung als Erstverwalter über die GO oder über eine separate Beschlussfassung im Amt und hat die Belange der WEG zu beachten. Die Abnahme – und damit verbunden die weiteren Rechte der Eigentümer und/oder der WEG – ist eine entscheidende Zäsur, die oft in der einen oder anderen Weise vom Verwalter begleitet wird.

Die Abnahme nach §640 Abs. 1 BGB ist die körperliche Entgegennahme des Werks als im Wesentlichen vertragsgemäß. Auch für den Verwalter entscheidend ist die Unterscheidung der technischen und der rechtsgeschäftlichen Abnahme. Die technische Abnahme erfolgt häufig über einen Bausachverständigen, der das gemeinschaftliche oder Sondereigentum begeht und dieses auf Mangelfreiheit und Abnahmereife hin überprüft. Hiervon zu unterscheiden ist die rechtsgeschäftliche Abnahme, mit dem der Besteller/Eigentümer dem Unternehmer/Bauträger erklärt, mit seinem Werk einverstanden zu sein und dieses abnehmen zu wollen.

Die Abnahme hat zur Folge:
- die Beendigung des Erfüllungsstadiums
- die Beschränkung des Bestellers auf seine Mängelrechte
- den Übergang der Gefahr für den zufälligen Untergang
- den Übergang der Beweislast für Mängel auf den Besteller (Erwerber)
- die Fälligkeit der letzte Abschlagszahlung aus dem Erwerbervertrag
- den Beginn des Laufens der Verjährung (i.d.R. fünf Jahre)

Die Abnahme kann sowohl ausdrücklich, d.h. durch Erklärung des Bestellers, erfolgen, als auch konkludent durch schlüssiges Verhalten, sofern sich aus dem Verhalten des Bestellers entnehmen lässt, dass dieser die Leistung als im Wesentlichen vertragsgerecht billigt. In den Erwerberverträgen kann zudem eine förmliche Abnahme vereinbart werden, sodass eine mündliche Erklärung des Bestellers, das Werk abzunehmen, nicht ausreicht, sondern zwingend eine Begehung und die Fertigung eines schriftlichen Abnahmeprotokolls voraussetzt.

Hat der Bauträger das Sonder- und gemeinschaftliche Eigentum im Wesentlichen vertragsgemäß fertiggestellt und damit die vollständigen vertraglichen Leistungen erbracht[335], kann er die Abnahme verlangen, wobei auf Gebrauchstauglichkeit/Funktionsfähigkeit des Werks abzustellen ist. Verweigert werden kann die Abnahme, sofern wesentliche Mängel vorliegen. Die Einschätzung, wann ein wesentlicher Mangel gegeben ist, ist oftmals schwierig und wird in der Regel über die Beauftragung eines Sachverständigen festgestellt. Auch bei Feststellung einer Vielzahl von Mängeln rechtfertigt dies nicht zwangsläufig die Verweigerung der Abnahme. Es muss sich um Mängel handeln, die den Gebrauch des Sonder- oder gemeinschaftlichen Eigentums unmöglich oder unzumutbar machen, z.B. fehlende Abgeschlossenheit der Wohnung bei fehlender Wohnungseingangstür, fehlende sanitäre Anlagen, fehlende Fenster, fehlende Heizungsanlage. Lediglich großflächig vorhandene »Schönheitsfeh-

---

335 BGH, Urteil v. 20.10.2005 – VII ZR 155/04; NJW-RR 2006, 303

ler«, wie etwa Schleifspuren an den Wänden, fehlende Verfugung der Fliesen in der Küche, rechtfertigen die Verweigerung der Abnahme nicht. Der Gesetzgeber hat zugunsten des Unternehmers/Bauträgers eine Änderung des §640 BGB vorgenommen, die die Fiktion der Abnahme erleichtern soll. Für Abnahmen, die nach dem 1.1.2018 erfolgen, gilt nun §640 Abs. 2 BGB.

> **§640 Abs. 2 BGB**   **!**
>
> Als abgenommen gilt ein Werk auch, wenn der Unternehmer dem Besteller nach Fertigstellung des Werks eine angemessene Frist zur Abnahme gesetzt hat und der Besteller die Abnahme nicht innerhalb dieser Frist unter Angabe mindestens eines Mangels verweigert hat. Ist der Besteller ein Verbraucher, so treten die Rechtsfolgen des Satzes 1 nur dann ein, wenn der Unternehmer den Besteller zusammen mit der Aufforderung zur Abnahme auf die Folgen einer nicht erklärten oder ohne Angabe von Mängeln verweigerten Abnahme hingewiesen hat; der Hinweis muss in Textform erfolgen.

Die Abnahme wird fingiert, sofern der Unternehmer dem Besteller nach Fertigstellung des Werks eine angemessene Frist zur Abnahme setzt und der Besteller die Abnahme nicht innerhalb dieser Frist unter Angabe mindestens eines Mangels verweigert. Es ist also nicht mehr ausreichend, dass der Besteller schlicht auf ein Abnahmeverlangen des Bestellers schweigt, sondern er muss mindestens einen Mangel benennen und damit Farbe bekennen. Handelt es sich bei dem Besteller um einen Verbraucher, so muss mit der Aufforderung zur Abnahme zugleich der Hinweis auf die Folgen einer nicht erklärten oder ohne Angabe von Mängeln verweigerten Abnahme in Textform erfolgen.

Als Besonderheit im Bauträgerrecht sind Teilabnahmen des Sonder- und gemeinschaftlichen Eigentums zulässig, sodass es zu unterschiedlichen Gewährleistungsfristen für Mängel am Sonder- und gemeinschaftlichen Eigentum kommen kann, sofern nicht beides am selben Tag abgenommen wird. Der Bauträger schuldet über die Erwerberverträge jedem Eigentümer die mangelfreie Herstellung des Sonder- und des gemeinschaftlichen Eigentums, sodass jedem Sondereigentümer grundsätzlich das Recht und die Pflicht obliegt, beides abzunehmen. Hinsichtlich der Abnahme des Sondereigentums (Wohnung/ Gewerbeeinheit) wird in der Regel auch jeder Eigentümer für sich tätig. Die erste Schwierigkeit tritt auf, weil mit der Abnahme der Sondereigentumseinheit auch Bauteile des gemeinschaftlichen Eigentums (Fenster, Wohnungseingangstür, Estrich etc.) abgenommen werden. Es stellt sich daher die Frage, ob die vom einzelnen Eigentümer erklärte Abnahme seiner Wohnung auch für Bauteile des gemeinschaftlichen Eigentums gilt, die sich nur in seiner Wohnung befinden. Viele Bauträger nehmen daher in die Erwerberverträge eine wechselseitige Vollmacht für alle Erwerber auf, die Abnahme für die sich im

Bereich des Sondereigentums befindlichen Bauteile des gemeinschaftlichen Eigentums jeweils für alle Eigentümer abzunehmen. In der Regel wird jedoch im Zuge der Abnahme des gemeinschaftlichen Eigentums eine stichprobenartige Begutachtung in den einzelnen Wohnungen durch einen Sachverständigen vorgenommen, der sich von der Mangelfreiheit überzeugt bzw. bestehende Mängel in das Abnahmeprotokoll aufnimmt.

Der Bauträger hat im Rahmen der Abnahme des gemeinschaftlichen Eigentums das Bedürfnis, diese mit Wirkung für alle Eigentümer/Erwerber zu bündeln, um die Teilnahme aller Erwerber am Abnahmetermin zu verhindern. Daher wird in den Erwerberverträgen häufig folgende oder ähnlich gestaltete Regelung zu finden sein:

> **!** **(Unwirksame) Formulierung zur Abnahme im Erwerbervertrag**
>
> »Der Käufer bevollmächtigt den nachgenannten vereidigten Sachverständigen, den nach dem Wohnungseigentumsgesetz für das Kaufobjekt bestellten Verwalter sowie den Verwaltungsbeirat mit der Abnahme des Gemeinschaftseigentums. Das Gemeinschaftseigentum ist somit abgenommen, wenn entweder alle Käufer oder anstelle von Käufern der Sachverständige oder der Verwalter oder der Verwaltungsbeirat das Gemeinschaftseigentum abnimmt.«

In einer Vielzahl von gerichtlichen Entscheidungen sind diese oder ähnliche Regelungen in den Erwerberverträgen und/oder der GO für unwirksam erklärt worden, da diese eine unbillige Benachteiligung des Erwerbers darstellen.[336] Bei den Regelungen im Erwerbervertrag handelt es sich um allgemeine Geschäftsbedingungen, die sich an der Klauselkontrolle messen lassen müssen. Die Erwerber sind Verbraucher und damit schutzwürdig, sodass jede vertragliche Regelung, die von der gesetzlichen Ausgangslage abweicht, daraufhin zu überprüfen ist, ob sie den Erwerber unangemessen benachteiligt oder überrascht (§§ 305c, 307 ff. BGB). Die Rechtsprechung geht bei der obigen Klausel davon aus, dass eine unangemessene Benachteiligung des Erwerbers vorliegt, da dieser einseitig und unwiderruflich auf das Recht verzichtet, die Abnahme im eigenen Namen vornehmen zu können. Sämtliche Regelungen sind daher unwirksam, die eine dritte Person (Verwalter oder Sachverständige, gleich ob vom Bauträger bestimmt oder von der WEG selbst zu bestimmen) unwiderruflich bevollmächtigen, die Abnahme für den Erwerber vorzunehmen. Der Erwerber muss immer die Möglichkeit haben, eine ggf. erteilte Vollmacht zu widerrufen, um die Abnahme selbst vorzunehmen. Auch eine Regelung in den

---

336 BGH, Urteil v. 12.9.2013 – VII ZR 308/12, ZMR 2014, 48; OLG Karlsruhe, Urteil v. 27.9.2011 – 8 U 106/10, NZM 2012, 35; OLG Stuttgart, Urteil v. 31.3.2015 – 10 U 46/14, ZMR 2015, 733; OLG Brandenburg, Urteil v. 13.6.2013 – 12 U 162/12, MittBayNot 2014, 434

Erwerberverträgen, wonach die Verjährung mit der Übergabe der Wohnung beginnt, ist unwirksam.[337] Wurde die Abnahme aufgrund einer unwirksamen Klausel im Erwerbervertrag vollzogen, entfaltet die so erklärte Abnahme mangels wirksamer Vollmacht der einzelnen Eigentümer keine Bindungswirkung für diese. Eine konkludente oder stillschweigende Abnahme ist in diesen Fällen ebenfalls nicht möglich, da den Erwerbern aufgrund der, wenn auch unwirksamen, Klausel das Erklärungsbewusstsein fehlt, dass sie mit einer vorbehaltlosen Zahlung und Nutzung zum Ausdruck bringen, das Werk als im Wesentlichen vertragsgerecht entgegenzunehmen.[338]

Eine Klausel im Erwerbervertrag eines späteren Erwerbers, wonach er an die bereits erklärte Abnahme des gemeinschaftlichen Eigentums gebunden ist, stellt ebenfalls eine unangemessene Benachteiligung dar – allein schon aufgrund der Verkürzung der Gewährleistungsfristen, sodass diese Regelung unwirksam ist.[339] Schlussendlich sind auch Vereinbarungen in der GO, die einen späteren Erwerber an eine Abnahme binden wollen, unwirksam. Gegenstand von Vereinbarung nach § 10 Abs. 2 WEGG können lediglich Regelungen sein, die das Verhältnis der Wohnungseigentümer untereinander betreffen. Die Abnahme des gemeinschaftlichen Eigentums fällt nicht hierunter, da diese das Verhältnis von Bauträger und Erwerber betrifft.[340]

Im oben geschilderten Fall ist die Abnahmeklausel in den Erwerberverträgen, wonach der Verwalter bindend für alle Eigentümer die Abnahme zu erklären hat, unwirksam. Eine Abnahme ist nicht erfolgt und damit nicht der Beginn der Gewährleistungsfrist. Auch wenn der Bauträger selbst davon ausgegangen ist, dass eine Abnahme am 2.5.11 vorgenommen wurde, kann die WEG nach Vergemeinschaftung der Ansprüche diese auch noch im September 2016 verfolgen, ohne dass der Bauträger Verjährung einwenden kann.

Wichtig !

Ganz wichtig: Die Unwirksamkeit einer Abnahmeerklärung ist nicht das Problem der Eigentümer oder der WEG, sondern einzig und allein das des Bauträgers. Eine unwirksame Abnahme hat zur Folge, dass die Verjährungsfristen nicht laufen und die WEG noch Ansprüche gegen den Bauträger richten kann – Jahre nach dem Zeitpunkt, der von allen als Ablauf der Gewährleistungszeit behandelt wurde. Dieser Umstand ist ein Vorteil für die Eigentümer und die WEG, was jedoch nicht heißt, dass der Verwalter nicht trotzdem gehalten ist, die Eigentümer rechtzeitig darü-

---

337 BGH, Urteil v. 15.4.2004 – VII ZR 130/03; ZMR 2004, 681
338 OLG München, Urteil v. 15.12.2008 – 9 U 4149/08; NJW-Spezial 2009, 173
339 BGH, Urteil v. 25.2.2016 – VII ZR 49/15; ZMR 2016, 660
340 BGH, Urteil v. 12.5.2016 – VII ZR 171/15; ZMR 2016, 711

ber aufzuklären, dass das gemeinschaftliche Eigentum auf Mängel zu untersuchen ist sowie ggf. Rechte gegen den Bauträger geprüft und auch gerichtlich verfolgt werden sollten.

Gleichwohl ist dem Verwalter anzuraten, die Frist zu notieren, von der der Bauträger ausgeht und die sich aus dem Abnahmeprotokoll ergibt. Es ist Aufgabe des Verwalters, auf einen Ablauf der Verjährung hinzuweisen und die Eigentümer rechtzeitig zu informieren. Auch wenn sich später herausstellen sollte, dass die angenommene Abnahme unwirksam war, hat der Verwalter trotzdem rechtzeitig darauf hingewiesen und die erforderlichen Beschlüsse der WEG eingeholt.

17.2 Die Abnahme und der Beschluss der WEG

Der Fall

Bauträger T hat alle Wohnungen bereits an die erfreuten Eigentümer übergeben, die Außenanlagen fertiggestellt und fordert nun den Verwalter V auf, die Abnahme zu organisieren. Der begeht im Beisein eines Sachverständigen die Anlage der WEG. Der Sachverständige stellt fest, dass keine wesentlichen Mängel vorliegen. Daraufhin beruft der Verwalter eine ETV ein und präsentiert den ET den Bericht des Sachverständigen. Die ET beschließen die Abnahme des gemeinschaftlichen Eigentums und bevollmächtigen den Verwalter, dies dem Bauträger gegenüber zu erklären, was dieser am 2.5.2011 tut. In der Folgezeit kommt es zu Feuchtigkeitseintritten in den Dachgeschosswohnungen, die auf Herstellungsmängel in der Dachabdichtung zurückzuführen sind. Die WEG kann sich lange nicht entschließen tätig zu werden, erhebt aber schlussendlich Klage im September 2016. T wendet Verjährung ein.

Das Problem

Der Verwalter ist gehalten, die ETV vorzubereiten und durch Information und Beratung dafür Sorge zu tragen, dass die ET Beschlüsse fassen, die ordnungsmäßiger Verwaltung entsprechen. Nichtige Beschlüsse darf der Verwalter nicht verkünden. Eine ihm im Rahmen nichtiger Beschlüsse erteilte Ermächtigung für ein Handeln Dritten gegenüber ist unwirksam und hat zur Folge, dass der Verwalter als Vertreter ohne Vertretungsvollmacht tätig wird.

Die Lösung

Zwingende Voraussetzung für die Möglichkeit der Verwaltung des gemeinschaftlichen Eigentums im Wege der Beschlussfassung ist das Vorliegen einer Beschlusskompetenz. Eine solche ergibt sich aus dem ausdrücklichen Wortlaut des Gesetzes (»Die Wohnungseigentümer können beschließen ...«), über die Generalklausel der ordnungsmäßigen Verwaltung des §21 Abs. 3 WEGG oder ggf. aus der GO. Die Beschlusskompetenz fehlt bei gesetzes- oder vereinbarungswidrigem Handeln oder der Nichtzuständigkeit der Gemeinschaft.

Hier setzt die Frage an, ob die WEG im Wege der Beschlussfassung die Abnahme des gemeinschaftlichen Eigentums mit Wirkung für alle Eigentümer beschließen kann, da gemäß §10 Abs. 4 und 5 WEGG eine Beschlussfassung alle derzeitigen und zukünftigen Eigentümer bindet, unabhängig von der Mitwirkung an der Beschlussfassung. Die derzeitige Rechtsprechung geht davon aus, dass den Eigentümern die Beschlusskompetenz für die Abnahme im Beschlusswege fehlt. Die Abnahme stellt eine individualrechtliche Pflicht des Erwerbers dar, sodass eine Beschlussfassung über die Abnahme mit dem Entzug des eigenen Rechts zur Abnahme für den Eigentümer einen übermäßigen Eingriff in sein grundgesetzlich geschütztes Recht auf Privatautonomie und Eigentum nach Art. 2 Abs. 1 und 14 Abs. 1 GG darstellt.[341] Auch sind mit der Abnahme weitergehende Pflichten der einzelnen Eigentümer wie die Werklohnzahlung verknüpft, sodass diese Folge nicht durch einen Mehrheitsbeschluss herbeigeführt werden kann.

> **Wichtig**　·
>
> Dem Verwalter kann daher nur geraten werden, von der Initiierung einer Beschlussfassung über die Abnahme des gemeinschaftlichen Eigentums abzusehen.

Eine solche Beschlussfassung muss nicht unbedingt so offensichtlich wie im obigen Fallbeispiel sein. Sie kann sich auch, wie in dem Fall der Entscheidung des LG München I[342] in dem Beschluss über die Annahme eines Vergleichs mit dem Bauträger im Zuge eines gerichtlichen Verfahrens verstecken. Der Vergleich enthielt neben der Verpflichtung des Bauträgers zur Zahlung eines bestimmten Betrags an die WEG zur Abgeltung verschiedener Mängel die weitere Vereinbarung, dass mit Abschluss des Vergleichs das gemeinschaftliche Eigentum als abgenommen gilt. Auch für eine solche versteckte Abnahme fehlt die Beschlusskompetenz, sodass der Beschluss für ungültig zu erklären war.

Auch hier muss der Verwalter darauf achten, was er den Eigentümern zur Beschlussfassung vorschlägt. Sollte von den Eigentümern der Wunsch an den Verwalter herangetragen werden, eine einheitliche Abnahme zu organisieren, obwohl dies eigentlich Aufgabe des Bauträgers ist und die Eigentümer eher in ihren Rechten beschränkt, könnte der nachfolgende Lösungsvorschlag vielleicht weiterhelfen, setzt jedoch wiederum die Mitwirkung aller ET voraus.

341 LG München I, Urteil v. 7.4.2016 – 36 S 17586/15; ZMR 2016, 991
342 LG München I, Urteil v. 7.4.2016 – 36 S 17586/15; ZMR 2016, 991

> **!** **Lösungsvorschlag zur einheitlichen Abnahme durch die Gesamthand der ET**
>
> 1. Die ET fassen einen Beschluss mit Ermächtigung des Verwalters, einen Sachverständigen mit der Feststellung der Abnahmereife des gemeinschaftlichen Eigentums zu beauftragen.
> 2. Die Eigentümer bevollmächtigen jeweils den Sachverständigen gesondert mit der Erklärung der Abnahme des gemeinschaftlichen Eigentums oder erklären nach Vorlage des Gutachters die Abnahme dem Bauträger gegenüber.

Stimmen jedoch nicht alle ET dieser Vorgehensweise zu, bleibt es dabei, dass einzelne ET ggf. eine Abnahme des gemeinschaftlichen Eigentums nicht erklärt haben, sodass der Verwalter nach wie vor mit unterschiedlichen Verjährungsfristen hantieren muss. Ratsam ist es daher, frühzeitig vor Ablauf der ersten Gewährleistungsfristen die erforderlichen Schritte in die Wege zu leiten, um die Eigentümer auf die drohende Verjährung hinzuweisen und deren Entscheidung für die weitere Vorgehensweise abzufragen.

17.3 Das System der Gewährleistungsrechte im WEGG

Der Fall

Nach der Abnahme des gemeinschaftlichen Eigentums stellen die Eigentümer fest, dass mangelhaft gearbeitet wurde. Die Heizungsanlage ist nicht ausreichend dimensioniert, sodass die Wohnungen nicht vertragsgemäß erwärmt werden können. Die Eigentümer fordern den Verwalter auf, eine ETV einzuberufen, um die weitere Vorgehensweise zu besprechen. Der Verwalter ist sich nicht sicher, ob die WEG überhaupt zuständig ist.

Das Problem

Der Umgang mit den Gewährleistungsrechten sowie der Frage, wer welche Rechte geltend machen kann, ist auf den ersten Blick sicherlich nicht ganz einfach. Die Eigentümer gehen ganz selbstverständlich davon aus, dass alles, was das gemeinschaftliche Eigentum betrifft, auch über die WEG und den Verwalter organisiert werden muss, die ja schließlich beide für die Verwaltung des gemeinschaftlichen Eigentums zuständig sind. Bei all dem darf jedoch nicht außer Acht gelassen werden, dass die WEG nicht Vertragspartnerin des Bauträgers ist, gegen den die Ansprüche auf Mängelbeseitigung zu richten sind.

Die Lösung

Das System der Gewährleistungsrechte im WEGG ist nicht so leicht zu durchschauen, sodass die richtige Anwendung und Einleitung der erforderlichen Schritte den Verwalter vor eine größere Herausforderung stellen kann.

Grundsätzlich beginnt mit dem Tag der Abnahme des gemeinschaftlichen Eigentums die fünfjährige Gewährleistungsfrist nach §634a Abs. 1 Nr. 2 BGB zu laufen. Wird ein Mangel am gemeinschaftlichen Eigentum festgestellt, so sieht §634 BGB vor, welche Rechte dem Besteller zur Seite stehen:

Rechte des Bestellers   **!**

Gemäß §634 BGB kann
1. nach §635 Nacherfüllung verlangt werden,
2. nach §637 der Mangel selbst beseitigt und Ersatz der erforderlichen Aufwendungen verlangt werden,
3. nach den §§636, 323 und 326 Abs. 5 vom Vertrag zurückgetreten oder
4. nach §638 die Vergütung gemindert werden,
5. nach den §§636, 280, 281 und 311a Schadensersatz gefordert oder
6. nach §284 Ersatz vergeblicher Aufwendungen verlangt werden.

Die Gewährleistungsrechte haben eine unterschiedliche Zielrichtung. Die sog. Primärrechte sind Rechte, die darauf abzielen, dass der Mangel vollständig beseitigt und ein vertragsgerechter Zustand hergestellt wird, wie Nacherfüllung, Aufwendungsersatz, bzw. Kostenvorschuss, um die spätere Ersatzvornahme durchzuführen. Die Sekundärrechte zielen nicht auf die Beseitigung des Mangels durch den Bauträger ab; vielmehr kompensiert der Bauträger durch eine Geldleistung und ist dann von seiner Pflicht befreit, den Mangel zu beseitigen. Sekundärrechte sind Minderung und kleiner Schadensersatz. Schlussendlich steht noch die Rückabwicklung des Vertrags im Raum, mithin Rücktritt und großer Schadensersatz.

Die Behandlung der drei Ebenen in einer Gemeinschaft wird aufgrund der rechtlichen Besonderheiten in einer WEG unterschiedlich bewertet, wenn es um die Frage geht, wer die Gewährleistungsrechte gegen den Bauträger verfolgen kann. Vertragspartner für den Bauträger ist jeder einzelne Eigentümer. Allerdings ist mit der Entstehung der Gemeinschaft jeder Eigentümer nur noch Miteigentümer am gemeinschaftlichen Eigentum, kann daher über dieses nicht mehr allein, sondern nur noch unter Mitwirkung der übrigen Eigentümer verfügen. Bei der Ausübung der Gewährleistungsrechte ist zudem zu berücksichtigen, dass jede Forderung eines einzelnen Eigentümers gegen den Bauträger auch Auswirkungen auf die Rechte der übrigen Eigentümer haben kann.

Die WEG ist nach §10 Abs. 6 Satz 1 WEGG rechtsfähig und damit Inhaberin von Rechten und Pflichten bezogen auf die Verwaltung des gemeinschaftlichen Eigentums. Bei der Wahrnehmung der Rechte der Gemeinschaft wird unterschieden zwischen gemeinschaftsbezogenen Rechten, die im Interesse der

Wohnungseigentümer eine einheitliche Rechtsverfolgung erfordern (sog. geborene Ausübungsbefugnis nach §10 Abs. 3, 1. Halbsatz WEGG), und Ansprüchen, deren gemeinschaftliche Verfolgung zwar sinnvoll, aber nicht zwingend erforderlich ist (sog. gekorene Ausübungsbefugnis nach §10 Abs. 3, 2. Halbsatz WEGG). Diese Unterscheidung spielt eine zentrale Rolle im System der Gewährleistungsrechte.

Ansprüche der Primärebene, also Nacherfüllung, Aufwendungsersatz und Kostenvorschuss, sind solche, die individualvertraglich von jedem Eigentümer verfolgt werden können, da die Zielrichtung einer Geltendmachung gegen den Bauträger immer auf Beseitigung des Mangels durch diesen gerichtet ist. Verfolgt ein einzelner Eigentümer diese Ansprüche erfolgreich und beseitigt der Bauträger den Mangel, so entsteht den übrigen Eigentümern hieraus kein Nachteil.

Anders ist dies bei der Verfolgung der Sekundärrechte wie Minderung und kleiner Schadensersatz. Diese werden mit dem Ziel verfolgt, einen finanziellen Ausgleich für den entstandenen Mangel zu erhalten mit der Folge, dass der Bauträger von der Verpflichtung der Nacherfüllung (Herstellung eines mangelfreien Werks) befreit wird. Eine individuelle Verfolgung dieser Rechte würde den anderen Eigentümern das Recht nehmen, ihrerseits Erfüllung zu fordern, da der Bauträger nicht mehrfach wegen des gleichen Mangels, aber unterschiedlicher Zielrichtung, in Anspruch genommen werden kann. Die Rechtsprechung betrachtet die Ansprüche auf Minderung und Schadensersatz aus diesem Grund als gemeinschaftsbezogene Ansprüche mit einer geborenen Ausübungsbefugnis nach §10 Abs. 6 Satz 3, 1. Halbsatz WEGG. Eine individuelle Verfolgung durch den Eigentümer ist nicht möglich.[343]

Wollen Eigentümer diese Ansprüche gegen den Bauträger geltend machen, so bedarf es eines Ermächtigungsbeschlusses für den Verwalter, die Ansprüche auf Minderung und kleinen Schadensersatz gegen den Bauträger außergerichtlich und gerichtlich zu verfolgen. Erst dann kann der Verwalter für die Eigentümer tätig werden.

Wollen die Eigentümer nicht gemeinschaftlich gegen den Bauträger vorgehen, z.B. weil sie den Mangel als unbeachtlich empfinden, können sie im Wege einer Beschlussfassung einem einzelnen Eigentümer die Rechte zur Ausübung übertragen.[344] Der mit einfacher Stimmenmehrheit zu fassende Beschluss hat

---

343 BGH, Urteil v. 19.8.2010 – VII ZR 113/09; ZMR 2011, 54
344 BGH, Urteil v. 15.4.2004 – VII ZR 130/03; ZMR 2004, 681

keine Abtretung der Forderung zur Folge, sodass der klagende Eigentümer nicht Zahlung an sich verlangen kann, sondern nur Zahlung an die WEG.

Die Eigentümer können aber auch die Verfolgung der Primärrechte (Nacherfüllung, Aufwendungsersatz und Kostenvorschuss) als gekorene Ansprüche nach §10 Abs. 6 Satz 3 2. Alt. zur Ausübung an sich ziehen.[345] In diesem Fall muss die Beschlussfassung die Vergemeinschaftung der Individualrechte der Eigentümer umfassen: »Die Eigentümergemeinschaft zieht die Rechte der Eigentümer auf Nacherfüllung gegen den Bauträger wegen folgender Mängel (konkrete Benennung der in Frage kommender Mängel) an sich.« Darüber hinaus muss der Verwalter ermächtigt werden, die beabsichtigten Maßnahmen auf Kosten der Gemeinschaft zu beauftragen. Der Vergemeinschaftungsbeschluss muss den Mangel (Mangelsymptom) und das ausgeübte Recht konkret benennen.[346]

Auch wenn der BGH[347] in seiner Rechtsprechung davon ausgeht, dass sich die Vergemeinschaftung konkludent aus der Ermächtigung des Verwalters zur Verfolgung von Individualrechten ergibt, ist Vorsicht geboten. Da der Vergemeinschaftsbeschluss und die Ermächtigung des Verwalters für die Hemmung der Verjährung zentrale Bedeutung hat, sollte der Verwalter die Vorgaben bei der Beschlussfassung beachten, um in einem gerichtlichen Verfahren nicht dem Einwand ausgeliefert zu sein, es fehle der WEG mangels wirksamen Vergemeinschaftungsbeschlusses an der Prozessführungsbefugnis. Mit der Vergemeinschaftung der Gewährleistungsansprüche verlieren die Eigentümer ihre eigene Prozessführungsbefugnis und können die Ansprüche deshalb nicht mehr allein verfolgen. Die Ansprüche auf Rücktritt und großen Schadensersatz haben keinen Gemeinschaftsbezug und sind daher Individualrechte eines jeden Eigentümers ohne Rücksicht auf die beabsichtigte Vorgehensweise der Gemeinschaft.[348]

Ansprüche der Eigentümer   **!**

Ansprüche auf Primärebene ...

- sind Nacherfüllung, Aufwendungsersatz und Kostenvorschuss,
- können durch den Eigentümer individualvertraglich verfolgt werden,
- können durch Vergemeinschaftung an den Verband zur Ausübung gezogen werden, solange noch einem Eigentümer ein unverjährter Anspruch zusteht,
- können nur nach einem Vergemeinschaftungs- und Ermächtigungsbeschluss verfolgt werden.

---

345 BGH, Urteil v. 19.8.2010 – VII ZR 113/09; ZMR 2011, 54
346 OLG Dresden, Urteil v. 31.3.2010 – 1 U 1446/09; ZMR 2011, 312
347 BGH, Urteil v. 10.7.2015 – V ZR 169/14; ZMR 2015, 947
348 BGH, Urteil v. 19.8.2010 – VII ZR 113/09; ZMR 2011, 54

Ansprüche der Sekundärebene ...

- sind Minderung und kleiner Schadensersatz,
- sind gemeinschaftsbezogene Ansprüche mit geborener Ausübungsbefugnis,
- können nicht durch die Eigentümer individualvertraglich verfolgt werden,
- können nur nach Ermächtigungsbeschluss für den Verwalter durchgesetzt werden.

! **Wichtig**

Im Rahmen der Beschlussfassung über die Vergemeinschaftung bestehender Mängel zur Ausübung durch die WEG muss der Verwalter noch mehr als sonst auf die genaue Wortwahl und den Inhalt des Beschlusses achten.

Dabei ist es nicht erforderlich, dass der Verwalter den Mangel konkret bezeichnet, was häufig mangels Kenntnis auch nicht möglich ist. Ausreichend ist es, die Auswirkungen unter Benennung des betroffenen Bauteils zu beschreiben (»... wegen des Feuchtigkeitseintritts am Dach des Hauses B-Str. 11, des Ausfalls der Heizung des Hauses C-Str. 12, der undichten Fenster in den Wohnungen 1, 2, 3 des Hauses D-Str. 13 ...«).

17.4 Die Ermächtigung des Verwalters

Der Fall

Die WEG hat die Abnahme des gemeinschaftlichen Eigentums am 21.5.2011 durch alle Eigentümer erklärt. In der Folge tritt eine Vielzahl von Mängeln auf, die der Bauträger jedoch negiert. Die WEG leitet am 15.5.2016 ein selbstständiges Beweisverfahren ein, veranlasst durch den Verwalter, der hier dringenden Handlungsbedarf sieht. Auf der ordentlichen Eigentümerversammlung vom 20.6.2016 beschließen die Eigentümer die Vergemeinschaftung der bereits anhängigen Mängel und bevollmächtigen den Verwalter, das Beweissicherungsverfahren zu führen.

Das Problem

Die Eigentümer erwarten vom Verwalter, dass er für die Instandhaltung und Instandsetzung des gemeinschaftlichen Eigentums Sorge trägt und die Eigentümer dabei möglichst schadlos hält. Treten in den ersten fünf Jahren nach Abnahme Mängel auf, wird der Verwalter aufgefordert, die Mängel beim Bauträger zu melden und die Beseitigung zu überwachen. Häufig kommt der Verwalter der Erwartungshaltung der Eigentümer nach, ohne sich Gedanken darüber zu machen, ob er dies so ohne Weiteres darf und welche rechtlichen Konsequenzen sein Verhalten nach sich zieht bzw. gerade nicht nach sich zieht.

Die Lösung

Auch wenn die Ausübung der Gewährleistungsrechte durch die WEG verfolgt werden kann oder im Falle von Minderung und kleinem Schadensersatz sogar verfolgt werden muss, kann der Verwalter immer erst dann tätig werden, wenn er hierzu ermächtig ist (§ 27 Abs. 3 Nr. 7 WEGG). Eine Ermächtigung in der GO oder im Verwaltervertrag, die Eigentümer auch gerichtlich vertreten zu können, kann für die gerichtliche Verfolgung bestehender Hausgeldrückstände (Beitreibungsverfahren) legitimieren, keinesfalls jedoch ersetzt eine solche Regelung die Vergemeinschaftung und/oder den Ermächtigungsbeschluss im Rahmen der Ausübung der Gewährleistungsrechte. Hierüber zu befinden ist einzig und allein der Kompetenz der Eigentümer vorbehalten. Ganz entscheidende Bedeutung hat dies für die Einleitung eines gerichtlichen Verfahrens gegen den Bauträger, kann aber bereits vorgerichtlich im Rahmen der wirksamen Fristsetzung an den Bauträger eine Rolle spielen.

Kommt der Verwalter den häufig an ihn herangetragenen Wünschen und Forderungen der Eigentümer nach und leitet alle ihm gemeldeten Mängel an den Bauträger weiter und setzt außerdem Fristen zur Beseitigung, stellt sich bereits die Frage der Wirkung dieser Fristsetzung. Die Fristsetzung ist »die heilige Kuh« bei der Ausübung der Gewährleistungsrechte. Erst mit angemessener und vor allem wirksamer Fristsetzung kann der Besteller z. B. Kostenvorschuss, Aufwendungsersatz oder Minderung verlangen. Nach § 637 Abs. 1 BGB kann der Besteller wegen eines Mangels des Werks nach erfolglosem Ablauf einer von ihm zur Nacherfüllung bestimmten angemessenen Frist den Mangel selbst beseitigen und Ersatz der erforderlichen Aufwendungen verlangen. Eine Fristsetzung ist nach Abs. 2 nur entbehrlich, wenn der Unternehmer die Nacherfüllung endgültig verweigert, sie fehlgeschlagen oder dem Besteller unzumutbar ist.

Entscheidend ist, dass der Besteller oder eine Person, die wirksam dazu bevollmächtigt wurde, die Frist setzt. Andernfalls geht eine Frist ins Leere und es fehlt an der notwendigen Voraussetzung für die weitere Verfolgung des Aufwendungsersatzes, des Kostenvorschusses oder der Minderung. Es bedarf daher nach der Vergemeinschaftung und Ermächtigung immer noch einmal einer angemessenen Fristsetzung an den Bauträger, sofern er zu diesem Zeitpunkt die Verweigerung der Beseitigung der Mängel nicht schon ausdrücklich und nachweislich (schriftlich/in Textform) erklärt hat.

Trotz der fünfjährigen Gewährleistungsfrist kann es erforderlich werden, die Möglichkeit der Verfolgung der Rechte gegen den Bauträger zu verlängern. Tritt Verjährung ein, bestehen die Rechte gegen den Bauträger zwar weiterhin, sie entfallen daher nicht. Erhebt der Bauträger jedoch die Einrede der Verjährung, ist deren Verfolgung gehindert. Die Verjährung soll nach einer gesetzlich oder vertraglich vorgesehenen Zeit einen Rechtsfrieden zwischen den Parteien bewirken, sodass keine der Parteien mehr mit einer Inanspruchnahme rechnen muss. Das Gesetz hat jedoch die Möglichkeit der Verlängerung der Inanspruchnahme vorgesehen und die Hemmung der Verjährung eingeführt. Diese tritt ein:

- durch Einleitung eines gerichtlichen Verfahrens (Klage, Mahnbescheid, selbstständiges Beweisverfahren) (§ 204 BGB)
- durch Vergleichsverhandlungen (§ 203 BGB)
- durch Verzicht der Einrede der Verjährung durch den Bauträger, schriftlich unter Angabe der Dauer des Verzichts
- durch Anerkenntnis des Mangels (hier sogar Neubeginn der Verjährung, § 212 BGB)

Leitet der Verwalter im Namen der WEG ein gerichtliches Verfahren ein, um die Hemmung der Verjährung zu bewirken, muss der Verwalter besonders auf seine Ermächtigung zur Klageerhebung achten.

Da der Verwalter im Namen der WEG klagt, diese aber nicht Inhaberin der Gewährleistungsrechte ist und er diese nach der Vergemeinschaftung durch die WEG »nur« im Namen der Eigentümer geltend macht, ist es von ganz entscheidender Bedeutung, wann die Gemeinschaft befugt wurde, die Gewährleistungsrechte auszuüben. Fehlt zum Zeitpunkt der Antragstellung der Ermächtigungsbeschluss, mithin die erforderliche Prozessstandschaft der klagenden WEG, tritt keine Hemmung der Verjährung ein.

Der Ermächtigungsbeschluss kann nicht nachgeholt werden, da er ausschließlich ab dem Zeitpunkt (also für die Zukunft) der Beschlussfassung wirkt (ex nunc), sodass eine spätere Heilung der fehlenden Prozessstandschaft nicht möglich ist.[349] Da jedoch bei der Verjährungshemmung ganz genau auf den Tag des Eintritts der Verjährung abgestellt wird, muss auch an diesem Tag die WEG und damit der ermächtigte Verwalter bereits rechtlich in der Lage sein, das eigentlich den Eigentümern zustehende Recht auszuüben. Das kann für den Verwalter schwer nachvollziehbar sein, weil in allen anderen gerichtlichen Verfahren (Wohngeldklagen oder Klagen gegen Dritte), in denen die Verjährungshemmung keine Rolle spielt, die Ermächtigung zur Klageerhebung bis zum Schluss der mündlichen Verhandlung nachgeholt werden kann. Fehlt daher bei Verfahrenseinleitung der Ermächtigungsbeschluss, kann der Verwalter dies heilen, indem er eine ETV einberuft und sich noch ermächtigen

---

349 BGH, Urteil v. 20.6.2013 – VII ZR 71/11; NZM 2013, 652; BGH, Urteil v. 12.4.2007 – VII ZR 236/05; ZMR 2007, 627

lässt, obwohl die Klage bereits erhoben wurde. In diesen Verfahren ist der »Stichtag« die mündliche Verhandlung.

Achtung !

Für die Hemmung der Verjährung muss im Zeitpunkt der Klageerhebung/Einleitung des selbstständigen Beweisverfahrens bereits die Ermächtigung des Verwalters beschlossen worden sein. Andernfalls tritt keine Verjährungshemmung ein. Der Beschluss muss die Mängel und die auszuübende Rechte beinhalten.

Verjähren Ansprüche der WEG, weil der Verwalter dies nicht beachtet hat, haftet er den Eigentümern auf den entstandenen Schaden. Die Haftung des Verwalters beschränkt sich jedoch nicht nur auf den Fall der fehlerhaften Klageerhebung, bei der nicht vergessen werden darf, dass hier auch der die WEG im Regelfall vertretende Anwalt haftet. Sie kann auch eintreten, wenn der Verwalter es unterlässt, die Eigentümer auf den drohenden Ablauf der Gewährleistungsfristen hinzuweisen und rechtzeitig eine Entscheidung der Versammlung über das weitere Vorgehen herbeizuführen.[350] Auch wenn die Haftung hier uferlos scheint und zumindest in Zweifel zu ziehen ist, sollte der Verwalter geeignete Maßnahmen ergreifen, rechtzeitig Beschlüsse vorbereiten und die Entscheidung der Eigentümer einholen, um nicht in diese Situation zu geraten.

Wichtig !

Die Ermächtigung des Verwalters, mithin das Recht des Verwalters, im Namen der WEG nach außen tätig zu werden, spielt im Rahmen der Verfolgung der Gewährleistungsrechte eine große Rolle und ist von ihm dringend zu beachten. Nicht nur, weil ohne Ermächtigung die erforderlichen Fristsetzungen an den Bauträger ggf. ins Leere laufen, sondern weil sie für die Klageerhebung unerlässlich und zwingend geboten ist. Sie kann aber auch einen Schutz für den Verwalter entfalten, wenn er sich vor Vergemeinschaftung durch die Eigentümer einer Flut von Mängelmeldungen ausgesetzt sieht und wenn die Eigentümer fordern, der Verwalter möge sich kümmern. Ein Hinweis auf die gerade fehlende Ermächtigung und deren Konsequenzen kann die Eigentümer veranlassen, ihre Rechte bis zur Übernahme durch die WEG selbst gegen den Bauträger zu verfolgen.

Um Haftungen zu vermeiden, ist dem Verwalter zu raten, die Verjährungsfristen zu notieren und zu überwachen und rechtzeitig vor deren Ablauf die Eigentümer auf der ETV zu informieren und deren Entscheidung einzufordern. Kann der Verwalter über das Versammlungsprotokoll nachweisen, dass er informiert hat, aber die Eigentümer nicht tätig werden wollten, können diese bei Ablauf der Gewährleistungsfrist den Verwalter nicht mehr in Anspruch nehmen.

---

350 BayObLG, Urteil v. 17.10.2002 – 2Z BR 82/02; ZMR 2003, 216

18 Öffentliches Recht

18.1 Die Erfüllung öffentlich-rechtlicher Verpflichtungen

Der Fall

Die Eichfristen der Wasserzähler laufen Ende des Jahres ab, sodass der Verwalter die Eigentümer auf der Versammlung im Frühjahr informiert und mitteilt, dass die Wasserzähler ausgetauscht werden müssen. Die WEG lehnt nach der flammenden Rede des Eigentümers E den Austausch der Wasserzähler ab.

Das Problem

Neben den Vorschriften aus dem WEGG und dem BGB gibt es eine Vielzahl öffentlich-rechtlicher Vorschriften, die auch die Eigentümer treffen und deren Handlungen und Entscheidungen vorgeben oder zumindest vorgeben sollten. Das stellt den Verwalter nicht nur vor die Herausforderung, die Vorschriften zu kennen und die richtigen Schlüsse hieraus zu ziehen, sondern auch die Eigentümer davon zu überzeugen, dass die für die Einhaltung der Vorschriften notwendigen Beschlüsse gefasst werden. Der Umgang mit einer WEG, die sich dem Ratschlag des Verwalters entzieht und öffentlich-rechtliche Verpflichtungen nicht befolgt, kann in der letzten Konsequenz bedeuten, dass der Verwalter sich entscheidet, sein Amt niederzulegen.

Die Lösung

In vielen Bereichen der Verwaltung des gemeinschaftlichen Eigentums trifft die WEG auf gesetzliche Pflichten, die es einzuhalten gibt. Die Eigentümer müssen dabei nicht nur die Vorgaben der GO und des WEGG beachten, sondern sich bei der Beschlussfassung über Maßnahmen oder Regelung an gesetzliche Vorgaben aus anderen Rechtsgebieten halten. Zu den bekanntesten öffentlich-rechtlichen Pflichten gehören:

- Vorgaben der Heizkostenverordnung (HeizkostenV)
- Ausstattung der Wohnungen mit Rauchwarnmeldern (LBauO)
- Brandschau der Feuerwehr (LBauO)
- Legionellenprüfung (TrinkwV)
- Eichfristen (MessEG)
- Vorgaben der Energieeinsparverordnung (EnEV)

Die Aufzählung soll nur einen kleinen Auszug aus den Verordnungen benennen, denen der Verwalter in seiner täglichen Praxis begegnet und die er bei der Vorbereitung der Beschlüsse zu beachten hat. Dabei steht der Verwalter – ähnlich wie bei der Erfüllung der Verkehrssicherungspflichten – vor der

Herausforderung, den Eigentümern deren Handlungspflicht deutlich zu machen, auch um sich selbst aus der Haftung zu nehmen.

Trotzdem muss sich der Verwalter immer wieder vor Augen führen, dass die Verwaltung des gemeinschaftlichen Eigentums den Eigentümern nach §20 WEGG obliegt, die ihre Angelegenheiten durch Beschlussfassung auf der ETV regeln (§23 Abs. 1 WEGG). Die Aufgabe des Verwalters besteht darin, die Eigentümer auf der ETV über die bestehenden Pflichten zu informieren, sie aufzuklären und ihnen Entscheidungshilfen zur Verfügung zu stellen, die die Eigentümer in die Lage versetzen, die erforderlichen Beschlüsse zu fassen. Hierzu gehört insbesondere die Aufklärung über die Gesetzeslage und die sich daraus ergebenden Pflichten der ET sowie die Vorbereitung eines oder mehrerer Beschlussvorschläge.

Die Entscheidung, welche Maßnahme umgesetzt werden soll, oder – im schlimmsten Fall – die Ablehnung eines gebotenen Beschlusses, treffen die Eigentümer jeweils für sich. Auf das Abstimmungsverhalten der Eigentümer hat der Verwalter weder Einfluss, noch kann ihm ein solches zur Last gelegt werden. Der Verwalter darf jedoch keine nichtigen Beschlüsse verkünden. Will die WEG daher beschließen, dass die Heizkosten zukünftig nicht mehr im Verhältnis 70% nach Verbrauch zu 30% nach Wohnfläche, sondern ausschließlich nach Wohnfläche verteilt werden sollen, darf der Verwalter diesen Beschluss wegen eines Verstoßes gegen die Vorschriften der HeizkostenV nicht verkünden, da der Beschluss nichtig ist.[351]

Besteht eine öffentlich-rechtliche Verpflichtung zum Handeln, ist eine gemeinschaftsbezogene Pflicht zu bejahen, und zwar unabhängig davon, ob sich die Pflicht an die Gemeinschaft der Wohnungseigentümer als Verband, an alle Eigentümer oder an einen einzelnen Eigentümer richtet.[352] Verweigern die Eigentümer eine notwendige Beschlussfassung zur Erfüllung gesetzlicher Vorgaben, muss der Verwalter für sich zumindest die sich daraus ergebenden Risiken kennen. Gibt der Gesetzgeber vor, dass Pflichten zu erfüllen sind (z.B. Einbau von Rauchwarnmeldern, Legionellenprüfung, Verwendung ausschließlich geeichter Wasserzähler), so handelt es sich in der Regel um bußgeldbewehrte Handlungs- und Unterlassungspflichten, mithin Sanktionen, die denjenigen treffen, der einer gesetzlichen Verpflichtung nicht nachkommt.

---

351 BGH, Urteil v. 17.2.2012 – V ZR 251/10; ZMR 2012, 372
352 BGH, Urteil v. 8.2.2013 – V ZR 238/11; ZMR 2013, 642

> **Achtung** !
>
> §55 Abs. 1 Satz 2 Nr. 4 MessEG untersagt z.B. die Verwendung nicht geeichter Messgeräte. Ein Verstoß wird als Ordnungswidrigkeit geahndet und zieht bei Vorsatz eine Geldbuße von bis zu 50.000 EUR und bei Fahrlässigkeit von bis zu 25.000 EUR nach sich (§§60 Abs. 2 MessEG, 17 Abs. 2 OWiG).

Die Behörde ist als Vollzugsorgan aufgrund eigener Hoheitsmacht berechtigt, Verwaltungsakte zu erlassen, mit denen der Adressat verpflichtet wird, bestimmte Maßnahmen innerhalb einer von der Behörde gesetzten Frist umzusetzen, oder mit denen die Untersagung einer Nutzung angeordnet wird, sowie für den Fall der Nichtbefolgung die Festsetzung von Bußgeldern. Adressat der Verfügungen ist häufig nicht die WEG, sondern der Verwalter selbst. Ihm wird daher die Verpflichtung zur Umsetzung einer geforderten Maßnahme auferlegt, obwohl er selbst auf die Beschlussfassung der Eigentümer keinen Einfluss hat und daher der Willkür der Eigentümer ausgesetzt ist. Die Behörde hat sowohl hinsichtlich der Anordnung der Maßnahme, des Zwangsmittels (Bußgeld) als auch des Adressaten der Verfügung ein Ermessen auszuüben.

Die Behörde hat bei der Auswahl der Maßnahme und des Störers die Kriterien zu berücksichtigen, die am effektivsten und schnellsten zu einer Abwendung des ordnungswidrigen Verhaltens und damit zur Abwendung der Gefahr führen. Sie kann die Person mit einer Ordnungsverfügung belasten, von der die schnellste Gefahrenabwehr zu erwarten ist. Da der Verwalter im Außenverhältnis die WEG vertritt (und damit für die Behörden greifbarer ist als die WEG), sehen die Behörden ihn als Störer und damit als notwendigen Adressaten der Ordnungsverfügungen.[353] Richtigerweise ist nicht der Verwalter, sondern die WEG als Störerin Adressatin einer Ordnungsverfügung.[354] Der Verwalter kann nur bedingt Einfluss auf das Abstimmungsverhalten der Eigentümer nehmen und ist selbst nicht befugt, die von der Behörde geforderten Maßnahmen ohne Ermächtigung der Eigentümer mit Kostenlast für diese in Auftrag zu geben und umzusetzen. Und es ist schon gar nicht seine Aufgabe, die Maßnahme auf eigene Kosten umzusetzen. Er wird somit von der Behörde zu einer Handlung verpflichtet, deren Umsetzung ihm unmöglich ist, unabhängig davon, dass der Verwalter die WEG im Außenverhältnis vertritt.

---

353 OVG NRW, Urteil v. 15.4.2009 – 10 B 304/09, ZMR 2010, 78; OVG Münster, Urteil v. 28.1.2011 – 2 B 1495/10, ZMR 2011, 425; OVG NRW 4 A 1150/15, ZWE 2016, 383

354 VG Würzburg, Urteil v. 14.7.2014 – W 6 S 14.485, ZWE 2015, 257; VGH Bayern, Urteil v. 29.9.2014 – 20 CS 14.1663, NZM 2015, 171

> **! Achtung**
>
> Nach Auffassung einiger Gerichte kann auch der Verwalter als Störer Adressat von Ordnungsverfügungen sein, die das gemeinschaftliche Eigentum betreffen. In der Ordnungsverfügung kann die Vornahme einer Handlung (z. B. Herstellung eines zweiten Rettungsweges) oder die Unterlassung (Verbot der Verwendung nicht geeichter Messgeräte) gefordert sowie Bußgelder auferlegt werden.

> **! Wichtig**
>
> Der Verwalter kann und muss die Eigentümer über bestehende gesetzliche Pflichten aufklären und ihnen Alternativen aufzeigen, wenn es solche geben sollte, damit die notwendigen Beschlüsse sauber vorbereitet sind. Stimmen die Eigentümer trotzdem gegen eine erforderliche Maßnahme, muss der Verwalter sich der Gefahr bewusst sein, dass eine Behörde, die Kenntnis von einem ordnungswidrigen Zustand erlangt, die darauf ergehende Ordnungsverfügung nicht an die WEG, sondern an ihn erlässt. Gerät eine WEG daher ins Visier einer Behörde, sollte der Verwalter die Behörde darüber unterrichten, dass er nur Vertreter ist und Verfügungen an die WEG zu richten sind.
>
> Da die Verordnungen zur Abschreckung meist hohe Bußgelder in Aussicht stellen, muss der Verwalter für sich entscheiden, ob er sich diesem Risiko aussetzen möchte. Will er dies nicht, lassen sich die Eigentümer aber nicht überzeugen, bleibt dem Verwalter nur noch die Möglichkeit, sein Amt niederzulegen.

18.2 Der Umgang mit einer Ordnungsverfügung

Der Fall

Im Rahmen einer Brandschau wird durch die Feuerwehr festgestellt, dass die vom Bauträger erstellte Feuerwehreinfahrt für die heutigen Leiterwagen der Feuerwehr zu schmal ist und der Leiterwagen das Gebäude nicht erreichen kann. Die Stadt erlässt eine Ordnungsverfügung an die WEG und setzt eine Frist von vier Wochen zur Herstellung einer ordnungsmäßigen Feuerwehrzufahrt durch Verbreiterung der Zufahrt.

Verwalter V beruft unverzüglich eine ETV ein und hat bereits einen Fachplaner hinzugezogen, der den Eigentümern auf der ETV die Möglichkeiten vorstellt, für deren Alternativen der Verwalter sogar jeweils drei Kostenangebote eingeholt hat. Eigentümer E meint, das sei eine bauliche Veränderung und er werde nicht zustimmen. Außerdem könne sich die WEG auf Bestandsschutz berufen, weil ja so gebaut worden sei, wie die damalige Baugenehmigung es vorgesehen habe.

Das Problem

Erhält die WEG eine Verfügung der Stadt und muss bauliche Maßnahmen ergreifen, um diese zu erfüllen, sehen sich Verwalter immer wieder dem Einwand der Eigentümer ausgesetzt, der Beschluss erfordere die Stimmen aller Eigentümer. Die ET verweigern oft die Mitwirkung an einer erforderlichen Beschlussfassung.

Auch die Frage des Bestandsschutzes muss der Verwalter beantworten können, um den Eigentümern zu verdeutlichen, dass sie an einer positiven Beschlussfassung mitzuwirken haben. Hinter der Abwehrhaltung steckt in der Regel weniger ein ästhetisches Störgefühl aufgrund der Veränderung des gemeinschaftlichen Eigentums, sondern oft der unvermeidliche Kostenaufwand, der mit der Umsetzung einer Verfügung einhergeht.

Die Lösung

Die Erfüllung gesetzlicher Pflichten, die das gemeinschaftliche Eigentum betreffen, ist eine gemeinschaftsbezogene Pflicht, die durch den Verband der Wohnungseigentümer nach § 10 Abs. 6 Satz 3 WEGG auszuüben ist. Genau wie die Erfüllung der Verkehrssicherungspflicht muss die WEG tätig werden. Die Eigentümer müssen also die erforderlichen Beschlüsse fassen.[355] Dabei stellen die zu beschließenden Maßnahmen solche der ordnungsmäßigen Verwaltung nach § 21 Abs. 3 und 4 WEGG dar und können mit einfacher Stimmenmehrheit gefasst werden, auch wenn mit der Maßnahme selbst eine Veränderung des gemeinschaftlichen Eigentums einhergeht. Die Eigentümer haben lediglich noch das Ermessen auszuüben, wie die Maßnahme konkret umgesetzt werden soll, sofern es verschiedene Alternativen gibt, die alle gleich geeignet sind, die gesetzlichen Anforderungen zu erfüllen. Verweigern die Eigentümer auf der ETV die erforderliche Beschlussfassung, kann der ablehnende Beschluss angefochten werden – verbunden mit einem Verpflichtungsantrag an das Gericht, das dann die Ermessensentscheidung der Eigentümer ersetzt.[356]

> **Achtung** !
>
> Die Erfüllung gesetzlicher Pflichten sind Maßnahmen der ordnungsmäßigen Verwaltung nach § 21 Abs. 3 und 4 WEGG und erfordern nur eine einfache Stimmenmehrheit. Das gilt auch dann, wenn mit der Umsetzung der Maßnahme das gemeinschaftliche Eigentum zwingend verändert werden muss (z. B. Herstellung des zweiten Rettungsweges, Einbau von Entnahmestellen für die Legionellenprüfung).

---

355 BGH, Urteil v. 8.2.2013 – V ZR 238/11, ZMR 2013, 642; BGH, Urteil v. 9.3.2012 – V ZR 161/11, ZMR 2012, 646
356 BGH, Urteil v. 9.12.2016 – V ZR 84/16; ZMR 2017, 319

Erlässt die Behörde nach einer durchgeführten Brandschau durch die Feuerwehr eine Verfügung und gibt den Eigentümern auf, verschiedene Maßnahmen zur Erfüllung des Brandschutzes vorzunehmen, werden stets Stimmen einzelner Eigentümer laut, die sich auf einen bestehenden Bestandsschutz berufen. Ein Gebäude, das einmal zulässigerweise errichtet wurde, genießt Bestandsschutz und damit den Schutz vor späteren Rechtsänderungen. Es ist bei der Frage, welche Vorschriften einzuhalten sind, auf die Gesetzes- und Rechtslage zum Zeitpunkt der Errichtung des Gebäudes abzustellen.

Beim grundsätzliche Bestandsschutz gibt es aber Ausnahmen, die insbesondere den Brandschutz betreffen, der ja dem Schutz der Bewohner dient. Verändert der Eigentümer sein Gebäude und führt baugenehmigungspflichtige Umbauten vor, müssen diese den aktuellen bauordnungsrechtlichen Anforderungen genügen. In der Regel betrifft dies dann nur den Bauteil, welcher verändert wird, sofern die Landesbauverordnungen nicht regeln, dass auch die mittelbar betroffenen Bauteile den aktuellen Anforderungen entsprechen müssen. Von dieser Möglichkeit haben eine Reihe der LBauO Gebrauch gemacht (z.B. §76 Abs. 2 LBO BW, Art. 54 Abs. 5 BayBO, §87 Abs. 2 BauO NRW, §85 Abs. 3 BauO Bln).

Darüber hinaus regeln einige LBauO, dass jederzeit eine Anpassung bestehender baulicher Anlagen verlangt werden kann, sofern die materiell-rechtlichen Anforderungen an den Bestandsschutz erhöht wurden und eine konkrete Gefahr für Leib und Leben aufgrund des bisherigen Zustandes besteht.[357] Da es um die Gefahr für Leib und Leben geht, sind an die konkrete Gefahr keine gesteigerten Anforderungen zu stellen. Eine erhebliche Gefahrensituation für den Fall eines Brandes ist ausreichend, die vor Erlass einer Ordnungsverfügung zu ermitteln ist. Stellt die Feuerwehr im Rahmen der Brandschau daher eine solche konkrete Gefährdungssituation für den Fall eines Brandes fest, kann eine Verfügung erlassen werden, auch wenn diese in den eigentlich bestehenden Bestandsschutz eingreift, weil der Schutz von Leib und Leben – oder schlicht der Schutz der Bewohner des Hauses – vorgeht. Ob die geforderte Maßnahme zulässig ist, richtet sich zum einen danach, ob die jeweilige Landesbauordnung eine solche Ausnahme zulässt und ob die geforderte Maßnahme das mildeste Mittel unter mehreren Möglichkeiten darstellt, um das gewünschte Ergebnis – gesteigerten Brandschutz – zu erreichen.

---

357 OVG Berlin-Brandenburg, Beschluss v. 27.4.2007 – 2 S 21/07; LSK 2007, 350235

> **Ein Beispiel aus der LBauO NRW: §87 Abs. 1 (Ausnahme des Bestandsschutzes)** **!**
>
> 1. Entsprechen rechtmäßig bestehende bauliche Anlagen sowie andere Anlagen und Einrichtungen im Sinne von §1 Abs. 1 Satz 2 nicht den Vorschriften dieses Gesetzes oder Vorschriften auf Grund dieses Gesetzes, so kann verlangt werden, dass die Anlagen diesen Vorschriften angepasst werden, wenn dies im Einzelfall wegen der Sicherheit für Leben oder Gesundheit erforderlich ist.

Greift die Behörde in den Bestandsschutz ein, können sich die Eigentümer nicht ohne Weiteres auf den Bestandsschutz berufen, sondern müssen die Maßnahmen im Einzelfall auf die Zulässigkeit und Rechtmäßigkeit überprüfen (lassen).

Stellen die Eigentümer selbst fest, dass der Brandschutz bei Errichtung des Gebäudes nicht eingehalten oder eine Veränderung vorgenommen wurde, die nicht dem aktuellen Brandschutz entspricht, besteht Handlungsbedarf. Die Erfüllung der Vorgaben des Brandschutzes entspricht ordnungsmäßiger Verwaltung und kann daher auch von einzelnen Eigentümern im Rahmen der Beschlussersetzungsklage nach §21 Abs. 4 WEGG gefordert werden, wenn die anderen Eigentümer die notwendigen Maßnahmen abgelehnt haben. Wird das Problem auf der ETV erörtert und findet Eingang in das Versammlungsprotokoll, kann es zudem aufgrund bestehender Kenntnis der Eigentümer im Falle eines Schadens zu Schwierigkeiten bei der Regulierung durch die Gebäudeversicherung kommen. Auch wenn die Versicherung reguliert, steht ihr die Prüfung möglicher Regressansprüche zu, sofern die Eigentümer nachweislich Kenntnis vom fehlenden Brandschutz hatten und nicht tätig geworden sind.

Fazit ist somit, dass die Verbreiterung der Feuerwehrzufahrt zwar eine Veränderung des gemeinschaftlichen Eigentums beinhaltet, aber die Erfüllung gesetzlicher Pflichten als Maßnahme der ordnungsmäßigen Verwaltung mit einfacher Stimmenmehrheit beschlossen werden kann. Einen Bestandsschutz wird es in diesem Fall nicht geben. Kann die Feuerwehr das Gebäude für das Anleitern nicht erreichen, ist eine konkrete Gefährdung für Leib und Leben gegeben.

> **Wichtig** **!**
>
> Da es dem Verwalter in diesen Fällen häufig nicht möglich ist, selbst die Verhältnismäßigkeit der Verfügung einer Behörde zu überprüfen, sollte er sich bei Zweifeln juristisch beraten lassen. Zu beachten ist, dass die Behörden oftmals kurze Fristen zur Umsetzung der geforderten Maßnahmen setzen, sodass der Verwalter eine Verlängerung der Ausführungsfristen beantragen sollte – unter Hinweis auf die Einholung der erforderlichen Beschlüsse der WEG und damit einhergehender Verzögerungen. Die außerordentliche ETV ist mit verkürzten Ladungsfristen einzuberufen, um

zügig eine Entscheidung für die weitere Vorgehensweise einzuholen. Der Verwalter ist gehalten, die ETV entsprechend vorzubereiten, d. h.:

- Aufbereitung der erforderlichen Informationen und gesetzlichen Grundlagen
- Rücksprache mit Fachunternehmen zur Umsetzung der geforderten Maßnahmen und
- Einholung von Angeboten

Damit haben die ET auf der ETV bereits alle Entscheidungshilfen zur Verfügung, um die geeigneten Beschlüsse zu fassen. Wurde in einer WEG ein Beirat gewählt, ist dieser von Beginn an einzubeziehen. Ist der Beirat überzeugt, dass es sich um eine Maßnahme handelt, deren Umsetzung zwingend geboten ist, hat es meist auch der Verwalter in der ETV leichter, die erforderlichen positiven Beschlüsse zu erreichen.

18.3 Der Anspruch einzelner Eigentümer

Der Fall

Die Eigentümerin A hat mehrere Einheiten in einer WEG, die bereits vor 20 Jahren errichtet und aufgeteilt wurde. Die GO sieht vor, dass die Einheiten sowohl gewerblich als auch zu Wohnzwecken genutzt werden können. A beantragt bei der Stadt eine Nutzungsänderung für eine Einheit. Dabei fällt auf, dass der Stellplatz für diese Einheit vom Bauträger nicht errichtet wurde, sodass die Stadt die Nutzungsänderung mangels Stellplatznachweis versagt.

A stellt auf der ETV den Antrag, den Stellplatz zu errichten bzw. mit der Stadt in Verhandlung zu treten, um über die Zahlung einer Ablösesumme an die Stadt die Befreiung vom Stellplatznachweis zu erreichen. Die Eigentümer sehen sich nicht in der Pflicht.

Das Problem

Die Erfüllung öffentlich-rechtlicher Pflichten kann dem Verwalter nicht nur begegnen, wenn die Behörden an die WEG oder den Verwalter selbst herantreten und die Einhaltung einfordern. Sie kann auch dann auftreten, wenn nur einzelne Eigentümer betroffen und vermeintlich beeinträchtigt sind. Gerade in diesen Fällen ist es besonders schwierig für den Verwalter, die Eigentümer davon zu überzeugen, was rechtlich gefordert und geboten ist.

Die Lösung

Jedem Eigentümer steht eine ordnungsmäßige Verwaltung des gemeinschaftlichen Eigentums zu. Diesen Anspruch kann er gemäß § 21 Abs. 4 WEGG gegen die übrigen Wohnungseigentümer auch im Rahmen einer Beschlussersetzungsklage nach § 21 Abs. 8 WEGG gerichtlich verfolgen. Zur ordnungsmäßigen Verwaltung gehört auch die erstmalige plangerechte Herstellung des gemeinschaftlichen Eigentums, wie er sich aus der Teilungserklärung in Verbindung mit den Aufteilungsplänen ergibt. Hat der Bauträger hiervon abweichend gebaut, steht jedem Eigentümer ein unverjährbarer Anspruch auf plangerechte Herstellung zu.[358] Sofern für die Herstellung des plangerechten Zustandes die Erfüllung öffentlich-rechtlicher Anforderungen erforderlich ist, stellt dies eine Aufgabe aller Eigentümer dar, sodass der Verband der Wohnungseigentümer (WEG) tätig werden muss.[359]

Die WEG muss daher in diesen Fällen beschließen, dass der Verwalter ermächtigt wird, im Namen der WEG eine Baugenehmigung zu erwirken oder – wie im vorliegenden Fall – mit der Stadt Verhandlungen über die Zahlung einer Ablösesumme zu führen. Die durch die Maßnahme entstehenden Kosten haben alle Eigentümer im Verhältnis ihres Miteigentumsanteils nach § 16 Abs. 2 WEGG oder des in der WEG herrschenden Verteilerschlüssels zu tragen.

Kommt die WEG dieser Verpflichtung nicht nach, besteht die Gefahr, dass der betroffene Eigentümer die Gemeinschaft gerichtlich in Anspruch nimmt. Entstehen dem Eigentümer durch die Untätigkeit der übrigen Eigentümer weitere Schäden (Unvermietbarkeit oder sogar Unnutzbarkeit seiner Sondereigentumseinheit), stehen zu prüfende Regressansprüche im Raum, die aufgrund der ablehnenden Beschlussfassung an die Eigentümer zu richten sind, die an einer positiven Beschlussfassung nicht mitgewirkt haben.[360]

> **Wichtig** !
>
> Sieht sich der Verwalter mit einem Anspruch des Eigentümers konfrontiert, die WEG möge plangerecht herstellen, so ist wieder einmal der Verwalter gefragt. Er muss anhand der Teilungserklärung und der in dieser enthaltenen Aufteilungspläne und Baubeschreibungen ermitteln, ob der tatsächliche Zustand und die Ausgestaltung des gemeinschaftlichen Eigentums mit den dortigen Vorgaben übereinstimmen. Ergibt sich bei der Prüfung, dass eine Abweichung vorliegt, darf der Anspruch des Eigentümers nicht abgetan werden. Der Verwalter muss dann dem Antrag des Eigentümers insoweit nachgehen, dass er für die erforderliche Beschlussfassung wiederum die vorbereitenden Maßnahmen trifft und die ET über die bestehenden Pflichten in einer ETV aufklärt. Lehnen die Eigentümer die plangerechte Herstellung trotzdem ab, so liegt dies nicht im Verantwortungsbereich des Verwalters.

---

358 BGH, Urteil v. 27.4.2012 – V ZR 177/11; ZMR 2012, 713
359 BGH, Urteil v. 26.2.2016 – V ZR 250/14, ZMR, 2016, 553; BGH, Urteil v. 09.12.2016 – V ZR 84/16, ZMR 2017, 317
360 BGH, Urteil v. 17.10.2014 – V ZR 9/14; ZMR 2015, 241

Literaturverzeichnis

Modul Miet- und WEG-Recht Premium (beck-online)

WEG, Bärmann, 13. Aufl., 2015

WEG, Jennißen, 5. Aufl. 4, 2017

WEG, Riecke/Schmid, 4. Aufl. 2014

Wohnungseigentumsgesetz (WEG)

ZMR = Zeitschrift für Miet- und Raumrecht

ZWE = Zeitschrift für Wohnungseigentumsrecht

Stichwortverzeichnis

Exklusiv für Buchkäufer!

Ihre Arbeitshilfen zum Download:

▶ http://mybook.haufe.de/

▶ **Buchcode:** IJY-2685

HAUFE.

Ihr Feedback ist uns wichtig!
Bitte nehmen Sie sich eine Minute Zeit

www.haufe.de/feedback-buch